Charles Gleyre
(1806-1874)
Le romantique repenti

Charles Gleyre (1806-1874)

Le romantique repenti

Ce catalogue a été publié à l'occasion de l'exposition
« Charles Gleyre (1806-1874). Le romantique repenti »
Paris, musée d'Orsay, 9 mai – 11 septembre 2016

Exposition organisée par les musées d'Orsay et de l'Orangerie
avec les prêts exceptionnels du Musée cantonal des beaux-arts de Lausanne

Avec le soutien de

fondation suisse pour la culture
prohelvetia

COMMISSARIAT

Côme Fabre, conservateur au département des peintures du musée du Louvre
Paul Perrin, conservateur au musée d'Orsay

ORGANISATION DE L'EXPOSITION

Paris, musées d'Orsay et de l'Orangerie
Guy Cogeval, président des musées d'Orsay et de l'Orangerie
Alain Lombard, administrateur général
Anne Mény-Horn, administrateur général adjoint
Olivier Simmat, conseiller auprès du président et chef du service mécénat et relations internationales
Hélène Flon, chef du service des expositions
Stéphanie de Brabander, responsable d'expositions
Martin Michel, scénographie
Costanza Matteucci, graphisme
François Austerlitz, éclairage

PRÊTEURS

ÉTATS-UNIS

Boston, The Lowell Institute, William Lowell, courtesy of the Museum of Fine Arts ;
Museum of Fine Arts, Malcolm Rogers
Norfolk, The Chrysler Museum of Art, William Hennessey

FRANCE

Brie-Comte-Robert, Famille Vaudoyer
Montargis, Musée Girodet, Pascale Gardes
Nantes, Musée des beaux-arts, Blandine Chavanne, Sophie Lévy, Cyrille Sciama
Paris, École nationale supérieure des beaux-arts, Nicolas Bourriaud, Jean-Marc Bustamante ;
Musée du Louvre, Jean-Luc Martinez, Sébastien Allard ;
Petit Palais, Musée des beaux-arts de la Ville de Paris, Christophe Leribault

MONACO

Monaco, collection particulière, courtesy of Eckart Lingenauber

SUISSE

Bâle, Kunstmuseum, Dr Josef Helfenstein, Dr Nina Zimmer
Lausanne, Musée cantonal des beaux-arts de Lausanne, Bernard Fibicher, Catherine Lepdor
Neuchâtel, Musée d'art et d'histoire, Antonia Nessi
Zurich, Musée national suisse, Nicole Minder

REMERCIEMENTS

Les commissaires remercient chaleureusement toutes les personnes qui ont contribué à l'élaboration et au succès de l'exposition, à commencer par les généreux prêteurs, publics et privés. Le projet n'aurait pu naître sans l'appui inconditionnel et fondamental du Musée cantonal des beaux-arts de Lausanne, représenté par son directeur, Bernard Fibicher, et par Catherine Lepdor, conservatrice en chef : son accompagnement constant et bienveillant à toutes les étapes a grandement contribué à la qualité de l'exposition et à la bonne intelligence des relations, augurant de fructueux projets communs à l'avenir. Sébastien Dizerens, régisseur au musée de Lausanne, a donné accès au remarquable fonds d'art graphique et a veillé à l'organisation des nombreux prêts consentis. Que soient également remerciés les conservateurs et collaborateurs d'autres grandes collections publiques suisses, tout particulièrement Maryline Billod, Marie-Dolores Garcia-Aznar, Lucie Girardin-Cestone, Caroline Guignard, Charlotte Gutzwiller, Laurence Madeline, Nicole Minder, Antonia Nessi, Nicole Quellet, Christian Rumelin, Angela Zeier, Nina Zimmer pour leur accueil et leur soutien. Parmi les responsables de musées français, de sincères remerciements sont adressés à Sébastien Allard, Blandine Chavanne, Isabelle Collet, Pascale Gardes, Frédéric Lacaille, Christophe Lebirault, Sylvie Ramon, Stéphane Paccoud et Cyrille Sciama. Les commissaires remercient également les collaborateurs du Museum of Fine Arts de Boston et du Chrysler Museum of Art de Norfolk pour leurs prêts généreux. Les commissaires sont reconnaissants de l'écoute et des féconds échanges reçus des historiens de l'art Aimée Brown Price, Dario Gamboni, Pascal Griener, William Hauptman, Cecilia Hurley-Griener, Hélène Jagot, Andrea Linnebach-Wegner, Sébastien Mullier, Philippe Kaenel et Michel Thévoz. Barry Bergdoll, Nicolas Beurret, Sophie Eloy, Thadée Prate, Hermione Sharp et Jenny Sponberg permirent d'entrer en contact avec les collectionneurs privés qui ont consenti les généreux prêts, parfois inédits, dont l'exposition est redevable. Le duc et la duchesse de Luynes ont aimablement autorisé les prises de vue des peintures de Gleyre que renferme le château de Dampierre. Sur une proposition spontanée de Sylvie Patin, conservateur général, un timbre en hommage à Charles Gleyre sera émis le 5 juin 2016 par la Poste française, réalisé grâce au travail d'Alice Bigot et de ses équipes : qu'elles en soient toutes deux remerciées.

Au musée d'Orsay, l'engagement et le talent de tous les collaborateurs doit être souligné : Hélène Flon, Stéphanie de Brabander, Jean Naudin pour la coordination du projet, Patrice Schmidt pour les prise de vue, Marie-Pierre Gaüzès et Candice Brunerie à la régie des œuvres, Lionel Britten, Isabelle Gaëtan, Clémentine Lemire et Philippe Mariot à la documentation, Agnès Marconnet, Helena Patsiamanis et Véronique Beauregard pour les commandes d'ouvrage à la bibliothèque, Michaël Chkroun, Françoise Fur, Nathalie Mengelle au service de la conservation ainsi que les collègues conservateurs du musée d'Orsay Sylvie Patry, Isolde Pludermacher et Alice Thomine-Berrada ; que soient aussi rappelés le travail remarquable d'Amélie Hardivillier, Coralie David, Marie Dussaussoy, Marion Guillaud à la communication, Michaël Caucat aux relations publiques, Olivier Simmat, Guillaume Maréchal, Vincent Bitker, Clara Dufour et Aurore Drapeau pour la recherche de mécénat, Fiona Gomez au secrétariat de la présidence, Luc Bouniol-Laffont, Scarlett Reliquet, Rosa Djaoud, Françoise Le Coz au service culturel, Philippe Casset, Élodie Tamburrini et le service juridique et financier. Annie Dufour, Virginie Berri et Jean-Claude Pierront ont veillé à la beauté et à la qualité du présent catalogue. Anne-Sophie Moccelin, stagiaire au musée du Louvre, a fourni le patient travail d'établissement des notices techniques et de la bibliographie. La scénographie et le graphisme de l'exposition sont redevables au talent de Martin Michel et de Costanza Matteucci.

Reconnaissants envers la disponibilité et le soutien apportés aux multiples demandes et questions qu'a suscitées la préparation de l'exposition, les commissaires tiennent à exprimer leur gratitude envers Mary Frances Allen, Cristina Arlian, Matthieu Bard, Malika Berri, Maryse Bertrand, Emmanuelle Boé, Martine Bovet, Stéphanie Brivois, Sandra Buratti-Hasan, Hubert Cavaniol, Christian Châtellier, Marie-Claude Chaudonneret, Pierre Curie, Christine Delaunay, Vincent Delieuvin, Clarisse Delmas-Kroell, Martine Depagniat, Marie-Hélène Didier, Patrick Faucheur, Dominique de Font-Réaulx, Aude Gobet, Adrien Goetz, Stéphane Guégan, Frank Heidermanns, Sophie Leconte, Martine Kaufmann, Felix Krämer, Ludovic Laugier, Sylvain Laveissière, Olivier Laville, Brigitte Lot, Irène Mainguy, Molly Marder, Jérôme Montchal, Jérôme Montcouquiol, Janet Moore, Regina Moreira, Klaus-Dieter Pohl, Lauren Reid, Céline Rincé-Vaslin, Dr. Mylène Ruoss, Marie-Pierre Salé, Jean-Pascal Viala, Rita Wagner, Véronique Wilczynski.

Les commissaires adressent leurs profonds remerciements à la fondation Pro Helvetia, généreux mécène de l'exposition et du présent catalogue.

PRÉFACE

ESSAIS

AUTEURS

Aimée Brown Price
Historienne de l'art indépendante

Côme Fabre
Conservateur au département des peintures du musée du Louvre

William Hauptman
Historien de l'art indépendant

Catherine Lepdor
Conservatrice en chef, Musée cantonal des beaux-arts de Lausanne

Dr. Andrea Linnebach-Wegner
Historienne de l'art, université de Kassel (Allemagne)

Sébastien Mullier
Enseignant de Lettres modernes en Hypokhâgne et Khâgne au lycée Auguste-Blanqui de Saint-Ouen

Paul Perrin
Conservateur Peintures au musée d'Orsay

Cyrille Sciama
Conservateur chargé des colletions XIXe siècle, Musée des beaux-arts de Nantes

Michel Thévoz
Professeur honoraire de l'université de Lausanne

Faisons de ses faiblesses une force : la peinture de Charles Gleyre

Guy Cogeval, président des musées d'Orsay et de l'Orangerie

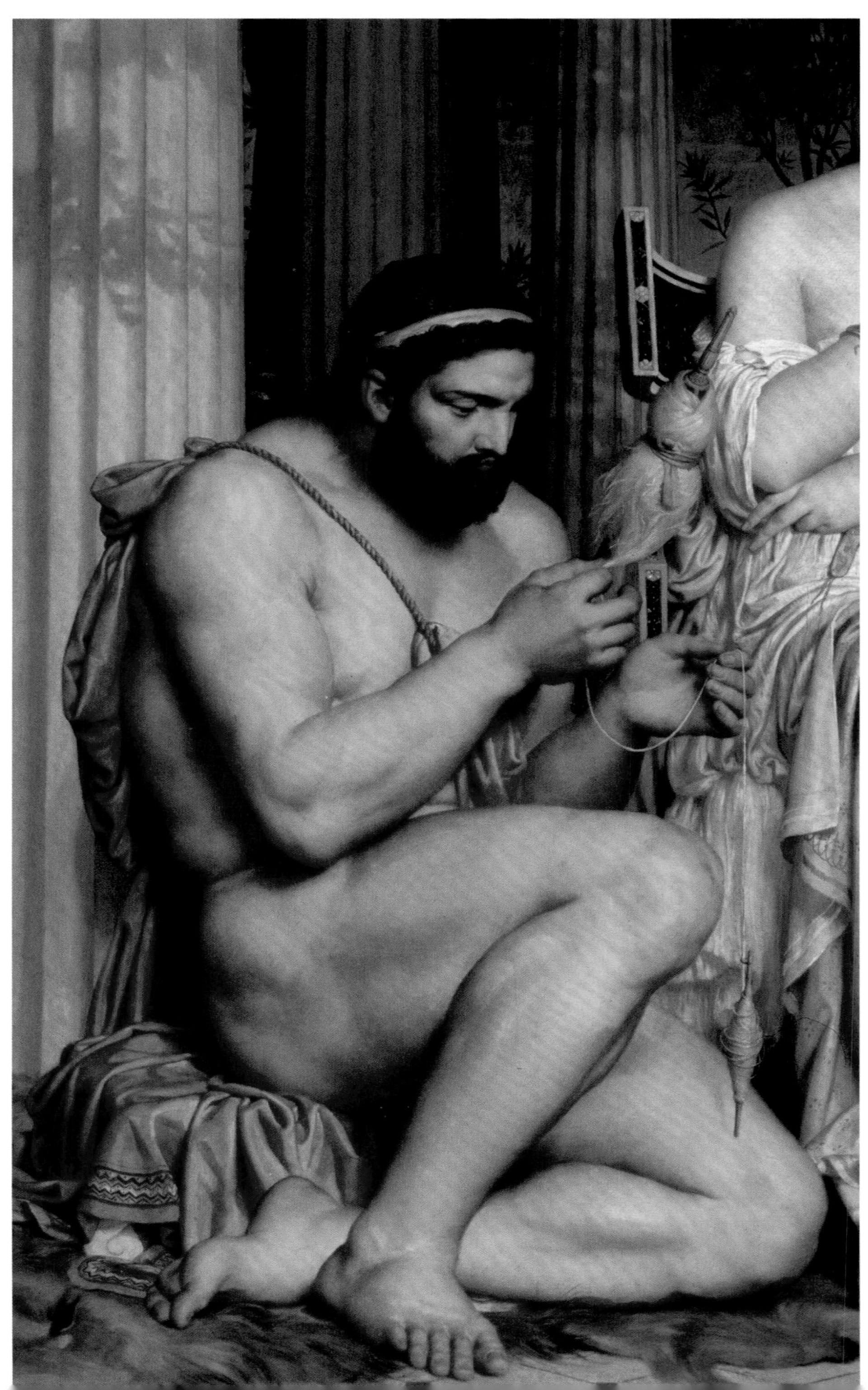

À l'inverse de la Suisse qui a régulièrement entretenu son souvenir, aucun musée national français n'a jusqu'à présent consacré d'exposition à Charles Gleyre, pourtant Parisien d'adoption, ami de Flaubert, de Musset et de Mérimée. Qualifié sans vergogne par ses élèves impressionnistes d'« estimable peintre suisse » (comprenez « provincial »), expédié au rang des vieilles lunes de l'académisme par les historiens de l'art du premier XXe siècle, Gleyre est vite tombé dans l'oubli malgré le beau travail de sauvetage entrepris par son fidèle ami, le critique d'art Charles Clément au lendemain de sa mort. Peine perdue : à une époque où l'histoire de la peinture s'écrivait avant tout à partir de ce qui était exposé et commenté aux Salons, de ce qui était visible dans les galeries et les musées parisiens, Gleyre avait ruiné lui-même toutes ses chances de postérité en se retirant des expositions et en cédant sans bruit ses chefs-d'œuvre à des mécènes suisses ou américains. Enterrés, les violeurs italiens – Gleyre aurait-il tourné le premier *giallo* ? – ; oubliées, les Nubiennes impudiques ; évanouies, les ménades assoiffées de sang et les pythies hystériques ; disparus, les ptérosaures et les féroces volailles préhistoriques ! Les yeux écarquillés de Minerve et les mains boudinées d'Hercule ne sont que des concepts tant qu'on n'en a pas éprouvé visuellement la puissance mystique et humoristique. Ne restait donc plus aux amateurs français que le roulis un brin écœurant des *Illusions perdues* « et autres balançoires » (Monet), qui résuma vite tout le talent de Gleyre : l'accès de faiblesse sentimentale d'un esthète froid et misanthrope, la barcarolle mièvre d'un ermite réputé sourd aux révolutions esthétiques de son temps. Si la langue fourchue d'Edgar Degas, brocardant Albert Besnard en « pompier qui a pris feu », s'était attaquée à Gleyre, sans doute aurait-il moqué « un pompier qui a pris froid ».

Le catalogue raisonné de William Hauptman (1996) et l'exposition organisée par Catherine Lepdor à Lausanne en 2006 ont certes fait réapparaître la profonde originalité de son inspiration et les contradictions fertiles de sa personnalité vagabonde, indépendante et connectée. Mais à l'origine, il faut rappeler le choc reçu à la lecture de *L'Académisme et ses fantasmes*, publié en 1980 par Michel Thévoz, ancien conservateur du musée de Lausanne et professeur à l'université de cette même ville. Pour la première fois, un compatriote vaudois prenait à bras-le-corps l'étrange cas de notre Dr Jekyll & M. Hyde de la peinture du XIXe siècle. Chaussant avec brio les lunettes extralucides de Freud, de Marx et de Foucault, Thévoz entreprit une analyse propre à décaper la légende dorée du scribe Clément. Il avait en effet sondé la profondeur effrayante cachée sous la surface lisse et calme des peintures de Gleyre et pouvait ouvrir pour nous une passionnante enquête dont voici le programme : « En nous inspirant de la méthode progressive-régressive préconisée par Sartre (*L'Idiot de la famille*), nous avons choisi le cas du peintre Charles Gleyre pour montrer comment l'académisme dans son essence, mais aussi par la complexion individuelle qu'il requérait chez ses représentants, illustre électivement "l'art-névrose". » (Thévoz 1980, p. 21) Gleyre devenait ainsi le rat de laboratoire d'une brillante démonstration révélant l'incroyable système répressif et carcéral dont la peinture académique est tout à la fois l'instrument et le produit. Au-delà des représentations confites en morale patriarcale, colonialiste et capitaliste, c'est un style pictural qui réprime l'usage libre des sens au profit de la consommation visuelle d'objets désirables, qui refoule la touche matérielle et originale au profit de l'illusion. S'il ne se laissait pas séduire d'emblée par l'aisance financière et le confort social offerts par cette production picturale, l'artiste récalcitrant devait nécessairement se plier au rôle romantique du génie torturé et maudit, rendu inoffensif

Charles Gleyre, *Hercule et Omphale*, détail, 1862, Neuchâtel, musée d'Art et d'Histoire
(voir cat. 99 p. 181)

par sa position volontairement marginale. « Il semble que, par un concours de circonstances familiales et sociales, la sensibilité de Charles Gleyre ait été en quelque sorte programmée pour s'accorder à l'idéologie de son temps et lui servir de diapason [...]. Ce n'est pas faute de s'être débattu – et ce sont justement ses vains efforts de résistance qui le rendent exemplaire à nos yeux par rapport au tout-venant des peintres académiques. » (*Ibid.*, p. 74) Sous la plume de Michel Thévoz, nous suivons donc la course tragique d'un jeune artiste rebelle, impertinent, indépendant, libéral de 1830 et anticlérical qui, après avoir subi toutes les épreuves de l'aliénation, de l'humiliation et de la castration, passe sous le joug de l'idéologie jusqu'à s'en faire le suppôt. *Le Major Davel* (1850), « allégorie de la castration », et *Le Retour de l'enfant prodigue* (1873), icône de la repentance, constituent l'apothéose du sacrifice sans conditions aux conventions de l'art bourgeois. Le tournant décisif survint avec *Le Soir* : Gleyre accède à la reconnaissance sociale lorsqu'il met finalement en scène un *alter ego* renonçant à toutes ses aspirations spontanées. « Ainsi, Gleyre donne à son ambition d'artiste les couleurs de l'illusion et de l'échec, il la frappe de la sanction suprême d'irréalité en introduisant le rêveur, son représentant, dans le tableau lui-même, il disqualifie son propre produit comme le fantasme nostalgique d'un jeune vieillard... et le public lui fait fête. Avec ses *Illusions perdues*, Gleyre inaugure le mythe de l'artiste névropathe, de l'écorché, du suicidé de la société. » (*Ibid.*, p. 111)

On aurait beau jeu, plus de trente ans après sa publication, de souligner le caractère daté et idéologique même du texte de Michel Thévoz. D'une part, il faut rappeler le courage qu'il y avait à proposer en 1980 une analyse sérieuse et approfondie – aussi critique soit-elle –, de l'académisme, à une époque où l'on ne s'extrayait qu'avec peine de la *doxa* moderniste pompidolienne encore triomphante. D'autre part, à la relecture contemporaine, l'éblouissement opère toujours. La réédition de l'ouvrage en 2016 est non seulement la preuve de sa vitalité, mais réactive une source dont les générations actuelle et future d'historiens de l'art pourront extraire de nouvelles pépites. Il a apporté un air nouveau au métier. Nous nous réjouissons de voir Michel Thévoz livrer dans le présent catalogue ses réflexions les plus fraîches nées d'une contemplation renouvelée de la peinture de Gleyre.

Personne ne pourra plus nier que la castration est un drame fondamental et éternellement rejoué dans la peinture de Gleyre : un simple aperçu des études préparatoires de nus masculins pour les compositions historiques fera prendre conscience d'une récurrence troublante des corps recourbés, affaissés, ployés. Les regards sont fuyants, les bouches se ferment, l'anatomie se dérobe, les muscles se dégonflent. Les femmes en revanche, qu'elles soient prêtresses, danseuses et musiciennes, se déroulent, se tendent et s'élancent pour crier, détruire ou créer. Hantise de la guerre des sexes, fantasme de l'inversion des genres, fascination pour la puissance ambivalente de la Femme : tous ces thèmes que l'on voit à l'œuvre dans sa peinture placent Charles Gleyre parmi les inventeurs des plus belles obsessions symbolistes. Et même si les créations ultimes, tel *Le Paradis terrestre*, paraissent céder au plus complet repentir, succomber au plaisir un peu béat de l'âge d'or retrouvé et de l'air pur du Jura, ne cédons pas à la naïveté ambiante. Méfions-nous du lapereau cro-mignon prêt à mordre le pied d'Ève ; remarquez la biche qui dévore les roses d'Omphale ou cette autre qui s'apprête à troubler le parfait miroir dans lequel se reflète Minerve. Observez la perfection inouïe de l'illusionnisme pictural porté à l'état de glaciation, l'allégresse carnassière de la mère de l'enfant prodigue, l'invraisemblable surenchère de bibelots qui transforme l'atrium pompéien en brocante néo-grecque, en chambre d'insupportable enfant pourri-gâté. Partout l'outrance, le détail de trop, l'artifice porté à son comble : symptômes d'une sourde anxiété, d'une insatisfaction chronique, d'une fièvre mal guérie ?

La quête constante de renouvellement porta Gleyre à entreprendre des voyages très risqués et explorer sans peur des territoires picturaux encore vierges. A-t-on idée de l'inconscience qu'il fallait pour s'enfoncer au cœur du Soudan en 1835, ou pour s'aventurer en 1855 dans l'imaginaire encore balbutiant de la préhistoire ? Gleyre partage certes avec de nombreux artistes de son siècle la conviction que le voyage dans l'espace est le meilleur moyen de voyager dans le temps. Seulement, l'indépendance et l'audace le mènent à s'aventurer plus loin que les autres, mais aussi à contre-courant. Delacroix et Chassériau ont vu au Maghreb les réminiscences vivaces de la Grèce antique : par un surprenant volte-face, Gleyre a trouvé dans le mythe grec dionysiaque son nouvel et véritable Orient, bien plus ambigu et stimulant selon lui que l'Égypte et le Soudan réunis.

Si l'aventure picturale de Gleyre peut être revécue aujourd'hui grâce à la présence, sans exception, de l'intégralité de ses chefs-d'œuvre, c'est grâce aux prêts exceptionnels de plusieurs musées français, américains et suisses parmi lesquels je veux remercier tout particulièrement le Musée cantonal des beaux-arts de Lausanne dirigé par Bernard Fibicher : « Charles Gleyre. Le romantique repenti » va inaugurer de fructueux échanges entre la capitale vaudoise et Paris, avec pour prochaine étape la présentation d'une rétrospective exceptionnelle de Maurice Denis dans les bâtiments neufs du futur pôle muséal de Lausanne.

Il appartient bien au musée d'Orsay de présenter pour la première fois l'œuvre de Charles Gleyre à Paris. Complémentaire à la manifestation lausannoise de 2006, cette nouvelle exposition veut rendre à Gleyre sa place sur la scène artistique parisienne du XIXe siècle, en dialogue avec ses aînés (Louis Hersent, Léopold Robert, Horace Vernet), avec ses élèves (Jean-Léon Gérôme, Henri-Pierre Picou, Auguste Renoir), ou en résonnance avec ses contemporains : Pierre Puvis de Chavannes, Gustave Boulanger, Jean-Jacques Henner, Arnold Böcklin. Elle va compléter une suite de grandes monographies de référence consacrées aux géants longtemps négligés, tels Jean-Léon Gérôme (2010) et Gustave Doré (2014). C'est aussi l'occasion de rappeler mon engagement pour la reconquête d'un pan entier de la peinture du second XIXe siècle. Au printemps 2015, le musée d'Orsay et la Fondation Mapfre organisaient à Madrid, pour la première fois depuis l'ouverture du musée en 1986, une grande exposition dédiée à la collection de peintures académiques du musée d'Orsay (« El canto del cisne, Pinturás académicas del Salón de París »). Chaque année, celle-ci s'enrichit considérablement à la faveur de nouvelles acquisitions, des retours de dépôts – citons le *Thamar* d'Alexandre Cabanel (1875), le *Persée* de Joseph Blanc (1967) ou l'*Herculanum* d'Hector Leroux (1891) – ou de la restauration de tableaux auparavant invisibles – tels que *Les Remords d'Oreste* de Baader (1875).

Tandis que *Penthée poursuivi par les Ménades* va courir à perdre haleine tout l'été au cinquième étage du musée d'Orsay, au rez-de-chaussée *Le Remords* d'Oreste de Louis Baader a été dévêtu de son vernis. Prenant exemple sur leurs cousines helvètes, *Les Femmes gauloises* d'Auguste Glaize (1851) feront bientôt entendre leurs voix à l'unisson des femmes helvètes maudissant *Les Romains passant sous le joug*. Le musée d'Orsay invite son public à redécouvrir une peinture inventive qui mérite mieux que le sort qu'on lui réserve d'ordinaire.

Essais

LA SCÈNE PRIMITIVE

Michel Thévoz

Au fond, la peinture est un métier d'aveugle. Pablo Picasso

Dès les premières lignes de son ouvrage, Charles Clément nous prévient : « Gleyre a caché sa vie et, autant qu'il l'a pu, ses œuvres. Mais je me demande si, tout ennemi qu'il fût du bruit, si, tout indifférent qu'il fût à la gloire, il n'a pas eu au plus profond du cœur la pensée qu'un jour une main affectueuse entrouvrirait au moins le voile dont il a voulu s'entourer[1]. » Se cacher, mais avec une arrière-pensée ! Doit-on comprendre que la notoriété que Charles Gleyre refusait expressément exauçait un désir inconscient ? Est-il de ceux qui se tiennent dans l'ombre en escomptant qu'on les en tirera de force ? Par définition, un artiste s'*expose*, mais faut-il l'entendre dans le sens d'une visibilité redoutée ou sollicitée ? Honte de soi ou exhibition ? Névrose ou perversion ? L'alternative n'est pas exclusive, bien sûr, surtout pas dans le domaine artistique. S'agissant de Gleyre plus particulièrement, cacher/montrer, cette oscillation entre l'invisibilité et le voyeurisme trouve son impulsion dans les dispositions psychiques du peintre et son amplification dans le contexte historique, elle dynamise l'œuvre entière à la manière d'un courant alternatif, précisément. Nous définirions volontiers son œuvre comme le laborieux et douloureux échec d'un choix existentiel de cécité qui, formulé dans le langage de la peinture, entre en résonance avec l'esprit du temps et opère paradoxalement comme un dévoilement – c'est du moins ce que nous allons essayer de montrer.

En commençant bien sûr par nous reporter à la grande composition intitulée *Les Brigands romains* (cat. 9). Bien que ce soit la première peinture importante qu'il aura réalisée, Gleyre a toujours refusé de l'exposer et même de la montrer à ses amis. Il la tenait pour un « péché de jeunesse[2] », nous rapporte Charles Clément, et il l'aura retranchée du corps de l'œuvre. Pour la faire entrevoir, néanmoins ? On peut se reposer la question. « Si on cache une région du corps, c'est pour mieux attirer l'attention sur elle », disait Montaigne. En l'occurrence, c'est réussi : c'est assurément celle de ses peintures qui aura suscité le plus de curiosité et le plus de commentaires, fussent-ils posthumes. Et ce n'est pas fini…

On pourrait parler d'une scène *primitive* dans tous les sens du terme : chronologique (l'entrée de Charles Gleyre en peinture), ethnographique (des voyageurs anglais violentés par des autochtones) et psychanalytique (observation du coït parental). Freud insiste sur la nature essentiellement visuelle de la scène primitive, sur le fait qu'elle s'applique essentiellement à la sexualité, et sur sa culpabilisation[3]. La vision, c'est la fonction de la distance, elle nous chasse du paradis et nous condamne à le regarder, précisément, par rabattement de l'érogénéité sur la zone rétinienne. Et le voyeurisme, c'est une persistance de la curiosité infantile de type libidinal, qui, « normalement », tombe sous le coup du refoulement. Effectivement, Gleyre se repent de sa faute et met ce tableau sur le compte de la jeunesse. Jamais il n'aura été aussi hardi, et jamais aussi honteux de sa hardiesse. Son autocensure apparaît aussi bien comme une réitération de l'*amnésie infantile*, qui rejette dans une obscure préhistoire psychique des désirs inavouables. Mais le propre du refoulé, c'est d'insister, et, dans les meilleurs des cas, de trouver une voie de décharge et/ou de médiation symbolique. C'est bien une constante chez Gleyre que d'exorciser le regard par la peinture en mettant de toile en toile la fonction visuelle dans tous ses états : curiosité, désir, agression, humiliation, honte, menace fusionnelle, extase, cupidité, indifférence, avec, en point d'orgue, la cécité…

Il est déjà symptomatique que cette première œuvre, si vigilamment soustraite à la vue, ait pour thème le regard. Le peintre a fixé l'instant où la violence n'était pas encore dans les actes mais dans un échange visuel (si l'on peut appeler cela un échange !). Chaque commentateur y est allé de son interprétation, objective ou projective, peu importe. Gleyre a-t-il composé cette scène de violence sexuelle sous l'effet d'une indignation vertueuse ou d'une imagination libertine ? Mais on sait que la morale et le péché

1 Clément 1878, p. 1.

2 *Ibid.*, p. 60.

3 Sigmund Freud, « L'homme au loup », dans *Cinq Psychanalyses*, Paris, PUF, 1967, p. 325-420.

Charles Gleyre, *Les Brigands romains*, détail, 1831, Paris, musée du Louvre, (voir cat. 9 p. 82)

s'impliquent mutuellement, le Surmoi moralisateur se conduit comme un sadique, et, inversement, la jouissance présuppose l'interdit, ils se superposent en s'inversant – un recto/verso auquel l'image est plus appropriée que l'écrit. On n'aura donc aucun scrupule à prendre l'option perverse plutôt que l'option moralisante, sauf à verser celle-ci dans le registre verbal – de fait, dans la conversation, Gleyre apparaissait comme un « monsieur en bois [...], l'esprit terne et ennuyeux[4] », et dans cette peinture, du moins aux yeux des commentateurs, comme un érotomane...

Paradoxalement, la victime féminine est la seule à échapper à l'interaction visuelle : personne ne lui prête attention, et elle se cache le visage – mais regardons de plus près, comme l'a fait déjà Charles Clément, qui note ceci : « Quelle grâce, quelle séduction dans cette attitude à la fois effarée et lascive ! » S'agissant d'un sujet aussi sensible, l'ami et historiographe de Gleyre a dû peser ses mots : « lascif » (enclin au plaisir amoureux) sous-entend une certaine complaisance de la part de la victime (une « pudeur bien haut placée », diraient les censeurs). Ses mains sur le visage cachent-elles sa peur ou son trouble ? Plutôt qu'une référence à *Phryné devant ses juges*, on est tenté d'y voir un prélude à *L'Origine du monde* de Gustave Courbet, autant de variantes de la femme sans tête, ou de la « femme d'en bas », pour reprendre l'expression elle aussi misogyne de Freud dans *Le Fétichisme*. On a bien l'impression que, si le visage se cache, c'est parce que le corps s'offre. Au fait, est-ce que la victime présumée ne regarde pas *entre ses doigts* ? Ce qui signifierait qu'elle veut voir, mais qu'elle ne veut pas qu'on voie qu'elle regarde... Le scénario du regard se complique !

L'autre victime présomptive, c'est le mari ligoté, qui a les traits d'Horace Vernet, comme William Hauptman l'a fait remarquer[5]. Si l'on suit les différents commentateurs, Gleyre exprime ainsi au père de celle qu'il aime la colère d'un prétendant éconduit, il manifeste au représentant du pouvoir monarchiste ses convictions républicaines, il trahit peut-être même une attirance homosexuelle[6]. Il n'est pas interdit de penser que Gleyre lui-même s'est identifié à ce regardeur empêché et/ou dispensé par ses liens de toute implication physique – le peintre n'est-il pas par définition un metteur en scène qui se met hors du champ ? Bref, l'image, à tous égards, entretient une indécision qui est peut-être déjà celle de son auteur et qui autorise par conséquent toutes les interprétations. Restons pour le moment dans le registre sexuel. L'homme était attaché la face contre l'arbre. Qu'est-ce qui l'a poussé à se retourner malgré ses liens et à regarder ? La rage impuissante ou la curiosité ? L'une n'empêche pas l'autre, encore une fois. Le cas échéant, il s'agirait de la forme la plus sophistiquée du voyeurisme : le *candaulisme* (je cite *Wikipédia* : « Le candaulisme, qui vient du nom de Candaule, un roi semi-légendaire de Lydie ayant régné vers le VIIIe siècle av. J.-C, est une pratique sexuelle dans laquelle l'homme ressent une excitation en exposant sa compagne ou une image de celle-ci à d'autres hommes ou à d'autres femmes. Par extension, on parle de candaulisme lorsque des rapports sexuels ont lieu entre une femme et un ou plusieurs hommes ou femmes, devant le regard consentant et demandeur du partenaire exclusif de celle-ci », fig. 1).

Est-il besoin de poursuivre cette comparution qui ne fait qu'échauffer nos imaginations d'exégètes ? On sait de toute manière que, dans la scénographie de la perversion, les rôles du sadique et du masochiste, du voyeur et de l'exhibitionniste, du roi Candaule et de ses courtisans, et, plus généralement, du vice et de la vertu (Kant avec Sade...) permutent allègrement. Cette œuvre nous offre pour ainsi dire le catalogue de ce que Freud a indexé du terme générique de « disposition perverse polymorphe ». Cependant, si osée soit-elle pour son époque, elle ne peut être qualifiée de pornographique. La pornographie est simpliste, si ce n'est débile, elle l'est constitutivement, et c'est ce qui fait son charme,

4 Edmond et Jules de Goncourt, *Journal 1851-1863*, Paris, Les Éditions de l'Imprimerie nationale de Monaco, 1956, vol. I, p. 911.

5 Hauptman 1981, p. 17-43.

6 Voir Shaw Cable 1999, p. 15-28.

fig. 1 Jean-Léon Gérôme, *Le Roi Candaule*, 1859, huile sur toile, 67,3 × 99 cm, Ponce, Museo de Arte de Ponce, The Luis A. Ferré Foundation Inc.

elle est sans secret, totalement extravertie, elle est *innocente* somme toute, aussi niaise que l'opéra – aussi populaire que lui au demeurant. Or, ce qui fait l'intérêt de ce tableau, c'est la complexité, autrement dit la *détrivialisation* de la scène primitive.

Celle-ci s'amorce avec le personnage central, le brigand héroïque aux couleurs italiennes et à l'allure de *carbonaro*, leader du groupe, qui toise le voyageur ligoté. À vrai dire, on l'imagine en révolutionnaire plus qu'en violeur. Les mains sur les hanches, il est en train de décider de la suite des événements, une décision qui se lit dans son regard, ou plutôt qu'il prend *par* son regard, qu'on peut donc qualifier de *performatif*. Et l'on a des raisons de penser qu'il va libérer la victime non seulement des violeurs mais de son mari...

Voilà qui nous fait passer sans solution de continuité de l'économie libidinale à l'économie politique et qui nous engage à réinterpréter les points de mire respectifs. L'Anglais, préfiguration du touriste nanti, outré par l'atteinte à la propriété, c'est évidemment la personnification du capitalisme. Le Robin des Bois au chapeau à plumes, disions-nous, c'est un héros partageur, représentant les idéaux socialistes du peintre. Le brigand le plus âgé et le plus lubrique, qui se délecte à la vision des pièces d'or, c'est une réincarnation du Père Goriot, sexualisant l'argent par transfert. Les deux autres brigands, qui parient de leurs doigts levés la possession de la femme comme s'ils la jouaient à la Bourse, en se soumettant à la règle du jeu plutôt que d'en venir aux mains, sont visiblement plus excités par la concurrence que par la femme elle-même. Somme toute, de l'avare balzacien aux jeunes joueurs, on passe du capitalisme des épargnants à celui des spéculateurs, de la jouissance de l'avoir à celle du risque. Quant à la femme à demi dénudée, ce n'est qu'une valeur d'usage résiduelle qui n'appelle aucun regard – aussi bien les pièces de vêtement, en bas à gauche, interviennent-elles en tant qu'indices du fétichisme (au sens psychanalytique et marxiste). Bref, le désir sous toutes ses formes de même que la violence sont réintégrés dans l'économie marchande.

Il est étonnant que, dans cette première grande composition, que Charles Clément qualifie de « scabreuse », tout soit donné sans réserve – du moins avec le minimum de réserve imposé par l'époque. Pour la première et la dernière fois de sa vie, Gleyre peintre aura affronté le *hic et nunc*, c'est-à-dire une scène contemporaine qui a lieu dans le pays où il séjourne. Le désir ne s'y astreint à aucun détour métaphorique, les convictions politiques s'affichent, la réalité intérieure du peintre coïncide avec sa production. C'est étonnant pour un début ! Les psychanalystes qui se sont risqués dans le domaine artistique nous présentent pourtant le créateur comme un névrosé qui, à la faveur de cette espèce de narcose que produit l'effet esthétique, parviendrait d'œuvre en œuvre à rendre ses fantasmes communicables. La création artistique opérerait à la manière d'une anamnèse ou d'une cure psychanalytique au cours de laquelle le peintre ou l'écrivain formulerait de plus en plus ouvertement des pensées latentes et, ainsi, s'en libérerait. Le développement de l'œuvre obéirait donc au principe de « levée progressive du refoulement[7] », ce qui permettrait par exemple, en l'absence d'informations chronologiques, de dater telle ou telle production selon le degré de transparition fantasmatique qu'on peut y déceler.

Or, si l'on devait appliquer ce principe de datation à l'œuvre de Charles Gleyre, on placerait *Le Retour de l'enfant prodigue* (cat. 106) tout au début et *Les Brigands romains* (cat. 9) tout à la fin ! Notre peintre paraît donc inverser ou court-circuiter le processus « normal » d'émergence des pensées refoulées. Notons qu'il n'est pas le seul : du Caravage à Damien Hirst, en passant par Chardin, Cézanne, Klee, Warhol, d'autres encore (le recensement reste ouvert), l'œuvre *commence* avec le passage à l'acte symbolique, fétichisme, viol, torture, décapitation, dépeçage, etc. Ainsi, il arrive que le travail artistique aille au rebours de la cure analytique, comme si l'artiste *névrosait* son expression par les voies du déplacement, de la métaphore et de la métonymie. Quelles sont les raisons d'un tel renversement ?

Il faut relever d'abord que, dans sa période italienne, le peintre est au creux de la vague, pour des raisons qu'on peut se contenter de rappeler. Il a été dès son enfance plongé dans le climat de guerre civile permanente qui caractérise le XIXe siècle, en porte-à-faux entre la classe des exploités et la bourgeoisie qui a tiré le bénéfice de 1789. Son père, Charles-Alexandre, paysan pauvre mais cultivé, s'était porté volontaire en 1802 dans la lutte pour l'indépendance et a probablement participé à l'insurrection paysanne qui a conduit à la destruction des archives conservées au château de La Sarraz (tout près de Chevilly), c'est-à-dire à l'abolition des anciens droits féodaux[8], une révolte rapidement instrumentalisée par les notables locaux. Après sa mort, Charles, qui a douze ans, est recueilli ainsi que ses deux frères par son oncle, François Gleyre, courtier d'affaires à Lyon. Depuis deux siècles, la ville de Lyon est agitée par des troubles sociaux opposant les travailleurs de la soie d'abord à l'aristocratie, puis aux marchands spéculateurs. Gleyre, qui envisage une carrière de dessinateur industriel, est à nouveau pris entre deux feux, c'est-à-dire entre les idéaux socialistes (notamment saint-simoniens) des canuts, auxquels il adhère, et l'idéologie des bourgeois qui le rémunèrent. À Paris, où il va vivre en 1825 dans des conditions de grande pauvreté, il assiste à la volte-face des peintres formés comme lui à l'école de David et réduits à servir le régime de Louis-Philippe. À Rome, nous l'avons vu, il se voit éconduit de la seule passion amoureuse de sa vie pour des raisons sociales. Et, comme si cela ne suffisait pas, c'est en Égypte et au Soudan qu'il finira ce voyage initiatique de la désillusion : attiré par les « couleurs brillantes de l'Orient », il découvre la « sale écume de l'Europe[9] » (c'est-à-dire les colons), ainsi que la misère des indigènes. Somme toute, de Chevilly à Khartoum, de l'échec des révoltes paysannes à la réalité coloniale, il aura franchi tous les cercles du désenchantement affectif et politique.

7 Voir Sarah Kofman, *L'Enfance de l'art, une interprétation de l'esthétique freudienne*, Paris, Payot, « Science de l'homme », 1970, p. 125.

8 Voir le témoignage de Jean-Daniel Gaudin, cité par Hauptman 1996 a, p. 38 ; et Michel Pahud, « L'insurrection au village », dans *Le Canton de Vaud, de la tutelle à l'indépendance*, sous la direction de François Jequier, *Études et Enquêtes*, n° 30, automne 2003, p. 62.

9 *Op. cit.*, p. 91.

Sans doute est-ce sous l'effet de cette désillusion qu'il renoncera à l'exécution du tableau en trois parties (*Le Passé, le Présent et l'Avenir*) imaginé le 2 juillet 1835 dans une barque sur le Nil, mettant en scène la réappropriation par le peuple des biens confisqués par la bourgeoisie, véritable manifeste de la démocratie économique, qui eût été un autre passage à l'acte, politique celui-ci. Après son retour d'Orient et à l'instar des peintres de sa génération, Gleyre tente de s'adapter à la demande. Le contraste est édifiant entre les dessins qu'il avait exécutés en Égypte, d'une objectivité troublante, hyperréalistes avant la lettre, réalisés dans l'esprit d'un travail documentaire préfigurant le reportage photographique, et les peintures orientalistes brossées après coup, avec supplément narratif, anecdotique ou exotique et dans une technique dite de « chic » (qu'on qualifie non sans indulgence de romantique). Mais c'est un échec. Et ce n'est pas le projet de décoration du château de Dampierre, notamment le forgeron au marteau et à la faucille, censé personnifier *Le Travail* (cat. 53), préfiguration sensationnelle du réalisme socialiste, qui allait habiliter le peintre aux yeux des commanditaires potentiels…

Logiquement, *Le Soir* (cat. 61), exécuté en 1843, aurait dû être sa dernière toile. Gleyre, pauvre, inconnu, sujet à des troubles visuels, dépressif, tire un trait, il donne la version onirique de son échec et de sa quasi-cécité. Il a lui-même déclaré s'être inspiré encore une fois d'une vision égyptienne. On y retrouve la barque hallucinogène, mais qui repart sans lui, avec à son bord les figures de la Mélancolie, dans une lumière crépusculaire. On peut se demander si cette œuvre, qui figure en exergue de toutes les anthologies de l'académisme, mérite cette réputation. L'académisme se caractérise par sa tournure « littéraire », édifiante, dévote, bavarde, c'est une peinture *à sujets* ; or la scène de la barque qui s'éloigne reste aussi énigmatique qu'un rêve. Certes, Gleyre l'a située dans un passé et un ailleurs bibliques (s'il s'agit bien d'anges), ou mythologiques (s'il s'agit d'allégories), ou historiques (dans le cas d'une référence à Homère), ou tout cela à la fois ; mais, de l'esquisse au tableau, les anges ont laissé tomber leurs ailes, les allégories leur sens, et Homère sa lyre et son inspiration. La composition est plus sibylline que littéraire, elle procède de la désespérance plutôt que du répertoire académique.

Or on peut considérer cette irrésolution iconographique comme providentielle. À l'instar de la boule de cristal de la voyante, elle autorise toutes les projections. Le public du Salon ne s'en est pas fait faute, qui s'enthousiasme pour *Le Soir*, le rebaptise aussitôt *Les Illusions perdues*, sans doute par assimilation au Lucien de Rubempré du roman de Balzac. Cette lecture pourrait être assimilée au *récit du rêve*, selon la définition qu'en donne la psychanalyse, c'est-à-dire une élaboration secondaire qui intègre les éléments oniriques dans la logique du conscient et leur assure une cohérence narrative – mais la comparaison s'arrête là : alors que le récit du rêve nocturne est le fait du rêveur lui-même à son réveil et qu'il fonctionne comme une censure, le récit du rêve pictural est produit par les regardeurs, il met les pensées latentes du peintre en interaction avec l'imaginaire collectif, il engage une réverbération génératrice de significations inédites. Par son incidence oblique, le regard *public* opère à la manière d'un éclairage frisant, il suscite un relief que le face-à-face du peintre et de sa peinture ne laissait pas soupçonner. Le succès surprenant du *Soir* révèle au peintre que son drame intime interfère avec celui de la société. Sa neurasthénie et sa quasi-cécité sont partagées : à se formuler par l'image, elles le font accéder à une carrière à laquelle il était en passe de renoncer. Suivant le principe de qui perd gagne (récurrent dans le domaine de l'art), c'est l'expression du deuil de sa propre créativité qui le consacre artistiquement. De même qu'il y a des injustices anatomiques qui nous font beaux ou laids, forts ou faibles, il y a des injustices ou des compensations psychiques qui font que telle disposition, qui eût été « normalement » pathologique, prend conjoncturellement le caractère d'une névrose exemplaire, mettant le sujet au diapason de son époque, c'est-à-dire en situation de résonateur inspiré, et le prédispose par conséquent à une carrière d'écrivain ou d'artiste. C'est là, pensons-nous, l'explication de ce renversement qui entraîne l'artiste à « névroser » ses fantasmes.

Gleyre paraît effectivement avoir tiré la leçon du succès des *Illusions perdues*. Il va dès lors cultiver l'indétermination iconographique, comme si, consciemment ou non, il spéculait sur la verve des regardeurs pour leur faire porter la charge du sens. Certes, il invoque la mythologie, la Bible ou l'Histoire, *ma non troppo*, les références restent allusives et sujettes à controverse – elles font d'ailleurs le bonheur des érudits, piqués au vif par la culture littéraire et historique dont ils créditent le peintre : est-ce bien au bord du lac Léman, à Montreux, que les Helvètes ont taillé en pièces l'armée romaine ? La reine de Saba entrant à Jérusalem vient-elle du Soudan, d'Éthiopie, ou d'un Orient de pacotille ? Les visions de saint Jean à Patmos relèvent-elles de l'exégèse biblique ou de la psychologie expérimentale ? Comment la croix de Jésus-Christ a-t-elle pu être déplacée du Golgotha à Césarée, où les apôtres se sont séparés ? Minerve, qui inaugure la flûte traversière avec deux mille ans d'avance, n'a-t-elle pas confondu les Grâces avec les Muses ? Comment la musicienne callipyge dans son intérieur néopompéien a-t-elle pu se retrouver dans la peau de Sapho ? Que vient faire la Vierge dans la distribution des langues de feu aux apôtres ? et les anges dans la décrue du *Déluge* ? Adam et Ève dans un paysage antédiluvien ? et Michel-Ange dans le mythe de Pandore ?

Nous avons montré ailleurs que la névrose d'échec de Gleyre trouvait une relève dans l'esprit du temps et nous n'allons pas y revenir, sauf pour ce qui concerne la fonction visuelle[10]. Le peintre n'a de destinataire possible que le bourgeois nanti, qui se considère comme l'homme universel. Alors que les détenteurs du pouvoir se sont toujours affirmés

10 Thévoz 1980.

11 Dans *Le Tempérament nerveux. Éléments d'une psychologie individuelle et application à la psychothérapie*, 1911, traduit de l'allemand, Paris, Payot, 1948.

12 Philippe Lanthony, *Les Yeux des peintres*, Lausanne, L'Âge d'homme, 1999, p. 145-149.

13 Gamboni 2006-07, p. 118-135.

fig. 2 Jacques-Louis David, *Homère disant ses poèmes*, 1794, pinceau et lavis gris, sur traits au crayon noir et à la sanguine, 27,2 × 34,5 cm, Paris, musée du Louvre

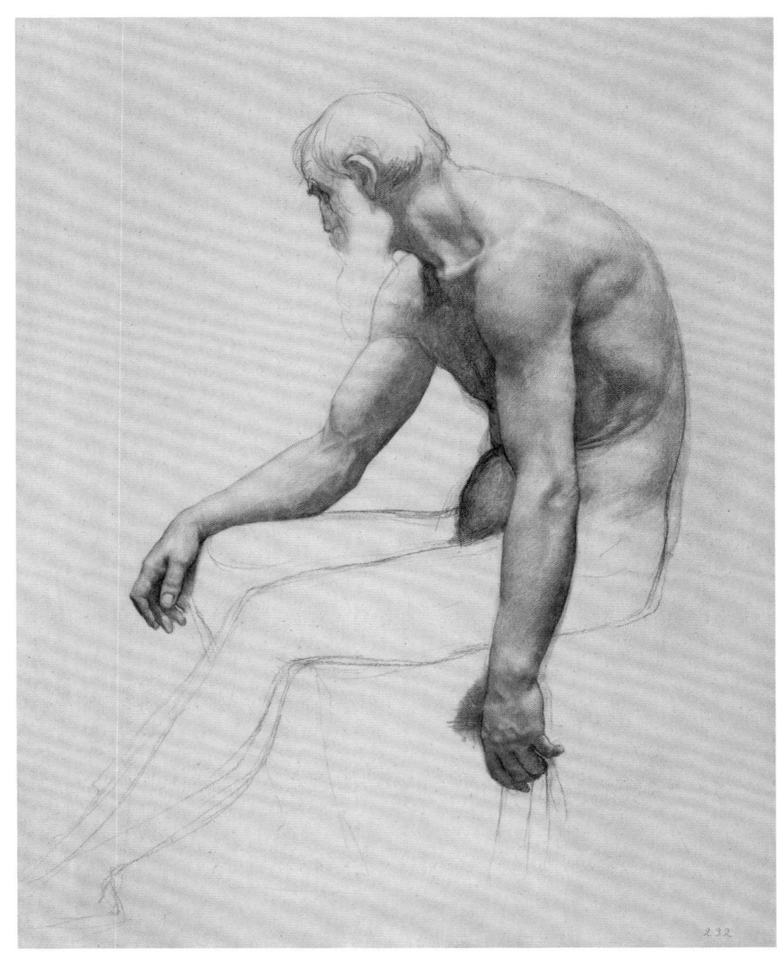

fig. 3 Charles Gleyre, Étude pour *Le Soir* (vieillard), 1843, Lausanne, Musée cantonal des beaux-arts. Cat. 116

par la violence et/ou par la représentation, la bourgeoisie est historiquement la première classe dominante à se nier comme telle, pour ne pas être victime à son tour des principes égalitaires qu'elle professait. Elle veut un art qui l'entretienne dans cette hallucination négative et qui lui fournisse des images *palliatives* (au sens étymologique : voile peint). Comme tous les peintres académiques, Gleyre ignore les bouleversements de son époque ou, du moins, il ne les prend pas en considération en tant que peintre, il les *ignore* au sens actif, il nous initie, qu'il le veuille ou non, au processus de déni de la réalité, il s'aveugle sur son temps, le pinceau à la main, il est donc bien placé pour présenter un miroir aveugle à ceux qui le rémunèrent. Si, à cette époque, le peintre officiel peut être considéré comme le gardien du sommeil de la bourgeoisie, Gleyre veille plus spécialement à sa cécité ; de surcroît, il y est prédisposé par l'ophtalmie qu'il a contractée probablement en Égypte, au moment précisément où il a *vu* la réalité coloniale.

Il convient de s'arrêter sur cette hypothèse d'une *cécité hystérique*, qui, plus d'un siècle après les découvertes freudiennes, fait encore ricaner certains historiens de l'art. On peut très bien admettre que Gleyre a été victime d'une affection contagieuse. Dans *La Compensation psychique de l'état d'infériorité des organes*[11], le psychanalyste Alfred Adler montre comment certains individus affligés d'une déficience organique sont capables de développer des aptitudes supérieures à la moyenne, comme si c'était précisément le trouble de l'organe qui stimulait l'investissement intellectuel ou artistique. De fait, la liste que le médecin ophtalmologue Philippe Lanthony a dressée des peintres ayant présenté une pathologie ophtalmique est impressionnante[12]. On serait tenté dès lors d'inverser le rapport de causalité et d'invoquer une complaisance organique venant en seconde instance entériner et/ou surdéterminer une disposition mentale. Peut-être la « vraie » affection virale est-elle venue comme par hasard soulager Gleyre d'une aspiration inconsciente à la cécité. Ou, pour dire la même chose autrement, le désir de cécité a produit ses propres causes organiques, comme cela se passe parfois dans les maladies. La question de la précession du psychique ou du somatique, des troubles psychogènes ou de l'ophtalmie virale, bref, du corps et de l'esprit ressortit à ces alternatives brutales auxquelles le langage verbal nous accule, mais dont la pensée plastique nous affranchit. Quoi qu'il en soit, il faudrait être pathologiquement résistant à la psychanalyse pour ne pas admettre une interférence psychique dans un processus morbide. Et peu importe après tout dans quel sens la causalité opère, c'est l'inconscient générateur qui nous intéresse, ce sont les perspectives qu'ouvrent en l'occurrence la honte attachée à la fonction visuelle, le voyeurisme et sa stigmatisation, l'élusion en chaîne des regards. Pour le dire dans une formulation un peu sartrienne, il est permis d'envisager cette œuvre sinon, en amont, comme un projet existentiel d'aveuglement, du moins, en aval, comme une *cécité réussie*.

Pour en revenir aux *Illusions perdues*, et à propos de ce tableau précisément, Dario Gamboni notait que « l'image d'un échec n'est pas un échec[13] ». On pourrait en dire autant de la représentation picturale de la cécité, c'est-à-dire de la référence homérique au poète aveugle. La scène entière doit son statut d'irréalité au front baissé du vieillard et à son regard intérieur (fig. 3). S'il fallait lui chercher une antécédence, c'est chez David assurément, mais moins l'esquisse de *Bélisaire demandant l'aumône* que celle de *Homère disant ses poèmes* (fig. 2). David avait projeté cette composition en 1794, pendant la réaction thermidorienne, dans sa prison du Luxembourg, et dans l'esprit de ses productions jacobines. On y voit le poète assis, le bras tendu, avec, à sa gauche, le groupe des auditeurs transportés par son chant, dessinant déjà la forme de la barque. L'analogie formelle est évidente avec l'esquisse de Gleyre (dans laquelle le poète tend encore les bras). Cependant, d'une scène à l'autre, la flèche du temps s'inverse, on passe de l'aube de la démocratie à la réaction obscurantiste, de l'utopie au désenchantement, bref, d'une cécité à l'autre.

On pourrait ainsi parcourir toute l'œuvre de Gleyre en se reportant à la trigonométrie des regards comme à un schème explicatif, ou du moins symptomatique. Prenons les scènes bibliques auxquelles Gleyre doit se résigner et qui ne font assurément pas oublier qu'il est athée. Dans *La Séparation des apôtres* (cat. 63), les regards divergents balaient désespérément la voûte céleste. S'il est vrai qu'on lève les yeux au ciel soit par agacement, soit par dévotion, pour se détourner de la réalité ou pour s'en remettre à une instance supérieure, le peintre se sera laissé jouer par cette amphibologie. Il donne l'impression d'avoir illustré (sans doute involontairement) l'atomisation sociale plutôt que l'unité de la Foi. Dans *La Pentecôte* (cat. 64), on passe à un strabisme convergent, mais avec les mêmes yeux cataleptiques et littéralement sérigraphiés qui ont consterné les contemporains[14]. *Le Major Davel* (cat. 70), dont le rôle politique aura été de « moraliser » les aspirations révolutionnaires, autrement dit de les démobiliser, s'inscrit encore dans cette veine religieuse. Le séditieux repenti réfléchit vers le ciel l'attention révérencieuse qui se porte unanimement sur lui. C'est encore un regard central qui décide du sens de la scène et qui invoque la transcendance comme alibi de la désaffection sociale.

Minerve et les trois Grâces (cat. 91), c'est plus que jamais l'épiphanie du regard, qu'un nimbe énigmatique et pas très catholique vient encore intensifier. Le peintre s'est contenté encore une fois d'un prétexte mythologique ou narratif que les commentateurs perplexes s'accordent à considérer comme incohérent. Est-ce le regard d'une femme jalouse, hystérique, extatique, hallucinée, mortifère, fascinée par son propre reflet ? C'est le regard d'une *femme* aux yeux de Gleyre, c'est-à-dire la conjonction de tout cela, la collusion de la beauté et de l'horreur. Les peintres sont majoritairement des hommes, volontiers médusés par les femmes, c'est l'une des raisons pour lesquelles certains sont devenus peintres, précisément, pour désactiver homéopathiquement leur regard, pour prendre sur elles ce même recul qu'ils

fig. 4 Charles Gleyre, *Portrait de Marie-Marguerite Ormond*, 1870-1871, huile sur toile, 93 × 63 cm, Vevey, musée Jenisch

prennent sur leur toile, pour renverser le pouvoir hypnotique. Avec *Minerve et les trois Grâces* tout particulièrement, la peinture se place sous le signe de Méduse, illustrant le propos de Jean Clair : « Le peintre, en tant qu'il est celui qui, "par nature", est doté d'un œil supérieur à la normale, est aussi celui qui, plus que ses semblables, se sent soumis à la menace de l'aveuglement et de la castration[15]. »

Effectivement, chez Gleyre, qu'il s'agisse de la relation sexuelle ou sociale, le pouvoir s'exerce essentiellement par le regard, phallocrate ou castrateur. Il n'engage aucun échange, il force l'autre à baisser les yeux. Nausicaa, la femme au fouet, toise Ulysse nu, sale et affamé. Les Ménades, les femmes helvètes, la nymphe Écho renchérissent dans l'humiliation. On se demande si Omphale s'intéresse à la quenouille entre les mains d'Hercule, qui ne se débrouille pas si mal, ou, suivant sa ligne de mire, à ce qui se cache dans cette musculation de culturiste. Ruth l'humble servante joue avec une rouerie toute féminine de l'attirance érotique que les oppresseurs éprouvent pour leurs victimes. Bref, les femmes sont très souvent les instigatrices de cette trigonométrie perverse.

Dans le fascinant *Portrait de Marie-Marguerite Ormond* (fig. 4), cependant, ladite trigonométrie se rabat, le peintre est directement confronté à son personnage, qui le regarde les yeux dans les yeux, non plus d'un lointain passé mythologique mais en « temps réel ». Comment, physiquement, soutenir un tel regard quand on est aussi scopophobe que Gleyre ? *Physiquement*, justement, comme le faisait jadis un de mes condisciples qui s'exerçait à vaincre sa timidité : dans le métro ou dans l'ascenseur, il se forçait à regarder fixement dans les yeux la personne contre laquelle il était serré. Il a fini par me révéler son astuce : il se concentrait sur la physiologie de l'œil, sur la transparence de la cornée, les modulations de l'iris, l'humeur aqueuse de la conjonctive, etc. On pourrait y voir une prémisse de la discipline artistique. Gleyre réduit l'organe à sa matérialité anatomique, il exorcise le regard par l'œil (pour reprendre l'opposition lacanienne[16]), il élude ou il diffère la subjectivité de son modèle par une démonstration de virtuosité picturale stupéfiante. D'être peintre, c'était peut-être la seule façon de regarder une femme dans les yeux…

Avec *Le Retour de l'enfant prodigue* (cat. 106), cette cécité hyperbolique, comparable au doute de Descartes, trouve son accomplissement idéologique. L'épicentre de la composition, c'est un regard encore une fois, celui du père triomphant qui recouvre son autorité, ou du propriétaire qui récupère son fils, un regard qui opère par antiphrase : « Fermons les yeux sur ce qui s'est passé ! », et qui préfigure notre leitmotiv : « Oublions Mai 1968 ! » L'attitude de l'enfant repenti vient compléter cette mise en scène de l'amnésie visuelle. Gleyre, de retour dans son village natal, évoque ainsi sa propre capitulation artistique comme une métaphore de la restauration politique. Au terme de toutes les variations prophylactiques sur le thème du regard, de son érotisation et de sa culpabilisation, il aura passé sa vie et consacré son œuvre à forclore la scène primitive.

Tout bien considéré, à l'ère néolibérale, l'œuvre de Charles Gleyre n'apparaît-elle pas plus *actuelle* que celles de ses élèves impressionnistes ?

14 Il aura fallu attendre un siècle et demi pour que ce tableau provoque une véritable émotion religieuse, chez Burollet 2006-07, p. 166-175.

15 Jean Clair, *Méduse*, Paris, Gallimard, 1989, p. 211.

16 Jacques Lacan, « La schize de l'œil et du regard », dans *Le Séminaire*, livre XI, Paris, Seuil, 1973, p. 63-109.

CHARLES GLEYRE EN FRANCE : LE RETOUR D'UN FILS ADOPTIF

Côme Fabre

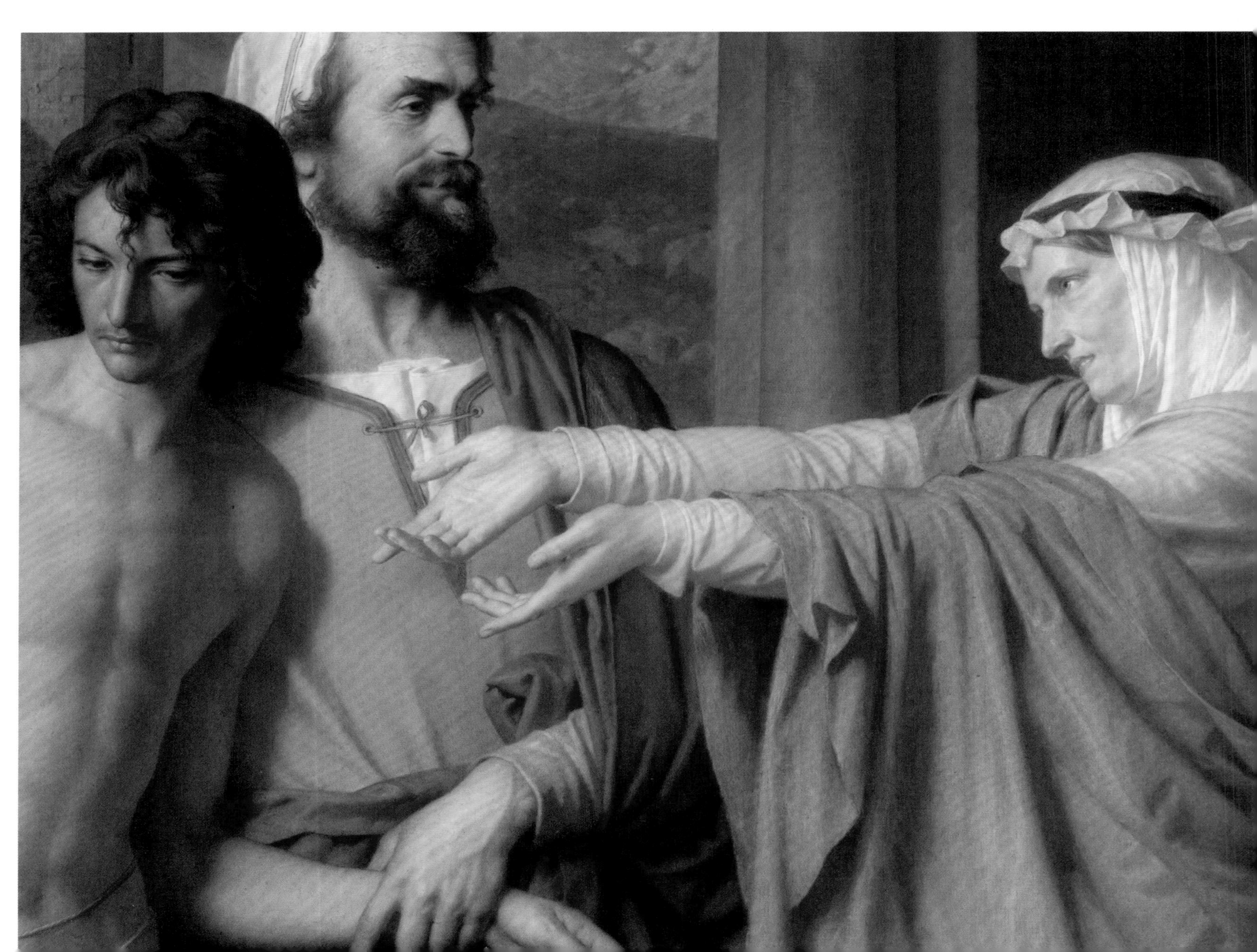

Après s'être parfois plaint d'avoir raté sa vie, Charles Gleyre aurait-il aussi manqué sa mort ? Il s'éteignit à Paris le 5 mai 1874, en pleine période annuelle d'effervescence artistique. Quatre jours après avoir visité le Salon au palais de l'Industrie, l'artiste fut terrassé par une rupture d'anévrisme de l'aorte alors qu'il parcourait une autre exposition, organisée au Palais-Bourbon au profit des Alsaciens-Lorrains. Rassemblant 650 prêts de peintures et de dessins, prêts consentis par de riches collectionneurs parisiens, cette manifestation faisait la part belle aux maîtres anciens ainsi qu'aux grands maîtres récemment décédés : ce serait devant un tableau d'Ingres que Gleyre succomba[1]. Dix jours plus tard fermait l'exposition de la Société anonyme des artistes, devenue célèbre par la suite sous le nom de « première exposition impressionniste ». Bien que deux de ses anciens élèves, Auguste Renoir et Alfred Sisley, y aient figuré en bonne place, Gleyre ne semble pas avoir fait partie des quelque 3 000 visiteurs que la curiosité pour la nouvelle peinture avait attirés depuis le 15 avril au 35, boulevard des Capucines. Quel signe ironique du destin les historiens ne se seraient-ils pas complu à rapporter si le vieux peintre, dévot du beau idéal et ennemi de la touche (« cette satanée couleur va vous tourner la tête », aurait-il dit un jour à ses élèves[2]), bref, si le maître du *Soir* (cat. 61) avait rendu l'âme devant *Impression, soleil levant* de son éphémère élève Claude Monet ? La scène cependant n'eut jamais lieu ; aussi la célébration de la naissance officielle de l'impressionnisme occultera-t-elle toujours en France la commémoration de la disparition de Charles Gleyre[3].

Un « bouddhiste » parisien

Certes, aux yeux du public parisien, Charles Gleyre avait déjà quitté les devants de la scène depuis quelques années. Hippolyte Taine, qui avait fait connaissance de l'artiste six ans avant sa mort, raconte : « La génération qui entrait alors dans le monde ne le connut que par sa *Barque* du Luxembourg [*Le Soir*] ; plusieurs même le croyaient mort. Jusqu'à la fin, il resta dans le demi-jour où, volontairement, il s'était confiné[4]. » Constatant l'absolu désintérêt de l'artiste vieillissant pour la renommée et la fortune, Taine évoque le déracinement du désir cher aux moines bouddhistes[5]. L'artiste n'avait plus exposé au Salon après 1849[6] et n'avait exercé la fonction de membre du jury qu'entre 1864 et 1869. La dernière présentation de quelques-unes de ses œuvres à la galerie Goupil remontait à 1860[7]. Peintre particulièrement lent, Gleyre peinait à répondre aux commandes qui lui étaient adressées, de sorte qu'il n'avait plus besoin de recourir aux marchands ni aux expositions. Depuis le début des années 1860, les commanditaires étaient presque exclusivement suisses, allemands ou américains, seule une minorité d'œuvres firent l'objet d'une reproduction publiée avant de quitter le territoire français[8]. Gleyre n'offrait qu'un accès fort limité à son atelier privé, situé au 94, rue du Bac ; quant à l'atelier d'enseignement qu'il dirigeait depuis 1843[9], ce dernier avait définitivement fermé ses portes quand éclata la guerre de 1870. Le convoi funèbre fut peu suivi, les articles nécrologiques ne furent pas légion. Dans la *Gazette des beaux-arts* en 1875, Paul Mantz avoue avoir du mal à réunir suffisamment d'éléments pour décrire un artiste aussi fuyant que son œuvre : « Ne semble-t-il pas que les amis de Charles Gleyre soient seuls autorisés à parler de lui ? Les profanes ont pu estimer ce talent discret et sage ; mais ils l'ont aimé sur parole, de confiance, et presque sans le connaître. […] Après avoir mis le public dans la confidence de ses premiers rêves, Gleyre s'était dérobé ; il avait déserté le champ de bataille. […] Il travaillait sans doute, mais sans bruit et pour quelques initiés seulement. À partir de 1849, sa vie fut cachée : ses productions, lentement mûries, achevées avec amour, quittaient l'atelier de la rue du Bac pour aller prendre place dans des collections étrangères, et elles ne sont connues que d'un petit nombre de privilégiés[10]. » Rares sont les Français qui, comme

1 Jules Claretie, « Appendice. Les morts. Charles Gleyre », *L'Art et les Artistes français contemporains*, Paris, Charpentier, 1876, p. 420.

2 Lettre d'Albert Anker à Charles Clément, cité dans Clément 1878, p. 174-177.

3 En 1974, la grande exposition en l'honneur du centenaire de la mort de l'artiste, organisée par le Musée cantonal des beaux-arts de Lausanne, connut de nombreuses étapes en Suisse mais aucune à Paris.

4 Hippolyte Taine, « Gleyre, étude biographique et critique par Charles Clément (premier article) », *Journal des débats*, 11 avril 1878, n.p.

5 « À bien des égards, Gleyre était un bouddhiste ; sans éclat, sans étalage, avec les dehors et les façons d'un homme ordinaire, il pratiquait une philosophie supérieure dont il ne parlait pas », Taine, art. cité.

6 Cette décision n'est pas exceptionnelle pour un artiste à la notoriété solide : Delaroche avait cessé d'exposer après 1837, à l'instar d'Ingres après 1834.

7 Voir *L'Artiste*, 1er juin 1860, t. IX, p. 239.

8 Ainsi *Les Romains passant sous le joug* est reproduit en gravure à la une de *L'Illustration* du 16 octobre 1858 ; *Penthée poursuivi par les Ménades* est gravé dans *L'Univers illustré*, 1868, p. 507.

9 Voir Hauptman 1996 b, p. 330, et son article dans le présent catalogue.

10 Mantz 1875, p. 233.

Charles Gleyre, *Le Retour de l'enfant prodigue*, détail, 1873, Lausanne, Musée cantonal des beaux-arts
(voir cat. 106 p. 189)

Mantz, ont fait le voyage à Lausanne en août-septembre 1874 afin de voir pour la première fois rassemblées au musée Arlaud (ancêtre de l'actuel Musée cantonal des beaux-arts) quelques dizaines d'œuvres de l'artiste. Conscient de l'urgence qu'il y avait à diffuser l'œuvre de Gleyre menacé d'oubli, Charles Clément fit publier par les éditions Braun un portfolio d'une trentaine de peintures en 1875. Lorsqu'il fit paraître en 1878 la première biographie complète de l'artiste, accompagnée du catalogue raisonné, c'est une somme considérable et inédite d'informations qui fut rendue accessible au public français, ravivant sa mémoire. Rétrospectivement, l'action de Charles Clément paraît cependant tout autant fatale que salutaire pour la recherche sur Gleyre en France. Sa biographie reposait sur les souvenirs de famille et les témoignages de proches âgés et majoritairement suisses ; en effet, l'oncle et les frères de Gleyre, installés à Lyon, étaient déjà décédés, ainsi que ses trois plus proches amis français, Gustave Planche (en 1857), Sébastien-Melchior Cornu (en 1870) et son épouse Hortense (en 1875). L'essentiel semblait donc fait. De même, le catalogue raisonné, très rigoureusement constitué, indique qu'une large majorité des principales peintures de Charles Gleyre étaient déjà conservées hors de France.

Le malentendu des *Illusions perdues*

Que pouvait-on voir alors de l'œuvre de Gleyre sur le sol français ? Les quelques peintures visibles dans l'espace public dataient toutes de la décennie 1840 et représentaient principalement des sujets religieux. Elles étaient en outre dispersées sur le territoire : excepté *La Pentecôte* (cat. 64), destinée à l'église Sainte-Marguerite à Paris, et une série d'effigies en médaillons à peine discernables sous la voûte de l'église Saint-Vincent-de-Paul[11], il fallait se rendre à Abbeville pour voir *Saint Jean sur l'île de Patmos* (1840, fig. 5), au musée de Montargis pour admirer *La Séparation des apôtres* (1845, cat. 63), à Goumois dans le Doubs pour retrouver une *Vierge* copiée d'après Murillo. Quant aux décors de l'escalier du château de Dampierre (1841), l'imprécision de certains témoignages, à commencer par celui de Clément, a longtemps fait croire qu'il n'en restait plus rien[12]. La notoriété de Gleyre en France reposait donc presque exclusivement sur une seule peinture, exposée sur les cimaises d'un musée national parisien : *Le Soir*, acquis par l'État à l'issue du Salon de 1843 pour le musée des Artistes vivants au palais du Luxembourg[13]. Cinq ans après la mort de l'artiste, un arrêté du 1er décembre 1879 autorisait son transfert au musée du Louvre. Il faut reprendre la mesure de la popularité extraordinaire de cette œuvre. Toujours titrée *Les Illusions perdues*, elle fut abondamment diffusée sous forme de chromolithographies et de photogravures par la société Goupil et Cie (fig. 6), tandis que les amateurs plus aisés s'en offraient une copie à l'huile sur toile : entre 1893 et 1903, le registre des copies du musée du Louvre ne mentionne pas moins de 65 copies, dont 11 pour la seule année 1900. Jeune employé au siège de Goupil et Cie à Paris en 1875, Vincent Van Gogh écrit à son frère Theo que *Le Soir* est l'œuvre favorite de leur oncle qui dirige la filiale néerlandaise de l'entreprise ; il le fait figurer dans sa propre liste d'œuvres préférées vues au musée du Luxembourg[14].

Premier chef-d'œuvre de la carrière de Gleyre, *Le Soir* ne résume cependant pas la diversité et la puissance d'invention dont il est capable : aussi le caractère méditatif, mélancolique et crépusculaire de cette composition, encore accentué par le faux titre balzacien et romanesque que lui attribua le public, influença-t-il beaucoup les jugements portés par les Français sur la peinture de Gleyre. Charles Clément, ardent défenseur de l'artiste, était conscient de cette déformation et avait averti les lecteurs en 1878 : « Je crois qu'on fait tort à Gleyre quand on tient [*Le Soir*] pour son chef-d'œuvre », l'œuvre « hésite encore entre le genre et le style », son exécution est « un peu mince et monotone »,

11 Il s'agit de médaillons représentant les évêques saints Martial, Rémi, Martin, Césaire et Julien, complétés de cinq médaillons représentant des anges. Voir Hauptman 1996 b, n° 458, p. 238.

12 Clément 1878, p. 152-153.

13 Envoyé à l'Exposition universelle de Londres en 1862, il fait l'objet d'un court dépôt à la galerie du Corps législatif de décembre 1865 à avril 1867.

14 Voir vangoghletters.org : lettres de Vincent Van Gogh à son frère Theo, n° 38 (15 juillet 1875) et n° 55 (11 octobre 1875).

15 Clément 1878, p. 168.

16 *Ibid.*, p. 169-170.

17 Marcel Proust, *Du côté de chez Swann* (1), Paris, Gallimard, 1946, p. 199.

18 Merci à l'œil aiguisé et généreux de Clarisse Delmas pour m'avoir indiqué cette citation.

19 Baudelaire 1845, p. 32.

20 Gautier 1845, n.p.

fig. 5 Charles Gleyre, *Saint Jean sur l'île de Patmos*, 1840, huile sur toile, 230 × 165 cm, Abbeville, musée Boucher-de-Perthes

manquant « de largeur, d'accent, de mordant[15] ». Selon Clément, « *Le Soir* est dans l'œuvre de Gleyre ce que *Werther* est dans l'œuvre de Goethe : le premier baiser de la Muse », dont les auteurs « n'ont pas à se repentir [...], mais qui ne montre pas toute leur force[16] ».

Peut-être avait-il déjà conscience de la perception déformée dont l'œuvre était victime. Appréciée pour sa poésie douce et chaste, puisqu'elle ne compte pas d'autre nu que le petit Cupidon, la barque des *Illusions perdues*, transformée en image, fut accrochée dans les salons et les chambres d'enfants, collée dans des albums, marquant profondément l'imagination des jeunes générations nées sous le Second Empire et au début de la IIIe République. À mesure qu'elles-mêmes accédèrent à la maturité, l'œuvre resta associée à l'enfance, ses sortilèges et ses naïvetés. Aimer *Le Soir* correspondait alors à un stade puéril de l'éveil esthétique des classes moyennes. Le narrateur de *La Recherche du temps perdu* se confie ainsi avec ironie et tendresse sur ses premiers émois d'enfant : « J'aimais à retrouver son image [celle de la lune] dans des tableaux et dans des livres, mais ces œuvres d'art étaient bien différentes [...] de celles où la lune me paraîtrait belle aujourd'hui [...]. C'était, par exemple, quelque roman de Saintine, un paysage de Gleyre où elle découpe nettement sur le ciel une faucille d'argent, de ces œuvres naïvement incomplètes comme étaient mes propres impressions et que les sœurs de ma grand-mère s'indignaient de me voir aimer[17]. » Sans même qu'il soit nécessaire de nommer *Le Soir*, Marcel Proust réduit l'œuvre entier de Gleyre à un détail décoratif, doublé d'un *topos* éculé du romantisme sentimental. Quand le réalisateur Martin Scorsese utilise *Le Soir* parmi la foule de tableaux glissés dans les décors de son film en costumes *The Age of Innocence* (1993), on ne s'étonnera pas que le tableau accompagne une scène de baptême[18].

Le fait d'attribuer le succès du *Soir* à des raisons étrangères aux véritables considérations artistiques est dû à Baudelaire qui écrivait d'une plume fort cynique au Salon de 1845 : « [Gleyre] avait volé le cœur du public sentimental avec le tableau du *Soir*. Tant qu'il ne s'agissait que de peindre des femmes solfiant de la musique romantique dans un bateau, ça allait [...] ; mais cette année, M. Gleyre voulant peindre des apôtres, [...] n'a pas pu triompher de sa propre peinture[19]. » Au même moment, Théophile Gautier, dithyrambique deux ans plus tôt, ne cachait pas sa déception : « C'est un talent réfléchi, sérieux quelquefois jusqu'à la froideur et à la tristesse, ne laissant que peu de choses au hasard de l'exécution, et ne prenant de la réalité que ce qu'il lui en faut pour rendre son idée[20]. » Furent ainsi lancés dès 1845 les reproches récurrents adressés à Gleyre dans la réception française, et qui l'assimilèrent aux peintres « philosophes » lyonnais et aux ingristes : l'insignifiance du coloris réduit à une palette de gris, une correction froide et triste du dessin mis au service d'une prétention poétique trop affichée et desséchante, le tout créant un mélange étrange d'austérité et de mièvrerie.

Le crépuscule interminable du *Soir*

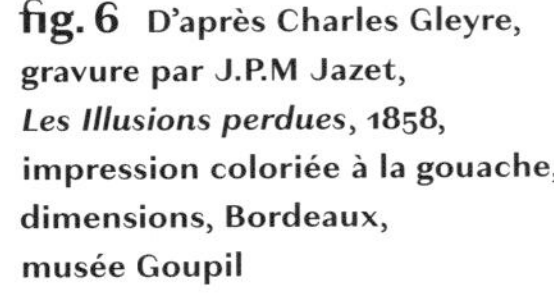

fig. 6 D'après Charles Gleyre, gravure par J.P.M Jazet, *Les Illusions perdues*, 1858, impression coloriée à la gouache, dimensions, Bordeaux, musée Goupil

À mesure que les critiques et historiens de la Belle Époque se convertissaient à la *doxa* moderniste, et que, par un mouvement inverse, s'oxydait lentement le vernis du *Soir*, la réputation de Charles Gleyre ternissait, inspirant une estime tiède, quand ce n'était un franc mépris. « Charles Gleyre fut un peintre bien doué et un poète bien harmonieux, seulement la poésie a nui souvent à l'œuvre de l'artiste[21]. » Mêmes préjugés dans le *Nouveau Larousse illustré* : « Le talent de cet artiste est très pur et d'aspiration très haute. Mais l'énergie et le tempérament lui manquent un peu. De plus, il allait se spiritualisant et même s'écartant de la nature, à mesure que le siècle tournait au réalisme[22]. » La personnalité de Gleyre avait elle aussi été égratignée par les attaques acides de mémorialistes parisiens. L'ayant rencontré lors d'une lecture chez Flaubert, les frères Goncourt peignent l'artiste sous d'odieuses couleurs : « Gleyre, un monsieur en bois, l'air d'un mauvais ouvrier, l'intelligence d'un peintre gris, l'esprit terne et ennuyeux[23]. » En 1883, le marquis de Chennevières ne le ménage pas davantage dans une diatribe où perce la xénophobie : « Esprit doctrinaire et genevois, ce Gleyre, il a eu des séides obstinés dans le monde mi-artiste, mi-lettré », visant sous ce terme la coterie animée par Hortense Cornu, dont nous reparlerons. Le taxant de « grand dissertateur sur l'art et dessinateur soigneux, talent sec et sans ampleur, causant bien, esprit amer, chagrin, mordant, démocrate austère », il l'assimile à certains Suisses faisant carrière à Paris, qui, tels Rousseau ou Necker, ont « le talent d'éblouir à faux notre pays par je ne sais quelle austérité apprêtée et leur simplicité mensongère[24] ». Car, sous ses dehors de vieux sage, Gleyre était capable de persiflages ravageurs : Chennevières s'en souvenait pour avoir pris la défense de Gustave Moreau à l'issue du Salon de 1866. Gleyre s'était en effet moqué d'*Orphée*, incitant ses confrères du jury à lui refuser une médaille : admettant que Moreau se nourrissait des maîtres, Gleyre ajouta que « pour preuve, il les rend par petits morceaux ». Le mot était aussitôt parvenu aux oreilles d'Amédée Cantaloube, qui exhorta son ami Moreau à déclarer « guerre donc à ce Gleyre glaireux qui a édité sur vous un mot cruel[25] ».

La déchéance se précipite véritablement à partir de la Première Guerre mondiale. Auteur d'une chronique consacrée aux « Méconnus et oubliés », Jean-Louis Vaudoyer commence en 1922 son article sur Gleyre à la façon d'un conte : « Il y avait avant la guerre, dans la salle des États, au musée du Louvre, un tableau plus célèbre que beau, très popularisé jadis par la chromolithographie : c'était *Les Illusions perdues* de Gleyre. [...] Ce tableau, type du "tableau-romance", était d'une inspiration et d'une peinture bien pauvres. Sauf erreur, il n'est plus exposé aujourd'hui[26]. » Après avoir estimé que ce « faux chef-d'œuvre » faisait l'objet d'une « déchéance méritée » et que, dans l'ensemble,

21 Eugène Montrosier, *Les Artistes modernes*, t. II, Paris, H. Launette, 1882, p. 125.

22 Claude Augé (dir.), *Nouveau Larousse illustré*, t. IV, p. 864.

23 Edmond et Jules de Goncourt, *Journal. Mémoires de la vie littéraire*, Monaco, 1956, t. IV, p. 189 (6 mai 1861).

24 Philippe de Chennevières, *Souvenirs d'un directeur des Beaux-Arts*, première partie, Paris, Aux bureaux de *L'Artiste*, 1883, p. 126-127.

25 Correspondance Cantaloube, cité dans « Gustave Moreau, 1826-1898 », cat. exp. Paris, Chicago, New York, 1998, Paris, RMN, p. 90.

les tableaux de Gleyre, « d'une couleur désagréable et d'un métier savonneux, gagnent à être reproduits », Vaudoyer résume Gleyre à un talent « composite, froid souvent, un peu perdu dans des recherches d'archéologie superficielles[27] ». Il précise néanmoins que l'artiste était capable de compositions beaucoup plus énergiques, complexes et mystérieuses conservées en Suisse ; mais sans reproductions à l'appui, son plaidoyer ne parvient pas à l'emporter sur le réquisitoire. Vaudoyer avait été précédé par les historiens Léon Rosenthal et Louis Dimier, qui délégitimèrent le succès du *Soir* en l'attribuant à un regain temporaire de goût classique, dont 1843 était considéré comme le moment clé. Cette année-là vit la création des *Burgraves* de Victor Hugo, pièce considérée – abusivement – comme un échec retentissant, signe définitif d'essoufflement du romantisme de 1830 ; le public lassé avait alors reporté ses suffrages en faveur de *Lucrèce*, tragédie en vers de François Ponsard, un dramaturge avec lequel Gleyre était lié d'amitié à cette époque. La peinture se mettant au diapason de la littérature, le romantisme pictural et « gothique » était boudé, « en faveur d'une peinture correcte, froide, soucieuse de dessin et dédaigneuse de la couleur, logique et non pas sensuelle, en un mot abstraite[28] ». Pour Rosenthal, l'épiphanie de Gleyre sur la scène parisienne en 1843 coïncide ainsi avec l'apogée d'une phase réactionnaire de la peinture[29] qui se poursuivit encore quelques années, d'une part avec la mode du néo-grec lancée par ses élèves Jean-Léon Gérôme, Jean-Louis Hamon et Henry-Pierre Picou, d'autre part avec la peinture « philosophique abstraite » de son condisciple Paul Chenavard pour le Panthéon, et avant que tout cela ne soit balayé par la révolution réaliste, orchestrée par Gustave Courbet dès 1849. Dans son *Histoire de la peinture au XIXe siècle* publiée en 1927, Henri Focillon congédie Gleyre en quelques mots comme un « ingriste amolli, dessinateur tendre et sévère, peintre crépusculaire d'une barque d'illusions célèbre[30] ».

On observe donc au début du XXe siècle un mouvement centrifuge par lequel Gleyre se trouvait progressivement repoussé à la périphérie de l'histoire de l'art français, tandis qu'au même moment les historiens et les conservateurs suisses travaillaient à sa réappropriation[31]. De même que tout son œuvre était réduit à l'image des *Illusions perdues*, Gleyre était stylisé par les historiens français en ermite suisse, misanthrope aigri et méditatif, qui, après une courte décennie de succès publics obtenus dans les années 1840, était rentré dans sa coquille pour n'en plus reparaître que comme paisible enseignant.

À rebours de ce rétrécissement, une relecture attentive de la biographie de Clément, éclairée par les recherches fondamentales de William Hauptman publiées en 1996 ainsi que par les pistes ouvertes par l'exposition lausannoise de 2006[32], permet de révéler désormais le caractère bien plus complexe et « connecté » de l'homme et de son œuvre dans le paysage français. Avant d'aborder dans les différentes sections du présent catalogue la perméabilité de sa peinture aux influences contemporaines, il faut rappeler l'homme social et politique que fut Gleyre dans le Paris intellectuel et artistique de son temps. Après avoir passé son adolescence à Lyon (1818-1825) et effectué une première formation à Paris sous Charles X (1825-1828), c'est dans la Rome bohème et francophone (1829-1834), puis de nouveau à Paris dans les décennies 1840 et 1850 que Gleyre a mené la vie sociale la plus intense, se passionnant pour l'actualité politique française et son rayonnement dans l'Europe des nations.

« En voilà assez sur la politique[33]... »

Le musée de Lausanne conserve un précieux échantillon d'écrits intimes de l'artiste, soit dans ses carnets de voyage, soit dans la correspondance échangée avec sa famille, principalement son frère aîné Henry resté à Lyon, à qui Gleyre se confie beaucoup[34].

26 Jean-Louis Vaudoyer, « Méconnus et oubliés. Charles Gleyre », *L'Écho de Paris*, 20 juillet 1922, n.p. L'auteur, futur conservateur du musée Carnavalet, n'ignorait sans doute pas que son illustre grand-père, l'architecte Léon Vaudoyer, s'était fait portraiturer par Gleyre à Rome, lors de son séjour à la Villa Médicis en 1831, voir cat. 12 de la présente exposition.

27 *Ibid.*

28 Léon Rosenthal, *Du romantisme au réalisme. La peinture en France de 1830 à 1848*, Paris, H. Laurens, 1914, p. 169 ; voir aussi p. 197-198 sur Gleyre.

29 *Ibid.*, p. 173 : « La réaction est victorieuse. 143 en marque l'apogée » ; voir aussi p. 197-198 sur Gleyre.

30 Focillon 1927, t. I, p. 417.

31 Conscient de la part insignifiante assignée à Gleyre dans l'historiographie française, Raphaël Lugeon propose ainsi en 1939, dans la *Revue historique vaudoise*, un vibrant plaidoyer en faveur d'une plus juste appréciation des talents de celui qu'il intitule le « maître de Chevilly ». Voir Lugeon 1939, p. 145-162.

32 Sous-titrée « Le génie de l'invention », cette exposition rétrospective organisée par Catherine Lepdor au Musée cantonal des beaux-arts de Lausanne en 2006 avait mis en évidence l'originalité de traitement et de choix des sujets peints par Gleyre, ainsi que l'étendue de son répertoire artistique.

33 Lettre de Charles Gleyre à son frère Henry, Rome, 26 [illisible], 1832. Cette expression revient souvent dans sa correspondance, signe que l'auteur ne peut s'empêcher d'y revenir...

34 Cet ensemble de lettres, partiellement publié par Charles Clément, est conservé au Musée cantonal des beaux-arts de Lausanne, liasses 985-990, notamment.

Or cette correspondance laisse entendre une véritable passion pour les questions politiques, traitées d'une voix énergique, volontiers railleuse ou rageuse, comparant toujours sa version des faits avec celle de la presse[35]. La parole de Gleyre témoigne de l'éveil précoce d'une conscience libérale et d'un fort esprit critique, développés probablement au sein du milieu familial républicain et calviniste[36]. Il nourrit des sentiments hostiles au pouvoir temporel de l'Église catholique, aux Jésuites, ainsi qu'aux puissances monarchiques de la Sainte-Alliance. Un ton libre et volontiers provocant se fait entendre avec aplomb à partir du séjour à Rome, où Gleyre arrive en janvier 1829, âgé de 23 ans : « Je ne puis rien vous dire encore de cette ville si fameuse puisque je n'y suis que d'hier, mais la première impression qu'elle produit ne lui est pas favorable, on y sent une odeur de prêtrise [souligné dans le texte] qui n'est pas agréable du tout[37]. » Durant la traversée du Piémont, à Isola Bella, il avait déjà noté avec une ironie mordante que « des gaillards en robes et chapeaux de prêtres caressent de fort jolies filles et boivent de bons coups[38] ». Ce qui ne l'empêche pas d'aller observer fin mars la cérémonie d'intronisation du pape Pie VIII, nouvellement élu[39]. En traversant Milan, il s'était indigné de voir la population piémontaise accepter sans broncher l'occupation militaire autrichienne[40]. Dans les années qui suivirent, on le voit célébrer le courage des insurgés polonais contre l'oppression du tsar russe[41] ; traversant la Grèce sur le chemin de l'Orient en 1834, il se moque de la forfanterie des soldats bavarois du nouveau roi Othon Ier à Athènes ; quelques jours auparavant, il s'était rendu, tel un pèlerin, sur les ruines de Missolonghi, déplorant au passage l'absence de tout monument commémoratif à la hauteur du sacrifice de Marcos Botzaris et de lord Byron au service de l'indépendance du peuple hellène[42]. Favorable à la révolution de juillet 1830, Gleyre fit partie de ceux qui furent très tôt déçus par la politique de Louis-Philippe, à qui il reprochait de ne pas avoir porté secours à Varsovie insurgée[43].

À l'origine de ce ton intransigeant se trouve une solide conviction républicaine, jamais démentie, étroitement liée à une admiration, plus secrète et apparemment paradoxale, pour Napoléon Bonaparte. Durant le voyage transalpin que le peintre effectua en 1828, les quelques notes prises en chemin montrent que Gleyre appréhendait les lieux au prisme de l'histoire militaire française, notamment des hauts faits des campagnes italiennes menées par Bonaparte : « C'est à Martigny qu'une division française commença à gravir la montagne[44] » ; à Lodi, « on nous montre les marais où le Premier consul faillit être pris par les Autrichiens[45] ». À Parme, le jeune artiste visite le « palais de Marie-Louise », ex-impératrice des Français, qu'il trouve « bien mesquin. Nous y voyons le berceau du roi de Rome et le présent de noces de Napoléon à l'impératrice ; ouvrage d'une exécution merveilleuse et d'une richesse extrême. À la vue de la poussière dont ces objets précieux sont couverts, les réflexions sur l'instabilité des choses humaines naissent en foule[46] ». Le souvenir laissé par le passage de Bonaparte en Égypte semble être resté vif dans les mémoires indigènes ; Gleyre se plaît à le noter lorsqu'il débarque à Alexandrie en 1835. Après avoir relevé la persistance de détails de l'uniforme français dans la tenue des soldats égyptiens, il note que, « ici, le Premier consul est devenu un héros tout à fait oriental. On lui attribue les œuvres les plus gigantesques et complètement contradictoires [...]. Pour peu que cela continue, on lui fera honneur des pyramides[47] ». Au Caire, « on voit encore la maison habitée par Bonaparte, et sur le port la longue perche au bout de laquelle flottait le glorieux drapeau de la République[48] ». De même lorsqu'il s'aventure à l'oasis de Khargeh, il précise : « Nous nous arrêtâmes sur le bord escarpé du plateau où l'armée française planta son drapeau, terme extrême de sa poursuite des Arabes de ce côté[49]. » Si ces écrits traduisent une certaine admiration pour le conquérant que fut Bonaparte, on note toutefois que Gleyre se concentre sur la geste du général et du consul, non de l'empereur. C'est en pacificateur de la première République française et en chef de la grande nation libératrice des peuples

35 Par exemple : « J'ai lu dans vos menteurs de journaux que l'on s'était battu ici, qu'on avait arboré le drapeau tricolore sur le château Saint-Ange, et il n'y a pas un mot de vrai dans tout ça. », lettre de Charles Gleyre à son frère Henry, Rome, 26 [illisible], 1832, cité par Clément 1878, p. 45.

36 Ce n'est que plus tard, alors que la situation financière de la famille lyonnaise s'est dégradée suite à la crise de 1846, que Gleyre se plaindra d'un revirement réactionnaire de son oncle : « Il devient toujours plus réac [souligné dans le texte] si c'est possible, quel dommage ! », lettre de Charles Gleyre à son frère Henry, Paris, 19 juillet 1849.

37 Lettre de Charles Gleyre à son oncle, Rome, 10 janvier 1829, citée par Clément 1878, p. 25.

38 *Carnet de voyage en Italie*, cité par Clément 1878, p. 27.

39 Lettre de Charles Gleyre à son frère Henry, Rome, 21 avril 1829.

40 « Les rues sont larges et il y a de belles places. Mais la vue de deux canons et d'un soldat tenant dans sa main une mèche allumée doit contrister le cœur de tout Milanais qui conserve encore quelques sentiments de la dignité de l'homme. Mais, les misérables ! Ils paraissent fiers de leurs ignobles chaînes [...] », *Carnet de voyage en Italie*, cité par Clément 1878, p. 30.

41 « Vive les Polonais ! Ils triompheront malgré votre couard de gouvernement. Je vois ici des échantillons de toutes les nations, et tous (les Russes exceptés) forment les vœux les plus ardents pour cette nation merveilleuse », lettre de Charles Gleyre à son frère Henry, Rome, 17 juin 1831.

42 « Ruines de Missolonghi. Des marais, une grande plaine ; l'endroit où sont enterrés lord Byron et Marc Botzaris ; pas même une pierre pour l'indiquer », *Carnet de voyage en Orient*, cité par Clément 1878, p. 73.

43 « Les Français qui sont ici ne sont pas très contents de votre Louis-Philippe. Il semble avoir peur. Il a trouvé le moyen de se faire haïr de tous les partis [...]. Je ne te parlerai pas davantage de politique, la lettre ne passerait pas », lettre de Charles Gleyre à son frère Henry, Rome, 2 avril 1831, citée par Clément 1878, p. 41.

44 *Carnet de voyage en Italie*, Clément 1878, p. 26.

que Bonaparte brille dans la mémoire de Gleyre[50]. Il faut rappeler à ce titre le rôle décisif qu'avait joué le Premier consul dans l'émancipation du canton de Vaud, terre natale de l'artiste, organisant par l'acte de médiation de 1803 la Suisse en confédération. Trois ans plus tard naissait Charles Gleyre, dont le père semble avoir fait partie des révoltés vaudois contre l'antique tutelle bernoise[51]. Outre ce mythe familial, on peut imaginer que, à l'instar de la jeunesse libérale française du début des années 1830, incarnée par le personnage littéraire de Julien Sorel, Charles Gleyre pensait sous l'influence du *Mémorial de Sainte-Hélène* : le bonapartisme y réécrivait l'histoire et s'affichait en héritier des principes de 1789, protecteur des libertés et promoteur du principe des nationalités.

Du grand Napoléon au petit : les illusions perdues

Napoléon n'était cependant pas qu'une légende : Gleyre avait pu éprouver à Rome la vivacité de l'héritage bonapartiste en côtoyant les neveux de l'empereur défunt. Il était en effet arrivé à Rome en 1829 en compagnie de son fidèle ami lyonnais le peintre Sébastien-Melchior Cornu. Recommandé à Désirée Lacroix, dame de compagnie d'Hortense Bonaparte, reine de Hollande en exil, Cornu avait fait la connaissance de sa fille Hortense Lacroix, filleule de la souveraine, avant de l'épouser en 1833[52] (fig. 7). La jeune femme se prit d'amitié pour Gleyre, qu'elle recueillit et soigna pendant une maladie[53]. Pourtant âprement misogyne, Gleyre n'eut jamais de reproche à formuler contre cette « demoiselle fort aimable et fort instruite[54] », traductrice de littérature allemande, qui ouvrit plus tard à Paris un petit salon littéraire et artistique, et fit régulièrement jouer ses relations en faveur de l'artiste[55]. Or Hortense Cornu était sœur de lait et amie intime du prince Louis Napoléon, avec qui elle avait grandi à Arenenberg puis à Rome. On ne saurait certes prétendre que « Gleyre avait connu Napoléon III dans sa jeunesse et avait conservé avec lui des relations très intimes[56] », mais il est possible qu'ils aient fait ensemble des « armes dans l'atelier de Cornu », comme le rapporte Clément[57]. Une autre passerelle avec les Bonaparte a pu être Léopold Robert, compatriote et protecteur de Gleyre lorsque ce dernier arriva à Rome. Invité à la villa Paolina, le maître suisse fréquentait beaucoup l'aîné des frères Bonaparte et son épouse, la princesse Charlotte, avec laquelle il noua une idylle[58] : il aurait donc pu faire office d'intermédiaire.

fig. 7 **Sébastien-Melchior Cornu, *Portrait d'Hortense Cornu, épouse de l'artiste*, vers 1835, huile sur toile, 46 × 44,5 cm, Compiègne, Musée national du château**

Plusieurs rencontres entre Gleyre et le prince sont plausibles, à Rome dans l'hiver 1830-1831 : les deux jeunes gens partageaient à peu près le même âge – deux ans seulement les séparaient –, les mêmes idéaux politiques – le prince Louis Napoléon étant alors

45 *Ibid.*, p. 31.

46 *Ibid.*, p. 32.

47 *Carnet de voyage en Orient*, cité par Clément 1878, p. 86.

48 *Ibid.*, p. 84.

49 *Ibid.*, p. 99.

50 Gleyre peignit un jour le portrait de l'empereur. Clément 1878, p. 436-437.

51 Je remercie vivement Catherine Lepdor pour ce rappel judicieux.

52 Clément 1878, p. 54.

53 Lettre de Charles Gleyre à son frère Henry, Rome, 19 octobre 183[3].

54 *Ibid.*

55 Rédactrice de certains articles pour la *Revue des deux mondes*, c'est probablement elle qui mit Gustave Planche en relation personnelle avec Charles Gleyre.

56 Charles Moreau-Vauthier, *Gérôme, peintre et sculpteur*, Paris, Hachette, 1906, p. 74.

57 Clément 1878, p. 53.

58 Pierre Gassier, *Léopold Robert*, Neuchâtel, Ides et Calendes, 1983, p. 214.

activement engagé dans les insurrections carbonaristes italiennes, au cours desquelles son frère aîné mourut en mars 1831 –, ainsi qu'un même attrait pour la pensée saint-simonienne[59]. Gleyre eut par la suite des informations de première main sur le prince, car Hortense Cornu lui rendait régulièrement visite au fort de Ham où Bonaparte avait été emprisonné de 1840 à 1846[60], puis à Londres après son évasion.

À quoi attribuer le soudain voyage de Gleyre dans la capitale anglaise en compagnie de ses amis Cornu, en été 1848, juste après les journées de juin ? Clément, qui s'y trouvait aussi, affirme que Gleyre n'y a pas rencontré Louis Napoléon Bonaparte qui préparait alors depuis Londres son retour sur la scène politique française, mais ajoute que, « sous l'influence de personnes aveuglées elles-mêmes par des souvenirs d'enfance et en qui il avait toute confiance [les Cornu], il se fit un obscurcissement inexplicable dans cet esprit d'ordinaire si lucide[61] ». Alors qu'il se méfie de Cavaignac, on voit en effet Gleyre plaider naïvement en faveur de Bonaparte : « Il ne faut pas trop s'effrayer de son entourage, ni de toutes les intrigues des vieux partis qui s'agitent en faveur de son élection. Il comprend fort bien qu'il serait aussi ridicule que coupable de songer un instant à se faire nommer empereur. Pour moi, je le crois sincèrement républicain[62]. » Il dut rapidement déchanter au lendemain de la victoire de Bonaparte aux élections présidentielles : « Nous sommes gouvernés par de méchants imbéciles, ils viennent d'échouer dans une tentative de provocation en coupant les arbres de la liberté, ils désiraient avoir un prétexte pour déclarer Paris en état de siège afin de fausser les élections, mais heureusement le public n'a pas donné dans le piège [...]. Le président ne peut renoncer à l'idée de se faire empereur, cette sotte manie lui fait faire les plus grosses bêtises qui lui porteront malheur, et j'ai peur que ce sera bientôt. En attendant, les réacs des deux sexes dansent comme des furieux (ou des perdus)[63]. » Charles Clément affirme que le coup d'État du 2 décembre 1851, survenant de surcroît dans une période dépressive de l'artiste, « vint de nouveau le jeter dans un profond découragement. Plusieurs de ses meilleurs, de ses plus anciens camarades tournèrent à l'Empire. Il cessa de les voir [...]. Son atelier se dépeupla peu à peu ; il ne recevait plus que quelques amis intimes sur lesquels il pouvait absolument compter, et depuis lors il suivit une route de plus en plus solitaire[64] ». Le couple Cornu, également trompé dans ses croyances[65], prit ses distances avec Bonaparte et ne se réconcilia qu'à la fin des années 1850, lorsque l'empereur soutint l'unité italienne, accorda l'amnistie aux républicains et s'engagea dans une libéralisation du régime. Cornu accepta dès lors de nombreuses commandes et missions[66], mais Gleyre refusa tout honneur conféré directement par l'empereur. Il ne devait sa place de membre du jury au Salon à partir de 1864 qu'au vote de ses pairs, et l'organisation de la section « beaux-arts » du pavillon suisse lors de l'Exposition universelle de 1867 lui fut confiée par son pays d'origine, avec agrément de la commission impériale. Cette commission était présidée par le prince Napoléon-Jérôme, chef de la fraction anticléricale et démocrate du parti bonapartiste, opposant disgracié de son cousin l'empereur : il est révélateur que « Plon-Plon » soit le seul membre de la famille régnante avec lequel Gleyre ait été en contact.

L'éternel quarante-huitard

On mesure ainsi à quel point la vie politique conditionna le rythme de la vie personnelle de l'artiste, en constatant que l'apathie de 1850-1851 succéda à des années particulièrement fébriles et fécondes. Au retour de son second voyage en Italie en 1846, Gleyre travailla avec acharnement à *La Nymphe Écho* (cat. 108), au *Major Davel* (cat. 70), à *La Danse des Bacchantes* (cat. 96), conçut divers projets de peintures religieuses, en plus du *Retour*

59 « J'ai lu dans les journaux que vous aviez des saint-simoniens à Lyon [...], il y a ici un prêtre de cette religion avec lequel je suis très lié, il cherche à me convertir, je lis leurs ouvrages », lettre de Charles Gleyre à son frère Henry, Rome, 17 juin 1831.

60 Voir Pierre Milza, *Napoléon III*, Paris, Perrin, 2004, p. 115-116. Hortense Cornu, qui fournissait au prince la documentation pour ses travaux historiques et politiques, prit aussi en charge à cette époque l'éducation des deux enfants illégitimes que Louis Napoléon Bonaparte avait eus d'Éléonore Vergeot-Camus.

61 Clément 1878, p. 220.

62 Il poursuit : « Sa position est bien plus indépendante que celle de l'autre ; si je votais, il aurait ma voix », lettre de Charles Gleyre à son frère Henry, Paris, 1er décembre 1848, citée par Clément 1878, p. 221-222. Citoyen suisse, Gleyre ne disposait effectivement pas du droit de vote en France.

63 Lettre de Charles Gleyre à son frère Henry, Paris, 5 février 1850.

64 Clément 1878, p. 240.

65 Sébastien-Melchior Cornu avait participé au concours pour l'effigie de la République en 1848 et réalisé la même année un portrait du général Cavaignac gravé par E. Pichard.

66 Cornu répondit à des commandes pour le palais du Conseil d'État et la Cour des comptes (1859), peignit le décor de la chapelle du palais de l'Élysée (1864) et fit partie, avec Clément, du comité chargé d'acquérir, d'inventorier et d'exposer la collection Campana acquise par Napoléon III en 1861.

de l'enfant prodigue (cat. 106) et du *Déluge* (cat. 84), tout en ouvrant largement son atelier aux amis. Il suivait alors avec passion les manifestations de l'opposition républicaine contre le gouvernement de Louis-Philippe : « Les esprits étaient en pleine ébullition, et Gleyre était au nombre des plus excités d'entre nous. Il restait là, causant et discutant jusqu'à onze heures ou minuit […][67]. » Bien qu'elles fussent aussi synonymes d'arrêt des commandes artistiques et rendissent précaire la situation financière de Gleyre comme de nombreux autres artistes, les journées de février 1848 furent euphorisantes et accentuèrent de manière décisive le sentiment d'appartenance de Gleyre, citoyen suisse, à sa patrie d'adoption : « La révolution de 1848 apporta beaucoup de trouble dans la vie de Gleyre. Pendant bien des mois, l'atelier de la rue du Bac ne fut plus qu'une sorte de rendez-vous politique, et l'on n'y travaillait guère. Les uns y apportaient, les autres y venaient chercher des nouvelles, et tous y discutaient avec une extrême ardeur les questions à l'ordre du jour. Gleyre avait toujours été républicain ; il avait accueilli avec enthousiasme la forme de gouvernement que s'était donnée le pays devenu pour lui une seconde patrie[68]. » À l'instar de son ami Quinet, Gleyre pensait que l'union du peuple pour la gloire de la république et la régénération du pays devait l'emporter sur les luttes sociales, ferment de guerre civile. Se retranchant dans une neutralité inquiète, il se refusa à commenter les journées de juin 1848 auxquelles il participa, non sans malaise, en qualité de garde volontaire pour assurer la sécurité de son arrondissement : « J'ai eu la chance – quoique j'aie fait partie de la garde nationale pendant ces quatre jours – de ne recevoir ni tirer un seul coup de fusil. Nous avons gardé notre quartier, mais on n'a pas voulu nous conduire aux barricades, et je n'en suis pas fâché ! Si j'avais tué un homme quelconque, je dormirais mal, et si j'avais une patte cassée, je ne dormirais pas. Je voudrais bien te dire les causes qui ont amené cette abominable bataille, mais elles sont si nombreuses et si troubles que le diable n'y comprend rien. En résumé, je crois que c'est la misère qui a permis aux différents partis (car ils y étaient tous) de soulever les masses populaires, et j'ai bien peur que ceux que le hasard a faits gouvernants ne soient pas de force à prévenir de nouveaux massacres[69]. » Et lorsqu'il se plaît à songer à l'avenir politique de la Seconde République, on voit réapparaître les idéaux messianiques du jeune *carbonaro* des années 1830, rêvant au printemps des peuples : « Je crois que nous serons tranquilles cet hiver, si l'un des candidats obtient une majorité imposante, mais qu'au printemps [1849] nous aurons une grande guerre ; que cela donnera un autre cours aux idées un peu prématurées des différentes écoles socialistes, que le sentiment de nationalité se réveillera et entraînera les masses vers un but commun : la revanche des deux invasions de 1814 et de 1815 ; qu'alors il serait possible (s'il se trouve à la tête du pays un homme bien intentionné) de remettre un peu d'ordre dans les idées et dans les faits, de rétablir le crédit, de ramener une prospérité vraie et juste, et enfin une paix véritable basée sur des traités plus équitables que ceux imposés par la Sainte-Alliance : voilà ce que je désire, malheureusement bien plus que je ne l'espère[70]. » Malgré ses désillusions, Gleyre resta jusqu'à la fin de sa vie passionné de politique et fut un avide lecteur de la presse qu'il lisait et commentait quotidiennement au café avec d'autres habitués. Il prenait en effet la majorité de ses repas à l'extérieur : les déjeuners étaient pris rive gauche, au restaurant La Modestie, au café d'Orsay ou au café Caron, à proximité immédiate de son domicile, alors qu'il se rendait rive droite pour dîner, entre le Palais-Royal et les grands boulevards, au Divan Lepelletier, au café de la Régence ou à la Taverne anglaise[71]. Fréquentant rédacteurs et journalistes républicains – notamment ceux de la *Revue des deux mondes* et ceux du *National*, dont les bureaux étaient mitoyens du Divan Lepelletier –, il avait toutefois gardé depuis sa jeunesse romaine une grande lucidité sur la fiabilité relative des journaux en période de censure.

67 Clément 1878, p. 214

68 *Ibid.*, p. 216.

69 Lettre de Charles Gleyre à son frère Henry, Paris, 29 juin 1848, citée par Clément 1878, p. 217-218.

70 Lettre de Charles Gleyre à son frère Henry, Paris, 1er décembre 1848, citée par Clément 1878, p. 221-222.

71 *Ibid.*, p. 211-213.

fig. 8 Sébastien-Melchior Cornu, *Portrait d'Edgar Quinet*, 1833, crayon sur papier, dimensions, Paris, musée Carnavalet

Amitiés viriles et républicaines

Au vu du rôle important que jouaient l'engagement politique et le vœu de célibat dans la vie de l'artiste, on ne s'étonnera pas que Gleyre accordât une grande valeur aux amitiés masculines. Peu nombreuses mais durables, elles se constituèrent en fonction de ses opinions républicaines et des camaraderies des premières années de formation[72]. De ses années de jeunesse à Lyon et à Paris, Gleyre avait conservé une amitié durable avec Paul Chenavard (né en 1807) et Edgar Quinet (né en 1803, fig. 8). Ils s'étaient retrouvés à Rome en 1832 et avaient entrepris ensemble une escapade à Naples à la fin de l'année. Tous trois partageaient dès cette époque une origine lyonnaise et un républicanisme anticlérical aussi farouche qu'intransigeant ; ils étaient perméables à la pensée saint-simonienne et s'intéressaient beaucoup à la philosophie de l'histoire. Lorsque Quinet fut contraint à l'exil au lendemain du coup d'État du 2 décembre 1851 et accepta une chaire à Genève, Gleyre ne manqua pas de lui rendre visite lors de ses séjours réguliers en Suisse à partir de 1858. De Rome, il conserva aussi une amitié indéfectible avec Charles-François Gaugiran-Nanteuil, modeste peintre de scènes de genre orientaliste, seul artiste avec lequel Gleyre accepta de partager son atelier rue du Bac. Avec le couple Cornu, Nanteuil, Chenavard et Quinet formaient son groupe d'amis le plus ancien et le plus proche.

Un autre pilier républicain du salon-atelier de Gleyre fut le critique d'art Gustave Planche à partir de 1846 : de retour d'un séjour de cinq années en Italie, Planche, qui avait déjà favorablement commenté le *Saint Jean sur l'île de Patmos* au Salon de 1840[73], lui fut présenté, selon Clément, par l'intermédiaire de l'architecte Charles Jourdain, ancien camarade d'atelier connu chez Hersent. Vivant dans un grand dénuement et ayant un mode de vie bohème, Planche rendait visite presque quotidiennement au peintre et bénéficiait de sa générosité[74]. En échange, il prit fait et cause en faveur de Gleyre dans un long article monographique publié par la *Revue des Deux Mondes* en 1851[75], dans le but de relancer l'intérêt du public amateur pour un artiste absent du Salon depuis trois ans. Il s'agissait aussi d'inciter les autorités publiques françaises à lui passer des commandes de grand décor, à un moment où l'artiste souffrait d'une grave crise morale et financière. Le coup d'État du 2 décembre et la proclamation de l'empire mirent fin à cet espoir, Gleyre étant décidé à refuser toute commande ou distinction de la couronne impériale.

L'artiste accueillait volontiers les éditeurs et les journalistes républicains, tels Clément Caraguel du *National* et du *Charivari*, Taxile Delord, rédacteur en chef du *Charivari* et opposant politique au Second Empire dont il se fit l'historien, et Pierre-Jules Hetzel, éditeur de *La Comédie humaine* de Balzac, admirateur de Gleyre qui dessina son portrait au moment où Hetzel entra au gouvernement républicain en 1848. Après le retour d'exil politique entre 1851 et 1859, ils reprirent contact et se prodiguèrent des conseils, Hetzel sollicitant Gleyre sans succès pour des projets éditoriaux[76].

Un autre groupe d'habitués semble tirer son origine du séjour de Gleyre au Proche-Orient. On y distingue d'abord des saint-simoniens de premier plan rencontrés au Caire et à Thèbes au début de 1835, tels Prosper Enfantin, dont Gleyre réalisa un portrait à l'huile[77], et le compositeur Félicien David, dont l'ode-symphonie pour chœur et orchestre, *Le Désert*, inspirée du séjour en Orient, avait remporté en 1844 un succès retentissant. C'est au Liban, été 1837, que Gleyre fit ensuite la connaissance d'Antoine-Alphonse Montfort et de Pierre-François Lehoux : ces deux jeunes peintres de sa génération, spécialisés dans la scène de genre et le paysage orientalistes, avaient rencontré Gleyre à Beyrouth avant qu'il ne tombe gravement malade. Ils gardèrent par la suite à Paris un contact régulier et firent partie des visiteurs habituels du salon de la rue du Bac. Avant de séjourner au Proche-Orient, Montfort et Lehoux avaient eu le privilège d'entrer très jeunes, dès 1817, dans le cercle de sociabilité artistique d'Horace Vernet et de Théodore Géricault, fréquentant le célèbre atelier de la rue des Martyrs au début des années 1820 : c'est auprès d'eux que Charles Clément recueillit nombre de souvenirs et de témoignages de première main pour écrire sa monographie sur Géricault. Gleyre, dont on connaît des croquis très précoces d'après les lithographies du maître, semble avoir aimé attirer à lui d'autres personnes l'ayant bien connu, tel le Nègre Joseph. Célèbre modèle d'atelier des années 1820, considéré par les générations suivantes comme un témoin privilégié des premières heures du romantisme, « il savait sur Géricault et sur les autres peintres de cette époque une foule d'anecdotes qu'il racontait avec une verve intarissable […]. Il avait vu tous les grands dignitaires de l'Empire qu'il contrefaisait de la manière la plus comique. […] Gleyre l'avait pour ainsi dire adopté, et pour lui donner le moyen de gagner quelque argent sans paraître lui faire l'aumône, il avait imaginé de le charger de nettoyer ses palettes[78] ».

Il faut enfin noter les liens amicaux que Gleyre, régulièrement malade, entretint avec des médecins, Alexandre Thierry et François-Louis-Isidore Valleix ; on note les visites nombreuses du Dr François Veyne qui, outre sa renommée professionnelle de spécialiste des affections oculaires, était féru d'art, et fréquentait par ailleurs le milieu bohème et républicain de Champfleury, Courbet, Gavarni et Nadar. Dans son testament rédigé en 1870, Gleyre chargea Clément de lui offrir une œuvre de son atelier.

« Oh, le ruisseau de la rue du Bac[79] ! »

Gleyre pouvait se confier et partager librement ses opinions au sein de ce premier cercle d'habitués et d'amis de longue date, liés par une expérience fondatrice partagée en Italie ou au Proche-Orient. Au-delà, se déployaient des relations plus lointaines, mondaines et épisodiques, mais qui montrent le rayonnement de Gleyre à Paris à la fin des années 1840. Elles trouvent, pour la plupart, leur origine chez Hortense Cornu et Arsène Houssaye, et s'enracinent dans le Paris intellectuel et artistique de la rive gauche.

Les Cornu, amis incontournables, avaient été les premiers à soutenir l'artiste lors de son retour d'Orient, lui offrant le gîte au 11, passage Sainte-Marie, rue du Bac, avant que Gleyre ne s'installe au 94 de la même rue en 1845. Salonnière influente et collaboratrice à la *Revue des Deux Mondes*, Hortense lui obtient des appuis auprès d'autres membres de la rédaction, à commencer par Arsène Houssaye. Ce dernier habitait à proximité, au 100 de la rue du Bac, avec son ami le romancier Jules Sandeau, et partageait tant avec Gleyre qu'avec les Cornu des convictions républicaines. Fraîchement nommé directeur de la revue *L'Artiste*, Houssaye s'était porté acquéreur du *Soir* dès sa présentation au Salon de 1843, avant de se retirer pour permettre l'entrée du tableau au musée du Luxembourg[80]. Houssaye déjeunait régulièrement avec Gleyre au café d'Orsay et lui rendait visite en voisin ; invité au salon d'Arsène et de Fanny Houssaye et à celui du couple Sandeau, fréquentés par Sainte-Beuve, Dumas, Nerval et Musset, Gleyre peignit le portrait de ses hôtesses en gage d'amitié[81] (fig. 9).

72 Une éventuelle appartenance franc-maçonne a également pu jouer un rôle dans le réseau amical constitué par Gleyre. Son ami Edgar Quinet était ainsi membre du Grand Orient de France.

73 Gustave Planche, « Salon de 1840 », *Revue des Deux Mondes*, t. XXII, 1840, p. 108.

74 Clément 1878, p. 205.

75 Article réédité deux ans plus tard dans Gustave Planche, *Portraits d'artistes. Peintres et sculpteurs*, Paris, Michel Lévy frères, 1853, p. 247-272.

76 Hauptman 1996 b, p. 304.

77 « Un ami m'ayant introduit dans l'atelier de l'artiste, j'y vis la sérieuse peinture à laquelle il mettait la dernière main [*Les Romains passant sous le joug*], un portrait du Père Enfantin en costume officiel, quelques dessins d'un caractère frappant », Mantz 1875, p. 233. Ce portrait n'est pas localisé aujourd'hui.

78 Clément 1878, p. 207.

79 Propos nostalgiques de Germaine de Staël, cités par Sainte-Beuve, *Nouveaux Portraits et Critiques littéraires*, t. III, Bruxelles, 1836, p. 112.

80 Hauptman 1996 a, p. 136-137. Afin de remercier Houssaye d'avoir renoncé à son achat, Gleyre lui offrit *Cléonis et Cydippe*.

81 Hauptman 1996 b, nos 494 et 495, p. 291.

C'est sans doute à partir des salons de la rue du Bac, tenus par les Cornu, les Houssaye et les Sandeau, personnalités mondaines et disposant d'un important réseau, qu'un certain nombre de poètes, écrivains, dramaturges et compositeurs furent introduits dans l'atelier de Gleyre : outre Jules Sandeau, Gérard de Nerval vint goûter son esquisse de *L'Entrée de la reine de Saba à Jérusalem*[82], le dramaturge François Ponsard y fit une lecture de son *Agnès de Méranie* en 1846, Prosper Mérimée lui prodigua ses conseils littéraires et historiques pour *Le Soir* et *Les Romains*[83] (cat. 80), tout comme l'historien Henri Martin, spécialiste des druides gaulois, ami du Lyonnais Jean Reynaud, dont Gleyre avait entendu parler comme saint-simonien dans sa jeunesse, et dont il lut et commenta l'ouvrage théosophique *Terre et Ciel*, publié en 1854. Quand il ne le croisait pas chez les Houssaye, Gleyre bavardait fréquemment avec Alfred de Musset au café de la Régence et le raccompagnait jusqu'au quai Voltaire où habitait le poète[84]. Le peintre dînait aussi avec Maxime Du Camp, rentré d'un premier voyage en Égypte en 1844. Du Camp lui présenta ses amis Gustave Flaubert et Jules Duplan, qui avait appris la peinture chez Cornu. De passage à Lyon fin octobre 1849, en chemin vers l'Égypte, Du Camp et Flaubert demandèrent à Gleyre, qui séjournait alors dans sa famille, de leur raconter son séjour africain et de leur prodiguer ses conseils[85]. Flaubert gardait un souvenir affectueux de l'« angélique Gleyre », qu'il invita à une lecture de *Salammbô* en mai 1861[86], prenant de ses nouvelles par Duplan et en fréquentant le salon de madame Cornu. S'ajoutent encore d'autres écrivains et critiques d'art, le plus souvent rédacteurs à la *Revue des Deux Mondes*, qui, après avoir découvert *Le Soir* au Salon de 1843, firent la connaissance de son auteur dans les bureaux de la rédaction ou se firent introduire dans son atelier par Arsène Houssaye : outre Gustave Planche déjà cité, on note les visites d'Étienne-Jean Delécluze, de Paul Mantz, de Théophile Gautier et d'Émile Montégut. Réputé ne pas aimer la musique, Gleyre ouvrait toutefois son atelier à Gioacchino Rossini[87] et à Hector Berlioz, sans doute rencontré à Rome vers 1830, dont il alla écouter l'adaptation de l'*Orphée* de Gluck créée en 1859[88].

À la fin de sa vie, alors que certains proches étaient décédés (Planche en 1857, Cornu en 1870) ou s'étaient éloignés, de nouveaux amis issus de générations plus jeunes prirent le relais à la fin du Second Empire, notamment Charles Denuelle et son frère, le peintre et décorateur Alexandre Denuelle. Sans doute rencontré sur le chantier du château de Dampierre en 1841, ce dernier avait plus tard travaillé au décor intérieur du château des Crêtes à Clarens en même temps que Gleyre. Voisin de la rue du Bac, devenu un ami proche, Denuelle fut appelé à signer le procès-verbal de décès de Gleyre et à organiser avec son gendre, Hippolyte Taine, le transfert du corps au domicile de l'artiste[89]. En 1868, Gleyre avait assisté au mariage de Thérèse Denuelle avec le philosophe et critique, autre rédacteur à la *Revue des Deux Mondes*. Après la mort de Gleyre, Taine témoigna avec plaisir de ses rencontres avec l'artiste âgé, avec lequel il partageait un même enthousiasme pour le beau idéal grec et la Renaissance italienne.

Ce sont enfin les anciens élèves préférés qui rendaient visite à leur maître : parmi les Français, Clément note surtout les néo-grecs Jean-Louis Hamon, Henri-Pierre Picou et Auguste Toulmouche. Il faut leur ajouter Félix Jobbé-Duval qui menait parallèlement à sa carrière artistique celle de franc-maçon et d'homme politique républicain, et François-Émile Ehrmann qui cosigna le procès-verbal de décès de Gleyre avec Denuelle.

Malgré cet étourdissant réseau de connaissances et d'amitiés, la production de Charles Gleyre réserve toujours de nombreuses énigmes. Sa vie durant, il semble avoir beaucoup récolté et peu divulgué, non par égoïsme mais par humilité et habitude. Élevé dans un milieu modeste de petits commerçants, dépourvu de tout diplôme, il souffrait de ne pas lire les langues anciennes et de ne pas avoir acquis les humanités. C'est donc en autodidacte et en solitaire qu'il entreprit d'abord sa formation culturelle par une pratique

82 Hauptman 1996 a, p. 110.

83 Il lui adresse une sélection de vers d'Anacréon pour *Le Soir*. Voir Clément 1878, p. 203 ; Hauptman 1996 a, p. 134 et 224.

84 Clément 1878, p. 215.

85 Hautpman 1996 a, p. 106.

86 *Ibid.*, p. 257-258.

87 Lors d'un passage à Paris en 1855, il rend visite à l'atelier en avril, voir Hauptman 1996 a, p. 223.

88 Clément 1878, p. 340.

89 Hauptman 1996 a, p. 312.

90 Voir Clément 1878, p. 105, 146 et 280.

91 *Ibid.*, p. 21-22.

92 *Carnet de voyage en Orient*, cité par Clément 1878, p. 68.

assidue de la lecture, tant des Évangiles, de Longus, d'Hérodote[90] que de poésie et de romans contemporains. On le vit ensuite frayer sans crainte ni prétention avec les personnalités littéraires et philosophiques les plus talentueuses de son temps. Clément raconte que Gleyre « avait acquis par ses lectures et dans le commerce des hommes éminents qu'il voyait habituellement une véritable érudition. Non seulement il connaissait bien l'Antiquité : ses monuments d'arts, ses poëtes, ses historiens, mais il se tenait très au courant des affaires du jour : politique, littérature, questions sociales, rien ne lui échappait, et sauf les finances auxquelles il ne comprit jamais rien, tout l'intéressait. En l'entendant juger toutes choses avec tant de pénétration et en discourir si judicieusement, si aisément, nul ne se serait douté de l'insuffisance de sa première éducation. Cependant, lui ne l'oubliait pas[91] ». Aussi ne dispose-t-on d'aucun écrit publié de l'artiste, excepté la courte notice explicative des *Romains passant sous le joug* (1858).

Gleyre vécut discrètement au cœur battant de son époque : avide de connaissances, de rencontres et d'expériences, il ne fit confiance qu'en ses dessins et ses peintures pour transmettre son héritage. Cette attitude nous ramène naturellement au *Soir* : allégorie du primat de la vision sur la parole et l'action, le créateur se tait pour laisser se déployer plastiquement la « triple harmonie des formes, des couleurs et des sons[92] ».

fig. 9 Charles Gleyre, *Portrait de madame Arsène Houssaye*, 1845-1850, huile sur toile, 65 × 54 cm, Lausanne, Musée cantonal des beaux-arts

GLEYRE ET SON ATELIER : ENTRE LA TRADITION ET L'INNOVATION

William Hauptman

« Si Gleyre ne prit pas part d'une façon très active à nos luttes artistiques, il exerça cependant, par sa longue carrière d'enseignement, une certaine action sur l'école française[1]. »

Dans la France du XIXe siècle, l'enseignement du dessin et de la peinture est presque entièrement recentré sous l'égide de l'École des beaux-arts, dont le cursus, s'il passe par plusieurs réformes, reste au cœur de la formation officielle en matière d'art[2]. Seul un groupe limité d'élèves peut entrer à l'École, par le biais d'un « concours des places » où chaque candidat doit faire la preuve de ses talents naturels selon des conditions fixées par les professeurs et l'administration. La compétition est souvent rude : en 1863, par exemple, trois cents candidats rivalisent pour seulement quatre-vingts places. La plupart du temps, le programme d'études à l'École consiste pour l'essentiel en deux cours : l'un de dessin, souvent placé le soir, et l'autre d'anatomie, à partir d'un cadavre fourni par l'École de médecine[3]. À ces enseignements peuvent s'en ajouter d'autres, formant un supplément théorique : anatomie, technique de la perspective, histoire…, souvent prodigués de manière insouciante, tels des fondamentaux qui viennent enrichir l'éducation générale d'un artiste sans que celle-ci lui soit transmise de manière systématique.

Une fois l'impétrant admis, il suit un processus de formation qui repose principalement sur les directives de ses professeurs, censées l'aider à se forger une compétence solide en dessin figuratif. L'objectif ultime est que tous les étudiants de l'École s'entraînent pour le concours du prix de Rome, très convoité : s'ils sont lauréats, ce sera pour eux la garantie d'être reconnus, de recevoir un jour des commandes, de pouvoir dispenser des cours particuliers et de briller dans le cénacle des artistes parisiens, déjà fort nombreux. Le baron Antoine-Jean Gros, particulièrement efficace en la matière, parle sans ironie lorsqu'il affirme : « Mon métier est de former des artistes et de les envoyer en Italie aux frais du gouvernement[4]. » Toutefois, nombre de jeunes élèves sont conscients que leur formation à l'École comporte des lacunes et qu'il leur faut y suppléer à l'occasion par le biais du tutorat privé, que celui-ci soit une mesure supplémentaire destinée à leur assurer une place au concours ou qu'il les aide à perfectionner leur pratique du dessin pendant leurs années d'École. Les séances de peinture d'après un modèle vivant n'intégreront le cursus qu'en 1863, avec les réformes apportées au système[5]. Cette situation explique le succès des ateliers privés ouverts par de nombreux peintres, parfois pour rendre service aux futurs candidats, parfois comme source utile de revenus supplémentaires. Soustrait aux cercles officiels, cet enseignement demeure fondé sur le dessin, qui va de l'exercice fastidieux (par exemple, recopier une gravure dite « modèle de dessins ») au travail sur les moulages en plâtre, ou « bosses », et qui se poursuit jusqu'à ce que l'élève soit jugé digne de passer à l'étape suivante : le dessin d'après modèle vivant.

L'atelier privé a un autre avantage : il constitue une alternative cruciale à la formation officielle, confinée à un programme préétabli. Son atmosphère plus « relâchée » nourrit un dialogue plus animé autour de l'art, des enjeux artistiques…, même si ces programmes moins stricts comportent eux aussi règles et régulations. Comme à l'École, les élèves des ateliers privés doivent respecter une hiérarchie sociale conventionnelle, souvent fondée sur le type d'activité pratiqué par chaque atelier. Au bas de l'échelle se trouve le « nouveau », dit le « rapin », un jeune apprenti parfois à peine sorti de l'adolescence et qui n'en est qu'au stade premier de sa formation (la copie de gravure). On lui confie une myriade de tâches ancillaires, nécessaires au bon fonctionnement de l'atelier : préparer les matériaux, allumer le poêle chaque matin, et des dizaines d'autres corvées requises par les élèves plus avancés. Comme il est encore novice, il est souvent l'objet de canulars incessants, dont certains, à la manière d'un bizutage, l'initient à son nouvel environnement. À un échelon plus élevé de la hiérarchie se trouvent les étudiants qui, ayant progressé, se livrent à l'exercice « d'après la bosse » : seul le maître peut les y autoriser, comme un signe de leur évolution positive. Les étudiants qui peignent ou dessinent d'après un modèle vivant sont ceux qui fréquentent l'atelier depuis un certain temps :

1 « Nécrologie », *Revue de France*, t. X, 1874, p. 923. Notre essai s'inspire en partie de Hauptman 1985, p. 79-119 ; voir aussi Hauptman 1996 a, p. 327-339. Sur l'importance de Gleyre pour les néo-grecs, on se référera à l'essai pertinent de Hélène Jagot, « Une académie dissidente. La formation des néo-grecs dans les ateliers de Delaroche et de Gleyre », dans France Nerlich et Alain Bonnet (dir.), *Apprendre à peindre. Les ateliers privés à Paris, 1780-1863*, Tours, Presses universitaires François-Rabelais, 2013, p. 291-300. Voir aussi Anne Martin-Fugier, *La Vie d'artiste au XIXe siècle*, t. L., Paris, Audibert, 2007.

2 Boime 1971.

3 Ambroise Vollard, *Auguste Renoir (1841-1919)*, Paris, Georges Crès & Cie, 1920, p. 26.

4 Jean-Baptiste Delestre, *Gros : sa vie et ses ouvrages*, 2e éd., Paris, J. Renouard, 1867, p. 202.

5 Albert Boime, « The teaching reforms of 1863 and the origins of modernism in France », *The Art Quarterly*, n° 1, automne 1977, p. 1-39 ; Alain Bonnet, « La réforme de l'École des beaux-arts de 1863 : Peinture et sculpture », *Romantisme*, t. XXVI, 1996, p. 27-38.

Charles Gleyre, *Le Soir*, détail, dit aussi *Les Illusions perdues*, 1843, Paris, musée du Louvre
(voir cat. 61 p. 134-135)

les plus âgés et les plus respectés parmi les habitués du lieu. Nul maître en charge d'un atelier privé au XIXe siècle n'autorise un étudiant à franchir l'étape de la peinture s'il ne voit en lui un dessinateur compétent, digne d'accéder au stade ultime de sa formation. C'est, en substance, le système auquel s'est plié Gleyre lui-même lorsqu'il est entré en 1825 à l'atelier de Louis Hersent pour se préparer au concours[6].

Pendant les années 1830, alors que Gleyre séjourne à Rome puis en Égypte avec son mécène américain John Lowell Jr., l'atelier privé le plus couru à Paris est celui de Paul Delaroche, l'élève vedette de Gros. Situé à l'Institut de France, cet atelier est celui qu'a occupé Gros par le passé. Plus d'une centaine d'étudiants le fréquenteront au cours des années suivantes, certains quelques mois, d'autres bien plus longtemps, selon leurs talents et leurs besoins. L'atelier de formation est réparti en deux grandes pièces, l'une où l'on travaille à partir des bosses, l'autre où l'on copie des modèles vivants, hommes et femmes[7]. Si l'atelier Delaroche est populaire, c'est entre autres raisons parce qu'il y circule une multiplicité d'idées qui stimulent à parts égales les élèves d'esprit conservateur et ceux qui se montrent plus aventureux. Delaroche y vient deux fois par semaine examiner et corriger les exercices qu'il a fixés précédemment. S'il est respecté pour ses hauts faits artistiques, il se montre taciturne, à moins qu'il ne se lance dans toutes sortes de discours aux nombreuses digressions. L'un des modèles auxquels il fait souvent appel évoquera à plusieurs reprises sa « froideur un peu cassante », qui ne le rend guère populaire auprès des élèves. Son apparence physique, rappelant Napoléon (« une mèche entravait son front[8] »), lui attire peu de sympathies là encore. Quant à sa façon d'évaluer les travaux soumis par ses élèves, elle est parfois déconcertante, comme le note Jean-François Millet qui rejoint l'atelier en 1837. Ayant dessiné un Germanicus sur la demande du maître, il s'entend dire sur un ton énigmatique : « Vous en savez trop et pas assez. » Parfois, Delaroche observe le travail de Millet : il « restait immobile devant les [dessins], poussait un soupir plaintif et s'en allait[9] ». Toutefois, d'autres étudiants puisent un encouragement dans ses conseils, tel Jean-Léon Gérôme qui considère que Delaroche a soutenu ses efforts de jeunesse en le recommandant à Édouard Charton, rédacteur en chef du *Magasin pittoresque*, qui publie un de ses premiers dessins[10].

Delaroche ferme l'atelier au cours de l'été 1843 à la suite d'un drame : un bizutage cruel à l'instigation du caricaturiste Cham, au cours duquel on force un nouvel élève à livrer un duel factice qui va trop loin, au point… de causer la mort du rapin[11]. Le scandale éclate, et Delaroche doit renoncer à enseigner comme par le passé. Il conseille à ses élèves de se trouver d'autres maîtres, en leur recommandant Michel Martin Drolling, François-Édouard Picot ou Gleyre, trois peintres de renom à l'époque, en particulier Gleyre dont la toile maîtresse, *Les Illusions perdues* (cat. 61), a connu un vif succès, populaire et critique au Salon de cette année. Les élèves qui optent pour Drolling ou Picot savent que leurs ateliers respectifs se plient aux normes académiques : ces maîtres se donnent pour but de former leurs élèves en les faisant travailler sans relâche afin qu'ils remportent un jour le prix de Rome (comme eux-mêmes l'ont obtenu, Drolling en 1810 et Picot l'année suivante). Gleyre, quant à lui, n'a encore jamais enseigné. Il apparaît toutefois comme une alternative séduisante, qui, à l'image de ses *Illusions perdues*, semble combler le fossé entre rigueur académique et imagination romantique. Sous la houlette de Gérôme et de Jean-Louis Hamon, environ deux douzaines d'élèves parmi les ouailles de Delaroche choisissent de travailler avec Gleyre et l'abordent à cette fin. Il se trouve au moins un critique pour applaudir la décision prise par Gleyre de consacrer ses talents à éduquer une nouvelle génération d'artistes : « S'il est possible d'enseigner la poésie la plus idéale comme on enseigne la peinture matérielle, M. Gleyre ne peut manquer de former d'excellents élèves[12]. » En octobre 1843, Gérôme écrit à son père que « le noyau d'un nouvel atelier […]

6 « Concours pour les places… », Archives nationales, Paris, AJ[52], n° 7. La première tentative de Gleyre, le 6 octobre 1825, lui valut la soixante-troisième place sur soixante-deux admis. Le mois suivant, ses efforts lui permirent d'être classé neuvième sur soixante-cinq admis.

7 Félix Ribeyre, *Cham, sa vie et son œuvre*, Paris, Plon, 1884, p. 59

8 [Gustave Crauk], *Soixante Ans dans les ateliers des artistes. Dubosc, modèle*, Paris, C. Lévy, s.d. [1900], p. 128.

9 Alfred Sensier, *La Vie et l'Œuvre de J.-F. Millet*, Paris, A. Quantin, 1881, p. 60-61.

10 Charles Moreau-Vauthier, *Gérôme, peintre et sculpteur*, *op. cit.*, p. 37-40, 49.

11 [Crauk], *op. cit.*, p. 147-148. Il nous reste sur cette « blague » d'autres témoignages, qui diffèrent au niveau des détails.

12 « Chronique », *Bulletin de l'ami des arts*, t. I, 1843, p. 312.

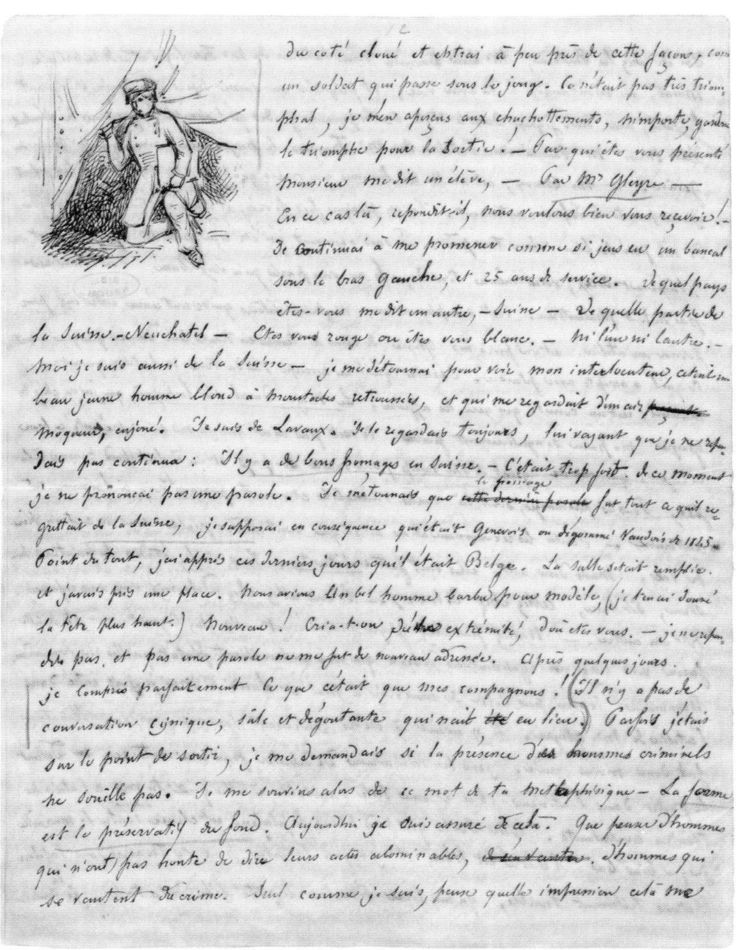
du coté éloné et entrai à peu près de cette façon, com[me]
un soldat qui passe sous le joug. Ce n'était pas très triom-
phal, je m'en aperçus aux chuchottements, n'importe, gardons
le triomphe pour la sortie! — Par qui êtes vous présenté
Monsieur me dit un élève, — Par Mr Gleyre —
En ce cas là, répondit-il, nous voulons bien vous recevoir! —
Je continuai à me promener comme si j'eus eu un bancal
sous le bras gauche, et 25 ans de service. De quel pays
êtes-vous me dit un autre, — Suisse — De quelle partie de
la Suisse — Neuchatel — Etes vous rouge ou êtes vous blanc. — Ni l'un ni l'autre. —
Moi je suis aussi de la Suisse — je me détournai pour voir mon interlocuteur, c'était un
beau jeune homme blond à moustaches retroussées, et qui me regardait d'un air ~~[illegible]~~,
moqueur, enjoué. Je suis de Lavaux. Je le regardais toujours, lui voyant que je ne ré-
pondais pas continua : Il y a de bons fromages en Suisse. — C'était trop fort. De ce moment
je ne prononçai pas une parole. Je m'étonnais que ~~cette dernière parole~~ le fromage fut tout ce qu'il re-
[illegible] de la Suisse, je supposai en conséquence qu'il était Genevois ou dégommé Vaudois de 1845.
Point du tout, j'ai appris ces derniers jours qu'il était Belge. La salle s'était remplie.
et j'avais pris une place. Nous avions un bel homme barbu pour modèle, (je t'en ai donné
la tête plus haut.) Nouveau! Création d'êtres extrémité, d'où êtes vous. — je ne répon-
dis pas. et pas une parole ne me fut de nouveau adressée. Après quelques jours.
je compris parfaitement ce que c'était que mes compagnons! (Il n'y a pas de
conversation cynique, sale et dégoûtante qui n'ait eu lieu.) Parfois j'étais
sur le point de sortir, je me demandais si la présence de ces hommes criminels
ne souille pas. Je me souvins alors de ce mot de ta métaphysique — La forme
est le préservatif du fond. Aujourd'hui je suis assuré de cela. Que penser d'hommes
qui n'ont pas honte de dire leurs actes abominables, ~~[illegible]~~, d'hommes qui
se vantent du crime. Seul comme je suis, pense quelle impression cela me

fig. 10 **Auguste Bachelin, *Bachelin devant l'atelier Gleyre*, 1850, encre sur papier, Neuchâtel, Archives de l'État de Neuchâtel**

va se former » sous les auspices de la direction de Gleyre[13]. Hamon va saluer le maître avant l'ouverture du nouvel atelier et tombe sous le charme du peintre suisse, pétri de timidité : « [Il] me plut tout de suite ; je trouvai en lui un homme naturellement bon, bienveillant, comprenant son monde, sans mystère, ne faisant pas le grand homme, d'une modestie exagérée ; un homme antique[14]. »

L'amabilité de Gleyre, sa modestie et sa générosité – contrastant avec la réserve de Delaroche – lui valent les éloges de nombreux élèves, auprès de qui il devient non seulement un professeur, mais un camarade et un allié. Ainsi, dans le cas de Hamon, Gleyre rédige une lettre de recommandation des plus chaleureuse, qui permettra à son élève de recevoir diverses commandes, modestes mais de nature à soulager sa pauvreté[15]. Quand Hamon ne peut plus régler sa cotisation, Gleyre le convie à son propre atelier, rue du Bac, pour travailler à ses côtés. Pendant les deux décennies suivantes, des douzaines d'étudiants se verront recommander pour un prix, introniser dans un Salon, confier des commandes et d'autres faveurs grâce à l'intervention et au soutien de Gleyre.

Lorsque celui-ci reprend les élèves de Delaroche à la fin de l'année 1843, il ne peut occuper les mêmes locaux à l'Institut. Aussi demande-t-il à Gérôme et à ses disciples de louer quelques pièces où il puisse mener ses enseignements. On déniche un premier atelier rue d'Erfurth, appelée naguère la Petite-Rue Sainte-Marguerite avant d'être rebaptisée après la capitulation d'Erfurth en 1806. Elle prend fin avec la rue Childebert, dans le VIe arrondissement[16]. Il ne nous est pas resté, semble-t-il, de description de cet atelier, mais lorsque Gleyre et ses protégés déménagent au 36, rue de l'Ouest par la suite, nous sommes mieux renseignés grâce au témoignage d'un certain Auguste Bachelin[17]. L'atelier pédagogique de Gleyre se trouve au rez-de-chaussée ; il se compose d'une pièce unique de huit ou neuf mètres de long, éclairée par une large fenêtre située à trois mètres environ du sol. Un grand rideau sépare la pièce en deux, comme Bachelin le montre dans un dessin joint en annexe à une lettre du 5 mai 1850[18] (fig. 10). Une table où se juche le modèle jouxte l'unique fourneau, toujours allumé pour maintenir une température ambiante en toute saison. Un squelette et des moulages en plâtre sont disponibles pour des études plus précises, selon les besoins. Pour copier leur modèle, les élèves s'assoient sur des tabourets « très bas », disposés en cercle, en gardant près d'eux leur chevalet ; derrière eux, se trouvent d'autres chevalets ainsi que des tabourets plus élevés pour leur permettre d'étudier aussi le modèle à distance. Cet arrangement est décrit par l'écrivain anglais George Du Maurier alors qu'il étudie avec Gleyre avant 1857, année où il se lie d'amitié avec Whistler[19] (fig. 11). Son expérience de l'atelier Gleyre lui inspirera en 1894 un roman, *Trilby*, soit l'équivalent britannique des *Scènes de la vie de bohème* de Henry Murger. L'atelier Gleyre y devient « Chez Carrel ». Quoique fictive, l'histoire inclut de

13 Moreau-Vauthier, *op. cit.*, p. 55.

14 Eugène Hoffmann, *Jean-Louis Hamon, peintre (1821-1874)*, Paris, 1903, p. 47.

15 Walther Fol, « Jean-Louis Hamon », *Gazette des beaux-arts*, t. XI, 1875, p. 120.

16 Jean de La Tynna, *Dictionnaire topographique, étymologique et historique des rues de Paris*, Paris, 1812, p. 157-158. L'adresse exacte demeure inconnue, mais une lettre adressée à « M. Gleyre, peintre/rue d'Erfurth » (MCBA, Lausanne GA 996) confirme le nom de la rue.

17 Auguste Bachelin, « Frédéric Simon », *Bibliothèque universelle et Revue suisse*, t. XLIII, n° 3, 1889, p. 543-546.

18 Lettre de Bachelin à Édouard Perrochet, 5 mai 1850, Archives de l'État, Neuchâtel, fonds Bachelin, MS 1791A.

19 Cette illustration est reproduite dans Felix Moscheles, *In Bohemia with Du Maurier*, Londres, T. F. Unwin, 1896, p. 18.

nombreuses anecdotes qui confirment certains aspects de la vie quotidienne dans l'atelier Gleyre, telle que d'autres témoins l'ont décrite.

Un passage en revue des ateliers parisiens à la fin des années 1850 par Ion Perdicaris, observateur dilettante, élève-artiste à ses heures, offre un aperçu supplémentaire sur l'atelier et permet de mieux en cerner le contexte[20]. À l'époque, les trois ateliers privés les plus connus de Paris sont ceux de Couture, Picot et Gleyre : tous ont acquis une certaine gloire qui leur attire un grand nombre d'étudiants. L'atelier de Couture, très fréquenté par les Anglais et les Américains, est réputé pour le soin qu'il apporte à la couleur. Toutefois, les « Couturiens » sont souvent raillés parce qu'ils « concoctent leurs effets de couleur », dit-on, « comme un cuisinier ses sauces », en se fondant sur des recettes prescrites. La plupart de ces élèves, notons-le au passage, sont déjà compétents ; ils maîtrisent la peinture et, s'ils suivent les cours de l'atelier, c'est pour perfectionner leur éducation et leur technique au contact d'un maître acclamé par les critiques en 1847 pour ses *Romains de la décadence*. L'atelier de Picot, quant à lui, est le plus conservateur. À soixante-cinq ans, Picot adhère encore à l'idéologie de l'Académie et aux formules pourtant dépassées de David et de ses partisans, même s'il connaît un formidable succès en inculquant aux élèves les techniques requises pour le prix de Rome. L'atelier de Gleyre devient dès lors le rendez-vous des jeunes élèves qui veulent non seulement apprendre les rudiments du dessin, mais aussi profiter d'un maître qui se montre attentif au talent personnel de chaque apprenti. Perdicaris, et il n'est pas le seul, répète que Gleyre ne force jamais l'élève à adopter une manière plutôt qu'une autre, ni à imiter le style du « patron » pour gagner son approbation. Ce dispositif républicain de l'atelier, en harmonie avec le *credo* politique de Gleyre, est un autre atout : chaque aspect relatif à la pratique de l'atelier est mis au vote démocratiquement. Si l'on ne parvient pas à un consensus, le massier, l'assistant du maître pour les questions pratiques, tente de débloquer la situation ; ce n'est qu'en dernier recours, si l'impasse persiste, que le patron est appelé pour dénouer la crise. Comme dans tous les ateliers, la camaraderie et les blagues perdurent, mais ces dernières sont généralement bénignes et souvent réglées, sur l'instigation de Gleyre, quand la victime se voit sommée d'apporter une bouteille de vin que tous partagent pour apaiser la situation. Si le rapin est particulièrement démuni et ne peut payer la « bienvenue », qui consiste à offrir aux camarades un verre ou une place de spectacle à la façon d'un rituel initiatique, pour être intronisé dans la hiérarchie de l'atelier, soit Gleyre l'en dispense, soit les étudiants forment une cagnotte pour régler ses frais d'inscription. Pour animer encore cette camaraderie, les élèves reçoivent des pseudonymes inspirés de leur apparence physique. Ainsi, l'atelier de Gleyre inclut des figures comme « Le Cagneux », « Le Bossu », « Bonaparte » (pour sa ressemblance avec l'Empereur) ou un élève polonais dont le nom est imprononçable et qui est dès lors surnommé « Sucredolski ».

fig. 11 George Du Maurier, *L'Atelier Gleyre*, avant 1857, tiré de Felix Moscheles, *In Bohemia with Du Maurier*, Londres, 1896

Les pratiques de cet atelier diffèrent à de nombreux égards de celles que l'on voit à Paris, expliquant qu'il attire davantage les jeunes gens en quête d'un lieu où affûter leurs talents sans être contraints à un style ou un moule artistique particulier. Albert Darier, l'un des nombreux élèves suisses de Gleyre, note en 1863 qu'il n'y a « rien de routinier » dans la façon dont le maître conduit ses leçons[21]. S'il ne donne pas de détails,

Darier était sans doute au fait des coutumes dans les autres ateliers et il a dû repérer chez Gleyre une attitude particulière dans son rapport pédagogique aux élèves. Qui plus est, et c'est là un nouvel attrait autant qu'une exception aux traditions d'enseignement dans le milieu artistique parisien, Gleyre, conscient d'emblée que les rapins sont par nature démunis, abolit les frais coutumiers payés au patron. Ce geste est motivé par le fait qu'il se souvient de sa propre pauvreté de ses années d'études où il devait régler à Hersent une cotisation mensuelle qu'il ne pouvait guère se permettre[22]. Autre particularité : Gleyre insiste pour que ce soit les élèves eux-mêmes qui prennent en main la gestion de l'atelier, hors de toute formalité rigide. L'atelier contraste à cet égard avec d'autres, celui d'Ary Scheffer par exemple, où les étudiants sont priés de se lever à l'entrée du maître et ne peuvent s'asseoir pour reprendre leur travail que sur un signe de lui, comme s'ils étaient de simples « gymnasiens[23] ». Gleyre, lui, entre sans se faire annoncer, furtivement pour ne pas troubler ceux qui sont au travail, avant de passer simplement en revue les exercices fixés auparavant.

Gleyre considère qu'il a pour devoir de guider les élèves à travers un processus qui peut inspirer un certain sentiment d'accomplissement à mesure que l'élève évolue dans sa formation. Puisqu'il ne promeut jamais de règle inflexible, il incite l'élève à faire lui-même les corrections nécessaires, le responsabilisant ainsi sur son propre travail. Hamon dira par la suite : « M. Gleyre m'a montré à moi-même ce que je pouvais être[24]. » S'il assigne divers sujets – *Le Banquet de Platon*, *Thémistocle*, « Frappe mais écoute », *Joseph et Putiphar*, *Ruth et Booz*, entre autres[25] –, il n'exige guère, au contraire des autres maîtres, que ses élèves suivent ou reproduisent son style de composition. Sa force d'enseignant tient plutôt à sa conviction que chaque élève a son propre tempérament, et qu'il est de son devoir d'encourager celui-ci au lieu de le réprimer[26]. Il indique aussi à l'élève qui a suffisamment progressé qu'il est temps pour lui de quitter l'atelier pour de nouveaux parcours ; en 1856, il encourage ainsi Albert Anker à partir, considérant qu'il n'a plus rien à lui apprendre[27].

Tous s'accordent à dire que Gleyre a pris véritablement au sérieux ses responsabilités d'enseignant, contrairement à un grand nombre de maîtres qui ne fondent une académie privée que pour accroître leurs revenus. Jamais il ne se plaint de ses devoirs d'éducateur : Hamon peut à juste titre l'applaudir de n'avoir jamais perdu patience lorsqu'il fallait expliquer telle ou telle difficulté à un élève[28]. L'un deux, l'Alsacien Henri Zuber, entré à l'atelier peu avant sa fermeture, a su résumer ainsi l'enseignement de Gleyre : « On ne sortait jamais de chez lui sans que la pensée eût été remuée par la parole bienveillante et incisive[29]. » L'instruction de Gleyre s'avère en fin de compte essentielle pour les élèves désireux de passer le concours de l'École, comme le peintre américain Daniel Ridgway Knight. S'il échoue lors de sa première tentative en 1861, quelques mois plus tard, grâce aux conseils de Gleyre, il est reçu parmi les premiers[30]. Dans certains cas, le maître invite même ses élèves dans son propre atelier, où il leur dévoile son travail et les pousse à des débats, pas uniquement théoriques, abolissant la distance traditionnelle entre professeur et disciple[31]. Pareilles considérations lui valent une réputation que possèdent peu d'ateliers privés ; le sien devient le rendez-vous d'une génération de talents en germe. Il est vrai qu'il accorde une importance capitale à ces libertés octroyées aux élèves, censées les aider à élaborer toute une gamme de styles, lesquels incorporent les normes académiques tout en s'ouvrant à des tendances plus progressistes. Parmi les élèves venus se former à l'atelier de Gleyre après 1862, certains finiront par fonder le mouvement des impressionnistes.

Ce libéralisme, inhérent aux tendances politiques de Gleyre, transforme l'atelier en un lieu où tout un chacun peut s'ouvrir d'une opinion sociopolitique sans s'en tenir aux débats artistiques. Ses élèves savent très bien que le « patron » s'oppose au régime de

20 Ion Perdicarus, « Reminiscences of a Parisian atelier », *The Galaxy*, t. III, n° 6, p. 644-652, d'où sont tirés les constats suivants.

21 Paul Milliet, *Une famille de républicains fouriéristes : les Milliet*, Paris, M. Giard et E. Brière, 1915, p. 236.

22 Gustave Levavasseur, « Peintres français contemporains. Gleyre », *La Revue politique et littéraire*, t. XIV, 1878, p. 782.

23 L. M. Lamont et Eleanor Rowe, *Thomas Armstrong, C. B. A Memoir. 1832-1911*, Londres, M. Secker, 1912, p. 4.

24 Fritz Berthoud, « Charles Gleyre », *Bibliothèque universelle et Revue suisse*, t. L, 1874, p. 626.

25 Milliet, *op. cit.*, p. 236.

26 Philippe Tillon, « Un peintre du Forez : Charles-Joseph Beauverie (Lyon 1839-Poncins 1923) », *Bulletin de la Diana*, t. XLVIII, n° 7, 1984, p. 327.

27 Marie Quinche-Anker, *Le Peintre Albert Anker, 1831-1910, d'après sa correspondance*, Berne, Stæmpfli & Cie, 1924, p. 39 ; voir aussi William Hauptman, « Anker et l'atelier de Gleyre », dans Therese Bhattacharya-Stettler, *Albert Anker*, cat. exp., Martigny, fondation Pierre Gianadda, 2004, p. 27-40.

28 Hoffmann, *op. cit.*, p. 55.

29 Dans une lettre du 11 mai 1874 à sa mère, dans les archives de M. Claude Zuber.

30 Theo Child, « Daniel Ridgway Knight », *The Art Amateur*, t. XII, avril 1885, p. 101.

31 Comme l'a noté François Ehrmann dans une lettre du 13 décembre 1862 à sa mère, généreusement communiquée à l'auteur par M. Albert Ehrmann.

Napoléon III et que, en guise de protestation, il a cessé de participer aux Salons officiels après 1849, où il avait exposé sa *Danse des Bacchantes* (cat. 96). L'ambiance particulière de l'atelier incite à de nombreuses activités et renforce un esprit de corps qui n'aurait pas été toléré si aisément par d'autres enseignants membres de l'École. La camaraderie est telle que les élèves font de temps à autres leurs portraits réciproques sur deux grandes toiles (fig. 12 et 40), pratique déjà en cours à l'atelier de Delaroche : une archive inédite de l'atelier, attestant sa vivacité artistique. Outre ces pratiques communautaires, les élèves organisent aussi des représentations dramatiques. Les lettres de Frédéric Bazille, qui intègre l'atelier à la fin de 1862, mentionnent deux spectacles, auxquels il participe : une production de *Macbeth* et une autre de *La Tour de Nesle*, pièce de Frédéric Gaillardet, le 23 janvier 1863[32]. Bazille, qui avait déclaré forfait pour *Macbeth*, craignant que cette distraction le détourne d'entreprises plus sérieuses, a fini par céder : il joue une danseuse, avec un costume de scène qu'il s'est fabriqué lui-même. Dans la seconde pièce, il a un rôle plus substantiel dont il semble fort satisfait, celui de Pierrefonds. Des tickets auraient été vendus et, si l'on en croit les rumeurs, le public aurait compté entre autres célébrités Whistler, Gérôme, Fantin-Latour, Champfleury, Duranty et Baudelaire[33]. La représentation donne lieu à une illustration publiée le 8 février 1863 dans *Le Boulevard* ; Bazille est la grande silhouette à gauche (fig. 13).

Quoique indépendant d'esprit, Gleyre enseigne à ses élèves que le canon des formes esthétiques remonte aux prémisses établies par l'Antiquité classique. Mais il cherche à leur faire directement ressaisir les sources plutôt que leurs interprétations néoclassiques, celles d'un David par exemple. De même, Gleyre déclare en 1850 à Auguste Bachelin que l'élève doit impérativement produire des dessins d'après nature s'il veut s'imprégner de l'Antiquité et des traditions artistiques plus tardives[34]. La même idée s'applique au modèle vivant, que Gleyre envisage comme une étape cruciale dans le processus de formation. Il

32 Voir la correspondance de Bazille. Gaillardet écrit sa pièce en 1832, mais prie Dumas de la réécrire après que Jules Janin s'est désisté. Par la suite, Dumas revendiquera la paternité de la pièce, et Gaillardet le provoquera en duel.

33 Voir Gaston Poulain, *Bazille et ses amis*, Paris, La Renaissance du livre, [1932], p. 21. Poulain mentionne Gérôme ; les autres artistes sont cités dans John Rewald, *The History of Impressionism*, éd. rév., New York, Museum of Modern Art, 1961, p. 73.

34 Philippe Godet, *Art et Patrie. Auguste Bachelin d'après son œuvre et sa correspondance*, Neuchâtel, Attinger, 1893, p. 20-21.

fig. 12 Portrait collectif, *Quarante-Cinq Élèves de l'atelier Delaroche*, vers 1835-18443, huile sur toile, 113 × 143 cm, Paris, musée du Petit Palais

LA TOUR DE NESLE DANS L ATELIER GLEYRE
Savoisy—Il n'y a ici ni reine ni premier ministre...il y a un cadavre et deux assassins !!!!!!! (Scène IX, Acte V.)

fig. 13 Félix Régamey, *La Tour de Nesle dans l'atelier Gleyre*, tiré du *Boulevard*, 8 février 1863, Paris, bibliothèque Sainte-Geneviève

recourt à des modèles tant masculins que féminins, qui viennent poser dans les mois d'été, de sept heures à midi, même si le maître hésite à convoquer des modèles nus masculins lorsque les élèves femmes sont présentes. Inévitablement, les modèles féminins, généralement sélectionnés par le massier, font l'objet d'outrages ou de railleries salaces. De nombreux élèves insistent pour examiner le modèle de près…, de trop près à vrai dire, pour capter l'essence de la chair ; ainsi Monet déclare à Gleyre qu'il doit se rapprocher tout particulièrement du modèle « pour saisir le grain de la peau[35] ». Paul Milliet est scandalisé lorsqu'une petite fille de onze ans seulement, poussée par la pauvreté, vient poser deux semaines durant[36].

Outre le travail nécessaire à l'intérieur de l'atelier, Gleyre préconise des exercices supplémentaires de dessin à l'extérieur. Presque tous les enseignants de Paris à l'époque respectent ce principe : ils envoient leurs élèves au Louvre, où ils recopient continuellement les tableaux pour mieux comprendre la composition et la forme, comme ils leur recommandent de faire des esquisses en plein air pour affiner leur sens de l'observation naturelle. Parmi les élèves de Gleyre, beaucoup dessinent sans relâche le soir dans leur chambre, et certains se dévouent pour poser à leur tour comme modèle. Ces efforts conjoints, suscitant un échange supplémentaire d'idées et de valeurs, et encourageant l'autocritique, s'avèrent très utiles. Gleyre se voit présenter les résultats au cours de ses visites ; les auteurs traquent conseils et corrections, ou espèrent recevoir des louanges pour ces initiatives autonomes. En plus du dessin à l'extérieur (copie de tableau ou exercice libre), Gleyre incite aussi à dessiner de mémoire. Ici, il s'aligne sur l'opinion de Horace Lecoq de Boisbaudran, pour qui le « dessin de mémoire » affine la vision de l'élève et va jusqu'à lui procurer le moyen d'accroître sa mémoire visuelle[37]. Hamon le pratique de manière répétée ; il soumet les résultats à Gleyre, qui trouve souvent ces œuvres plus énergiques que les dessins produits aux heures d'atelier, en observant directement le modèle.

C'est seulement après s'être exercé à toute une gamme de dessins et avoir remporté l'approbation de Gleyre que l'élève se voit autorisé à commencer la peinture. En 1845, de Meuron indique à son père que, parmi les vingt élèves qui fréquentent alors l'atelier, six seulement travaillent avec peinture et couleurs[38]. Son ami Bachelin devra attendre sept mois avant d'être jugé apte à toucher un pinceau[39]. Une fois ce niveau atteint, Gleyre

35 Jean Renoir, *Renoir*, Paris, Hachette, 1962, p. 110.

36 Milliet, *op. cit.*, p. 241.

37 Horace Lecoq de Boisbaudran, *L'Éducation de la mémoire pittoresque*, Paris, Librairie sociétaire, 1848.

38 Archives de l'État, Neuchâtel, fonds de Meuron, doss. 68[1].

39 Archives de l'État, Neuchâtel, fonds Bachelin, MS 1791[A], doss. 1.

insiste sur les étapes préliminaires : mettre au point le concept du tableau, sa structure, par le biais d'une ébauche qui permet de mieux envisager les formes et les couleurs à venir. De même, il faut absolument préparer ses couleurs sur la palette avant de se mettre au travail : cette étape majeure ne peut que servir la composition finale. Albert Anker note que Gleyre indique souvent quelle couleur il faut préparer selon la partie du tableau que l'on veut peindre, notamment pour les personnages[40]. Il remarque aussi que, aux yeux de Gleyre, l'ivoire et le noir sont à la base de toutes les tonalités, une leçon dont se souviendra Whistler après son bref séjour à l'atelier[41]. Trente ans après la mort de Gleyre, Anker se rappelle encore certains de ses aphorismes, comme : « [Le] fond doit être un lit sur lequel repose la figure[42]. » Quand de Meuron entame sa première œuvre dans l'atelier, il reçoit des directives étape par étape, plusieurs mois durant, sur l'art de mettre au point le tableau jusqu'à ce qu'il soit un produit fini[43].

L'atelier de Gleyre est désormais réputé comme l'un des plus ouverts d'esprit de Paris, un lieu où la personnalité de l'élève prend le pas sur les règles établies. Dès lors, il va de soi qu'il attire des rapins décidés à faire leur propre chemin. Cet esprit libertaire s'accompagne, dans les années 1860, d'un cri de révolte contre l'académisme stérile adoubé par l'École ou les autres ateliers. Les élèves de Gleyre, ces rebelles, sont connus pour proclamer leur modernité en chantant dans les rues :

« Prends ton pinceau Gérôme
N'rate pas le train pour Rome
N'oublie pas l'jaune de chrome
Ces messieurs sont partis
À la chasse au grand prix[44]. »

C'est dans ce contexte que l'atelier, à partir de 1862, retient l'attention de futurs artistes comme Bazille, Renoir, Sisley et Monet, séduits par l'idée d'acquérir les rudiments de la peinture avec un maître respecté, mais progressiste, qui n'exige pas d'honoraires (un facteur important pour ces élèves démunis, sauf Bazille, qui vient d'une famille aisée). Leur tempérament moderne n'aurait pu s'épanouir dans un autre atelier, où de telles idées couraient le risque d'être réprimées par un enseignant conservateur. Toutefois, même s'ils s'efforcent d'élaborer une nouvelle approche, les futurs impressionnistes se voient inculquer les rudiments de la procédure artistique sous la tutelle de Gleyre. Ce n'est pas pour rien que Renoir confiera à Vollard : « [...] c'était chez Gleyre que j'apprenais le métier de peintre[45]. » Renoir, pourrait-on ajouter, continuera de s'affirmer haut et fort « élève de Gleyre » jusque dans les années 1890.

Les lettres de Bazille abondent en descriptions sur la façon dont l'atelier de Gleyre a fonctionné pendant ses dernières années[46]. À cette époque, il n'ouvre que quatre jours par semaine[47], en partie pour des raisons d'argent, mais aussi à cause des maux récurrents du maître, qui a contracté une ophtalmie en Égypte trente ans plus tôt. À un moment donné, Bazille dit à son père que la maladie oculaire de Gleyre est telle qu'il se sent « menacé de perdre la vue », une situation qui inquiète profondément ses élèves « car il est aimé de tous ceux qui l'approchent[48] ». Bazille assure à ses parents qu'il arrive chaque matin à huit heures et reste jusqu'à trois heures de l'après-midi, ce qui lui laisse le temps d'assister aux cours d'anatomie dispensés à l'École de médecine. Il commence, semble-t-il, à étudier le dessin d'après modèle vivant et confie fièrement à son père que Gleyre l'a complimenté en public – » ce qui lui arrive rarement » – pour son idée, qui consiste à copier un modèle de « grandeur naturelle sur un immense papier[49] ». Un autre jour, Bazille annonce joyeusement à sa mère que Gleyre l'a encouragé : « M. Gleyre m'a dit que je faisais des progrès[50]. » Bazille ne passe à l'étape suivante qu'en 1864, époque à laquelle il dit à son père que Gleyre lui apprend le « métier » de peintre[51]. Pendant ce séjour à l'atelier,

40 Quinche-Anker, *op. cit.*, p. 36.

41 E. R. et J. Pennell, *The Life of James McNeill Whistler*, Londres et Philadelphie, J. B. Lippincott, 1908, p. 49-50.

42 Dans une lettre de 1902 ou 1904, d'Anker à François Ehrmann.

43 Archives de l'État, Neuchâtel, fonds de Meuron, doss. 44[1], 68[1], 72[11].

44 Renoir, *op. cit.*, p. 111. Cette chanson est une parodie de « Prends ton fusil Grégoire », qui figure dans l'ouvrage de Paul Féval, *Monsieur de Charette*. Rédigé en 1853, ce chant glorifie la conduite du général de Charette de La Contrie pendant la guerre de Vendée. Gérôme ne remporta jamais le prix de Rome.

45 Vollard, *op. cit.*, p. 26.

46 Sur les lettres de Bazille, voir J. Patrice Marandel, *Frederic Bazille and Early Impressionism*, cat. exp., The Art Institute, Chicago, 1978, p. 152f ; Didier Vatuone (dir.), *Frédéric Bazille. Correspondance*, Montpellier, Les Presses du Languedoc, 1992, d'où sont tirées toutes les citations.

47 Ce qu'indique Edmond de Pury dans une lettre datée de décembre 1863, Archives de l'État, Neuchâtel, fonds de Pury, 6, doss. 11.

48 Vatuone, *op. cit.*, p. 75, 20 janvier 1864.

49 *Ibid.*, p. 64, 29 novembre 1863.

50 *Ibid.*, p. 50, 12 mars 1863.

51 *Ibid.*, p. 78, 27 janvier 1864.

52 Pierre Vaisse, *La Troisième République et les peintres*, Paris, Flammarion, 1995, p. 66-93.

qui couvre deux années ou presque, Bazille ne fait pas état de la moindre frustration ou déception, pas plus qu'il n'attribue ces sentiments aux autres élèves, qui tous se disent satisfaits des conseils prodigués.

Vers la fin des années 1860, alors que ce dernier a atteint la cinquantaine et que sa maladie s'aggrave, l'atelier attire moins d'élèves. D'autres circonstances contribuent à la décision de fermer l'atelier, la plus importante étant sans contredit les réformes très contestées de 1863, initiées par Napoléon III[52]. Suivant de quelques mois l'ouverture du Salon des refusés, elles proclament un nouveau libéralisme dans la gestion de l'enseignement artistique, car elles retirent une grande partie de son autorité à l'Académie des beaux-arts, tout en renforçant les cours dispensés à l'École. Il en résulte que l'accent n'est plus mis sur le seul dessin : la peinture vient enrichir le cursus. Celui-ci se fait plus global, car il accueille désormais des séminaires en histoire de l'art, esthétique, histoire et archéologie, placés sous la responsabilité d'un professeur par matière. Pour la peinture, Isidore Pils, Alexandre Cabanel et Jean-Léon Gérôme, ancien élève de Gleyre, se voient affectés aux postes d'enseignants, conçus dans la lignée des traditions conservatrices, mais avec plus de liberté qu'auparavant. Avec ces réformes, les ateliers privés, opérant hors du système de l'École, perdent leur attrait. Beaucoup cessent de fonctionner sur le modèle des décennies précédentes, même si de nombreux élèves continuent de suppléer à leur formation par des cours privés. Pour autant, lorsque l'atelier de Gleyre ferme ses portes, l'on peut dire qu'aucun autre site d'enseignement privé à Paris n'a accueilli des disciples si variés, venus d'horizons esthétiques si divers, et qu'il n'a influencé aussi durablement l'évolution de la peinture française, sur le moment comme à l'avenir. L'atelier de Gleyre s'avère un catalyseur important pour l'éducation artistique dans la France du XIXe siècle, même s'il a fallu attendre une époque récente pour jauger son importance, lui qui fut un point focal entre l'héritage du passé et l'originalité qui caractérise la vie artistique parisienne pendant le dernier quart du XIXe siècle.

QUAND TU PARAIS, Ô DÉESSE, LE VENT TOMBE. LE SURNATURALISME DE CHARLES GLEYRE

Catherine Lepdor

Le roman de l'échec

En 1943, un siècle après le succès retentissant des *Illusions perdues* (cat. 61), Paul Budry prend la défense de Charles Gleyre, le « peintre vaudois le plus débiné dans les ateliers d'aujourd'hui ». Dès les premières lignes, le critique d'art plonge dans la vie de l'artiste : « Quand vous allez de Tripoli à Gadhamès, on vous montre au bord de la piscine un tas de cailloux que les indigènes ont nommé le tombeau du Suisse. [...] Peu s'en est fallu qu'un tas de pierres semblable ne recouvrît près de Karthoum la carcasse d'un jeune peintre romantique vaudois, que le spleen – d'autres disent une passion pour une jeune Nubienne d'une vertigineuse beauté – avait entraîné dans ces solitudes torrides. Mais une négresse recueillit à temps ce joli garçon blanc qui attendait la mort sans pouvoir bouger de place, ayant les yeux collés par une ophtalmie purulente. Elle le signala à quelque colon, on trouva sur lui un passeport au nom de Gabriel-Charles Gleyre, de Chevilly (Vaud), et, de main en main, d'hôpital en hôpital, on vous le ramena à demi-mort en Suisse. Cela se passait en 1835. En 1843, un tableau faisait sensation au Salon de Paris[1]. »

Implication du lecteur, suspense, amour, mort et résurrection, coup de théâtre, tout y est ! En adoptant le style et les ressorts du roman-feuilleton, Budry, loin d'innover, s'inscrit dans une tradition. La faute à Charles Clément, figure d'autorité pour avoir été un intime et qui, dans la biographie qui précède son catalogue raisonné, rompt le silence quatre ans après le décès du peintre. Chateaubriand s'était autorisé à éditer les pensées d'un écrivain qui n'avait rien voulu publier de son vivant (Joseph Joubert) ; eh bien ! lui, Clément, ferait de même, en dépit du fait que « Gleyre aussi a caché sa vie et, autant qu'il l'a pu, ses œuvres[2] ». La levée de l'interdit ouvre une boîte de Pandore. S'en échappent des fragments de lettres et de journaux intimes, des souvenirs personnels ou sollicités de tiers, des articles de presse... bref, le matériau de toute « légende d'artiste ». Un matériau banal, en somme. Si ce n'est que, sommé de surgir d'« outre-tombe », ce matériau résiste, l'artiste s'étant bel et bien efforcé d'effacer ses traces. Si ce n'est que, confronté à cette carence de substance, Clément s'évertue à y suppléer par le montage en épingle du moindre indice susceptible de percer le « mystère Gleyre ». Témoignages et voix se croisent, usant d'une trame, d'un rythme et de motifs tout droit issus d'une invention qui a marqué la jeunesse du biographe, celle du roman-feuilleton. Hier comme aujourd'hui, la vie de Gleyre racontée par Clément évoque le plus grand succès du genre, *Le Comte de Monte-Cristo*[3].

Lancé sur cette piste, le lecteur ne peut que multiplier les parallèles. À commencer par le pivot : au printemps 1838, après une longue absence, Gleyre et Monte-Cristo sont de retour à Paris. Les deux hommes ont parcouru l'Italie et l'Orient. Ils ont connu les affres de l'enfermement : Dantès, durant sa captivité au château d'If, Gleyre à Alexandrie, lorsqu'on le pense atteint de la peste (Clément : « On l'enferma dans sa chambre, sans nourriture et sans lumière ; on barricada sa porte. Ses efforts pour l'enfoncer furent inutiles, ses cris et ses supplications ne servirent pas davantage[4] »). Tous deux ont échappé de peu à la mort par noyade : Dantès, pour s'évader, s'est dissimulé dans le suaire d'un prisonnier mort, et son corps lesté a été balancé à la mer ; Gleyre aurait pu subir le même sort lorsque, malade, il fait le trajet d'Alexandrie à Beyrouth sur un caboteur (Clément : « On plaça Gleyre sur le pont, roulé dans une couverture ; c'était plutôt un cadavre qu'un être vivant. [...] Des matelots s'approchèrent de lui et soulevèrent l'étoffe [...] : "*E morto*", disait l'un ; "*Gia puzza*", reprenait l'autre, il est mort, il sent déjà, il faut le jeter à la mer [...][5] »). Dans la capitale, les héros retrouvent les femmes qu'ils ont aimées : Mercédès, la belle Catalane, est désormais comtesse de Morcef et s'est mariée avec le traître Fernand Mondego ; Louise Vernet, de retour de Rome, tient salon et a épousé un rival, le peintre Paul Delaroche. Autant d'éléments qui constituent le prélude méditerranéen du grand

1 « R.-Th. Bosshard » (1932), p. 283, et « Charles Gleyre » (1943), p. 69, dans Paul Budry, *Œuvres. Histoires, artistes, paysages*, t. II, Lausanne, Cahiers de la Renaissance vaudoise, 2000.

2 Clément 1878, p. 1.

3 Un roman rédigé par Alexandre Dumas durant l'année 1843, date du triomphe de Gleyre au Salon.

4 Clément 1878, p. 82.

5 *Ibid.*, p. 115-116.

Charles Gleyre, *Minerve et les trois Grâces*, détail, 1866, Lausanne, Musée cantonal des beaux-arts
(voir cat. 91 p. 173)

opéra parisien : la vengeance patiemment ourdie pour Monte-Cristo, la conquête de la renommée pour Gleyre, en marche vers les « sommets où il devait parvenir plus tard[6] ». Alexandre Dumas et Charles Clément recourent aux mêmes procédés littéraires pour conférer une dimension épique à leurs récits. Mais, alors que le premier excelle à faire surgir la figure d'un surhomme, le second, malgré son acharnement, ne parvient au final qu'à brosser le portrait d'un perdant, qu'à égrener les stations d'un échec que le temps, il l'espère, atténuera.

L'échec de la critique

Jamais la forme revêtue par le récit d'une vie d'artiste n'aura conditionné aussi durablement la réception de son œuvre. L'impuissance et l'échec, voilà les motifs romanesques qui sont repris et amplifiés par trois caisses de résonance, selon que la critique rattache l'artiste à la nébuleuse romantique, académique (classique, idéaliste) ou réaliste (naturaliste, impressionniste).

L'appartenance de Gleyre à la génération des enfants d'hommes dont les idéaux se sont brisés dans la grande Révolution[7], son dossier clinique tel qu'il ressort de ses journaux et de sa correspondance (syndrome maniaco-dépressif), et la réception « sentimentale[8] » qui fut réservée par ses contemporains aux *Illusions perdues* (cat. 61) plaident en faveur de son inscription dans le mouvement romantique, au départ d'une « lignée qui va du "mal du siècle" à la "névrose" des "décadents" et symbolistes[9] ». Encore ces arguments ne font-ils mouche que dans le registre iconographique, les efforts tentés pour repérer une approche à la Decamps dans la densité du coloris et dans le mouvement (*Cavaliers turcs et arabes*, cat. 47), ou à la Delacroix dans la vivacité notationnelle de la touche (*Entrée de la reine de Saba à Jérusalem*, cat. 46) tournant court et conduisant plus raisonnablement à maintenir une distinction entre le traitement enlevé des esquisses peintes et le traitement retenu des compositions achevées.

Classé le plus fréquemment parmi les académiques, Gleyre profite du retour d'intérêt qui, dès les années 1970, entraîne la réhabilitation des « pompiers ». À ce titre, il figure en 1973 parmi les repêchés de l'exposition « *Équivoques* », bénéficie de deux rétrospectives, en 1974 et 2006, et d'un second catalogue raisonné en 1996[10]. Si le parcours de l'artiste s'en trouve clarifié, sa position dans le champ artistique n'en ressort pas consolidée. On ne lui attribue aucun rôle de premier plan dans cet « humanisme classicisant », apparu dès la fin des années 1830 en réaction au romanticisme, dans cette reformulation des standards néoclassiques austère (Ingres, Papety), spectaculaire (Gérôme), lénifiante (Cabanel) ou apaisée (Puvis de Chavannes). Sa contribution certes est repérée, mais sur le mode indirect, dans l'influence que ses solutions iconographiques ont exercée, et ce en particulier sur certains des néo-grecs qui fréquentèrent son atelier (Gérôme, Toulmouche). Si le caractère innovant de ses compositions est donc souligné[11], des réserves sont formulées à l'encontre de son style, réticences qui touchent d'ailleurs l'ensemble des « classiques », dès la querelle ouverte par le Salon de 1824 entre les héritiers de David, rangés derrière Ingres, et les romantiques, emmenés par Delacroix : « Les draperies sont roides, les figures communes ; le dessin est lourd ; point de couleur et point d'effet[12]. »

Gleyre a été décrit très tôt comme un classique se singularisant par sa veine réaliste. Pour les tenants de l'idéalisme, l'artiste est constamment menacé de s'égarer entre le haut et le bas, entre l'« ouvrage de style » et le « tableau de genre ». Les rappels à l'ordre sont nombreux dès le début de sa carrière, à commencer par la réaction prêtée au tenant de l'orthodoxie lors du célèbre épisode des décorations de Dampierre : « M. Ingres se voila le visage en voyant ces figures et les fit effacer[13]. » Gustave Planche regrette que

6 *Ibid.*, p. 128.

7 Voir le portrait de cette génération donné en ouverture de son roman *Les Forces perdues* (1867) par Maxime Du Camp : « Horace Darglail était venu au monde pendant les années qui suivirent immédiatement les grandes défaites du Premier Empire. Tous les hommes de cette génération ont porté, durant leur vie entière, quelque chose de triste et de pesant, comme si leurs pères leur avaient légué les mélancolies et les humiliations que leur imposa la double ruine de leurs espérances et de leur patrie. »

8 C'est le mot de Baudelaire dans son Salon de 1845 à propos des *Illusions perdues* : « Il avait volé le cœur du public sentimental avec le tableau du *Soir* [...]. »

9 Gamboni 2006-07, p. 131.

10 Paris 1973 ; Winterthur 1974-75 ; Lausanne 2006 ; Hauptman 1996 a et b.

11 Lausanne 2006.

12 « Salon de 1845 », dans *Salons de W. Bürger*, Paris, Librairie de Vve Jules Renouard, vol. I, 1870, p. 146 (à propos de *La Séparation des apôtres*). Voir par comparaison la critique adressée aux « classiques » dans *Le Figaro* du 22 août 1826 : « Une pureté du dessin qui dégénère en sécheresse, une imitation servile de l'antique qui devient de la roideur, un coloris sec et terne » (« Seconde exposition au profit des Grecs », p. 2).

13 Clément 1878, p. 153.

la physionomie du *Saint Jean sur l'île de Patmos* (fig. 5) tienne « par trop de points aux visages que nous voyons chaque jour [...] l'auteur a négligé de l'idéaliser[14] ». Clément, réduit à constater que Gleyre ne s'est jamais corrigé, tente la définition fragile d'un équilibre heureux : « Gleyre était donc idéaliste, mais son idéal n'avait rien de convenu : il était personnel et vivant[15]. » Cette voie médiane est récupérée ultérieurement par la critique qui voit en elle la « marque de fabrique » de Gleyre, enclin à « ajouter de la grâce aux événements de la vie quotidienne en enveloppant le monde contemporain dans un voile idyllique[16] ». C'est dans cet attachement au réalisme que l'on situera le plus souvent le maillon d'une chaîne reliant Gleyre aux réalistes (Millet) et à ses élèves impressionnistes (Bazille, Renoir). Pourtant l'artiste, mesuré à cette aune, une fois encore aura failli : « Il échoua finalement en tant qu'artiste pour n'avoir pas osé accomplir ce que ses dons lui auraient certainement permis de devenir : un réaliste. C'est donc un artiste de la décadence, un épigone [...][17]. »

Épigone, le mot est lâché. Les analyses psychanalytico-marxistes – plus que toutes autres, sous l'emprise de la fiction de Clément dans la proximité formelle que celle-ci entretient avec l'anamnèse et le récit historique – y trouvent une nourriture substantielle. Se saisissant des motifs de l'impuissance et de l'échec, elles les convertissent en symptômes d'une névrose personnelle et elles en amplifient la portée en les rendant exemplaires d'une névrose collective ayant frappé le siècle de l'avènement de la bourgeoisie et du capitalisme. La carrière artistique de Gleyre, programmée par le complexe de castration, « vise inconsciemment à confirmer ce choix existentiel de l'échec ». Chez cet artiste, pas d'œuvre « authentique » qui, « à la faveur d'une accélération ou d'un affolement du système idiosyncrasique », aboutisse « par décalage à des effets "oraculaires" ou à des distorsions significatives ». L'intérêt du « cas Gleyre » ne réside plus, dès lors, que dans la parfaite « synchronie entre sa névrose personnelle et les impératifs idéologiques de la nouvelle classe dirigeante, au point de ne pouvoir soutenir l'angle différentiel requis pour mettre en relief sa propre expérience[18] ».

L'apologie de la décroissance

Comme Dario Gamboni, nous considérons qu'il est devenu vain aujourd'hui de « regretter que Gleyre ne soit pas devenu romantique (pur-sang), réaliste ou impressionniste[19] ». Les motifs de l'impuissance et de l'échec qui ont orienté la réception de l'œuvre se prêtent de fait à une lecture diamétralement opposée, qui met fin au modèle romanesque (ou le renouvelle !). Loin d'y voir les symptômes d'une défaillance, nous proposons d'y lire l'expression d'une position artistique clairement affichée.

Clément, Hippolyte Taine et nombre de contemporains ont rapporté que Gleyre a voulu cacher sa vie et ses œuvres. Terne d'esprit (selon les Goncourt[20]), ne répondant que par monosyllabes ou par boutades, l'artiste a fait le choix de se taire, visant un idéal de silence qui affecte jusqu'au volume de sa voix, réduite au murmure, selon ses élèves. Le bruit est combattu sous toutes ses formes, à commencer par celui des trompettes de la renommée. En dépit d'une indigence qui le rend longtemps dépendant de sa famille, Gleyre refuse d'utiliser les canaux de diffusion qui se multiplient à son époque et sont exploités par tous – ou instrumentalisés quand ils ne peuvent l'être (Salons des refusés). Bien que sa carrière s'étende sur plus de trente années, il n'expose que cinq fois au Salon, et plus du tout après 1849. Aucune de ses peintures ne figure aux Expositions universelles. Alors que les rétrospectives sont devenues incontournables depuis celle de Delaroche en 1857, il en interdit l'organisation dans son testament. Les commandes acceptées sont rares, les plus importantes loin de la scène parisienne. Ne manquant pas d'amis susceptibles de

14 Planche 1851, p. 497.

15 Clément 1878, p. 378.

16 Albert Boime, « The Instruction of Charles Gleyre and the Evolution of Painting in the Nineteenth Century », dans Winterthur 1974-75, p. 102. (Je traduis.)

17 Koella 1974, p. 21.

18 Thévoz 1980, p. 61 et 74.

19 Gamboni 2006-07, p. 135.

20 Edmond et Jules de Goncourt, *Journal. Mémoires de la vie littéraire*, 6 mai 1861, t. I, *op. cit.*, p. 691.

lui obtenir les faveurs du régime impérial (on lui offre à plusieurs reprises la Légion d'honneur, qu'il refuse), Gleyre, se prévalant de son républicanisme viscéral, ne sollicite les largesses ni de la liste civile ni de la Direction des beaux-arts, encore moins les commandes officielles, arguant de raisons peu crédibles (« Tout mon tableau est dans ce chien, disait-il. Ils me le feront ôter ; je ne veux pas[21] »). À l'heure où la reproduction, gravée puis photogravée, offre un adjuvant à la commercialisation de l'art exploité avec brio par les artistes et les marchands (Gérôme et Goupil), lui n'entreprend rien d'ambitieux, et le portefeuille de ses travaux édité par Braun ne paraîtra qu'après sa mort[22]. À la tête d'un des plus importants ateliers du Second Empire, le maître ne publie pas ses cours, ni l'artiste aucune pensée. Mêmes barrages dans le cercle des intimes. Rares sont les visiteurs admis dans son atelier. Le peintre soustrait des pans entiers de sa production, à commencer par l'œuvre oriental, qu'il cache dans une armoire, elle-même dissimulée derrière un meuble : « Je vous le montrerais bien, mais il faudrait déplacer la commode[23] [...]. »

fig. 14 Charles Gleyre, *Fellah*, 1835, crayon sur papier, 22,1 × 16,7 cm, Lausanne, Musée cantonal des beaux-arts

Autant d'indices qui conduisent à rattacher Gleyre à une famille de créateurs « économes », peu soucieux de se distinguer[24], actifs à l'ombre, par leur engagement dans les communautés humaines (Gleyre se passionne pour la politique, cultive des rapports amicaux avec des historiens, des scientifiques et des écrivains, et avec ses quelque cinq cents élèves) et animale (il vit au sein d'une véritable ménagerie, adhère à une société de protection des bêtes). Au retour d'Orient, confronté à l'emballement bruyant et au productivisme dévastateur d'une société occidentale aveuglée par le double fantasme de la réussite individuelle et de la croissance infinie, l'artiste entre discrètement en résistance. Il adopte un mode de vie ascétique (célibataire, il vit dans la précarité, pratique le jeûne et l'aumône, enseigne gratuitement). Il ralentit le rythme de sa production (« Sa pensée coulait goutte à goutte », se souvient Taine). Prônant la décroissance à l'époque où le champ artistique intègre une logique entrepreneuriale, Gleyre s'accomplit dans cet « état stationnaire » que les premiers économistes politiques (Ricardo, Malthus) avaient désigné dès les années 1820 comme le talon d'Achille du système capitaliste. Un « bouddhiste », un « stoïcien », un « moine laïque », toujours selon Taine[25]. Un protestant, ajouterions-nous.

Dans l'atelier-logis du 19, rue de l'Université, puis, dès 1845, du 94, rue du Bac, l'homme reçoit ses amis et enfile son manteau pour des soirées dans les cafés, mais l'artiste, au moment de la création, aura passé plus de temps assis sur une chaise ou couché sur son lit que debout devant le chevalet. Cette pièce aux allures de grenier, aux murs nus, est méticuleusement « insonorisée ». Sorte de cage de Faraday ou de cloche à plongeur, elle est conçue pour favoriser la descente dans le songe, pour passer de la *vita activa* à la *vita contemplativa* (« Il se laissait toujours aller, déplore Clément, à suivre les fantaisies de son imagination, à s'abandonner aux rêveries de sa pensée[26] »). Espace de projection mentale, c'est aussi un « atelier du voyage[27] », un atelier ramené d'Orient[28], où l'artiste a effectué un périple de plus de trois ans, sans précédent dans sa génération, qui l'a conduit de Rome jusqu'en Égypte, d'Alexandrie au-delà de la sixième Cataracte. De l'incompréhension au bouleversement, puis à l'immersion complète, Gleyre, confronté aux vestiges du passé millénaire de la civilisation égyptienne et au mode de vie immuable des Arabes (fig. 14), place au centre de sa réflexion une catégorie essentielle de la représentation : celle du temps. L'aujourd'hui, l'hier et le demain, l'instant et la durée, le progrès et la chute, l'événement et la monotonie, voilà les questions qui l'obsèdent[29]. C'est alors que surgissent les plans de tableaux, consacrés aux heures de la journée (*Le Soir*, cat. 61, *Le Paradis terrestre*, dit aussi *Le Matin*, cat. 111), d'un triptyque qui montrerait « le passé mort – le présent malade – l'avenir jeune ». C'est alors que se manifestent les premières visions, dont une « véritable hallucination », celle du 21 mars 1835, obtenue, écrit-il, par une « masturbation de cerveau », au crépuscule : « Je crus voir, je vis certainement[30]. » Durant le séjour d'une année entière à Khartoum, l'exercice de l'attention flottante s'organise, sans doute favorisé par la pratique du kif et l'usage du haschich : « Il vivait tout à fait à l'arabe et se laissait aller dans une sorte de somnolence à des rêveries sans fin [...], il restait de longues journées assis sur une pierre près du village [...], il regardait couler le fleuve, il contemplait l'immensité des plaines et l'immensité du ciel[31]. » Un renoncement volontaire à l'action auquel Gleyre, affaibli par le jeûne, rendu aveugle à force de regarder dans le vide, manque de succomber. Rapatrié, c'est dans l'atelier parisien qu'il déclenchera, et désormais représentera ses visions.

La lune et le soleil en face

Considérons l'œuvre. Les tableaux de Gleyre font la démonstration d'une maîtrise accomplie du vocabulaire académique, tant sur le plan de la perspective que sur celui de la lumière. Cependant, la frontalité radicale qui les caractérise les soustrait au plein accomplissement du projet illusionniste. Loin d'avoir le sentiment d'être invité à pénétrer dans la profondeur, d'être entraîné dans un cheminement semé de péripéties du centre à la périphérie, le spectateur est confronté à une image d'un seul tenant, à un pan de peinture qui, bien que riche de tout un monde, le maintient à distance.

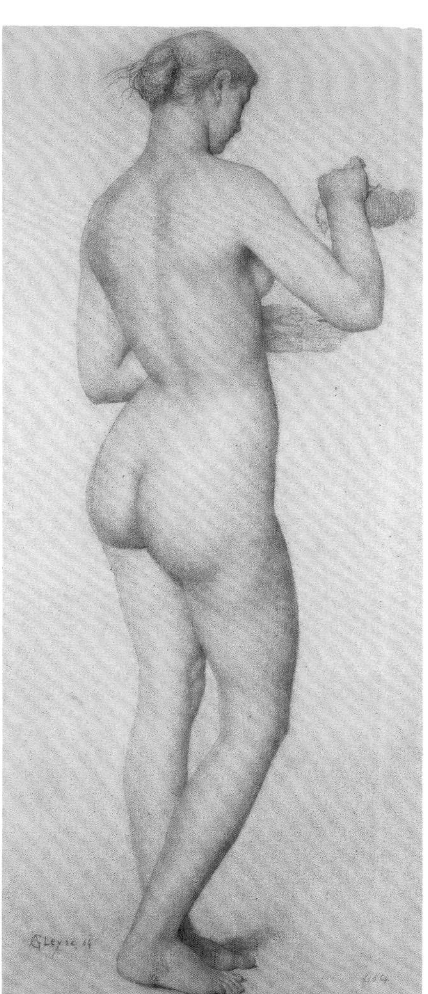

fig. 15 **Charles Gleyre, Étude pour *Sapho*, 1867, crayon et crayon noir sur papier, 61,5 × 26 cm, Lausanne, Musée cantonal des beaux-arts**

Plusieurs caractéristiques du style de Gleyre concourent à cet effet, dont certaines commentées de son vivant déjà. À la fin des années 1860, le *Cours de dessin* de Charles Bargue et Gérôme décrit l'« éclairage frontal qui repousse vers les côtés l'essentiel des tons sombres et accentue les contours » (fig. 15). Quelques pages plus loin, l'ouvrage reproduit un « profil perdu », ellipse dont l'artiste est coutumier – voir *Sapho* (cat. 101) et *La Charmeuse* (cat. 115) – et qui a pour effet d'écraser les visages sur le plan[32]. La découpe chirurgicale des formes, par le contour marqué ou, dans l'œuvre de maturité, par le contre-jour qui chantourne d'un rai de lumière, empêche le *legato* de la perspective atmosphérique : une autonomie bidimensionnelle leur est ainsi conférée, dont *Cavaliers turcs et arabes* offre la figure programmatique d'une ombre solitaire, plaquée sur le rocher (cat. 47)[33], et dont *La Danse des Bacchantes* (cat. 96) donne la formulation la plus achevée, vase grec déroulé et aplati sur le plan. Les lignes tendues, sans accident, ajoutent à ce sentiment. De même enfin que la couleur locale qui, mate et uniforme, est mélangée avant d'être posée. Gleyre, ennemi déclaré de la « touche » et apologiste des « teintes fondues », recommandait à ses élèves de « faire des tons d'avance sur la palette ; on mêlait les couleurs, on faisait des paquets de couleur de chair et on s'en servait comme on se serait servi d'un ton d'ambre

21 Clément 1878, p. 276.

22 *Peintures et Dessins de Gleyre reproduits en photographie par Braun*, Paris, 1875.

23 Clément 1878, p. 126.

24 Jean-Yves Jouannais, *Artistes sans œuvres. I would prefer not to*, Paris, Hazan, 1997.

25 Taine 1903, p. 254 et *passim*.

26 Clément 1878, p. 235.

27 Christine Peltre, *L'Atelier du voyage. Les peintres en Orient au XIXe siècle*, Paris, Gallimard, 1995.

28 Un atelier d'« Orient », et non pas un atelier « orientaliste », car, chez Gleyre, aucune trace du bric-à-brac convenu des artistes voyageurs, si ce n'est un singe, qui aura inspiré peut-être celui du peintre Coriolis dans la *Manette Salomon* des frères Goncourt (1867).

29 Lepdor 2006-07., p. 241-249.

30 *Journal d'Orient*, archives du Musée cantonal des beaux-arts de Lausanne (A999).

31 Clément 1878, p. 103, p. 97, 98 et 114.

32 Charles Bargue, avec le concours de Jean-Léon Gérôme, *Cours de dessin* [1868-1871], Gerald Ackerman (éd.), Courbevoie, ACR Éditions, 2011, planches II, 13, et II, 36.

33 Cette ombre fascinante est reprise littéralement par le peintre orientaliste néerlandais Willem de Famars Testas dans son tableau, *Le Dernier des Mamelouks* (1896).

monochrome[34] ». Un ouvrage de marqueterie au final, achevé par la pose d'un glacis qui n'augmente pas la profondeur des teintes mais unifie la surface picturale.

La position dictée au regardeur par cette frontalité est celle de l'immobilité du corps et de la fixité du regard. Ces conditions de réception reproduisent celles qui ont présidé à la création des œuvres. Gleyre, « immobile devant sa toile, méditait et combinait pendant des heures entières, parfois toute une journée, sans tracer un seul trait[35] ». Dès le séjour en Italie, l'artiste se décrit comme une statue de porcelaine, figé quelle que puisse être la gravité des événements : « Je ne me bougerais non plus qu'un chien de fayence[36]. » À Paris, cet engourdissement du corps affecte jusqu'aux traits de son visage, réduit à un masque impavide : « La maladie et le soleil de l'Orient avaient gonflé ses paupières et voilé son regard, [...] l'habitude des pensées tristes avait comme plaqué sur sa physionomie un masque de douceur morose et de mélancolie sans fascination[37]. » Pour les Goncourt, un « monsieur en bois[38] ».

Même voyageant, Gleyre se décrit comme un point fixe. Les paysages nilotes défilent devant ses yeux jusqu'à se fondre en une seule image lorsqu'il remonte la vallée de la Nubie en cange : « Cette vallée est si semblable à elle-même, que l'on peut commencer un dessin à Philae et le finir à Dakat sans presque s'apercevoir que l'on change de place[39]. » Son regard, comme celui d'Odilon Redon enfant couché sur le banc d'une voiture à bœufs, demeure « à peine remué sur place, en état fixe de contemplation[40] ». Contrairement au peintre symboliste cependant, Gleyre ne regarde pas vers le ciel pour interpréter les nuages, il ne libère pas son œil pour un voyage en ballon. Sous l'emprise de l'hallucination, il fait face.

Surnaturalisme

L'amitié qui lie Gleyre à Hippolyte Taine et à Gustave Flaubert réunit trois hommes concernés par l'intérêt obsessionnel que le XIXe siècle porte aux hallucinations, que celles-ci se manifestent chez l'homme sain, malade ou drogué. Dans *De l'intelligence*, Taine décrit l'image intérieure lorsqu'elle prend un degré supérieur d'intensité dans un « esprit surexcité ». Son apparition est favorisée par « la solitude, le silence », conditions réunies par Gleyre dans son atelier : « On écarte toutes les excitations du dehors, on pacifie tous ses nerfs, et justement, dans cette immobilité universelle de tous les conducteurs qui d'ordinaire mettent l'encéphale en action, nos images faibles et vagues deviennent intenses et nettes ; elles se changent en sensations ; nous rêvons, nous voyons des objets absents. » L'image « extérieure », « située à distance de nous », « est prise pour une sensation, et l'illusion est complète ». Elle acquiert « la même netteté, la même abondance de détails minutieux et circonstanciés, la même énergie, parfois aussi la même persistance ». Elle fournit la « même base aux combinaisons supérieures[41] ».

Comme Gleyre à Rome dix ans auparavant, Flaubert manifeste au début des années 1840 les symptômes du mal de vivre de la seconde génération des romantiques : « Il me vint bien vite un invincible dégoût pour les choses d'ici-bas. Un matin, je me sentis vieux [...][42]. » Le voyage en Orient qu'il entreprend en 1849 avec Maxime Du Camp et pour lequel il va chercher les conseils de Gleyre à Lyon le bouleverse et le paralyse lui aussi. Au moment de quitter l'Égypte, il écrit : « Assis sur le devant de ma cange, en regardant l'eau couler, je rumine ma vie passée avec des intensités profondes. [...] Et, du passé, je vais rêvassant à l'avenir, et là je n'y vois rien, rien. Je suis sans plan, sans idée, sans projet et, ce qu'il y a de pire, sans ambition[43]. » De retour en France, l'écrivain se déclare pressé d'en finir avec *Madame Bovary* et d'établir avec le réel de nouvelles « communications imaginatives » : « Il faut quelquefois regarder la lune ou le soleil en face. » « Je suis dévoré

34 Charles Clément, citant le peintre Albert Anker, Clément 1878, p. 175.

35 Taine 1903, p. 259.

36 Lettre à son frère Henry, 1832, archives du Musée cantonal des beaux-arts de Lausanne (A986).

37 Montégut 1878, p. 397.

38 Edmond et Jules de Goncourt, *Journal…*, *op. cit.*

39 Clément 1878, p. 102.

40 Odilon Redon, *À soi-même. Journal (1867-1915). Notes sur la vie, l'art et les artistes*, Paris, Librairie José Corti, 1961, p. 11.

41 Hippolyte Taine, *De l'intelligence* [1870], Paris, Hachette, t. 1, 1892, p. 102, 251, 89 et 87.

42 « Novembre » [1842], dans *Appendice aux œuvres complètes de Gustave Flaubert*, vol. 2, Paris, Louis Conard, 1910, p. 177. Voir Gleyre : « Je suis bien vieux ! non pas tant du corps que de l'esprit » (lettre à son frère Henry, 5 janvier 18[45/51 ?], archives du Musée cantonal des beaux-arts de Lausanne, A986).

43 *Œuvres complètes de Gustave Flaubert. Correspondance*, deuxième série, *1847-1852*, Paris, Louis Conard, 1926, lettre 259 à Louis Bouilhet, 4 juin 1850. Voir Gleyre, dans son *Journal d'Orient* : « Maintenant sans désir, sans volonté, comme une branche morte, je me laisse emporter au gré du courant [...] » (dans Clément 1878, p. 77).

44 *Œuvres complètes de Gustave Flaubert. Correspondance*, troisième série, *1852-1854*, Paris, Louis Conard, 1927, lettre 421 à Louise Colet, 26 août 1853.

45 Lettres à Hippolyte Taine, 1er décembre et 20 novembre 1866, dans *Correspondance de Flaubert*, t. III, Paris, Gallimard, 1991, p. 572-573 et 562-563.

46 Junod 2006-07, p. 220.

47 Clément 1878, p. 177 et 340.

maintenant par un besoin de métamorphoses. Je voudrais écrire tout ce que je vois, non tel qu'il est, mais transfiguré. » « Je voudrais de grandes histoires à pic, et peintes du haut en bas. » Son projet désormais ? « Rêver de belles œuvres [...] immobiles comme des falaises, houleuses comme l'océan, pleines de frondaisons, de verdures et de murmures comme des bois, tristes comme le désert, bleues comme le ciel[44]. » En 1866, interrogé par Taine qui prépare son livre, Flaubert théorise le rôle de l'« hallucination artistique » dans les mécanismes de la création littéraire. « La réalité ambiante a disparu. Je ne sais plus ce qu'il y a autour de moi. J'appartiens à cette apparition exclusivement. » « Dans l'hallucination proprement dite, précise-t-il, il y a toujours terreur, on sent que votre personnalité vous échappe, on croit qu'on va mourir. Dans la vision poétique, au contraire il y a joie. C'est quelque chose qui entre en vous[45]. » Terreur et joie, Dionysos et Apollon.

Visionnaires à l'heure du positivisme, Flaubert et Gleyre maintiennent l'hallucination sous le contrôle de la raison critique. Les garde-fous mis en place par le peintre se situent en amont et en aval de la vision. En amont, l'exactitude scientifique de ses iconographies est cautionnée par les lectures qu'il accumule pour pallier les carences de son éducation. À l'instar de Bouvard et Pécuchet, consommateur boulimique de livres, de journaux et d'images, documentaliste méticuleux des connaissances historiques et archéologiques de son temps, Gleyre empile et combine les savoirs jusqu'à atteindre cet état de surexcitation qui donne naissance à la vision d'une image où le matériel récolté se recompose au gré du tri aléatoire, de l'association libre et du télescopage. Le processus s'écarte dès lors de l'*inventio* classique, où tous les éléments sont organisés en vue de l'effet à produire. La difficulté des érudits à déchiffrer ses compositions, à leur trouver un sens univoque, à en repérer les antécédents dans l'histoire de l'art ou dans la littérature (Clément n'en dit mot, et pour cause !) confirme l'hypothèse de l'usage libre et poétique du signifiant. On a raison dès lors, devant *Minerve et les trois Grâces* (cat. 91), de conclure : « Bref, tout cela tient du (bri)collage[46]. » Second garde-fou qui « actualise » la vision en la rattachant au réel : l'étude d'après nature, qui suit la vision et précède la réalisation du tableau. Gleyre, ennemi de l'imitation d'après les maîtres, attache une importance toute particulière au dessin d'après le modèle vivant. Dans son souci de renaturaliser son hallucination, il multiplie et pousse à l'excès les études de chaque partie de la figure. La vision est ainsi découpée élément par élément, avant d'être recomposée comme un puzzle. On comprend dès lors quel sens donner aux remarques de Gleyre à ses élèves. À propos d'un *Moïse sauvé des eaux* : « Vous n'avez donc jamais vu de femmes jouant avec un enfant ? » Et les commentaires de ses propres œuvres. À propos de *Sapho* (cat. 101) : « Ce n'est qu'une jeune fille qui va se mettre au lit pour écrire et pour chanter[47]. »

fig. 16 Louis-Jean Allais, *Thèbes. Memnonium. Vue perspective intérieure coloriée du temple de l'ouest*, reproduit dans *Description de l'Égypte. Antiquités*, vol. II, pl. 37, Paris, Imprimerie impériale, 1809, Rueil-Malmaison, châteaux de Malmaison

La représentation de la vision se reformule au fil de l'évolution de Gleyre vers ce « surnaturalisme ». La bascule dans l'univers onirique est pressentie par Gérard de Nerval dès l'*Entrée de la reine de Saba à Jérusalem* de 1838[48] (cat. 46). Dans le *Saint Jean sur l'île de Patmos* de 1839 (fig. 5), le visionnaire est présent, et la vision est laissée à l'imagination du spectateur. Dans *Le Soir*, dit aussi *Les Illusions perdues*, de 1843 (cat. 61), le visionnaire et sa vision sont réunis, mais ils demeurent séparés : l'aède grec ne regarde pas la barque égyptienne qui s'éloigne. Le coup de force réside dans la juxtaposition de ces deux groupes sur un seul plan, qui exprime spatialement l'actualité de la vision, mais ne modifie pas en profondeur un schéma iconographique présent dès *La Description de l'Égypte* (fig. 16). *La Danse des Bacchantes* de 1849 (cat. 96), qui ne représente plus que la seule vision[49], est la formulation achevée d'une dissociation qui place le spectateur dans la position même de l'artiste halluciné, en face d'une Antiquité fantasmée et renaturalisée. Le caractère visionnaire de la scène s'exprime, on l'a dit, dans l'invention iconographique. Il se manifeste aussi dans les figures dont l'« hystérisation » des poses procède du même travail scénographique que celui qui sera à l'œuvre dans les portraits de groupe de la Salpêtrière (fig. 17)[50]. *Minerve et les trois Grâces*, en 1866 (cat. 91), traduit plus démonstrativement encore la temporalité propre au surgissement inopiné de la vision, en étendant le figement cataleptique des corps aux visages, privés d'affect, hypnotisés comme au coup d'un gong. L'énergie psychique de la vision se manifeste dans le regard de Minerve, et dans la lumière irradiante du halo qui nimbe sa face, anticipation de l'imagerie auratique chez les symbolistes et jusqu'aux surréalistes.

Comme Lucrèce dès l'ouverture du *De rerum natura* (« Quand tu parais, ô déesse, le vent tombe »), Gleyre problématise sa vision de la beauté idéale en la désignant comme le produit d'une hallucination. C'est dans cette interrogation sur la temporalité des images à l'heure du déclin de leur aura, à l'heure où l'admiration de l'art grec est devenue impuissante « à nous faire plier les genoux », que réside sa contribution à un siècle écartelé entre romantisme et classicisme. C'est en cela que son surnaturalisme annonce le mouvement moderne.

SIX HYSTÉRIQUES SUBITEMENT HYPNOTISÉES PAR UN BRUIT INTENSE ET INATTENDU.
D'après une photographie de l'auteur.

fig. 17 ***Six Hystériques subitement hypnotisées par un bruit intense et inattendu*, reproduit dans Dr Paul Regnard, *Sorcellerie, Magnétisme, Morphinisme, Délire des grandeurs : les maladies épidémiques de l'esprit*, Paris, E. Plon, Nourrit et Cie, 1887, p. 265, gravure d'après une photographie de l'auteur**

Vertus de l'anachronisme

La Chair nuit, une œuvre contemporaine de l'artiste vaudois Alain Huck, nous ramène sans le vouloir dans l'atelier de Gleyre (fig. 18). Dans le coin d'une pièce obscure éclairée artificiellement, la projection d'un dessin au-dessus d'une table vide. Au mur, un dessin sombre. Au premier plan, un agave projetant ses ombres. L'endroit semble disposé pour accueillir des visions obsédantes. Un poème énigmatique s'affiche : « La vent tombe / La nuit tombe / La soleil tombe / La chair nuit ».

« La vent tombe. » *Les Illusions perdues*. Vision nilote qui arrête la représentation dans le moment même du renoncement au romantisme. Échos lamartiniens : « Ô temps ! suspends ton vol [...]. Je dis à cette nuit : Sois plus lente [...]. » Le ruban rose accroché à la harpe de l'*Ossian* du baron Gérard ne virevolte plus dans le vent. Il s'immobilise à la poupe et sur le mât d'une barque-henou à tête d'antilope, apanage du dieu Sokaris lorsqu'il préside aux rites funéraires thébains. La beauté juvénile de l'Apollon du Belvédère fait place à la lourdeur d'un Hermès archaïque. Les musiciennes, orbites creusées, chevelures

48 Voir le « Vous connaissez le beau tableau de Gleyre qui représente la scène », donné en note conclusive de sa propre vision de la reine de Saba : « Le fantôme éclatant de la fille des Hémiarites tourmentait mes nuits [...]. Elle m'apparaissait radieuse, comme au jour où Salomon l'admira s'avançant vers lui dans les splendeurs pourprées du matin » (*La Bohême galante* (1852), dans *Œuvres complètes de Gérard de Nerval*, Paris, Michel Lévy frères, 1867-1877, t. V, p. 274).

49 Une vision qui se souvient du *Triomphe de David* d'Andrea Vaccaro (vers 1649), toile longtemps attribuée au Dominiquin, admirée par Gleyre lors de sa visite du musée Rath à Genève le 3 septembre 1828, et qui retiendra aussi l'attention de Flaubert en 1845.

50 Voir Georges Didi-Huberman, *Invention de l'hystérie. Charcot et l'iconographie de la Salpêtrière*, Paris, Macula, 1982.

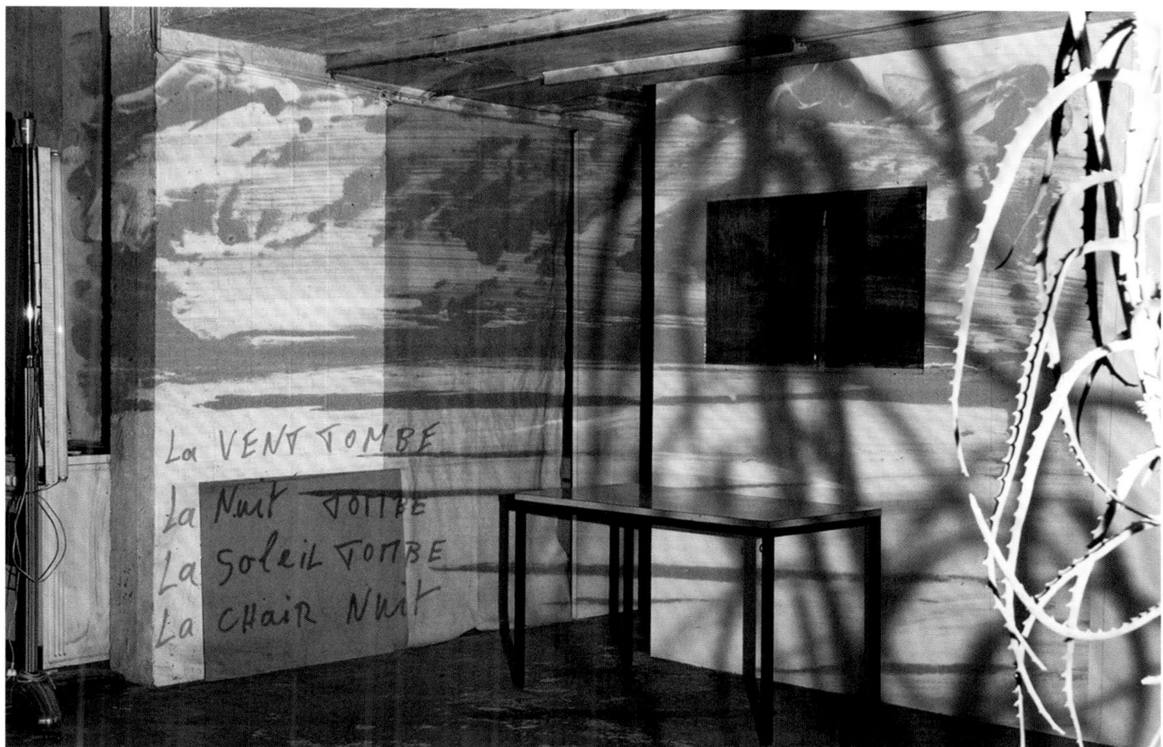

fig. 18 Alain Huck (né en 1957), *La chair nuit* (de la série *Desdoneshadow*), 2009, jet d'encre sur papier baryte monté sur aluminium, 76,5 × 114 cm, Lausanne, Musée cantonal des beaux-arts

torsadées dressées, abandonnent la grâce raphaélesque, contaminées par l'androgynie de *La Renommée distribuant des couronnes* de Delaroche et de l'*Andromède attachée au rocher* de Chassériau.

« La nuit tombe / La soleil tombe. » *Le Déluge* (cat. 84), *La Danse des Bacchantes*, *Penthée poursuivi par les Ménades* (cat. 90). Théâtres symbolistes entre chien et loup. Paysages déchirés. Silhouettes d'anges et de démones suspendues dans la nuit. Visions de l'éternel retour d'un passé anachronique sous le signe de l'anarchie des origines. Espoir de renouveau. Mémoire de la barbarie. Le silence règne, c'est l'heure sacrée.

« La chair nuit. » Statues de marbre naturalisées. *Sapho* (cat. 101), Vénus Médicis dont on ne pourrait plus affronter la nudité en face. *Le Retour de l'enfant prodigue* (cat. 106), Arès Borghèse à qui on aurait enlevé son casque. Fidélité aux idéaux davidiens, à la pureté des Barbus, à la douceur de *La Mort d'Hyacinthe* de Jean Broc et de *Psyché et l'Amour* de Gérard, rejet du bruit néo-grec. Un songe qui fait retour avant de disparaître. Un miroir halluciné et hallucinant qui nous place, médusés, devant le Temps[51].

51 Je remercie Alain Huck pour nos échanges autour du « LA LALALA » de la ballade d'Henry Lee chantée par Nick Cave et P.J. Harvey, l'égyptologue Jean-Luc Chappaz, ainsi que Danielle Chaperon pour sa relecture.

LE « SAUVAGE IDÉAL », OU L'AUTRE ANTIQUITÉ DE CHARLES GLEYRE

Sébastien Mullier

« Il n'y a pas de belle surface sans une profondeur effrayante. »
Friedrich Nietzsche, *La Naissance de la tragédie*

En 1855, Baudelaire définissait le néoclassicisme français comme un art « bizarre ». Cette peinture se caractérisait, disait-il, par son « *hétéroclitisme* », combinaison de deux éléments hétérogènes, voire contradictoires, l'un classique et sain, l'autre moderne et malade : à l'« idéal antique », dont Winckelmann avait imposé les principes de « calme » et de « santé », l'école de David, de Guérin et de Girodet associa un élément spiritualiste et « mélodramatique », l'expression des *passions*, douloureuses affections de l'âme qui s'immisçaient en autant de « grains corrupteurs », « sinistres [...] symptômes du futur Romantisme » ; à l'inverse, M. Ingres ajouta à l'« idéal antique » un élément matérialiste et « antisurnaturaliste », l'attachement obsessionnel à une *forme* exclusivement visible, tout à la fois préconçue – raphaélesque – et plus que minutieuse – chirurgicale –, ou la « préoccupation presque maladive du style[1] ». Bien que Baudelaire ait blâmé dans le « Salon de 1845 » deux de ses tableaux, *Le Soir* (cat. 61) et *La Séparation des apôtres* (cat. 63), on pourrait mesurer combien d'autres œuvres de Gleyre procèdent elles aussi de ce néoclassicisme « hétéroclite » : héritant des deux écoles françaises, l'artiste aurait proposé à son tour une combinaison « bizarre », où l'« idéal antique » s'associait autant aux minuties obsessionnelles de l'ingrisme qu'à l'expression de passions dont l'étrangeté faisait entrer la peinture du XIXe siècle dans l'ère de la *sauvagerie*.

Le choix de Vénus

Au milieu du XVIIIe siècle, Winckelmann établit la théorie du Beau idéal en se fondant notamment sur la libre interprétation que les néoplatoniciens avaient proposée du *Banquet*. Ce dialogue de Platon était consacré à l'éloge du dieu Éros, l'auxiliaire d'Aphrodite. La mythologie grecque, rappelle l'un des orateurs du *Banquet*, invoque l'existence de deux déesses qui portent le même nom, la première étant supérieure à la seconde : une Aphrodite *ourania* (ou céleste) est fille d'Ouranos, le Ciel, et, née sans le concours d'une mère, a surgi (*anadyomène*) de l'écume marine ; une Aphrodite *pandémos* (ou vulgaire) est fille de Zeus et de la nymphe Dioné, et a été conçue de manière naturelle, par procréation. Or, comme il est deux Aphrodite, il est deux Éros : l'Éros noble ou céleste préside à l'amour des âmes, depuis les beautés spirituelles (la vertu ou la science) jusqu'aux beautés métaphysiques (les Essences du monde intelligible, où réside l'Idée divine de Beauté, éternelle et immuable) ; l'Éros vulgaire ou terrestre dirige quant à lui l'amour des corps, en se limitant aux beautés matérielles du monde sensible et aux impulsions brutales qu'elles suscitent. La première Aphrodite est nue, afin de symboliser l'immatérialité de l'esprit ou de l'Idée, alors que la seconde est vêtue dans le dessein de représenter l'enveloppe charnelle, qui sert à l'âme comme d'un voile. À la Renaissance, cette double allégorie du désir et de la beauté donna forme à la dualité entre l'amour divin et l'amour humain, que l'on retrouve par exemple dans les deux tableaux de Botticelli, *La Naissance de Vénus* et *Le Printemps*, ou encore dans une toile de Titien, baptisée *Amour sacré et Amour profane*[2]. C'est précisément ce titre qu'en 1854 Charles Gleyre voulait donner à un tondo qu'il avait réalisé, avant de songer à l'appellation de *Vénus impudique*, aussitôt congédiée pour celle, définitive, de *Vénus Pandemos* (fig. 19). Le choix de la seconde déesse est alors plus que remarquable, car, de la Renaissance italienne au néoclassicisme français, c'est l'Aphrodite céleste qui s'était imposée de manière presque exclusive dans le champ des beaux-arts : elle incarnait en effet l'orientation spirituelle de la beauté, dès lors anoblie et déifiée, sauvée de cette indignité que le christianisme attachait au corps et à la matière. L'art *classique* voyait en cette Aphrodite la possibilité d'une coïncidence absolue entre l'érotisme et l'*idéalisme*, entendu initialement comme la manifestation visible d'une *Idée* invisible, puis comme l'idéalisation de la seule *forme*, elle-même

1 Charles Baudelaire, « Exposition universelle. 1855. Beaux-arts », « Ingres », dans *Œuvres complètes*, éd. Claude Pichois, 2 vol., Paris, Gallimard, coll. « Bibliothèque de la Pléiade », 1975-1976, t. II, p. 583-590.

2 Nous nous référons aux interprétations néoplatoniciennes d'Erwin Panofsky dans *La Renaissance et ses avant-courriers dans l'art d'Occident*, trad. A. Meyer, Paris, Flammarion, 1993 (éd. orig. angl. 1960), et *Essais d'iconologie : thèmes humanistes dans l'art de la Renaissance*, trad. fr., Paris, Gallimard, 1967 (1re éd. américaine 1939).

Charles Gleyre, *La Danse des Bacchantes*, détail, 1849, Lausanne, Musée cantonal des beaux-arts
(voir cat. 96 p. 176-177)

fig. 19 **Charles Gleyre, *Vénus Pandemos*, 1852-1853, Monaco, collection particulière. Cat. 117**

3 Théophile Gautier, *Le Moniteur universel*, 12 et 14 juillet 1855.

4 Gleyre suit en cela l'iconographie traditionnelle que les sculpteurs grecs (comme Scopas dans le temple d'Élis) attribuèrent à Aphrodite Pandemos, drapée et montée sur un bouc.

5 Clément 1878, p. 191.

poussée jusqu'à la perfection et au mépris de la Nature. C'est cette dernière ambition qui retint l'opiniâtre M. Ingres pendant quarante ans, de 1808 à 1848, dans la réalisation de ce que Gautier considéra comme son chef-d'œuvre, *Vénus Anadyomène* (fig. 20) : ici, la « déesse nouvelle » n'est pas une « femme » mais une « statue qui vit », et « jamais [...] l'art n'a représenté un corps plus virginalement nu, plus idéalement jeune, plus divinement beau[3] ». La déité marine est figurée sous les espèces d'une toute jeune fille qui, nue et nubile, s'éveille et s'étire chastement en adoptant la pose antique de la *Venus pudica*, le hanchement plein de grâce (ou vénusté). Âgé de soixante-huit ans, le maître instituait ainsi l'Anadyomène comme la divinité de son néoclassicisme, avant qu'elle ne devînt dans les décennies postérieures la déesse d'une formule, l'académisme, lui-même ingresque sous le pinceau d'Amaury-Duval, de Bouguereau ou de Cabanel...

On distingue alors toute la singularité qui caractérise au début des années 1850 le choix de Gleyre : l'*autre* Vénus. Il semble que, à la *Vénus Anadyomène*, la *Vénus Pandemos* ait été conçue comme une sorte de pendant : dans un format arrondi – médaillon ou tondo –, les deux tableaux représentent une déesse blonde escortée d'angelots et qui lève son bras droit avec grâce en se détachant sur une mer d'azur et d'écume. Ingres et Gleyre, peintres rivaux, ont figuré là respectivement les deux Aphrodite du *Banquet*, la Céleste et la Vulgaire : l'une nue (ou *pudique*) et l'autre drapée (ou plutôt déshabillée, *impudique*), la vierge et la femme, l'une debout et l'autre assise, l'aspiration vers le Ciel et le séjour sur la Terre, l'éternité de la pose et la brièveté du mouvement… Plus exactement, si la toile du Titien figurait un petit Éros entre deux Vénus, le tableau de Gleyre représente une Vénus entre deux enfants (ange ou faune), comme si elle venait de décider quelle déesse elle allait être : l'Anadyomène ou la Pandemos ? C'est le choix de la Beauté, qui hésitait ou qui hésite encore, *suspendue* entre l'Amour noble ou céleste – ange vaincu, pleurant son carquois vide – et l'Amour vulgaire ou terrestre – satyre victorieux, brandissant une torche fumante. Le tableau, qu'il convient de lire de gauche à droite, serait une allégorie du *sens* que Gleyre reconnaît à l'histoire de la peinture : se retournant comme par nostalgie vers l'Éros noble ou classique, Aphrodite s'abandonne à la marche en avant de l'Éros vulgaire ou moderne, instinct sexuel et bestial symbolisé par ce grand bouc noir que conduit le satyre et qui sert de monture à la déesse[4]. On identifierait alors l'« *hétéroclitisme* » d'une beauté tout à la fois idéale *et* impudique, chaste dans ses formes et indécente dans ses gestes (souriante, elle se dévêt et empoigne la corne de l'animal). *Vénus Pandemos* est le tableau d'une tentation : le renoncement ou l'adieu au classicisme. Cette tentation est allégorisée par le bouc, dont le nom grec *tragos* indiquerait combien la peinture *moderne* s'oriente à présent vers une patrie nouvelle : non plus la Grèce philosophique (que l'on attachait au nom de Platon) mais une Grèce *tragique*.

fig. 20 Jean-Auguste-Dominique Ingres, *Vénus Anadyomène*, entre 1808 et 1848, huile sur toile, 163 × 92 cm, Chantilly, musée Condé

Une découverte du XIXe siècle : les bas-fonds du Parnasse

Le choix d'une autre Aphrodite serait le résultat d'une découverte décisive que Gleyre avait faite vingt ans auparavant, celle d'une *autre* Antiquité. Sans doute son voyage en Europe du Sud puis en Orient contribue-t-il, entre 1834 et 1838, à remettre en cause à ses yeux le rêve de la Grèce athénienne et platonicienne que Winckelmann avait imposée à l'Europe, Grèce de Phidias et de Polyclète, sur laquelle il avait fondé la théorie du Beau idéal : c'étaient les principes de « noble simplicité » et de « tranquille grandeur » qu'il voyait réalisés dans les traits marmoréens de l'*Apollon du Belvédère*, ce dieu blanc et sculpté dont le corps baignait dans l'éternel printemps de l'Élysée et dont les cheveux ondoyants avaient été noués par les Grâces elles-mêmes. Ce modèle de sérénité, d'harmonie et de grâce avait institué l'image d'une Grèce *idyllique*, dont plusieurs tableaux de Gleyre procéderont encore : *Ulysse et Nausicaa*, *Daphnis et Chloé*, *La Nymphe Écho* (qui est selon Clément la « femme dans toute sa grâce et toute sa vénusté[5] », cat. 108), *La Jeune Fille au chevreau*, *La Charmeuse* ou *Le Bain* (cat. 115 et 110)… Cependant, la consultation des études et des carnets atteste combien Gleyre se voit initié dès 1834 à une autre Antiquité, à la fois polychrome (dans les fresques de Pompéi et jusque sur les métopes du Parthénon d'Athènes) et syncrétique (dans les grands temples de la vallée du Nil, comme à Naga où l'artiste dessine la Porte corinthienne et la figure de Jupiter Ammon, traces d'une confusion entre les religions gréco-romaine et égyptienne). Cette découverte archéologique d'une Antiquité colorée et métissée a pu trouver une résonance théorique dans une lecture de l'époque que l'on prêterait aisément à un peintre aussi savant que Gleyre. Il s'agit d'un ouvrage de mythologie comparée, livre rédigé par l'érudit allemand Friedrich Creuzer puis traduit et publié en France avec succès, en plusieurs tomes, entre 1825 et 1851 : *Les Religions de l'Antiquité considérées principalement dans leurs formes symboliques et mythologiques*. Creuzer y entend mettre en lumière les racines *orientales* de la Grèce, qu'elles soient crétoises, phéniciennes, égyptiennes ou indiennes… À l'étude de la sculpture sur laquelle s'était fondé Winckelmann, il substitue l'analyse des mythologies qui donnèrent forme aux religions primitives ; ainsi Creuzer déplace-t-il dans l'espace et dans le temps le centre de gravité jadis attribué à l'Antiquité : de l'Attique à l'Asie Mineure ou de l'Occident à l'Orient, mais aussi de la Grèce classique du ve siècle à la Grèce archaïque ou préhomérique du xve siècle, la Grèce *originelle*. L'érudit allemand montre alors comment « se répandit en Grèce un culte d'Apollon qui, au commencement, fut en guerre ouverte avec celui de Bacchus », comme la lyre attique avec la flûte phrygienne ou lydienne : « cet autre culte », voué à « Dionysos *mangeur de viande crue* », se distinguait par l'« ardeur sauvage et sensuelle à l'excès des Orgies bachiques » ; venue d'Orient, cette religion étrangère envahit très tôt la Grèce où ses mystères furent célébrés par : « […] les Bacchantes échevelées, la tête rejetée en arrière, les yeux hagards, des serpents ou un glaive dans les mains, prenant, aux sons d'une musique retentissante, les attitudes les plus passionnées ou s'emportant à des mouvements violents et rapides, invoquant avec des cris sauvages le nom de Bacchus, enfin égorgeant, parmi leurs danses furieuses, ces jeunes faons dont la dépouille les couvre d'ordinaire, des chevreuils, d'autres animaux, et allant jusqu'à goûter leurs chairs palpitantes[6]. »

Ainsi la traduction de Creuzer imposait-elle en France dès 1839 l'image nouvelle d'une Antiquité mystique et sanglante, passionnelle et sauvage, Grèce des sacrifices et des orgies, du massacre et de la chasse – une Grèce *dionysiaque*[7].

De l'Allemagne à la France, les lecteurs de Creuzer sont puissamment inspirés par ce rêve d'une Antiquité farouche, orientale et barbare : certes, le philologue Nietzsche dans *La Naissance de la tragédie* (1872), mais avant lui les écrivains français de l'Art pour l'Art, érudits qui s'avèrent bien proches du cercle de Gleyre. Flaubert, qui a achevé la première *Tentation de saint Antoine*, consulte le peintre suisse en 1849 avant de partir lui-même pour l'Orient (de l'Égypte à la Grèce), puis le convie en 1861 à la lecture de son roman « pourpre[8] » *Salammbô*, consacré à la guerre que Carthage livra contre les mercenaires : Moloch, dieu phénicien à tête de taureau, préside à la *cruauté* de cette Antiquité sexuelle et sanglante qui pratique le supplice, le sacrifice humain et le cannibalisme. Bien près, les poètes du Parnasse célèbrent parfois bien moins le culte d'Apollon que celui de Dionysos. Leur maître Leconte de Lisle, qui fréquente vers 1848 les élèves de Gleyre (comme les néo-grecs Gérôme ou Picou), publie dès 1852 ses *Poëmes antiques* où il chante la conquête de la Grèce par la « sainte Orgie » des religions orientales vouées à Bacchus et à Cybèle, ainsi que des monstres comme Pan, les Satyres et les Centaures : la poésie du Parnasse repose alors sur une « lutte fort ancienne entre les traditions doriques et une théogonie venue de Phrygie[9] ». Dans ses *Trophées* composés à partir de 1863, le disciple Heredia privilégie à son tour l'image d'une Grèce sanguinaire, guerrière et chasseresse, toute peuplée de monstres et de Bacchantes. Banville, son aîné, publie en 1845 « Le triomphe de Bacchos à son retour des Indes » et, en 1875, un sonnet révélateur, « Pasiphaé » :

6 Friedrich Creuzer, *Les Religions de l'Antiquité considérées principalement dans leurs formes symboliques et mythologiques*, trad. Joseph-Daniel Guignault, Paris, Treuttel et Würtz, 1825-1851, t. III, 1re partie, p. 106-230. Le chapitre intitulé « Mythe, culte et mystères de Bacchus » est publié en France en 1839.

7 L'Antiquité *dionysiaque* et violente de Creuzer a pu réactiver tout en l'assombrissant l'Antiquité *bachique* et souvent festive chère aux maîtres anciens de la peinture renaissante ou classique : Titien (dans *Bacchus et Ariane* ou *Jupiter et Antiope*) ou Poussin (dans *La Grande Bacchanale* et *La Petite Bacchanale*)…

8 Le mot est rapporté par les frères Goncourt dans une page datée du 17 mars 1861 (*Journal. Mémoires de la vie littéraire*, éd. Robert Kopp, 3 vol., Paris, Robert Laffont, coll. « Bouquins », 1989, vol. I, p. 674).

9 Ce propos est issu de la préface de Leconte de Lisle à ses *Poëmes antiques* pour l'édition de 1852 (Paris, Librairie de Marc Ducloux, éditeur).

10 Clément 1878, p. 299.

11 Creuzer, *op. cit.*, p. 240.

fig. 21 Charles Gleyre, *Les Centaures*, 1849, fusain sur papier ocre, 29,3 × 24,6 cm, Lausanne, Musée cantonal des beaux-arts

« Ainsi Pasiphaé, la fille du Soleil,
Cachant dans sa poitrine une fureur secrète,
Poursuivait à grands cris parmi les monts de Crète
Un taureau monstrueux au poil roux et vermeil,

Puis, sur un roc géant au Caucase pareil,
Lasse de le chercher de retraite en retraite,
Le trouvait endormi sur quelque noire crête,
Et, les seins palpitants, contemplait son sommeil ;

Ainsi notre âme en feu, qui sous le désir saigne,
Dans son vol haletant de vertige, dédaigne
Les abris verdoyants, les fleuves de cristal,

Et, fuyant du vrai beau la source savoureuse,
Poursuit dans les déserts du sauvage Idéal
Quelque monstre effrayant dont elle est amoureuse. »

La poésie parnassienne opposait ainsi deux paysages, la fraîcheur de la campagne et l'aridité du désert, et à travers eux deux Antiquités : la Grèce idyllique du « Beau idéal » – ou du « vrai beau » autrefois rêvé par Winckelmann – et la Grèce tragique d'un « sauvage Idéal » – ce beau « monstrueux » et moderne dont relèvent plusieurs travaux de Gleyre. Non loin du taureau crétois que poursuivait l'ardente Pasiphaé, l'artiste aime à représenter les *pulsions* inhérentes à l'*animalité* des monstres mâles de la mythologie, mi-hommes mi-bêtes : la violence dans *Les Centaures* (1849, fig. 21), dessin inspiré par les damnés au septième cercle de *L'Enfer* de Dante, ou le désir sexuel lors des scènes de rapt amoureux, comme Vénus Pandémos enlevée par un satyre, auxiliaire de Dionysos (1854), Déjanire par le centaure Nessus (1858) ou Europe par Zeus métamorphosé en taureau (1865)... Le choix que le peintre fait de ces personnages ou de ces scènes révélerait l'un des secrets de son art : son biographe Charles Clément rapporte que, en peignant un tableau placé sous le signe de Bacchus, *Penthée poursuivi par les Ménades* (cat. 90), Gleyre « rencontrait à chaque pas des difficultés – des nœuds, comme il disait – qu'il ne pouvait résoudre[10] ». L'art de Gleyre est tout entier dans cette *tension* ou cette contradiction qu'il appelait « nœud ». La preuve en serait un dessin réalisé vers 1849, *La Pythie* (fig. 22) : la prophétesse d'Apollon est représentée assise sur un trépied dans la crypte du temple de Delphes, édifice construit sur le flanc même du mont Parnasse. Or Creuzer rappelait que, « à Delphes, Bacchus se présentait comme un pouvoir tellurique, comme un prophète divin, inspiré par les émanations souterraines du gouffre sacré, et rendant des oracles à côté d'Apollon[11] ». Aussi est-ce Dionysos qui hantait secrètement les *bas-fonds* du Parnasse, cet *enfer* de l'Antiquité. Le dessin de Gleyre repose sur la tension entre deux religions à mystères : le culte d'Apollon Pythien – c'est précisément ce dieu que représentait la statue du Belvédère – et le culte de Dionysos. Bien plus, l'artiste a conféré à la Pythie la physionomie même d'une Bacchante ou les traits frontaux d'un masque tragique : la bouche ouverte et les yeux exorbités. À la fois idéale et sauvage, la pythonisse de Gleyre est bien un « nœud » entre l'*harmonie* statique du corps et l'*expression* extatique du visage, la sérénité de la vierge et la transe de la ménade : c'est là une véritable tension entre la Grèce sculpturale ou classique et une Grèce théâtrale ou archaïque, la raison et la pulsion – la forme et la force. Ainsi se dévoile le mystère d'une géographie mythologique : dans la peinture de Gleyre, Delphes se situe à mi-chemin entre Athènes et Thèbes, comme le Parnasse entre l'Acropole et le Cithéron, ou la Pythie d'Apollon entre Athéna et Dionysos.

Thèbes, ou la vengeance de Dionysos

Il semblerait que, aux mythes du *rapt* de la femme – Vénus, Europe ou Déjanire… –, le peintre ait voulu répondre par les mythes de la *chasse* à l'homme – Actéon ou Penthée : selon Euripide ou Ovide, ces princes de la famille royale de Thèbes, tous deux cousins de Dionysos, furent traqués et massacrés sur le Cithéron pour avoir outragé des femmes surprises dans leur intimité et avides de se venger. La *Diane* (cat. 49) peinte par Gleyre en 1838 représente la déesse au bain au moment même où elle se tourne vers Actéon (qui nous est invisible), alors consciente du regard qui est en train de l'épier. Cette beauté *pudique*, à la fois chaste et farouche, est tout entière suspendue entre deux modèles symbolisés par le voile et par le sang : la grâce de Vénus Anadyomène, la baigneuse qui se drape, et la cruauté de Diane chasseresse, l'égorgeuse à l'affût. Souvent, l'image de cette beauté prédatrice dont Actéon fut la victime l'emporte dans l'art de Gleyre, comme le montre le dessin de la femme aux lapins (1849). De 1849 à 1864, c'est à une *tragédie* grecque précisément consacrée à Dionysos et à sa ville natale de Thèbes, *Les Bacchantes* d'Euripide, que le peintre emprunte le sujet de deux compositions : *La Danse des Bacchantes* (cat. 96) et *Penthée poursuivi par les Ménades* (cat. 90). À l'époque, en France, seuls Leconte de Lisle dans la poésie[12] et Gleyre dans la peinture s'inspirent du sanglant dénouement de cette pièce qui relate la terrible vengeance de Bacchus : Penthée a refusé d'accueillir à Thèbes le culte étranger de son cousin Dionysos ; le dieu le condamne en lui inspirant le violent désir d'épier l'orgie rituelle que les dangereuses Bacchantes célèbrent non loin sur le Cithéron ; furieuses d'avoir été surprises dans leurs mystères, celles-ci prennent l'espion en chasse avant de le massacrer (elles l'écorchent vif, le démembrent puis le décapitent). Les deux tableaux de Gleyre correspondent aux deux récits du messager dans la tragédie grecque. L'artiste est ainsi tenté de représenter sur la toile deux événements, l'orgie et le carnage, qu'Euripide avait soigneusement choisi de ne pas montrer sur le théâtre d'Athènes en les reléguant hors scène, dans l'espace d'un Cithéron imaginaire. Du moins le peintre aspire-t-il à se rapprocher le plus possible de tels événements qu'il estime en eux-mêmes *irreprésentables* : c'eût été en effet le moment de la pulsion absolue, la *cruauté*, cet écoulement du vin ou du sang[13]. Le peintre ne figure le délire des Bacchantes qu'à l'instant où il commence déjà à s'épuiser, et le meurtre de Penthée qu'au moment où il est encore à venir. Les tableaux sont suspendus entre deux crises ou entre deux catastrophes :

fig. 22 Charles Gleyre, *La Pythie*, vers 1849, fusain et rehauts de craie blanche sur papier brun, 41,3 × 30,3 cm, Lausanne, Musée cantonal des beaux-arts

le paroxysme de la bacchanale et la mise à mort de la proie. Le *moment* de la représentation doit à tout prix échapper au présent de la pulsion en se situant entre le passé immédiat et le futur imminent, soit juste après le sacrifice (c'est le fléchissement dans *La Danse des Bacchantes*), soit juste avant le massacre (c'est la chasse dans le *Penthée*). L'art de la peinture se trouve alors dans un équilibre bien précaire, comme ces deux personnages en mouvement et *tendus* sur la pointe d'un seul pied : d'un tableau à l'autre, la danseuse renversée et le coureur bondissant incarnent le suspens avant la chute.

Le peintre de *Vénus Pandémos* n'a pas oublié l'interprétation que les néoplatoniciens avaient proposée du mythe relatif à la naissance des deux Aphrodite : l'Anadyomène était issue du seul père, alors que la Vulgaire était née avec le concours d'une mère. Les exégètes de Platon en déduisirent une analogie entre le maternel (ou le féminin) et le matériel – la *mater* et la *materia* –, comme entre le masculin et le spirituel. Gleyre est ce peintre qui a choisi de se placer sous le patronage d'une Vénus classique conduite par un bouc vers la bacchanale : son art identifie le féminin à la matière et au dionysiaque. La femme coïncide absolument avec cet état irrationnel de possession ou de folie qui se manifeste par deux passions ou par deux pulsions : l'ivresse dans la danse et la colère dans la chasse. Les deux tableaux reposent sur une tension entre Apollon et Dionysos, entre la maîtrise de l'esprit et le désordre de la matière, véritable contradiction entre l'harmonie de formes impeccables et l'expression de passions violentes. Or ces opposés, le peintre s'opiniâtre à les concilier. Ainsi l'attestent les gloses malaisées de son critique d'art Charles Clément : dans *La Danse*, il loue le « dessin général de ce tableau, où les attitudes énergiques, passionnées se combinent *cependant* de manière à former des lignes pleines d'harmonie et de noblesse » ; dans le *Penthée*, il est horrifié par la horde sauvage des « Ménades furieuses, échevelées, les vêtements en désordre, l'œil en feu, vomissant de leurs bouches contractées par la rage et par l'ivresse les imprécations et les menaces, brandissant [...] leurs poignards », mais, ajoute-t-il, ce sont là des « figures de femmes qui, *malgré* leurs attitudes et leurs gestes violents, présentent des lignes si harmonieuses et si savamment rythmées[14] ». En composant ses deux tableaux, Gleyre a su rendre assourdissant le silence inhérent à la peinture : l'harmonie toute musicale des lignes visibles a toujours pour contrepoint *discordant* la stridence des flûtes lydiennes et des cris aux bouches sonores des Bacchantes. Cette dissonance est symbolisée par la guerre des sexes que se livrent dans l'art de Gleyre l'homme civilisé de la Grèce et la femme barbare d'Asie Mineure : Penthée traqué par les Ménades, qui sont phrygiennes ou lydiennes, mais également, dans *Hercule et Omphale* (1862, cat. 99), les « amours du héros thébain et de la reine de Lydie », amours qui représentent (avouait le peintre) l'« *aplatissement* de l'homme par la femme[15] », ou (dirions-nous) celui de l'esprit par la matière. C'est bien par les femmes que le dionysiaque venu d'Orient a conquis la ville de Thèbes, se rapprochant alors dangereusement d'Athènes, la cité de la raison et de la peinture.

12 Ainsi dans l'un des *Poëmes antiques*, « La mort de Penthée », composé vers 1856 (*op. cit.*).

13 C'est du mot latin *cruor* (le sang qui coule ou le carnage) que dérivent les termes français *cruel* et *cru* (la viande crue est celle qui saigne, par opposition à la viande cuite, qui ne saigne plus).

14 Clément 1878, p. 194 et 302-303 (c'est nous qui soulignons).

15 *Ibid.*, p. 295 et 292 (c'est nous qui soulignons).

Athènes, ou la métamorphose de Minerve

L'histoire antique rapporte que la courtisane Phryné, accusée d'impiété, dut comparaître à Athènes devant le tribunal de l'Aréopage. Hypéride, son avocat, réussit à la faire acquitter en la mettant brutalement à nu devant ses juges, qui crurent voir en elle Aphrodite elle-même. Selon l'érudit Athénée, la courtisane servit de modèle au peintre grec Apelle, le maître de la *grâce*, pour son chef-d'œuvre *Aphrodite Anadyomène*. Placé paradoxalement sous le signe du Parthénon et de la statue d'Athéna, la déesse-vierge, le dessin de Gleyre *Phryné devant l'Aréopage* (1859-1861, fig. 23) représente le moment précis du *dévoilement* de la beauté – ou de son impudeur –, et le critique d'art Émile Montégut de remarquer :

« Le reptile rampe visiblement dans cette jolie tête posée sur un corps de déesse qui, par les formes, l'attitude et même les draperies, rappelle d'assez près la Vénus de Milo[16]. » Phryné est ainsi tendue entre la grâce de la ligne *serpentine* et la cruauté de l'expression *reptilienne*, et c'est en Attique, dans la cité même de Platon et d'Athéna, que s'opère la métamorphose de Vénus Anadyomène en Méduse. Cette altération s'aggrave encore dans le tableau *Minerve et les trois Grâces* (1868, cat. 91), qui est un véritable « nœud ». Gleyre s'inspirerait là de la douzième *Pythique*, où Pindare rapportait comment Athéna inventa la double flûte, l'*aulos*, pour imiter le sifflement des serpents qui coiffaient la hurlante Gorgone lorsque Persée lui trancha la tête. La flûte était l'instrument de l'*horreur*, entendue en son sens latin de « hérissement ». Or la mythologie rappelle que, en jouant au banquet des dieux, la divine flûtiste fut raillée par Aphrodite et se retira honteuse en un bois de Phrygie : tandis qu'elle soufflait dans l'instrument, elle se contempla au miroir de l'eau et observa avec effroi qu'elle avait les joues gonflées et les traits déformés comme la face de Méduse. Elle jeta alors la flûte en maudissant son futur propriétaire. Ce fut un compagnon de Dionysos et des Bacchantes : armé de l'*aulos* mélodieux, le satyre Marsyas osa défier la lyre harmonieuse d'Apollon et en mourut, écorché vif par le Pythien. Gleyre a choisi de conférer au visage serein et gracieux d'Athéna l'expression extatique et horrible de ces monstres qu'étaient Méduse et Marsyas : les yeux exorbités de la Gorgone et le sourire fendu du satyre. La déesse de la raison, qui présidait dans l'Antiquité à l'art des peintres, est représentée au moment précis où elle est en train de se métamorphoser en une divinité irrationnelle, processus qui lui confère une beauté « admirable dans son étrangeté[17] » même. Par son regard halluciné, Athéna deviendrait l'une de ces Bacchantes aux yeux torves ou révulsés que la tragédie d'Euripide avait comparées aux Gorgones de Libye, monstres de l'Orient. Cependant, Minerve défigurée est entourée par les douces compagnes d'Aphrodite afin de symboliser la possible *coexistence* de l'horreur avec la grâce, coexistence qui caractérise aux yeux de Gleyre la peinture *moderne* (c'est tout le sens de cet instrument anachronique et bien contemporain, la flûte traversière, que l'artiste a choisi de substituer à l'antique *aulos*). La flûte sonore de Minerve semble l'emporter sur la lyre silencieuse de l'une des trois Grâces, comme si, secrètement, le tableau se consacrait à la *revanche* de Marsyas sur Apollon. C'est la flûte qui convertit les femmes à la bestialité du satyre : les Bacchantes par la danse et la déesse par la musique.

Pour « résoudre » les nombreux problèmes (ou « nœuds ») de la peinture mythologique, Gleyre tend à multiplier les propositions. La plus utilisée est celle du voile de Timanthe : comment donc éviter que l'expression des passions – comme l'extrême douleur – n'altère l'harmonie des formes – la beauté ? La solution adoptée par le peintre grec Timanthe, solution qu'avait louée Pline l'Ancien et dans laquelle Lessing a vu l'essence même de l'art *classique*, consistait à dissimuler tout entière sous un *voile* la hideuse grimace d'Agamemnon affligé par le sacrifice d'Iphigénie. Voiler l'horreur d'un visage, tel est précisément le parti pris par Gleyre pour figurer les victimes de ses tableaux, comme dans *La Pudeur égyptienne* ou dans le *Penthée*[18]... Non loin, le peintre choisit souvent de représenter les femmes de dos et en profil perdu dès lors qu'elles sont dans leur nudité : Écho (cat. 108), Sapho (cat. 101), la flûtiste de *Minerve et les trois Grâces* et de *La Charmeuse* (où la musique est dédiée à un terme du dieu Pan, cat. 115), jusqu'à la Ménade renversée au centre de *La Danse des Bacchantes*... Dans *Sapho*, la jeune Romaine se tient nue entre un candélabre surmonté d'une sphinge et une statue de Minerve, comme si toute civilisation ayant la Grèce pour modèle – qu'elle soit latine ou française – se situait nécessairement entre Thèbes et Athènes. L'analogie entre la croupe du monstre et celle de la Vénus callipyge révèle sur un fond pourpre et sombre, comme sanglant, l'inquiétante coïncidence de l'animalité et de la féminité, féminité dont le visage se dérobe néanmoins à nos regards.

16 Montégut, 1878.

17 Clément 1878, p. 333.

18 C'est aussi l'enjeu des *Brigands romains* ou du *Major Davel*.

19 Clément 1878, p. 195 (c'est nous qui soulignons).

20 Je remercie Côme Fabre d'avoir attiré mon attention sur la frontalité dans la peinture de Gleyre.

21 Ovide, *Les Métamorphoses*, livre III, vers 192-193.

22 *Ibid.*, p. 140.

Dans *Minerve et les trois Grâces*, le bouclier d'Athéna est soigneusement coupé par le cadre afin que l'horrible tête de la Méduse demeure invisible pour le spectateur, comme si, à la suite de Persée, le peintre l'avait tranchée une seconde fois – mais alors, n'est-ce pas toute la toile qui deviendrait un gorgonéion ? Au centre des *Romains passant sous le joug* (1858, cat. 80), tableau consacré à la victoire des Barbares, l'artiste a placé deux têtes coupées qu'il représente cependant de trois quarts ou en profil perdu, car la face de Méduse décapitée ne peut être regardée qu'*obliquement*.

Plus que tout autre artiste, Gleyre a dû sentir, et non sans désespoir, combien au XIXe siècle le voile de Timanthe était bien près de se *déchirer*, inéluctablement, d'où la présence de cette meute chasseresse, les animaux carnassiers qui hantent sa peinture : les reptiles – le crocodile et le serpent –, les canidés – le chien et le loup – mais surtout les félins – l'hyène d'Égypte, la sphinge de Thèbes et le lion de Némée, ou ces auxiliaires de Dionysos que sont la panthère, le léopard et le tigre… Afin de sauver ce qu'il reste de voile, le peintre efface parfois la bête féroce en passant de l'esquisse au tableau final, comme le loup pour *La Jeune Fille au chevreau* ou le tigre pour *La Danse des Bacchantes* :

« Gleyre […] avait d'abord introduit un grand tigre qui *arrachait la draperie* de l'une des danseuses. Cet animal superbe […], frôlant son corps fauve et velu aux corps nus des Bacchantes, était d'un effet saisissant et symbolisait admirablement l'âpre volupté que respirent les mythes antiques. Gustave Planche persuada Gleyre que cet épisode était trop réaliste, et […] le peintre le fit disparaître […][19]. »

Plus que de l'occulter, l'artiste conjure ailleurs la menace de la déchirure en plaçant le fauve à l'intérieur du tableau mais en le réduisant à une peau écorchée (souvenir du supplice de Marsyas ?). La dépouille du dangereux prédateur devient ainsi un véritable voile, vêtement ou tapis : le loup dans *Les Romains passant sous le joug*, le lion de Némée dans *Hercule et Omphale* ou la panthère de Dionysos dans *La Danse des Bacchantes* et dans *Sapho* (cat. 101)… Néanmoins, comme Hypéride mettant à nu Phryné, Gleyre fait parfois tomber le voile de Timanthe ; bien loin de *La Pudeur égyptienne* (cat. 43), il découvre le visage de la féminité *frontale*[20], dont le regard est absolument fixe : vues de face comme un gorgonéion, la Pythie de Delphes (qu'escorte un serpent), la chasseresse aux lapins, la grande prêtresse des Bacchantes, la funeste Pandore ou Minerve elle-même (si étrangement nue et coiffée d'un nimbe redoublant le terrible bouclier d'or) semblent menacer des yeux un spectateur bien près d'être pétrifié. Car celui-ci voit sans doute alors ce qu'il n'aurait pas dû voir, tel le regard coupable de Penthée (horrifié par les Ménades) ou celui d'Actéon. Les yeux du chasseur thébain, disait Ovide, avaient surpris la déesse Artémis « sans voile[21] » ; or le pendant de *Diane*, *La Nubienne* (cat. 50), révélait dès 1838 le secret de cette nudité dont la beauté est faite pour susciter le malaise ou l'effroi : se détachant sur l'azur du Nil, la ligne *serpentine* de l'Orientale est poussée à l'extrême jusqu'à devenir *en* elle-même aussi monstrueuse que la ligne reptilienne du crocodile. L'artiste inventait alors le « nœud » gordien d'une grâce qui méduse : l'aporie de la « grâce sauvage[22] ». Mais Gleyre avait su mesurer tous les dangers de la

fig. 23 Charles Gleyre, *Phryné devant l'Aréopage*, 1859-1861, fusain et crayon sur toile, 39,2 × 31,5 cm, Lausanne, Musée cantonal des beaux-arts

fig. 24 Gustav Klimt, *Pallas Athéna*, 1898, huile sur toile, 75 × 75 cm, Vienne, Historisches Museum der Stadt

pulsion et de la cruauté, qui menaçaient d'abolition la représentation elle-même : c'était tout le *courage* d'un « peintre gris[23] », qui avait tenté de sauver la spiritualité harmonieuse du dessin en luttant perpétuellement contre la matérialité expressive de la couleur, car c'est bien « cette satanée couleur[24] » qui l'emportait souvent dans des esquisses à l'huile trop éclatantes – couleur versée comme du sang versé. L'œuvre finale apparaissait dès lors comme un voile de pudeur imposé entre la menace d'un sujet dionysiaque, dont la couleur avait pâli, et les yeux heureusement préservés du spectateur. En éclaircissant sa palette et en faisant disparaître la touche – ce pigment comme coagulé –, Gleyre ne s'attachait-il pas à dominer les forces farouches d'une Antiquité polychrome à laquelle il avait été initié ?

Dans les études préparatoires autant que dans les tableaux, l'art de Gleyre révèle une profonde compréhension du sens que suit l'histoire de la peinture européenne : ce passage inéluctable du classicisme, art *oblique* du voile qui préserve la pudeur, à la modernité, art *frontal* du gorgonéion qui suscite l'horreur. Les mythes grecs, qui séduisaient tant le peintre suisse par leur caractère tantôt « obscur », tantôt « burlesque[25] », annoncent cette Antiquité bientôt rêvée par le monde germanique : Nietzsche dans *La Naissance de la tragédie*, le symbolisme allemand et la Sécession viennoise se consacreront à une Grèce violente et sexuelle, peuplée de centaures et de satyres, de sphinges et de sirènes. Cette Antiquité frontale que Gleyre contribua à mettre au jour se manifestera victorieusement dans les divinités monstrueuses célébrées par Arnold Böcklin dès les années 1850 et jusqu'à son *Bouclier avec le visage de Méduse* (1897), puis par Franz von Stuck ou Gustav Klimt, dont la *Pallas Athéna* (1898, fig. 24) aura le regard menaçant et redoutable de la Gorgone… De Gleyre à Klimt, c'est toute la leçon mythologique de Creuzer, l'érudit allemand, qui semble avoir été assimilée par la peinture : issue du crâne de Jupiter, Minerve put certes apparaître comme une « allégorie de la pensée humaine » ; par sa naissance même, la « déesse intelligible » suggérait que cet art des peintres auquel elle présidait était le résultat de l'« idée élevée à sa plus haute puissance[26] ». Cependant, le regard d'Athéna aux yeux pers (*glaucopis*) semblait attester une autre origine de la peinture, exactement inverse – abyssale et terrible : « La couleur d'eau ou de mer brille aussi dans les yeux des animaux féroces, des léopards et des lions ; l'homme ne saurait soutenir leur regard, qui annonce le sang et la mort. Ce même regard, ce regard étincelant et terrible est donné à Minerve, si redoutable en effet pour ses ennemis. C'est l'Athéné guerrière, telle que la conçurent et la représentèrent les poètes. Tandis que les chantres orphiques attachaient au surnom de *glaucopis* le sens précédemment développé, Homère et ses imitateurs, et les artistes à leur suite, y virent l'impression de terreur que jetèrent dans les âmes les yeux de la déesse, étincelants sous son casque, lorsqu'elle portait la mort et la ruine à ses ennemis[27]. »

Des Bacchantes de Gleyre aux femmes fatales de Klimt, les tableaux confèrent peu à peu à celle qui fut la *sage* déesse de la peinture le regard même d'une bête *sauvage*, qui est le regard de la Vérité : la divinité tutélaire des peintres s'éloigne désormais de cet art néoplatonicien de l'Idée ou de la pensée pour s'acheminer vers un art préfreudien de l'Inconscient ou des pulsions. De *Minerve et les trois Grâces* à *Pallas Athéna*, c'est par l'avènement de la frontalité que l'art mythologique peut enfin nous regarder *en face* et que, à l'instar de la Méduse, la peinture classique devenue prédatrice nous menace de mort.

23 Ainsi les frères Goncourt désignent-ils Gleyre – qu'ils rencontrent chez Flaubert – dans une page datée du 6 mai 1861 (*Journal*, *op. cit.*, p. 691).

24 Le mot est de Gleyre et reproduit par Clément 1878, p. 176.

25 *Ibid.*, p. 304 et 307.

26 Creuzer, *op. cit.*, p. 782 et 787.

27 *Ibid.*, p. 747-748.

Catalogue

Du rapin parisien au brigand romain : les audaces d'un enfant prodigue

Les débuts de la carrière de Gleyre sont aux antipodes de l'image qu'il laissa à sa mort. Ce talent, réputé « sobre, discret, élégant, noble, cherchant l'exquis, ayant horreur de toute violence dans le dessin et de tout tapage dans la couleur[1] », avait bravé bon nombre de convenances dans sa jeunesse. Les premières pratiques libres de la peinture et du dessin sont indissociablement liées chez lui à l'exploration de la volupté, de la violence et de la liberté éprouvées par l'excès, que promeut l'imaginaire romantique. Il souscrit également à la mode des sujets anecdotiques et pittoresques, empruntés à la littérature contemporaine, genres inférieurs, selon les critères de l'époque, à la peinture d'histoire à laquelle il aspira dans sa maturité.

Quittant Lyon avec son camarade Sébastien Cornu (cat. 2), probablement au début de l'année 1825, pour rejoindre Paris, il s'est inscrit d'abord pendant un an dans l'atelier de Louis Hersent. Alors que Cornu avait opté pour celui qu'Ingres venait d'ouvrir, réputé pour sa discipline et sa doctrine, les classes d'Hersent avaient moins bonne réputation, au point que Gleyre dut s'en justifier auprès de sa famille : « Qu'est-ce que tu me parles de désordre [et de] mauvais sujets ? Chez monsieur Hersent, c'est comme chez M. Gros, et chez M. Gros comme dans tous les attelliers [*sic*], et dan[s] tous les attelliers comme dans toutes les réunions de jeunes gens où on ne se gêne pas[2]. » Deux ans plus tard, Gleyre avait quitté les classes d'Hersent, faute de moyens suffisants, mais il se trouvait encore à Paris et avait sans doute appris qu'un groupe d'anciens camarades, rentrant à l'atelier du maître surexcités par les toiles vues au Salon de 1827, avaient provoqué un chahut mémorable, brisant et jetant par les fenêtres les moulages d'après l'antique[3].

Son ami et biographe Charles Clément, qui ne recueille pour cette époque que des témoignages indirects, rapporte que Gleyre aurait effectué le reste de son apprentissage en travaillant de manière indépendante. Il ne choisit de suivre qu'en partie la formation classique : théorie et cours de dessin à l'École des beaux-arts, puis exercices d'après le modèle vivant, le soir, à l'académie Suisse[4]. Le reste du temps, Clément indique que Gleyre allait apprendre à pratiquer l'aquarelle auprès de Richard Parkes Bonington[5], « faisait de l'anatomie à Clamart et fréquentait beaucoup la Morgue[6] ».

Ces exercices d'après des cadavres, même s'ils ne sont attestés par aucune étude, évoquent la méthode de travail qui avait fait la célébrité sulfureuse de Théodore Géricault, décédé un an avant l'arrivée de Gleyre à Paris. En feuilletant les carnets de croquis de jeunesse (conservés au Musée d'art et d'histoire de Genève), on constate que Gleyre copie nombre de chevaux et d'officiers de cavalerie extraits de différentes lithographies de Géricault. À ces fougueux animaux aux muscles bandés et aux yeux exorbités, se mêlent des sibylles et des *ignudi* de Michel-Ange, autre référence étrangère aux canons dictés par l'Académie en raison de son expressivité jugée outrancière. À Rome, où il arrive en janvier 1829, Gleyre profita des festivités d'intronisation de Pie VIII pour voir les fresques de la chapelle Sixtine[7]. Lors de son passage à Florence quelques semaines plus tôt, il s'était empressé d'y étudier les sculptures du tombeau des Médicis[8]. L'intérêt pour ces chefs-d'œuvre michelangélesques semble indissociable d'une fascination pour leur auteur et son génie mélancolique : en marge d'une étude de *La Nuit*, Gleyre cite un poème du maître[9], et il avait reproduit dans ses carnets ce que l'on pensait être le portrait de Michel-Ange par Bugiardini, conservé au Louvre[10]. L'une des premières grandes compositions de genre anecdotique que Gleyre réalisa à Rome, *Premier Baiser de Michel-Ange*[11] (aquarelle non localisée), mettait en scène l'artiste florentin embrassant le cadavre de son inspiratrice spirituelle, Vittoria Colonna. Ce geste à la fois tendre et macabre témoigne chez Gleyre d'un goût âpre, mais aussi fort à la mode, pour la sublimation de l'amour par delà la mort, le meurtre sanglant de Françoise de Rimini ainsi qu'une scène mélodramatique de *Roméo et Juliette (Guelfes et Gibelins)* suivirent[12]. La première huile sur toile conservée de cette époque confirme le tropisme gothique que Gleyre partageait avec la génération romantique : inspiré d'un drame faustien de lord Byron, *Manfred invoquant l'esprit des Alpes* (cat. 7) montre la silhouette du ténébreux héros au-dessus d'un précipice alpestre. Plusieurs croquis réalisés à l'encre – médium qu'il ne pratiquera plus par la suite – dans les premiers carnets montrent d'étranges scènes nocturnes, peuplées de chevaliers en armure, de moines inquiétants et de personnages voilés tels des spectres, qui semblent tout droit sortir de la lecture de romans noirs. Dans ses malles pour

1 Victor Fournel, *Les Artistes français contemporains. Peintres, sculpteurs*, Tours, A. Mame et fils, 1884, p. 219-220.

2 Lettre de Charles Gleyre à son oncle, Paris, 15-16 novembre 1825 (Lausanne, MCBAL, archives, liasse 985). La ponctuation a été reconstituée.

3 Charles Blanc, *Les Artistes de mon temps*, Paris, F. Didot, 1876, p. 90.

4 Cette académie privée, peu onéreuse, était installée quai des Orfèvres et tirait son nom de son fondateur, ancien modèle professionnel apprécié par Jacques-Louis David.

5 Cette rencontre avec Bonington n'étant confirmée par aucune autre source, on peut mettre cette affirmation en doute. Voir Hauptman 1996 a, p. 45-46.

6 Clément 1878, p. 9-10.

7 Lettre de Charles Gleyre à son frère Henry, Rome, 21 avril 1829, citée par Clément 1878, p. 36.

8 Hauptman 1996 b, n°s 26-29, p. 18-19.

9 *Ibid.*, n° 29, p. 19.

10 *Ibid.*, n° 70, folio 44 recto, p. 57.

11 Clément 1878, p. 62.

12 Ces deux aquarelles ne sont pas localisées. Voir *ibid.*, p. 62-63.

l'Orient, il emporta *Han d'Islande* de Victor Hugo. La mise en scène que Gleyre fait de lui-même témoigne également d'une grande assurance juvénile et d'une identification à certaines figures clés du romantisme littéraire. Après un premier autoportrait (cat. 1) savant, sévère et idéalisé, inspiré des autoportraits d'artistes lyonnais et allemands des années 1810-1820, il se représente à Rome dans une aquarelle lumineuse (cat. 4), arborant le costume décontracté d'un jeune aventurier italien, portant une barbiche et un chapeau de paille crânement posé en arrière. Cet autoportrait restitue le « regard plein de grâce, d'ironie et d'intelligence » dont se souvenait Mme Cornu, avant de poursuivre : « Gleyre était à cette époque-là l'un des plus charmants jeunes hommes que j'aie rencontrés dans la vie. Doux et gracieux comme une femme ; net, hardi, énergique comme un homme[13]. » Lors d'un bal costumé, il apparut déguisé en Faust, suscitant une vive sensation[14].
Au moment d'entreprendre sa première grande huile sur toile en 1831, Gleyre délaissa cependant le charme déjà usé des anecdotes littéraires et historiques au profit d'un sujet moderne : *Les Brigands romains* (cat. 9). À l'évidence, il s'engageait alors dans le sillon creusé par son compatriote Léopold Robert. Après une première formation à Paris, le Neuchâtelois s'était installé à Rome où il connaissait depuis 1820 un grand succès grâce à l'ennoblissement pictural d'un phénomène social moderne : ses mises en scène des brigands peuplant les environs de Rome (cat. 8) avaient été fort prisées d'une clientèle internationale huppée, de sorte que maints artistes expatriés, tels Bonnefond et Schnetz, lui emboîtèrent le pas. Clément, qui fut aussi biographe de Robert, indique que ce dernier s'était pris d'intérêt pour Gleyre, dont il avait deviné le talent[15]. Gleyre en retour ne pouvait qu'être marqué par un tel modèle de réussite sociale et artistique : peut-être avait-il pu voir triompher au Salon parisien de 1827 le *Retour de la fête de la Madone de l'Arc, près de Naples* (Paris, musée du Louvre). Il a certainement vu à Rome en 1830 et en 1831 les premières expositions de la Société des amis des arts, où Robert s'était illustré[16]. En 1831, recueillant des échos du Salon parisien, il note que l'*Arrivée des moissonneurs dans les marais Pontins* de Robert (Paris, musée du Louvre) fut largement saluée, ajoutant que son ancien maître lyonnais « Bonnefond n'a pas autant de succès à cette exposition qu'aux autres, c'est assez singulier que ce soit trois Suisses qui fassent presque le plus de bruit, Robert de Neuchâtel, Lugardon de Genève et Schnetz de je ne sais quel canton[17] ».
Gleyre avait-il cependant saisi le malaise de son compatriote ? Victime de son succès, Robert s'était lassé de devoir répliquer les mêmes sujets de brigands[18], délaissés depuis la fin des années 1820 au profit de fêtes populaires. Il n'avait en outre jamais osé représenter ses brigands dans la réalité de leurs forfaits : solidaires, pieux, loyaux envers leurs compagnons et leur famille, les hors-la-loi nés de son pinceau étaient ennoblis en héros romantiques et en martyrs modernes, blessés et opprimés par la société, dignes rejetons des *Brigands* de Schiller. Est-ce pour affirmer son courage et conjurer le reproche de plagiat que Gleyre choisit d'affronter les brigands sans détour, explorant le sujet avec toute la crudité et la cruauté possibles, bannissant les complaisances sentimentale et commerciale ? Peint en 1831, *Les Brigands romains* est une scène de vol et de viol commise en plein jour, sous un soleil de plomb, par des hors-la-loi cupides et sans scrupules ; elle est représentée avec un degré de cynisme et d'obscénité inédit dans la peinture contemporaine. Le spectateur vertement assigné à la position de voyeur ne peut lui-même s'abstraire de la violence omniprésente. Gleyre fit poser des modèles eux-mêmes issus de la pègre romaine, comme il le confia non sans humour à son frère : « Si je t'écris ce matin à huit heures, c'est parce que mon *modello* a donné *una coltellata* – coup de couteau –, il s'est caché. Ce sont des *Brigands* que je peins, tu vois qu'il est bien dans son rôle[19]. » L'attrait pour la cruauté mêlée de volupté s'inscrit aussi dans les premiers goûts artistiques de Gleyre : parmi les copies peintes réalisées durant ses années parisiennes, il avait choisi de transcrire à l'huile et en couleurs une gravure d'après Prud'hon, publiée en 1800 au frontispice d'une réédition d'*Aminta*, roman du Tasse[20] : on y voit le corps nu et voluptueusement contorsionné de Sylvie échapper de peu au viol d'un satyre. Sans doute Gleyre avait-il remarqué, parmi les autres frontispices réalisés par Prud'hon pour l'éditeur Renouard, une *Délivrance d'Anthia* tout aussi sadique et inspirante : l'héroïne, nue et ligotée à un arbre, est sur le point d'être sacrifiée à Mars par des brigands[21].

13 Lettre de Mme Hortense Cornu, citée dans *ibid.*, p. 55.

14 *Ibid.*, p. 55.

15 *Ibid.*, p. 53.

16 Gassier 1983, p. 218.

17 Lettre de Charles Gleyre à son frère Henry, Rome, 17 juin 1831 (Lausanne, MCBAL, archives Gleyre, liasses 985-986).

18 Lettre de Léopold Robert à Marcotte d'Argenteuil, automne 1831, cité par Gassier 1983, p. 219.

19 Lettre de Charles Gleyre à son frère Henry, Rome, 17 juin 1831 (Lausanne, MCBAL, archives Gleyre, liasses 985-986).

20 Clément 1878, p. 18-19 ; voir aussi Hauptman 1996 a, p. 47-48. La copie n'est pas localisée.

21 Voir « Prud'hon ou le rêve du bonheur », cat. exp., Paris, Galeries nationales du Grand Palais, New York, Metropolitan Museum of Art, 1997-1998, n° 78, p. 129.

Gleyre ne se contente pas de peindre sans fard les pulsions de possession : *Les Brigands romains* sont en outre tissés de sous-entendus par lesquels le jeune artiste commet l'insolence de parodier deux éminents maîtres français qui l'ont formé et protégé. Michel Thévoz et Patrick Shaw Cable[22] ont rappelé que la composition triangulaire du groupe central des *Brigands romains* fait écho, sur un mode parodique, à celui des *Religieux de l'hospice du mont Saint-Gothard* (cat. 6), tableau commandé par le futur roi Charles X et par lequel Louis Hersent avait obtenu un succès flatteur au Salon de 1824, quelques mois avant l'arrivée de Gleyre dans son atelier. Les trois vénérables religieux secourant une jeune mère victime d'une avalanche sont métamorphosés par Gleyre en trois criminels se disputant la primeur du viol d'une jeune voyageuse : une scène peinte à la gloire du trône et de l'autel est détournée en un spectacle sadien. Par ailleurs, la ressemblance du voyageur ligoté, témoin impuissant de la scène, avec les traits d'Horace Vernet (cat. 10) est un facteur de trouble supplémentaire. Clément rappelle qu'à Rome, « Gleyre avait été très bien accueilli par Horace Vernet qui, ayant entendu parler de son esprit et de son talent, désira le connaître, malgré la réputation de causticité qu'on lui avait déjà faite et qui d'abord avait un peu effrayé et retenu le directeur de l'Académie[23] ». Invité à la villa Médicis, Gleyre avait pu voir Vernet souscrire à la mode picturale des brigands romains et peindre en 1830 un *Combat entre les dragons du pape et des brigands* (Baltimore, Walters Art Gallery) : un escadron de cavalerie pontificale surprend et extermine des bandits qui viennent d'attaquer une calèche au détour d'une route de montagne. À l'arrière-plan, quelques fuyards courent se cacher dans les rochers, emportant une jeune voyageuse en guise d'otage : celle-ci porte un chapeau de paille identique à celui posé au premier plan des *Brigands romains* de Gleyre qui semble ainsi narrer la suite de l'épisode. Vernet flattait l'efficacité de la police du Saint-Siège auprès duquel il avait fait temporairement office de représentant diplomatique de la France durant la transition de régime consécutive à la révolution de juillet 1830. Farouchement anticlérical, Gleyre aurait-il pourvu en conséquence ses *Brigands romains* de portraits à clés afin d'assouvir symboliquement son désir d'humilier un peintre orgueilleux et traître à la cause libérale, ainsi que son inaccessible fille[24] ? Clément indique en effet que, à l'occasion de ses visites à la villa Médicis, Gleyre avait nourri pour Louise Vernet un amour transi, dont il s'était lui-même moqué par une caricature où il se représente demandant piteusement la main de la jeune vierge à son irascible père[25]. Louise avait été érigée au rang de muse de la communauté artistique francophone par son père, qui l'adulait (cat. 11), et par la plupart des pensionnaires de la villa. Parmi ces derniers, Berlioz, qui avait composé en 1831 une effrayante *Chanson de brigands*[26], lui avait dédié et fait chanter au début de 1832 une mélodie intitulée *La Captive*[27]. Gleyre lui dédierait-il un semblable hommage secret, à sa façon « caustique », frénétique et cynique ? Quels qu'en soient les motifs, Gleyre achève un tableau hors de toute commande et impossible à exposer : expédié à Lyon à la garde de son frère, *Les Brigands romains* ne fut jamais présenté ni vendu du vivant de l'artiste, même aux temps où il était dans le besoin.

L'impasse artistique dans laquelle Gleyre s'est enferré se double d'un échec commercial : les portraits aquarellés qu'il réalise par ailleurs pour vivre, bien que d'une remarquable qualité technique comme en témoigne celui de Léon Vaudoyer, architecte pensionnaire à la villa Médicis (cat. 12), se vendent mal et le laissent insatisfait. Au printemps 1834, il saisit l'occasion qui lui est apportée par un mécène américain de quitter le bastion catholique et réactionnaire où sa carrière s'enlise depuis plus de cinq ans, afin de partir à la découverte de la Grèce et de l'Orient rêvés.

22 Thévoz 1980, p. 65 ; Shaw Cable 1999, p. 20-21.

23 Clément 1878, p. 56.

24 Voir Hauptman 1981, p. 17-34 ; voir aussi Shaw Cable 1999, p. 16-28.

25 Clément 1878, p. 57.

26 Troisième partie de *Lélio ou le Retour à la vie*, monodrame lyrique composé par Berlioz sur des paroles de lui-même. Le refrain, entonné par le capitaine des brigands, est typique des outrances du romantisme frénétique : « Nous allons boire à nos maîtresses / Dans le crâne de leurs amants ! » Je remercie Martine Kaufmann pour ces précieuses indications.

27 Berlioz y met en musique quelques strophes des *Orientales* de Victor Hugo (1829). Voir *Correspondance inédite d'Hector Berlioz*, Paris, C. Lévy, 1879, p. 97 et 101.

1 Charles Gleyre, *Autoportrait*, 1827, Lausanne, Musée cantonal des beaux-arts

2 Charles Gleyre, *Portrait de Sébastien Cornu*, vers 1838
Collection particulière

3 Sébastien Cornu, *Portrait de Charles Gleyre*, 1826-1827
Lausanne, Musée cantonal des beaux-arts

4 Charles Gleyre, *Autoportrait*, 1830-1834, Lausanne, Musée cantonal des beaux-arts

5 Charles Gleyre, Étude pour *Les Brigands romains* (tête de brigand), 1831
Lausanne, Musée cantonal des beaux-arts

6 Louis Hersent,
Religieux de l'hospice du mont Saint-Gothard, 1824
Paris, musée du Louvre

7 Charles Gleyre,
Manfred invoquant l'esprit des Alpes, vers 1826-1830
Zurich, Musée national suisse

8 Léopold Robert,
Brigand de la campagne romaine, 1821
Lausanne, Musée cantonal des beaux-arts

9 Charles Gleyre, *Les Brigands romains*, 1831, Paris, musée du Louvre

10 Horace Vernet, *Autoportrait*, vers 1832, Paris, musée du Louvre

11 Horace Vernet, *Portrait de Louise Vernet, fille de l'artiste*, 1834, Paris, musée du Louvre

12 Charles Gleyre, *Portrait de Léon Vaudoyer*, 1832
Brie-Comte-Robert, famille Vaudoyer

Survivre à l'Orient

Le grand voyage de plus de trois années – du printemps 1834 à l'automne 1837–, qui entraîna Charles Gleyre de Rome à Khartoum avant de rentrer en France *via* Beyrouth, est certainement l'aventure la plus exceptionnelle de sa vie et constituait une expérience encore rare à cette époque. Notre connaissance de cet épisode serait fort imprécise si les notes de son mécène et compagnon de voyage, John Lowell Jr. (cat. 13), n'avaient pas été retrouvées à Boston en 1976[1]. Hormis quelques lettres et les fragments d'un journal de voyage, Gleyre s'est en effet rarement exprimé sur ce séjour, excepté un soir de novembre 1849, lorsqu'il partagea ses souvenirs avec Maxime Du Camp et Gustave Flaubert qui s'apprêtaient à se rendre à leur tour en Égypte. L'artiste se montra tout aussi discret sur les aquarelles et les dessins tirés de son voyage : alors que nombre d'entre eux sont d'une qualité remarquable et fort précis dans leurs relevés, ils ne furent dévoilés qu'à un cercle très restreint d'amis et d'amateurs (les amis Sébastien Cornu, Charles Clément, les critiques d'art Gustave Planche et Étienne Delécluze). Enfin, l'artiste ne tira guère profit de cette manne de motifs pour ses créations picturales. Un tel comportement s'avère en tous points opposé à celui de ses contemporains Eugène Delacroix, Adrien Dauzats ou Prosper Marilhat, dont l'expérience orientale, pourtant plus courte et bien moins lointaine, a profondément et durablement fécondé l'inspiration artistique.

Un élément de réponse tient sans doute aux conditions de voyage, radicalement différentes. En premier lieu, il ne semble pas qu'il existe, au niveau artistique, une appétence particulière de Gleyre pour la civilisation orientale. Certes, il écrivit à son frère en 1830 : « Au mois d'avril, plusieurs camarades vont à Constantinople et je profiterai joliment de leur compagnie. Je n'y puis pas penser, mais aussitôt que j'aurai cette somme, je ferai certainement ce voyage[2] », et, à la veille de partir, en avril 1834 : « Tu n'ignores pas combien je désirais faire un voyage dans les pays lointains[3]. » Peut-être était-il stimulé par des fréquentations et des lectures saint-simoniennes qui voyaient dans l'Orient un complément indispensable à la réalisation de leur utopie sociale ; Gleyre eut aussi l'occasion de rencontrer au Caire et à Louxor le père Enfantin, chef spirituel des Saints-simoniens. Mais cet engouement pour le Levant ne se manifeste pas dans sa peinture ; il y a donc loin de cette curiosité vague à la fascination éprouvée par Delacroix pour un Proche-Orient littéraire et politique. Bien avant de partir au Maroc, ce dernier avait non seulement dévoré le *Pèlerinage de Childe Harold* et les drames de Byron, collectionné les armes et les costumes chatoyants importés de l'Empire ottoman, mais il avait déjà donné forme aux massacres de la Grèce moderne comme à la décadence des cités babyloniennes antiques sur d'ambitieuses toiles exposées aux Salons. Si Delacroix saisit à la fin de l'année 1831 l'opportunité d'un voyage imprévu au Maroc, c'est aussi parce qu'il était assuré d'y trouver des conditions convenant à son caractère peu nomade et à sa santé fragile. Accompagnant une mission diplomatique du gouvernement français au Maroc, il savait qu'il ferait partie d'un convoi très sécurisé, doté d'un personnel important et d'interprètes fiables. Le voyage de six mois aura été soigneusement programmé. Sur place, la mission était hébergée dans des conditions confortables et reçue avec de grands égards par les autorités locales. Enfin, entièrement libre de ses choix artistiques durant son séjour, Delacroix n'était lié par aucune servitude et put accumuler pour ses besoins personnels et sous la forme qu'il souhaitait des impressions plastiques qu'il réutilisera ensuite durant des décennies[4].

La situation de Gleyre était beaucoup moins libre et confortable. John Lowell était certes riche mais ne disposait pas d'un mandat lui apportant autant de protection qu'à une délégation diplomatique. L'absence de programme bien déterminé amena les voyageurs à prendre du retard et à courir des risques inconsidérés. Ils entreprirent ainsi la traversée de la mer Méditerranée, de Smyrne à Alexandrie, en décembre 1834, essuyant de fortes tempêtes ; ils s'enfoncèrent ensuite en Nubie, zone dangereuse et fort peu civilisée, en plein été 1835, par une chaleur écrasante. Les conséquences de cette précarité ne tardèrent pas à se manifester sous forme d'infections et de maladies : dysenteries, ophtalmies, fièvres et insolations eurent raison de la motivation de Gleyre. Après plus d'un an de voyage, il prit conscience du fait qu'il abîmait sa santé, perdait son temps et risquait de manquer définitivement le lancement de sa carrière : « Encore un peu et j'aurai trente ans, et rien de ce que j'avais osé espérer ne s'est réalisé[5]. »

La misère ressentie s'explique aussi par la précarité de sa position morale : artiste encore inconnu, Gleyre n'avait eu

1 Voir William Hauptman, « Charles Gleyre, John Lowell et leurs Orients », dans Lausanne 2006, p. 53. Pour le compte rendu détaillé du voyage, voir cet essai ainsi que Hauptman 1996 a, p. 77-106.

2 Lettre de Charles Gleyre à son frère Henry, Rome, 5 janvier 1830, cité par Clément 1878, p. 38.

3 Lettre de Charles Gleyre à son frère Henry, Rome, 5 avril 1834, cité par *ibid.*, p. 66.

4 Barthélémy Jobert, *Delacroix*, Paris, Gallimard, 1997, p. 140-148.

5 Réflexion écrite par Charles Gleyre fin décembre 1834, au large d'Alexandrie, citée par Clément 1878, p. 77.

d'autre choix que de se placer sous l'entière dépendance de son mécène américain en acceptant le contrat proposé. Celui-ci lui assurait un appointement de 200 francs par mois, le défraiement des coûts de transport et de nourriture pendant le voyage, mais exigeait en échange la production régulière de relevés fidèles des principaux sites patrimoniaux visités, ainsi que des costumes des populations rencontrées. Gleyre était ainsi l'agent d'une mission topographique, archéologique et ethnographique inspirée par les expéditions scientifiques du début du siècle, notamment celle dirigée par Bonaparte en Égypte, mais entreprise par un particulier. Lowell était en outre un homme extrêmement rationnel, analytique et tatillon, issu de la classe des grandes familles industrielles et doté d'une vaste culture encyclopédique : il attendait de son dessinateur une grande précision, équivalente à celle des relevés topographiques, archéologiques, épigraphiques ou météorologiques qu'il effectuait et enregistrait lui-même dans ses propres carnets[6]. Gleyre devait donc dessiner ce que lui demandait Lowell, être méticuleux dans la reproduction et livrer des vues parfaitement propres, achevées, correctement colorisées et bien cadrées, prêtes à être insérées dans un recueil, voire publiées dans un *Voyage pittoresque*.
La conséquence la plus traumatisante du contrat reste la dépossession systématique dont l'artiste fut victime : tout dessin soigné sorti de ses mains appartenait d'office au commanditaire, Gleyre lui ayant cédé tous ses droits. En dehors des séances demandées par le mécène, le peintre ne disposait que de peu de temps et de peu d'espace – des petits carnets – pour inscrire rapidement au crayon quelques croquis et réflexions personnelles. Il est probable que, aux yeux de Gleyre, caractère farouche et indépendant, une telle aliénation devait entacher l'ensemble de sa production orientale d'un goût amer. Lorsqu'il se sépara de Lowell à Khartoum en novembre 1835, ce furent plus de cent cinquante dessins et aquarelles, fruit de plus d'un an de travail, qui lui échappèrent. En vertu d'un accord passé avec Lowell lui-même, Gleyre obtint toutefois de ses héritiers, à son retour à Paris, de se faire réexpédier ces dessins, non sans mal, afin de pouvoir les copier pour son propre usage durant un an : l'artiste se trouva ainsi réduit au rang de copiste de lui-même afin de récupérer le bénéfice artistique de son voyage. Connaissant le peu d'intérêt, voire la répugnance que Gleyre montra, sa vie durant, pour l'exécution de répliques ou de variantes d'après ses propres œuvres[7], on peut penser que cette tâche lui fut fastidieuse.
La production réalisée d'avril 1834 à novembre 1835 reflète la progressive dégradation des conditions de voyage et la démotivation croissante de l'artiste. Jusqu'au Caire, il réalisa avec régularité de magnifiques *vedute* qui démontrent un talent abouti pour le cadrage, la mise en page et la traduction chromatique des motifs sélectionnés. La précision du dessin, spontanément assez sec chez Gleyre à cette époque, est modulée avec délicatesse par l'aquarelle selon l'atmosphère : légèrement brumeuse dans le port de La Valette (cat. 14), la lumière devient d'une précision implacable en Égypte où elle cisèle par exemple chaque bloc des colosses de Memnon (cat. 30). Le point de vue alterne le surplomb majestueux, dévoilant la cité entière d'Athènes (cat. 16), et l'immersion dans le chaos des ruines, tel le spectaculaire intérieur du temple d'Amon à Karnak (cat. 28). Pour les portraits d'indigènes, la palette indique par l'éclat plus ou moins fort des teintes si la séance s'est déroulée en extérieur ou dans la pénombre d'un intérieur : c'est le cas de la plupart des portraits de femmes turques peintes à Smyrne (cat. 22 et 23). Gleyre excelle à transcrire la densité et la luminosité des textiles, les reflets des cheveux, le modelé des visages, la brillance et le hâle de la peau, mais les regards sont parfois vides, inexpressifs. L'artiste est en effet très lent, exigeant de son modèle plusieurs heures de pose durant deux à trois jours.
La netteté des dessins ne doit cependant pas faire croire à une parfaite objectivité « documentaire », généreusement attribuée par Charles Clément[8]. Les points de vue et les motifs sont choisis en fonction de canons préexistants : la composition des paysages de ports ou de ruines répond aux règles classiques héritées de Claude Lorrain et de Joseph Vernet, et reproduit généralement celle déjà choisie pour les ouvrages édités par Vivant Denon ou l'Institut d'Égypte au début du XIXe siècle. Tout élément moderne – les traces d'activité industrielle, par exemple, qui exaspèrent tant Gleyre – est jugé discordant et systématiquement effacé. Seuls les vestiges d'architecture antique sont jugés intéressants – de préférence lorsqu'ils portent un riche décor peint ou sculpté – tandis que l'architecture islamique ou mamelouk, qu'elle soit médiévale ou

6 Hauptman 1996 a, p. 79-80.

7 Sollicité à de nombreuses reprises, il n'accepta qu'une seule fois de signer une réplique autographe du *Soir* (Baltimore, Walters Art Gallery).

8 Clément 1878, p. 127.

contemporaine, est généralement ignorée, sauf lorsqu'elle s'impose au sein même d'un monument antique, telle la mosquée construite au milieu des ruines du Parthénon à Athènes (cat. 15).

À Alexandrie et au Caire, Gleyre et Lowell n'éprouvent que fort peu d'intérêt pour la ville comme pour ses habitants : rien de remarquable n'en sortira, à l'exception d'un bel intérieur copte (cat. 25). L'enthousiasme de l'artiste renaît devant les grands vestiges pharaoniques à Karnak ou Abou Simbel, où il réalise les dernières aquarelles (cat. 28 et 29) : « La plume et le pinceau demeurent impuissants. Il faut voir, toucher, mesurer pour croire. J'ai vu Reims, Strasbourg, Florence, Rome, Pompéi, Paestum, Athènes, et j'ai été accablé, anéanti devant ces choses surhumaines[9]. » Par la suite, les deux hommes tombèrent malades à tour de rôle, et Gleyre perdit goût au travail. Il ne travaillait plus qu'au crayon, se bornant à noter rapidement les derniers vestiges antiques à Djebel Barkal et à Naga.

9 Notes du *Carnet de voyage en Orient*, cité par Clément 1878, p. 96.

Après la séparation d'avec Lowell à Khartoum, le travail de Gleyre retrouve de la spontanéité et de la rapidité, alternant études simples, notations rapides et croquis nerveux au crayon, indifférents à la mise en page. Le champ des thèmes se réduit : les relevés archéologiques disparaissent presque, laissant largement place à l'étude des populations nubiennes, de leurs costumes et de leurs mœurs (cat. 31 à 33). Gleyre s'intéressait aux activités collectives : danses, fêtes, marchés, conseils, jugements et rassemblements de toutes sortes. L'expressivité des dessins varie fortement selon le sujet : les études retranscrivent le pittoresque des modèles de tous âges à la faveur d'une pose tenue. En revanche, les croquis décrivant les rites collectifs font davantage place aux mimiques, aux gestes outranciers, traduits en multiples traits emmêlés ; ils rendent sensibles le bruit, la gesticulation et la confusion qui naît du groupe. De manière générale, la caricature abonde dans les carnets de croquis, laissant percevoir l'esprit critique et mordant de l'artiste.

À quel moment et comment avait-il pu se procurer de l'huile ? Si les circonstances où elle fut réalisée ne sont pas élucidées, la série de portraits peints sur le vif, à l'huile sur papier, est probablement postérieure à la séparation avec Lowell et constitue probablement la dernière grande réalisation du voyage (cat. 35 à 39). Délaissant la gestuelle et le costume, le cadrage est resserré au visage. L'attention se concentre sur la coiffure, la teinte et la brillance de l'épiderme, et restitue avec une intensité rare le regard grave des modèles figurés de profil ou de face, surgissant du fond gris du papier préparé.

Le dénuement et les graves accès de maladie dont souffrit Gleyre durant le long retour vers la France l'empêchèrent de fixer toute trace de son retour par Beyrouth, Livourne et Marseille.

13 Charles Gleyre, *Portrait de John Lowell Jr.*, 1835
Boston, the Lowell Institute, courtesy of the Museum of Fine Arts

14 Charles Gleyre, *Vue du port de La Valette, Malte*, 1834
Boston, the Lowell Institute, courtesy of the Museum of Fine Arts

15 Charles Gleyre, *Intérieur du Parthénon, Athènes*, 1834
Boston, the Lowell Institute
courtesy of the Museum of Fine Arts

16 Charles Gleyre, *Vue d'Athènes*, 1834
Boston, the Lowell Institute
courtesy of the Museum of Fine Arts

17 Charles Gleyre, *Intérieur d'une maison, Pompéi*, 1834
Boston, the Lowell Institute
courtesy of the Museum of Fine Arts

18 Charles Gleyre, *Albanais, Janina*, 1834
Boston, the Lowell Institute, courtesy of the Museum of Fine Arts

19 Charles Gleyre
Officier du consulat néerlandais, Smyrne, 1834
Boston, the Lowell Institute
courtesy of the Museum of Fine Arts

20 Charles Gleyre
Zeibeck (soldat irrégulier turc), Smyrne, 1834
Boston, the Lowell Institute
courtesy of the Museum of Fine Arts

21 Charles Gleyre
Prêtre arménien, Smyrne, 1834
Boston, the Lowell Institute
courtesy of the Museum of Fine Arts

22 Charles Gleyre, *Femme turque (« Madame Langdon »), Smyrne*, 1834
Boston, the Lowell Institute, courtesy of the Museum of Fine Arts

23 Charles Gleyre, *Femme turque (Angelica)*, *Smyrne*, 1834
Boston, the Lowell Institute, courtesy of the Museum of Fine Arts

24 Charles Gleyre, *Intérieur du Bellérophon*, 1834
Boston, the Lowell Institute, courtesy of the Museum of Fine Arts

25 Charles Gleyre, *Intérieur d'une maison copte, Le Caire*, 1835
Boston, the Lowell Institute, courtesy of the Museum of Fine Arts

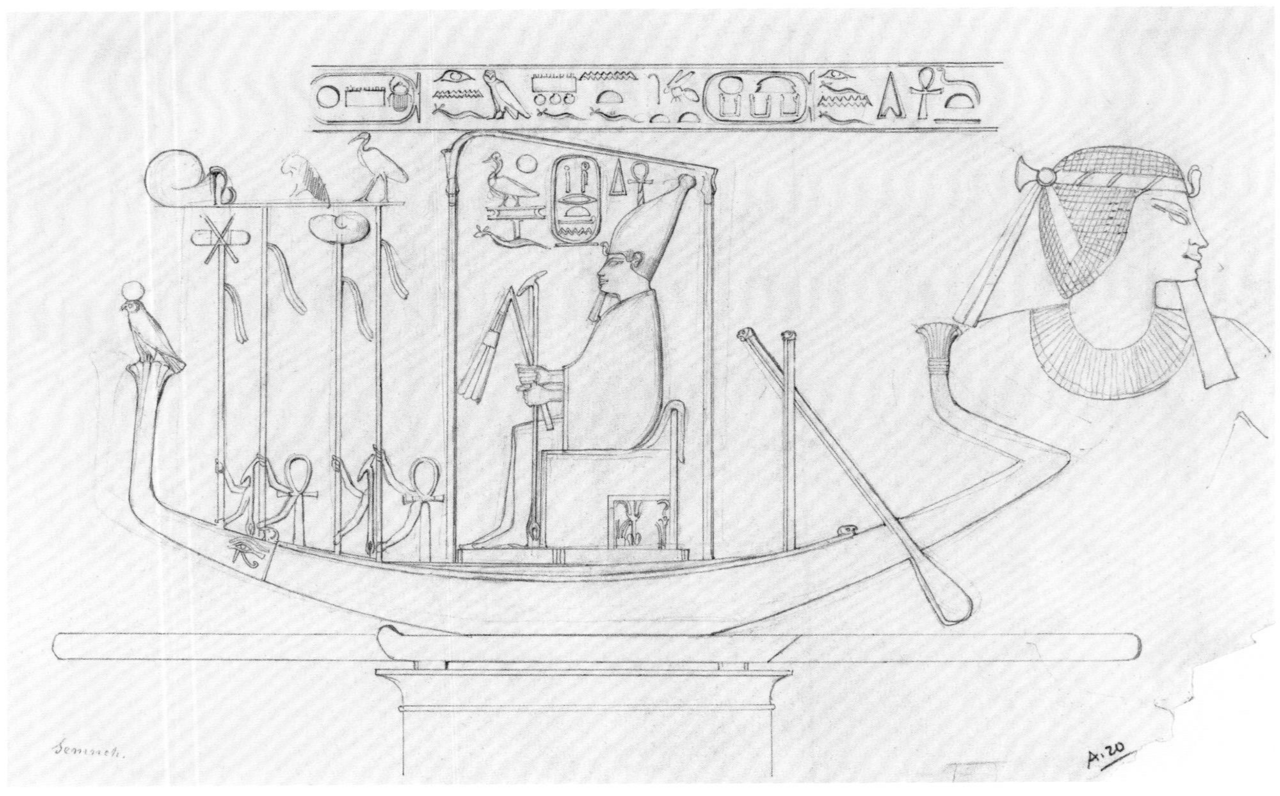

26 Charles Gleyre, *Le Temple de Denderah*, 1835
Lausanne, Musée cantonal des beaux-arts

27 Charles Gleyre, *La Barque sacrée. Relief du mur occidental intérieur du temple de Semna*, 1835
Boston, the Lowell Institute, courtesy of the Museum of Fine Arts

28 Charles Gleyre, *Intérieur du temple d'Amon, Karnak*, 1835
Boston, the Lowell Institute, courtesy of the Museum of Fine Arts

29 Charles Gleyre, *Temple d'Abou Simbel*, 1835
Boston, the Lowell Institute, courtesy of the Museum of Fine Arts

30 Charles Gleyre, *Colosses de Memnon, Thèbes*, 1835
Boston, the Lowell Institute, courtesy of the Museum of Fine Arts

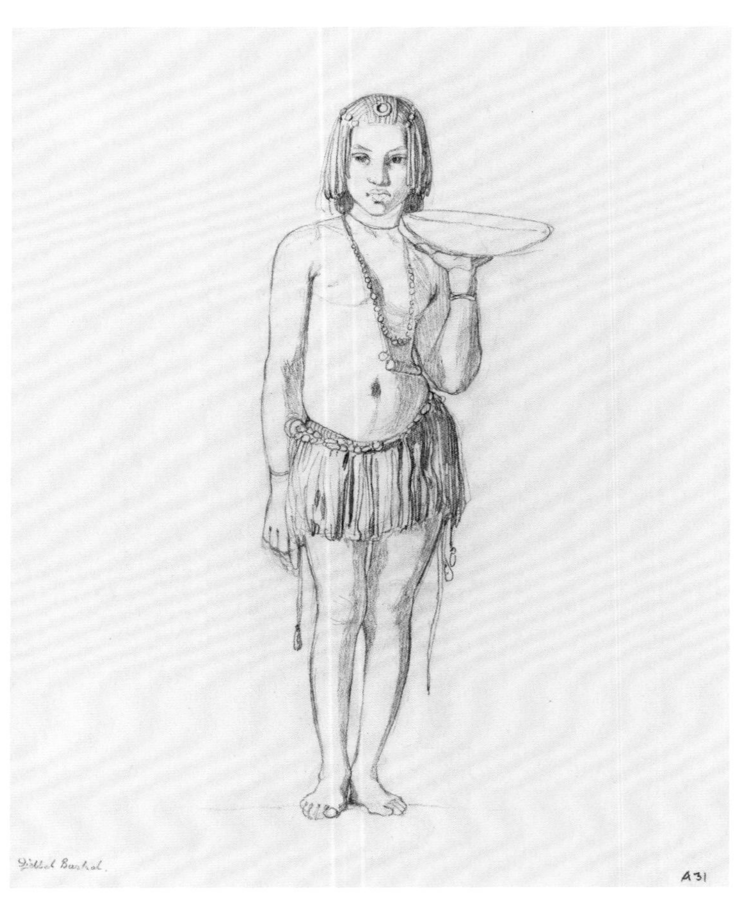

31 Charles Gleyre, *Jeune fille, Djebel Barkal*, 1835
Boston, the Lowell Institute
courtesy of the Museum of Fine Arts

32 Charles Gleyre, *Femme fellah de Nubie*, 1835
Boston, the Lowell Institute
courtesy of the Museum of Fine Arts

33 Charles Gleyre, Étude de chasseur et de hyène, 1835
Boston, the Lowell Institute
courtesy of the Museum of Fine Arts

34 Charles Gleyre, *Portrait du père Enfantin*, 1835
Boston, the Lowell Institute
courtesy of the Museum of Fine Arts

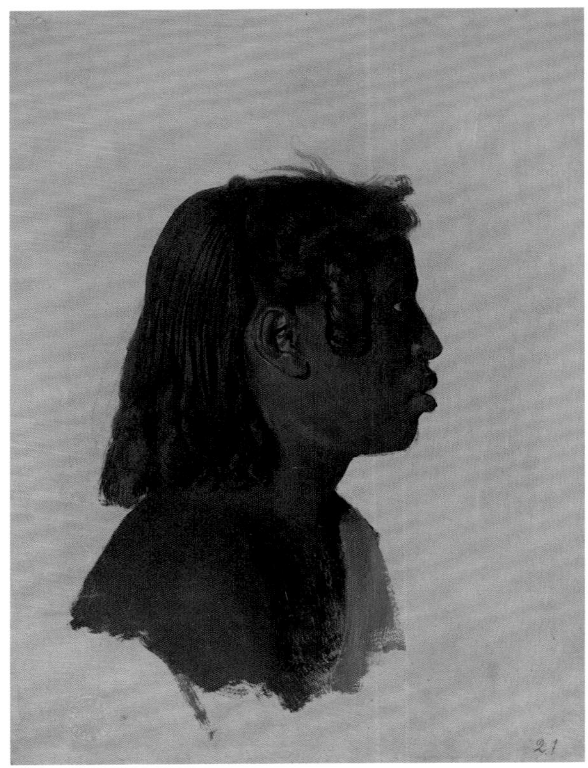

35 Charles Gleyre
Étude d'une jeune femme nubienne, 1835 (?)
Lausanne, Musée cantonal des beaux-arts

36 Charles Gleyre
Étude de jeune Nubien, 1835 (?)
Lausanne, Musée cantonal des beaux-arts

37 Charles Gleyre
Étude d'un Nubien, 1835 (?)
Lausanne, Musée cantonal des beaux-arts

38 Charles Gleyre
Tête d'Égyptien, 1835 (?)
Lausanne, Musée cantonal des beaux-arts

39 Charles Gleyre, *Étude de tête d'une jeune femme*, 1835 (?)
Lausanne, Musée cantonal des beaux-arts

Retour à Paris : les compromissions du pastiche

De retour en France, « dans un état pire mille fois que celui de l'enfant prodigue[1] », Gleyre est durement éprouvé physiquement et moralement par un voyage beaucoup plus long et pénible que prévu. Au printemps 1838, il a trente-deux ans et retrouve Paris après dix ans d'absence. Sa notoriété est nulle ; il ne dispose d'aucune référence tangible pour témoigner de son talent et prétendre à d'importantes commandes. Or c'est le moment où la monarchie de Juillet ordonne de grands chantiers prestigieux mobilisant les peintres d'histoire et de grands décors ; aussi Gleyre ne compte-t-il pas au nombre des bénéficiaires de ces nombreuses commandes. L'envoi de quelques aquarelles au Salon de 1833 n'ayant recueilli aucun écho, Gleyre doit construire sa carrière avec pour seuls appuis ses amis de jeunesse Cornu, Gaugiran-Nanteuil et Chenavard, ainsi que Horace Vernet qui était rentré à Paris en 1834 après avoir marié sa fille Louise à Paul Delaroche.

Son premier réflexe fut de capitaliser sur son récent voyage et de profiter de l'engouement de la clientèle parisienne pour la peinture orientaliste. L'exercice était cependant difficile car l'artiste ne disposait d'abord que de ses croquis et travaux personnels : il fallut attendre l'automne 1839 pour recevoir les grandes aquarelles et les beaux dessins des héritiers Lowell, qui exigèrent de les récupérer au bout d'un an. Il exécuta le maximum de copies dans le temps imparti, privilégiant les portraits de femmes turques davantage que les hommes, ainsi que les ruines de temples pharaoniques, deux motifs susceptibles de rencontrer le goût des amateurs parisiens. Certaines aquarelles sont transcrites en huile sur toile, non sans quelques enjolivements : Gleyre aurait-il jugé que certains motifs étaient commercialisables tels quels, moyennant quelques arrangements ? On voit ainsi que dans la réplique à l'huile du portrait de *Dudo Narikos* (cat. 42), le modèle cède sa large mâchoire d'origine pour un visage plus avenant, un cou et un buste plus fins. Les modifications les plus notables touchent l'arrière-plan : le mur nu et froid figuré dans l'aquarelle (cat. 41) s'ouvre désormais par une fenêtre sur un ciel d'azur meublé d'un minaret pittoresque, tandis que le pan de mur restant est garni d'une « panoplie[2] » de colifichets. L'esprit caustique de Gleyre n'a toutefois pas manqué d'y semer deux symboles de la vanité : le paon (évoqué par les plumes ornant l'éventail) et le miroir.

Ces répliques ne sauraient satisfaire un artiste doté d'une ambition de peintre d'histoire. Gleyre tenta donc de créer des compositions originales : ces dernières se révèlent fort ambiguës, démodées et décevantes. Loin de mettre en valeur la singularité de son expérience, Gleyre se fond dans les schémas préétablis : non seulement il emprunte un ton anecdotique ou merveilleux à la littérature byronienne, mais, sur le plan pictural, il s'inscrit en suiveur d'artistes concurrents et aguerris qui pour la plupart ne se sont pas aventurés plus loin qu'en Grèce, en Anatolie, au Liban et en Palestine. *Cavaliers turcs et arabes*[3] (cat. 47) décrit une chevauchée fantastique opposant deux héros dignes du *Giaour* de lord Byron. Tandis que l'un, coiffé d'un turban extravagant, arrête son pur-sang au bord du ravin, l'autre le nargue en lui échappant par un saut invraisemblable, digne des coursiers surnaturels d'un *Mazeppa* peint par Horace Vernet (1826, Avignon, musée Calvet) ou d'un *Faust et Méphisto au sabbat* gravé par Delacroix dix ans auparavant. Répétant le procédé des *Brigands romains* peint huit ans plus tôt, Gleyre projette l'ombre du héros sur l'écran crayeux d'une falaise dont l'arête se découpe de manière identique. Dédoublement raccourci et épaissi de son modèle, l'ombre chinoise est comique : s'agit-il d'un effet de distanciation ironique ou de l'humour involontaire de l'auteur ? Lorsque Regnault répéta la même figure pour sublimer l'*Exécution du janissaire* (1870, Le Caire, palais Al-Manyal), il se garda bien d'un tel effet.

Il apparaît avant tout que Gleyre n'échappe pas au reproche, déjà formulé par Clément[4], de pasticher le premier chef-d'œuvre orientaliste d'Alexandre Decamps. De trois ans plus âgé que lui, Decamps avait effectué dix ans plus tôt un voyage en Grèce et sur les côtes turques. À son retour, il avait piqué la curiosité du public français au Salon de 1831 avec une *Patrouille turque* à cheval (Londres, Wallace Collection) qui se détachait en silhouettes tout aussi extravagantes, véloces et comiques que les *Cavaliers turcs et arabes*, devant la blancheur éblouissante des maisons de Smyrne.

Avec sa paradoxale *Pudeur égyptienne* (cat. 43), Gleyre revient sur le motif du cavalier turc se désaltérant à l'abreuvoir, déjà défloré par Decamps, mais en lui ajoutant un érotisme aussi graveleux qu'invraisemblable : appliquant jusqu'à l'absurde l'interdit musulman de laisser son

1 Lettre de Charles Gleyre à son frère Henry, 26 octobre 1837, cité par Clément 1878., p. 124.

2 Voir article Fischer 2006-07, p. 100-101.

3 Ce titre a été donné par Charles Clément. Voir Clément 1878, p. 136-137, et Hauptman 1996 b, n° 402, p. 218.

4 Clément 1878, p. 133.

visage découvert devant un étranger, une jeune femme préfère dévoiler le reste de son corps, érotisé par un épiderme lisse et un *contrapposto* maniériste. Sa compagne tout aussi nue mais moins orthodoxe guette le regard désirant du cavalier. Le démon moqueur et sacrilège de Gleyre semble s'acharner contre une victime bien connue, déjà visée par le passé : Horace Vernet. Le thème de la rencontre à la fontaine, les motifs fort typés du cheval nerveux et du bosquet de palmiers se détachant sur le dégradé du ciel évoquaient immanquablement aux amateurs le nouveau style du maître rentré en 1835 d'un premier séjour en Algérie. Aux yeux avertis, *La Pudeur égyptienne* de Gleyre se présentait comme un détournement indécent des deux célèbres compositions bibliques peintes par Vernet au retour de son premier séjour maghrébin : *Rebecca à la fontaine* (Salon de 1835, localisation inconnue) et *Agar chassée par Abraham* (Salon de 1839, Nantes, Musée des beaux-arts).

La verve corrosive du pasticheur ne s'arrête pas là. *Néron et Agrippine* (cat. 45) cumule les vices en associant le crime et la perversité à l'inceste. Maquillé de khôl et coiffé de fleurs à la mode orientale, l'empereur dévoile le sexe de sa mère égorgée d'un geste brusque, faisant saillir son bras musclé ; le fond rougeoyant évoque l'orgie et l'incendie. Gleyre glisse une allusion au Delacroix galant et anecdotique des jeunes années, dont il emprunte la composition de *Louis d'Orléans montrant sa maîtresse* (vers 1826, Madrid, Museo Thyssen-Bornemisza), historiette dans laquelle le prince se moque de son chambellan : fasciné par le bas-ventre offert au regard, ce dernier ne se rend pas compte qu'il contemple sa propre épouse dont le visage est caché. La situation présente une analogie troublante avec *La Pudeur égyptienne*.

L'*Entrée de la reine de Saba à Jérusalem* (cat. 46), esquisse grotesque et surchargée, pose des questions similaires : cette fois-ci, Gleyre semble imiter l'art des concepteurs de décors d'opéra. Le monumental portique aux chapiteaux lotiformes du premier plan et le temple à l'arrière-plan font songer aux décors égyptisants de Jean-Baptiste Isabey pour les *Amours d'Antoine et de Cléopâtre*, ballet historique d'Aumer (1808, Paris, BNF), ou l'*Enfant prodigue*, ballet-pantomime de Pierre Gardel (1812, Paris, BNF) ; ils annoncent la célèbre mise en scène conçue en 1871 par Édouard Despléchin pour la création d'*Aïda* de Verdi au Caire (Paris, BNF). Irrévérencieux envers le faste monarchique et ecclésiastique, Gleyre y glisse à son habitude quelques détails amusants. Tandis que les symboles brodés sur l'étendard dominant la composition évoquent les emblèmes maçonniques, la reine de Saba est juchée telle une idole sur un trône démesuré, auréolé de gigantesques chasse-mouches en plumes d'autruche blanche : c'est précisément l'apparat de la *sedia gestatoria* que Gleyre avait vu utiliser à Rome par le souverain pontife, nouvellement élu en avril 1829, et qu'Horace Vernet avait reproduit quelques mois plus tard dans son monumental *Pie VIII porté dans la basilique Saint-Pierre à Rome* (1829, musée du Château de Versailles). Exposée au Capitole au début de l'année 1830 par la Société des amis des arts, la toile fut montrée au Salon parisien de 1831, où elle suscita l'ire et la satire de l'anticlérical Gustave Planche[5], qui devint quinze ans plus tard un ami fort proche de Gleyre.

Quel sens faut-il donner à cette production hétéroclite et satirique, condamnée au secret de l'atelier ? Non seulement Gleyre retombe dans l'impasse cynique, violente et parodique des *Brigands romains*, mais il se compromet artistiquement par des pastiches médiocres. Il semble vouloir compenser la misère financière et morale dans laquelle il se débat en prenant plaisir à remémorer la veine anecdotique dans laquelle des peintres installés s'étaient aussi compromis dans leurs jeunes années. En 1839, Delacroix avait délaissé depuis longtemps les galanteries et les massacres, et s'affirmait comme un peintre de grand décor dans la plus haute tradition au service de la monarchie de Juillet. Decamps et Vernet montraient depuis cinq ans qu'un traitement sélectif et exigeant de l'expérience orientaliste offrait des possibilités de réformer la peinture historique et religieuse, prisonnière des convenances néoclassiques. En effectuant un processus inverse qui rabaisse l'orientalisme au pittoresque et à l'érotisme, Gleyre semble marcher à contre-courant. Faut-il y voir plus prosaïquement un geste d'impatience et de jalousie d'un artiste conscient de sa valeur, mais qui, à trente-deux ans, n'a toujours pas eu l'opportunité de faire ses preuves ?

C'est pourtant à la recommandation de Horace Vernet que Gleyre était redevable de sa première commande importante. Il s'agissait du décor de la salle à manger du domicile

5 « Ah mon Dieu, qu'est-ce donc ? Des homards et de la raie ? », Gustave Planche, *Études sur l'École française (1831-1852). Peinture et sculpture*, Paris, 1855, t. 1, p. 16-17.

parisien de Philippe Lenoir[6], ami de jeunesse de Vernet, sans doute rencontré au célèbre café de Foy, sous les arcades du Palais-Royal[7]. Grand amateur et collectionneur d'art décoratif galant du XVIIIe siècle[8], le commanditaire avait probablement souhaité voir deux niches animées par des nus féminins attrayants. Sans que l'on sache quelle liberté Lenoir lui octroya, Gleyre livra une paire de hautes toiles cintrées intitulées respectivement *Diane* (cat. 49) et *La Nubienne* (cat. 50). En rapport avec la fonction de la pièce, on peut imaginer qu'elles pouvaient symboliser indifféremment la chasse et la pêche, la chair et la boisson, la terre et l'eau, l'Occident et l'Orient. *La Nubienne* est à l'évidence tributaire du récent voyage en Orient. Michel Thévoz a reconnu le premier l'étrange métamorphose par laquelle Gleyre déforme les traits, le costume et jusqu'au hâle des jeunes Nubiennes réellement vues pour créer une cariatide ethnologiquement absurde mais en tous points conforme aux fantasmes esthétiques et exotiques d'un bon vivant parisien[9]. L'artiste opère à cette fin la fusion du petit pagne porté par une fillette dessinée à un âge prépubère (cat. 31), avec la gestuelle d'une femme transportant de l'eau (cat. 32), mais dont l'original nubile était entièrement habillé d'un voile. L'hybride ainsi obtenu est passé au filtre des canons occidentaux de beauté au moyen d'un élégant *contrapposto*, d'une chair nacrée et de traits du visage occidentalisés. Tandis que le tchador d'origine est réduit à une voilette flottant à l'arrière du corps, les petits cordons retenant le pagne deviennent de lourds glands de passementerie. L'ensemble placé sur fond de paysage d'Orient générique achève la liste des clichés.

Diane montre au contraire une création moins conformiste, annonciatrice d'un pan important et original de la production de maturité. Une esquisse conservée (cat. 48) montre que Gleyre avait d'abord songé à peindre Diane chasseresse, vêtue d'une tunique courte pour courir après le gibier. Mais afin de respecter l'harmonie avec la nudité de *La Nubienne*, il opte finalement pour une Diane au bain. Le peintre ne tire pas son inspiration de la peinture rocaille : debout, aux aguets, la déesse présente une tension fort éloignée de la coquette et insouciante *Diane sortant du bain* de Boucher (1742, Paris, musée du Louvre). Désireux de trouver une représentation plus active de la déesse ainsi qu'une pose compatible avec le format vertical du panneau, l'artiste préfère se référer à la sculpture du XVIIIe siècle, probablement à la *Diane* de Christophe-Gabriel Allegrain (1778, Paris, musée du Louvre), réalisée pour la comtesse Du Barry au château de Louveciennes. Gleyre en reprend les principes : penchée vers l'avant, la tête tournée vers la droite tandis qu'une mèche couvre son épaule gauche, Diane est alertée par un bruit suspect et saisit un linge pour se couvrir, la jambe droite fléchie. Le peintre durcit cependant l'expression et dynamise son modèle : le froncement des sourcils, l'acuité du regard, l'énergie du geste et l'envol raide des mèches partant des tempes traduisent le courroux. La main droite posée à côté d'un faisan égorgé dont le sang frais coule sur la pierre apporte une note menaçante et cruelle. La *Diane* de Gleyre n'a plus rien de la galanterie du siècle passé ni de la grandeur calme des modèles néoclassiques, elle incarne au contraire une nouvelle vision de la Grèce antique qui émerge au milieu du XIXe siècle : une Grèce des origines, exotique et inquiétante, qui concilie l'idéal de beauté raisonnée avec la cruauté sauvage, l'apollinien (Diane étant la sœur du dieu des arts) et le dionysiaque[10]. Contrairement à *La Nubienne*, la figure ne répond pas au conformisme du nu classique ; par son subtil déséquilibre, le souffle qui l'habite, elle se rapproche des créatures mythologiques de Chassériau. La morphologie traduit enfin le travail d'après le modèle vivant : le bassin large, la fesse lourde, le ventre rebondi, les tendons du cou contribuent par leur réalisme à renforcer l'ambiguïté intrigante de la déesse.

La commande de Lenoir, en même temps qu'elle signe l'échec d'une réutilisation maladroite des souvenirs d'Orient, ouvre ainsi dans l'œuvre de Charles Gleyre un nouvel espace imaginaire et pictural qui s'avéra très fécond par la suite.

6 Voir Hauptman 1996 a, p. 114.

7 Horace Vernet fit en 1814 le portrait des deux jeunes époux Lenoir, conservé au musée du Louvre.

8 Après sa mort, son épouse légua au musée du Louvre une importante collection d'objets d'art du XVIIIe siècle français (tabatières, miniatures, ivoires, montres).

9 Thévoz 1980, p. 89.

10 Voir l'essai de Sébastien Mullier dans le présent catalogue, p. 60.

40 Charles Gleyre, *Le Ramesseum, Thèbes*, 1840, Lausanne, Musée cantonal des beaux-arts

41 Charles Gleyre, *Femme turque (« Dudo Narikos »), Smyrne*, 1834
Boston, the Lowell Institute, courtesy of the Museum of Fine Arts

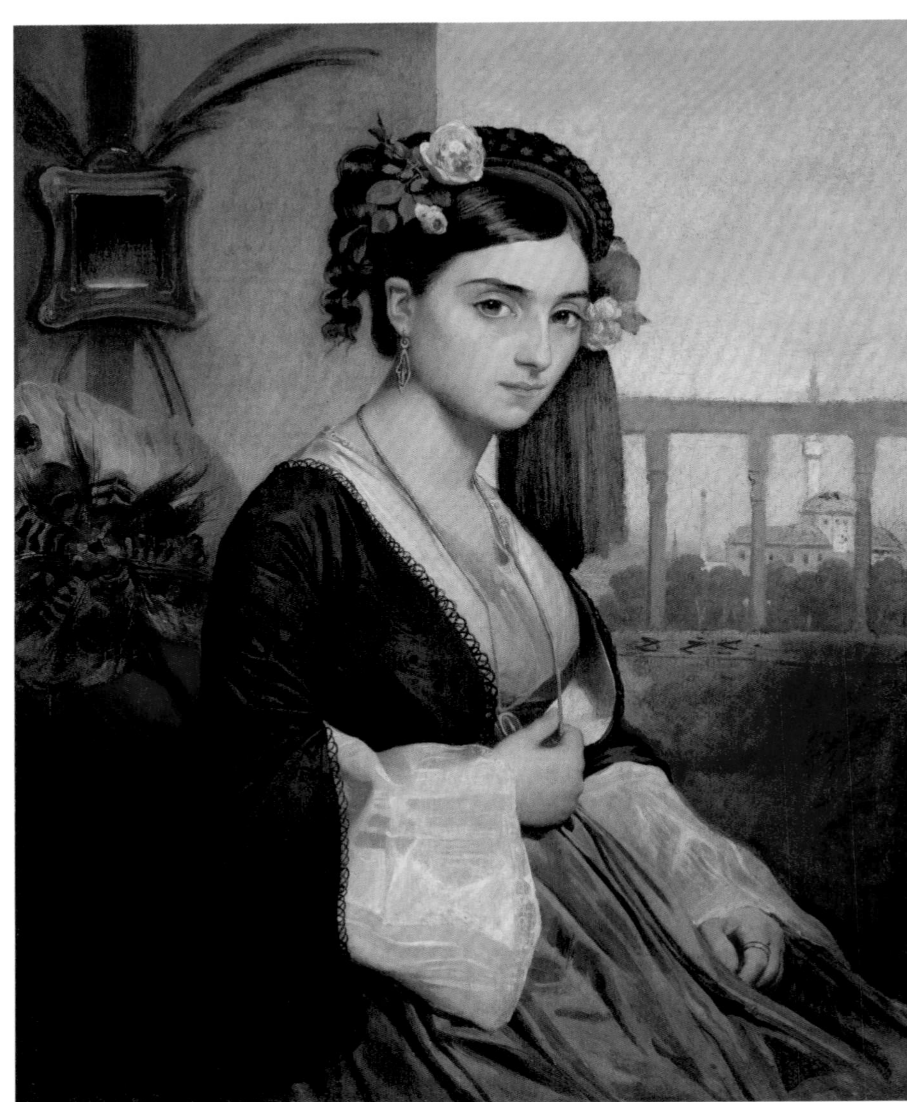

42 Charles Gleyre, *Femme turque (« Dudo Narikos »), Smyrne*, 1840
Lausanne, Musée cantonal des beaux-arts

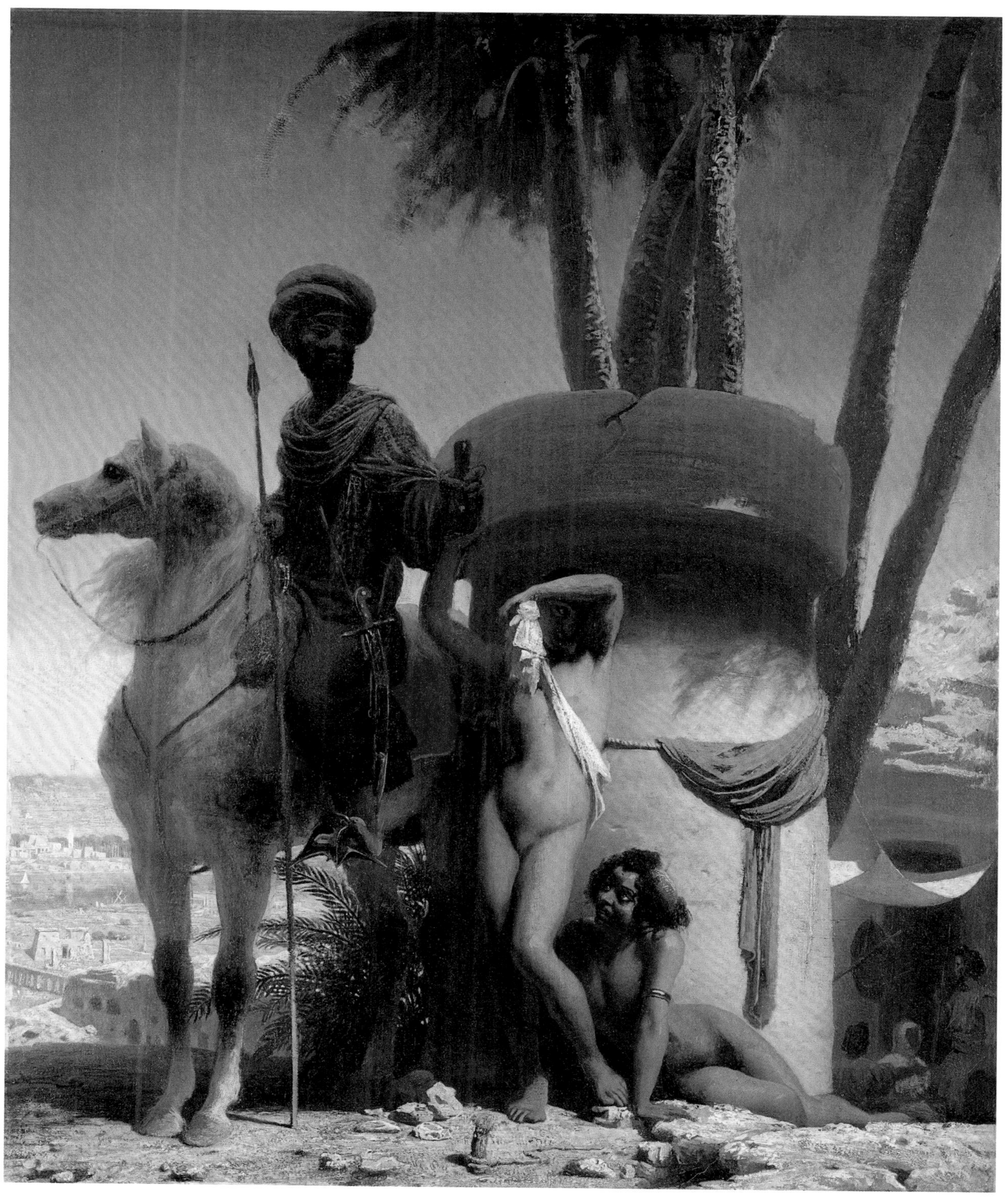

43 Charles Gleyre, *La Pudeur égyptienne*, 1838, Lausanne, Musée cantonal des beaux-arts

44 Charles Gleyre, *Scène de pillage et de viol*, 1835, Lausanne, Musée cantonal des beaux-arts

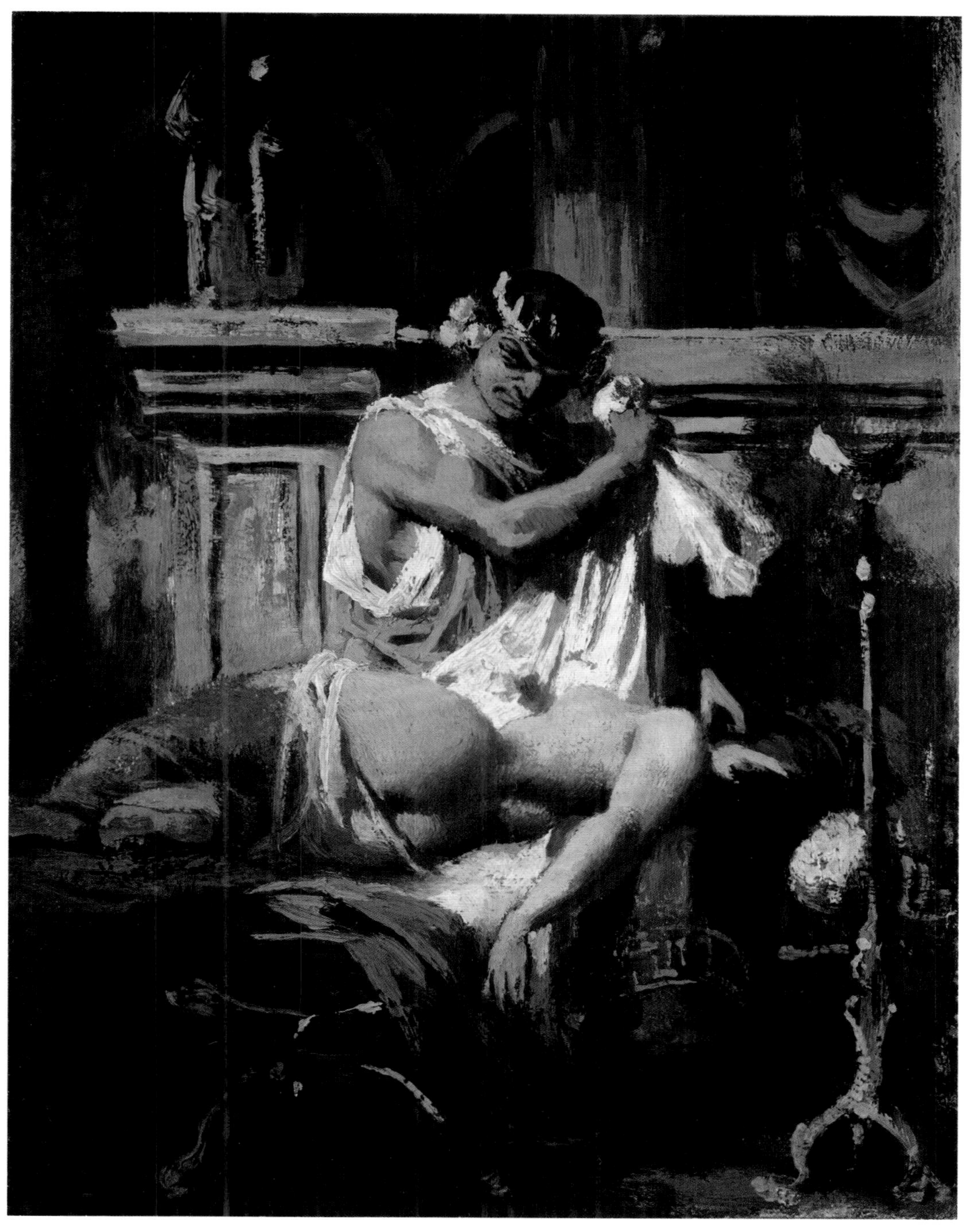

45 Charles Gleyre, *Néron et Agrippine*, 1838-1839, Lausanne, Musée cantonal des beaux-arts

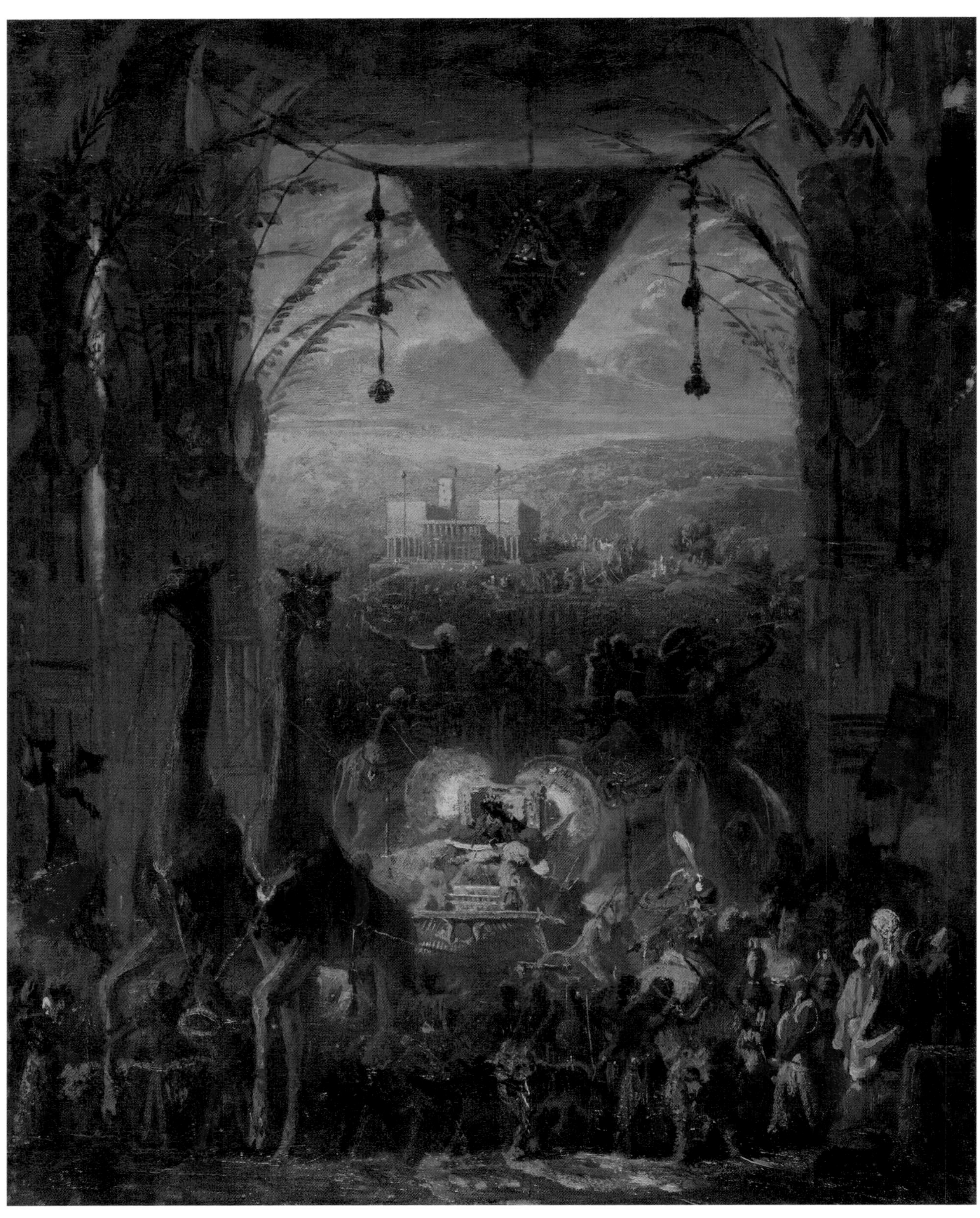

46 Charles Gleyre, *Entrée de la reine de Saba à Jérusalem*, 1838-1839
Lausanne, Musée cantonal des beaux-arts

47 Charles Gleyre, *Cavaliers turcs et arabes*, 1838-1839
Lausanne, Musée cantonal des beaux-arts

48 Charles Gleyre, *Diane chasseresse*, 1838
Collection particulière

49 Charles Gleyre, *Diane*, 1838
Lausanne, Musée cantonal des beaux-arts

50 Charles Gleyre, *La Nubienne*, 1838
Lausanne, Musée cantonal des beaux-arts

Drame à Dampierre : un faux pas dans l'escalier

La réussite relative des deux panneaux décoratifs réalisés par Gleyre pour Philippe Lenoir l'encouragea probablement à penser que cette voie était celle par laquelle il pourrait réaliser son ambition de peintre d'histoire. Cependant, les commandes de décor civil étant rares, Gleyre préféra concentrer son activité sur la peinture religieuse, espérant attirer sur lui une partie des très nombreux achats et commandes que l'administration royale effectuait depuis les années 1820. Il consacra donc une partie de l'année suivante à réaliser une grande toile, aussi haute, verticale et cintrée que *Diane* et *La Nubienne*, mais en prenant pour personnage principal un saint chrétien : *Saint Jean sur l'île de Patmos*[1] (fig. 5). Plus grande que nature, la figure est monumentale, puissante, vêtue d'amples draperies ; elle témoigne de la fascination que Gleyre éprouvait depuis sa jeunesse pour Michel-Ange. Le positionnement des jambes et le mouvement de rotation de l'ensemble de la figure rappellent, en miroir, ceux du célèbre *Moïse* (1515, Rome, basilique Saint-Pierre-aux-Liens) vu entre 1829 et 1834. Présenté à l'exposition de la Société des amis des arts à Lyon puis au Salon de Paris en 1840, *Saint Jean* recueillit l'attention de critiques réputés exigeants. Prosper Haussard, Jules Janin et Gustave Planche saluèrent l'aptitude de l'artiste à conférer à son modèle un regard inspiré et visionnaire, recevant avec courage la révélation terrible de l'Apocalypse. Ils regrettèrent cependant la physionomie assez rustique et trapue du vieillard.

Une esquisse dessinée montre que Gleyre avait aussi songé à représenter le saint étendu au sol, tandis que sa vision se déploie au-dessus, dans un format ovale vertical. Cette présentation simultanée du voyant et de sa vision sera finalement expérimentée plus tard, avec le sujet personnel et profane du *Soir* (1843, cat. 61). Gleyre se contenta donc dans un premier temps de simplifier la composition à une seule figure assise monumentale. Peut-être ce parti fut-il favorisé par la réalisation simultanée de portraits de grands hommes, destinés à être gravés et publiés dans le *Plutarque français*[2]. Cette commande passée par l'éditeur Mennechet enjoignait à l'artiste de représenter les personnages assis, dans leurs costumes historiques. Pour *Voltaire* et *Prud'hon*, Gleyre se conforma aux sources iconographiques anciennes, témoignant ainsi de scrupules historiques qui ressurgirent au moment de peindre *Le Major Davel* (1850, cat. 70) et *Les Romains passant sous le joug* (1858, cat. 80).

La simplicité de composition du *Saint Jean*, alliée à la monumentalité du format, s'explique aussi par l'ambition décorative de Gleyre. Son souhait fut partiellement exaucé lorsque la toile fut acquise à l'issue du Salon de 1840 par le ministère de l'Intérieur à destination d'une église d'Abbeville. Deux ans plus tard, la préfecture de Paris lui commanda des médaillons pour l'intérieur de l'église Saint-Vincent-de-Paul à Paris, mais entre-temps Gleyre avait reçu une autre commande, bien plus flatteuse : un décor civil privé, ordonné par l'un des mécènes les plus riches et les plus exigeants de son temps.

Honoré-Théodoric d'Albert, duc de Luynes, n'avait que quatre ans de plus que Gleyre. Chef d'une illustre famille de la noblesse française connue depuis le XVe siècle et dotée d'une ascendance florentine encore plus ancienne, Luynes avait acquis très jeune une réputation d'éminent connaisseur de la civilisation gréco-latine antique, de numismate remarquable, latiniste et helléniste considéré. Il avait été nommé dès 1825 directeur adjoint honoraire du musée Charles X, section des antiquités grecques et égyptiennes du Louvre. Légitimiste convaincu, il s'était désolidarisé de la monarchie de Juillet et se consacrait à l'embellissement du château familial de Dampierre, à l'ouest de la capitale. Il confia à l'architecte Félix Duban le réaménagement intérieur de la demeure, avec pour centre une salle immense à l'étage, pourvue d'un éclairage zénithal et de tribunes, destinée à glorifier la civilisation antique et à abriter ses remarquables collections de médailles, de livres et de vases antiques. Ce salon était pourvu d'un riche décor néo-grec encadrant deux grandes lunettes destinées à être décorées par Ingres. Pour le grand escalier contigu, Duban conçut, selon son principe éclectique, un décor faisant référence aux escaliers des grands appartements d'apparat du Versailles louis-quatorzien. L'imitation des marbres colorés alterne avec les ornements floraux en stuc doré et les figures en ronde bosse de stuc blanc qui structurent le plafond à compartiments : bustes, *putti*, cariatides en gaine. Le décor peint de l'escalier fut exclusivement confié à Gleyre, ce qui constituait un privilège. Il devait y peindre trois niches latérales, quatre médaillons en voussure et la

1 Voir Hauptman 1996 a, p. 117-121.

2 *Ibid.*, p. 115-116.

composition hexagonale du plafond. Le commanditaire n'appréciant pas la mythologie, le programme était entièrement constitué d'allégories. Afin de se distinguer du décor multicolore et doré des parois, elles devaient être peintes en grisaille à l'imitation de bas-reliefs sculptés. La palette ainsi réduite créait un dialogue avec le décor sculpté environnant et attirait plus facilement le regard vers la composition plafonnante, seule peinture colorée, dont l'allégorie dicte le thème à l'ensemble de la salle. Celle-ci est dédiée à l'Abondance (cat. 57), idée que l'on retrouve dans les guirlandes de fleurs et de fruits ainsi que les cornes d'abondance qui ornent des voussures. L'*Abondance* peinte par Gleyre se déploie en couleurs acidulées sur un fond turquoise enveloppée de drapés virevoltants semblables (fig. 25) à ceux employés l'année précédente pour *La Justice et la Gloire* gravées pour le frontispice du *Plutarque français* (cat. 58). Dans les voussures, en appui au plafond, deux médaillons ovales contiennent les allégories de la *Mémoire* (cat. 52 et fig. 27) accompagnée d'un chien et de la *Providence* (cat. 51 et fig. 26) dotée d'un compas et d'un oiseau, conformément aux prescriptions de l'*Iconologie* de Ripa[3]. Les deux médaillons circulaires abritent les allégories de la *Constance* et de la *Concorde* sous les traits de jeunes garçons nus qui dialoguent plastiquement avec les *putti* sculptés. Soit que le programme ait été modifié en cours d'achèvement, soit que l'artiste ait été embarrassé pour identifier clairement les allégories, les dessins préparatoires montrent des différences importantes dans le choix des attributs et des accessoires par rapport aux réalisations finales. Peut-être est-ce la raison pour laquelle il a été jugé utile d'inscrire leur nom sous les figures.

Les quatre allégories imaginées pour les trois niches des parois verticales ayant été remplacées ultérieurement par des vases en trompe l'œil d'Auguste Pichon, seuls les dessins préparatoires permettent d'en connaître l'aspect et de deviner leur titre. Même si les interprétations divergent, il paraît certain que deux d'entre elles représentaient l'*Agriculture* et l'*Industrie*. Cette dernière était d'abord figurée sous la forme d'un forgeron battant le fer sur son enclume (cat. 53), peut-être en hommage à l'intérêt que le duc portait personnellement à la métallurgie et au perfectionnement de l'acier français. Cette allégorie avait toutefois été remplacée, à la demande du duc lui-même, par une fileuse tenant sa quenouille (cat. 59). Ce changement intervint probablement pour s'harmoniser au sexe des autres allégories présentes, mais aussi, selon Pierre Vaisse, pour éviter toute ambiguïté sémantique[4] : la figure du forgeron pouvait en effet être assimilée au dieu Vulcain et à la préparation de la guerre, en contradiction avec le thème de la salle qui célèbre l'abondance en temps de paix. Une étude préparatoire (cat. 60) montre toutefois que Gleyre avait atténué le caractère martial en montrant l'artisan dans un geste moins énergique et occupé à forger une serpe, soit un instrument de travail agricole, et non une arme blanche. Il semble que ce soit bien une question de style qui fut à l'origine de la disparition de ces allégories. En effet, les dessins préparatoires trahissent l'observation fidèle, parfois littérale et sans concession, du modèle vivant. Les articulations épaisses, les membres lourds, le ventre proéminent et la musculature non idéalisée des personnages conduisent à des morphologies trapues et robustes, semblable à celle du *Saint Jean* du Salon de 1840. Cette esthétique n'était probablement pas pour déplaire au commanditaire qui n'appréciait pas l'Antiquité mythologique et galante, et préférait une certaine raideur archaïque en sculpture[5] ; mais elle ne pouvait s'accorder au style d'Ingres, envers lequel le duc de Luynes était prêt à toutes les concessions. Gleyre, qui travaillait avec acharnement *in situ* depuis la fin 1840, n'avait pas encore achevé son ouvrage lorsque, en été 1841, Ingres, de retour de Rome, se rendit sur le chantier afin de commencer le décor du grand salon. Les témoignages sur l'épisode, tous de seconde main, divergent[6] mais il semble que ce soit sur l'intervention ou les conseils d'Ingres que le duc décida alors d'éliminer les allégories peintes par Gleyre pour les trois niches. La fidélité trop littérale de Gleyre aux contingences de l'anatomie et l'absence de grâce qui caractérise ses figures avaient-elles irrité Ingres, pour qui la beauté formelle des lignes composant les contours des corps était primordiale ? Peut-être ces allégories massives et monumentales alourdissaient-elles trop le décor déjà chargé de l'escalier, espace qu'il fallait concevoir comme un simple préambule au grand salon. L'épisode fit grand bruit dans le milieu artistique parisien de l'époque et fut colporté encore plusieurs décennies après la mort des deux protagonistes, souvent cité en exemple significatif de la personnalité jugée tyrannique

3 Voir les articles « Mémoire. XCVI » (p. 111) et « Prévoyance. CXXXV » (p. 163), dans Cesare Ripa (trad. Jacques de Bie), *Iconologie*, 1re partie, Paris, édition Baudouin, 1643.

4 Voir Vaisse 2006-07, p. 110-112.

5 En témoigne le choix de Simart, Duret et Cavelier comme sculpteurs favoris employés pour le décor de Dampierre.

6 Hauptman 1996 a, p. 124-125.

d'Ingres. Sans doute n'est-ce pas un hasard si Jules Claretie affirmait en 1876 que Gleyre était mort en contemplant un tableau d'Ingres[7], réanimant ainsi l'issue tragique du duel de Dampierre.

Charles Clément indique toutefois que, après cette décision humiliante, Gleyre n'émit jamais de propos amers à l'encontre d'Ingres qu'il continua d'admirer. Certains procédés de composition employés dans les années suivantes, notamment pour *Les Romains passant sous le joug*, montrent que Gleyre avait continué à méditer ceux d'Ingres. Ce dernier avait finalement renoncé en 1849 à achever sa commande pour Dampierre, laissant *L'Âge d'or* inachevé et *L'Âge de fer* réduit à un simple fond d'architecture vide de tout personnage, peint par son élève Pichon sur des dessins d'Hittorff. Laurent Langer et Pierre Vaisse[8] ont émis l'hypothèse que Gleyre, apprenant l'abandon d'Ingres, aurait songé à terminer *L'Âge de fer*. Un dessin conservé à Lausanne (cat. 56), composé selon le même format cintré que les lunettes du salon de Dampierre, pourrait le faire penser. Ingres avait indiqué dès 1845, à travers des croquis très sommaires, que la scène représenterait le « siège meurtrier d'une acropole prise d'assaut, où toutes les horreurs de la guerre seront exprimées[9] ». Le centre de la composition devait être dominé par le portique d'un temple en feu, devant lequel se dérouleraient les massacres[10]. Le dessin de Gleyre montre un dispositif semblable : le portique de colonnes structure la scène dominée par la statue d'Athéna Pallas. Alors que des guerriers pillent le temple et massacrent les civils éplorés, et que, au premier plan à droite, un char traîne dans son sillage deux vaincus attachés, le chef des barbares vainqueurs, au centre de la composition, s'est assis devant le temple et contemple son œuvre destructrice. Discrète revanche d'une victime de vandalisme, revenant sur les lieux du drame pour se confronter à son adversaire ?

La leçon de Dampierre en 1841 n'a pas détruit la confiance de Gleyre en lui-même. Non seulement il peint un autoportrait cette même année, mais il entreprend immédiatement après la réalisation du *Soir*, chef-d'œuvre qui lui assura définitivement le succès.

7 Jules Claretie, « Appendice. Les morts. Charles Gleyre », *L'Art et les Artistes français contemporains*, 1876, Paris, p. 420.

8 Langer 2001, n° 22, p. 59-63 ; Vaisse 2006-07, p. 116-117.

9 Lettre d'Ingres à Gilibert, Dampierre, 27 juillet 1845. Voir Henri Lapauze, *Ingres, sa vie et son œuvre (1780-1867) d'après des documents inédits*, Paris, 1911, p. 408.

10 Louis-Antoine Prat, *Ingres. Les dessins du Louvre*, Paris, 2004, planche 43, p. 88.

fig. 25 Charles Gleyre, *L'Abondance*, 1841, collection particulière, Château de Dampierre

fig. 26 Charles Gleyre, *Providentia*, 1841
collection particulière, château de Dampierre

fig. 27 Charles Gleyre, *Memoria*, 1841
collection particulière, château de Dampierre

51 Charles Gleyre, Étude pour *Providentia*, 1841
Lausanne, Musée cantonal des beaux-arts

52 Charles Gleyre, Étude pour *Memoria*, 1841
Lausanne, Musée cantonal des beaux-arts

53 Charles Gleyre
Étude pour une figure allégorique, dit aussi *Le Travail*, 1841
Lausanne, Musée cantonal des beaux-arts

54 Charles Gleyre
Étude pour une figure allégorique, dit aussi *La Religion*, 1841
Lausanne, Musée cantonal des beaux-arts

55 Charles Gleyre, Étude pour deux figures allégoriques (dont *L'Agriculture*), 1841
Lausanne, Musée cantonal des beaux-arts

56 Charles Gleyre, Étude pour *La Guerre*,
dit aussi *L'Âge de fer*, 1858-1865
Lausanne, Musée cantonal des beaux-arts

57 Charles Gleyre
Étude pour *L'Abondance*, 1841
Lausanne, Musée cantonal des beaux-arts

58 Charles Gleyre, Études pour *La Justice et la Gloire*
(frontispice du *Plutarque français*), 1839
Paris, collection particulière

59 Charles Gleyre
Étude pour une figure allégorique, dit aussi *Le Travail*, 1841
Lausanne, Musée cantonal des beaux-arts

60 Charles Gleyre
Étude pour une figure allégorique, dit aussi *Le Travail*, 1841
Lausanne, Musée cantonal des beaux-arts

Le Soir : l'aube du succès

« À quoi bon diviser ma critique en trois ou quatre ordres ? Il n'y a plus de peinture religieuse, car plus que jamais, la foi manque aux peintres ; il n'y a plus de peinture historique, si ce n'est pour Versailles ; à peine quelques paysages apparaissent comme des oasis dans le désert. Le croiriez-vous ? Il n'y a même plus de portraits ; un mille tout au plus : or, y a-t-il un bon portrait sur mille ? Mais ne perdez pas courage, l'art est loin d'être en décadence[1]. » Après cette introduction hardiment troussée, Arsène Houssaye indiquait au visiteur le seul tableau qui, bien qu'inclassable, soit digne d'être regardé au Salon de 1843 : « La première toile qui vous frappe et vous saisisse, le tableau le plus poétique, sans contredit, c'est *Le Soir*, de M. Gabriel Gleyre. [...] Dans sa simplicité antique, l'artiste n'a pas voulu donner d'autre titre à son tableau ; il a laissé au spectateur intelligent la liberté de deviner que le vrai titre était le soir de la vie, les espérances qui s'en vont, les illusions perdues ; il n'a pas voulu faire avec la plume le sommaire du poème écrit au pinceau. *Le Soir*, pas un mot de plus ; mais cherchez et vous trouverez[2]. » Dix jours seulement après l'ouverture du Salon, le 15 mars 1843, Arsène Houssaye donnait ainsi le signal des applaudissements et coupait court à toute spéculation ou polémique sur le sujet du *Soir* (cat. 61). On le voit esquisser en des traits fort romancés et complaisants la vie du peintre, rentré récemment « sans bruit, plein de religion pour la beauté et la grandeur » après un voyage en Égypte. L'auteur atteste cependant une inspiration venue de Grèce : « Tout est d'un beau goût et d'un beau sentiment. On dirait un rêve de Théocrite et une inspiration de Virgile. » Il précise toutefois que, « si le peintre est un peu grec par le style, il est français par l'idée. Il ne s'est pas seulement inspiré de la poésie antique, il ne s'est pas contenté de rechercher les lignes pures de l'art grec : il a mis sous ce beau masque une idée de son siècle » : le fameux spleen, maladie fort à la mode par laquelle « aujourd'hui, en France surtout, comme le tableau de la vie est un peu pâle et un peu sombre, on s'en détourne ; on aime mieux rêver que vivre, ou plutôt la vie est dans les rêves[3] ». Et d'expliquer inlassablement le sujet, non sans insistance ni lourdeur : sans compter les multiples occurrences des mots « espérances » et « chimères », celui d'« illusions » est répété à cinq reprises, lançant immédiatement le titre des *Illusions perdues* sous lequel le tableau passe à la postérité. Brillant journaliste et écrivain mondain, sur le point de reprendre la direction de *L'Artiste*, Houssaye se place en découvreur d'un talent insoupçonné, orchestrant son entrée sur la scène artistique parisienne. S'était-il déjà porté acquéreur du tableau pour 1 500 francs[4] ? Houssaye put en tout cas se flatter d'avoir devancé l'État qui attendit l'issue du Salon fin mai pour en proposer 3 000 francs à l'artiste, avec, à la clé, la plus prestigieuse des destinations : le musée des Artistes vivants au palais du Luxembourg, antichambre du Louvre. Arsène Houssaye céda à cette préemption de fort bonne grâce, Gleyre lui offrant *Cléonis et Cydippe* (collection particulière) en guise de dédommagement.

Si l'on peut mettre en doute la spontanéité de cette manœuvre médiatique, on peut en tout cas mesurer l'ampleur que prit le succès fulgurant du *Soir*, bientôt repris par le reste de la presse, en dépit de – ou plutôt grâce à – l'absence de toute référence littéraire ou historique. À une époque où la hiérarchie des genres servait encore de référence, tous les critiques remarquèrent le genre indécis ou hybride de l'œuvre. Tandis que Houssaye balayait d'un revers de main ces considérations, Louis Peisse pour la *Revue des Deux Mondes* et Étienne Delécluze dans le *Journal des débats* prirent le temps de s'interroger sur le caractère plutôt allégorique, historique ou littéraire de cette composition, en vain. C'était pour mieux reconnaître que, loin d'être un défaut, l'absence de prétexte dramatique ainsi que de localisation précise font d'autant mieux sentir la force de la composition et de l'exécution : « Cet ouvrage a produit dans le Salon de cette année une sensation qu'on a rarement l'occasion d'y éprouver, celle de l'imprévu. On a pu voir ce qu'on n'avait pas vu depuis bien longtemps, une œuvre de peinture assez forte pour se soutenir seule, par sa vertu propre, sans autre élément de succès que le pur attrait de l'art[5]. » L'administration, dans sa prudence, attribua à Gleyre une médaille de seconde classe dans la catégorie de la peinture de genre.

Aux yeux de la critique, une exceptionnelle qualité de composition et de goût distinguait *Le Soir* des deux autres favoris du public au Salon de 1843, dont le sujet avait aussi trait au caractère révolu ou utopique du bonheur : *Tintoret peignant sa fille morte* (Bordeaux, Musée des beaux-arts), où Léon Cogniet décrivait le vieil artiste abîmé dans ses rêves évanouis de bonheur familial, était une anecdote

1 Houssaye 1843, p. 284-285.

2 *Ibid.*

3 *Ibid.*

4 Voir Hauptman 1996 a, p. 137.

5 Peisse 1843, p. 256.

dont la mise en scène macabre tourne trop au pathétique ; *Le Rêve du bonheur* (Compiègne, musée Vivenel) de Papety était au contraire une vaste allégorie assez bavarde, dont le discours philosophico-social fouriériste et les accessoires modernes incongrus (phare, télégraphe) avaient indisposé la critique.

Il semble que Gleyre s'était inquiété du risque que la réception de son tableau encourait en l'absence de référence noble et érudite : en témoigne une réponse de Prosper Mérimée à qui il avait demandé des citations du poète Anacréon propres à illustrer « quelque pensée mélancolique », probablement pour accompagner le titre de son tableau dans le livret du Salon[6] ; mais il n'utilisa finalement aucune de celles que Mérimée lui envoya, écoutant les conseils rassurants de ce dernier : « Soyez persuadé que votre tableau n'en a pas besoin pour paraître vraiment grec. Vous vous rappelez que nous sommes convenus ce matin que grec voulait dire beau[7]. »

Ce caractère grec, auquel Gleyre semblait beaucoup tenir, est reconnaissable aux accessoires finement décrits : la coiffure tuyautée à diadème, la tunique et la lyre d'ivoire du poète assis, l'œil et la frise de vaguelettes peints en noir sur la nef, la frise de grecques ornant la voile. L'hellénisme est également sensible dans la composition en frise où les personnages et le bateau découpent leur silhouette en contre-jour sur un fond clair, à la manière d'un vase à figures noires. La Grèce antique n'est toutefois pas la seule référence en jeu : en filigrane du personnage assis à droite, abattu et méditatif, transparaît aussi le martyre des Grecs modernes. On note en effet une analogie frappante de ce motif avec le *Sujet grec moderne* au soleil couchant d'Auguste Vinchon (1827, Paris, musée du Louvre), et plus encore avec le *Prisonnier grec contemplant l'horizon* de la mer Égée (1834, Semur-en-Auxois, musée municipal) peint par Sébastien Cornu, camarade de Gleyre, à Rome en 1834. Les représentations à la fois historiques et allégoriques de Grecs vaincus par le sort, affligés par la perte de leur liberté et de leur bonheur sous l'oppression ottomane, avaient probablement marqué l'imagination du jeune peintre libéral ; témoin de la fièvre philhellène parisienne des années 1825-1827, il était allé se recueillir sur la tombe de lord Byron et de Márkos Botzaris lors de son passage à Missolonghi à l'automne 1834.

L'accent mis sur l'hellénisme du *Soir* permettait ainsi d'élever l'œuvre à un degré de noblesse, d'universalité et d'idéal dont la référence grecque antique était la caution[8]. Il contribuait par la même occasion à masquer l'origine égyptienne du sujet. Dans la première esquisse dessinée, Gleyre avait figuré à l'horizon les colosses de Memnon à Thèbes, situant par conséquent l'action sur le Nil[9]. Il y renonça au moment de passer à la peinture : évoquer plus précisément l'Égypte aurait fait courir deux risques. Le premier était d'ordre artistique : le costume égyptien aurait ravalé inévitablement la scène vers le pittoresque orientaliste dont Gleyre, désireux d'apparaître comme peintre d'histoire, cherchait à s'extraire. Déconseillant à un élève de partir poursuivre sa formation au Proche-Orient, le peintre aurait déclaré : « Gardez-vous-en bien. Nous sommes des Aryens. Il n'y a rien à faire là-bas pour nous. Il n'y a que de l'anecdote, du genre, du costume. Pour nous, il faut la beauté[10] », c'est-à-dire le style hérité de l'art grec antique. L'autre risque tenait au dévoilement sans pudeur d'une expérience trop personnelle, à la fois douloureuse et intime. Car *Le Soir* prend avant tout sa source dans une vision consignée dans le carnet de voyage en Orient : « C'était le 21 mars 1835, par un beau crépuscule sur le Nil, à la hauteur d'Abydos. Le ciel était si pur, l'eau si calme [...]. En me tournant du côté du couchant, je crus voir, je vis certainement une barque de la forme la plus heureuse et dans laquelle était un groupe d'anges vêtus avec tant d'élégance, et tous dans des poses si calmes et si nobles que je fus ravi. [...] Ils chantaient une musique divine [...]. La nappe étincelant d'or étendue sur le fleuve reflétait si parfaitement ces objets charmants qu'ils me paraissaient doubles. Je ne l'oublierai de ma vie ; la triple harmonie des formes, des couleurs et des sons était complète[11]. » Gleyre donne forme à une expérience transcendante de synesthésie parfaite, rendue possible par le soir, instant de paix situé entre la suractivité du jour et l'angoisse de la nuit. C'est l'heure où l'aède, arrêtant sa course, pose son bâton de marche ; cessant son récit, il abandonne sa lyre et se rend disponible au chant du monde, représenté par les harpes aux multiples cordes et les voix de jeunes filles aux infinies modulations. La récente restauration du tableau[12] a révélé la richesse délicate des accords colorés qui caractérisent la nef musicale et ses occupants : le vert émeraude,

6 Voir Hauptman 1996 a, p. 135.

7 Prosper Mérimée, *Correspondance générale*, Paris, 1943, p. 474-475 (lettre n° 878).

8 Gamboni 2006-07, p. 128-129.

9 Voir Hauptman 1996 b, n° 468, p. 246.

10 Clément 1848, p. 130.

11 *Ibid.*, p. 98.

12 Restauration effectuée en 2015 au Centre de recherche et de restauration des musées de France à Paris par Christian Châtellier pour le support et Regine Moreira pour la couche picturale.

le turquoise, le mauve, le rouge cerise et le gris clair, relevés de touches d'or, se déclinent sur un ton mineur par l'effet de contre-jour, et résonnent encore dans le reflet de l'eau. L'effet d'écho se traduit également dans la répétition des formes, des courbes, des gestes et des poses, modulés selon d'habiles variations. Que Gleyre ait ensuite nuancé et complexifié l'exaltation première, en ajoutant, par l'attitude abattue du voyant, le filtre de la nostalgie mélancolique et de l'impuissance artistique, n'enlève rien au charme puissant de la manifestation de l'harmonie naturelle, qui reste le sujet principal du tableau. Le premier plan, dont l'aridité renvoie à celle du présent et de la décevante réalité, offre un indice : parmi les pierres pousse un figuier, arbre nourricier du bassin méditerranéen, symbole de la générosité providentielle de la nature. Il se divise en deux rameaux : celui de droite est statique et l'autre se déploie vers la gauche avec le même élan que celui de la barque. Écho formel et commentaire de la scène principale, l'arbuste sacré est un vecteur d'espoir et traduit le principe de complémentarité, autant que d'opposition, entre le voyant et sa vision.

Aussi *Le Soir* ne se réduit-il pas au *lamento* des *Illusions perdues*. Injustement caricaturé par Baudelaire en barcarolle larmoyante, le chef-d'œuvre de Gleyre clôt certes une époque en recueillant l'héritage romantique des poèmes de Lamartine, des songes d'Ossian et des barques nostalgiques du peintre allemand Ludwig Richter[13] : mais il ouvre également la voie à une nouvelle esthétique symboliste. *Le Soir* se propose en effet comme la transcription picturale d'une expérience synesthésique ressentie par le voyageur parvenu à un état d'hallucination après une activité excessive de marche et de pensée, mais aussi grâce au déracinement à la fois géographique, culturel et historique qu'éprouve l'artiste occidental en Orient. Si, à travers la figure de l'aède mélancolique, Gleyre semble indiquer que la « triple harmonie des couleurs, des formes et des sons » échappe à l'art de l'écriture, du récit et de la déclamation, il semble en revanche faire confiance à la peinture pour y parvenir et déploie les pouvoirs enchanteurs de celle-ci.

Il est intéressant de remarquer que, l'année qui suivit le succès du *Soir*, un jeune compositeur au parcours comparable à celui de Gleyre se rendit célèbre en explorant les vertus alchimiques de la musique pour évoquer l'immensité et le silence du désert égyptien. Félicien David était de quatre ans le cadet de Gleyre. Orphelin à cinq ans, élevé par son oncle, il accomplit sa formation à Aix-en-Provence puis à Paris à partir de 1830, intégrant avec enthousiasme la communauté saint-simonienne. Parti en 1832 au Proche-Orient après les persécutions judiciaires visant les Saints-simoniens, David retrouva le père Enfantin au Caire de 1833 à 1835, année où il fit peut-être connaissance de Gleyre. De retour en France, après quelques *Mélodies orientales* sans lendemain, il accède d'emblée à une notoriété européenne après la création, en décembre 1844, de son ode-symphonie intitulée *Le Désert*. Le public avait été séduit par la manière dont le compositeur bannissait le récit et le drame qui émaillaient jusqu'alors les opéras orientalistes, proposant à la place trois tableaux successifs. La marche d'une caravane, une halte nocturne (qui se termine en « rêverie du soir ») et le lever du jour font avant tout résonner l'harmonie du désert évoquée par l'orchestre et le chœur. Un récitant ouvre et referme les tableaux symphoniques en déclamant une ode, accompagné par de longues tenues de cordes qui amplifient l'impression d'immobilité du temps et de l'espace : « Au désert tout se tait et pourtant, ô mystère,/Dans ce calme silencieux,/L'âme pensive et solitaire/Entend des sons mélodieux. »

13 Koella 1974, p. 8f. ; Hauptman 1978, p. 321-330.

pages suivantes :
61 Charles Gleyre, *Le Soir*, dit aussi *Les Illusions perdues*, 1843
Paris, musée du Louvre

Les exigences d'un peintre d'histoire

1 Le titre sous lequel l'œuvre figurait au livret du Salon était *Départ des apôtres allant prêcher l'Évangile* (n° 729).

2 La commande de l'État passée le 15 avril 1846 (un tableau sur les *Derniers Moments du Christ*) sera commuée en 1847 en achat de *La Séparation des apôtres*, resté invendu chez Goupil. Voir Hauptman 1996 a, p. 142-144.

3 Kaenel 2006-07, p. 142.

4 Gautier 1845.

5 Clément 1878, p. 478.

6 Voir Hauptman 1996 a, p. 204-205; voir aussi Burollet 2006-07, p. 167-175.

7 Clément 1878, p. 105.

8 Kaenel 2006-07, p. 143.

9 Voir p. 170.

Au lendemain du Salon de 1843, la notoriété de Charles Gleyre est acquise, mais l'enjeu de sa prochaine exposition publique est complexe car il ne bénéficie plus de l'état de grâce prêté au prodige inattendu. Il lui faut conforter sa position de maître, surprendre sans dérouter et enfin susciter des commandes publiques en dépassant le statut ambigu de la « peinture de genre », catégorie dans laquelle il avait été médaillé. Gleyre atteint ces trois objectifs en présentant au Salon de 1845 *La Séparation des apôtres*[1] (cat. 63), récompensé d'une médaille de première classe dans la catégorie de la peinture d'histoire. Apprenant que l'œuvre était déjà acquise (probablement par Léon Goupil), l'État et la préfecture de la Seine lui passèrent commande de grands tableaux religieux dans les années qui suivirent[2]. Philippe Kaenel[3] a montré qu'en dépit d'une citation des Actes des apôtres dans le livret du Salon, la scène représentée n'est jamais littéralement évoquée par les saintes Écritures : nulle mention d'un rassemblement des apôtres sur le Golgotha, au pied de la croix, avant de se disperser pour accomplir leur mission évangélisatrice. Théophile Gautier avait reconnu cette innovation, l'interprétant en événement historique davantage qu'en dogme théologique : « C'est un mérite d'avoir trouvé dans le champ si souvent retourné des sujets de sainteté un motif neuf et pour ainsi dire humain [...]. Ces douze hommes, partant du pied de cette croix jusque-là infâme, ont changé la face du monde et produit la civilisation moderne[4]. » Ainsi, à travers ces dignes missionnaires, Gleyre peint les fondateurs d'une institution – l'Église apostolique – mais aussi de fervents révolutionnaires qui s'apprêtent à accomplir leur destin. Les commentateurs animés de convictions démocrates, tels Gustave Planche et Charles Clément, ne manquèrent pas de féliciter Gleyre d'avoir imprimé un caractère « rustique » à « ces pêcheurs, ces charpentiers, ces paysans [...] animés d'une même foi vivante qui les transfigure[5] ». La recherche d'authenticité historique et géographique ne cède cependant pas au pittoresque orientaliste : la critique salua la rigueur et le style de la composition, inspirée de la plus haute tradition, celle du Raphaël des *Stanze* vaticanes et du Poussin des *Sacrements*.

Plusieurs critiques furent déçus de ne pas y retrouver la charmante poésie du *Soir*. On peut cependant mettre en doute cette rupture supposée : Gleyre ne poursuivrait-il pas avec ce sujet original sa méditation personnelle, à la fois formelle et iconographique, sur l'harmonie et sa fragilité, sur les échanges entre Orient et Occident ?

La scène forgée par Gleyre suit de peu un moment beaucoup plus célèbre et fixé par l'iconographie : la Pentecôte, que l'artiste peignit quelques années plus tard pour répondre à une commande[6] (cat. 64). Le cinquantième jour après Pâques, les apôtres visités par l'Esprit-Saint vécurent un moment d'union parfaite et reçurent le don des langues qui leur permit de porter la promesse du salut universel auprès de tous les peuples de la Terre. *La Séparation des apôtres* représente donc le lendemain de cette expérience, au moment où la communauté se rassemble une dernière fois à Jérusalem avant de se disperser. Leur vocation missionnaire mènera à la diffraction de la parole divine au gré des langues humaines, à la divergence des interprétations, d'où naîtront au fil des siècles de multiples incompréhensions, sources de fanatisme et de schismes. Fervent lecteur des Évangiles pendant son voyage en Égypte[7], Gleyre regrettait d'avoir hérité d'un esprit critique et réformé, conséquence des abus du clergé catholique qu'il tenait en piètre estime. Imprégné de « piétisme protestant qui transforme chaque individu en témoin de la parole divine et en acteur du message évangélique[8] », il semble vouloir remonter aux origines de l'Église, saisir l'ultime moment de parfait œcuménisme chrétien. On note que, à l'instar du *Soir* (cat. 61), le peintre rassemble douze personnages sous le regard d'un treizième, désormais abstrait, symbolisé par la croix. Comme les occupants de la barque, les apôtres établissent entre eux des liens tactiles et visuels qui traduisent leur affinité spirituelle. Tout comme *Le Soir*, l'ensemble de la scène se détache d'un ciel en dégradé de jaune au bleu. La lumière n'est toutefois plus celle, apaisante, du couchant, mais celle, dynamisante, de l'aurore, marquant le commencement d'une nouvelle histoire. Ultime citation du *Soir*, le bâton d'un des apôtres est encore posé au sol au premier plan, alors que les autres tiennent déjà le leur en main : le mouvement de dispersion est imminent, l'harmonie parmi les hommes est éphémère, anéantie par leur désir d'action. Gleyre poursuivra cette réflexion selon le même schéma dans un troisième volet, *La Danse des Bacchantes* (cat. 96), exposée au Salon en 1849[9].

Les peintures d'histoire réalisées pour le canton de Vaud procèdent d'une commande, mais témoignent autant de la haute ambition que Gleyre se fixe. Le premier sujet était imposé : il s'agit de la décapitation du major Davel qui tenta vainement de soulever les Vaudois contre l'oppression féodale bernoise en 1723 (cat. 70, fragment subsistant après l'acte de vandalisme du 25 août 1980). Gleyre mit cinq ans à livrer la commande. Obsédé par l'authenticité historique, le peintre semble d'abord pétrifié par les détails, multipliant les recherches afin d'éviter tout anachronisme. Il semble toutefois avoir trouvé l'élan décisif à partir de mars 1848, au lendemain de la révolution de Février[10]. L'enthousiasme éprouvé par le printemps des peuples catalyse l'inspiration du peintre, qui exalte le sacrifice d'un homme pour l'indépendance de sa patrie. Se sent-il investi d'un rôle de pédagogue chargé d'inculquer aux masses un exemple de vertu patriotique ? On est frappé par la simplicité, la frontalité et la monumentalité inédites de la mise en scène, qui place le spectateur dans les conditions physiques éprouvées par la foule venue assister à l'exécution.

L'œuvre ne fut jamais exposée en France. Sans doute eût-elle provoqué des impressions contradictoires, renvoyant dans l'imaginaire collectif français à l'exécution de Louis XVI en 1793. La véritable référence française à laquelle puise l'artiste est avant tout picturale : il s'agit de *Lady Jane Grey au moment du supplice*, exposé au Salon de 1834[11] par Paul Delaroche. *Le Major Davel* est composé selon le même principe éminemment théâtral ; on compte également cinq protagonistes sur l'estrade, répartis en deux groupes de part et d'autre de la victime. Les accords colorés sont identiques : le blanc du condamné est rehaussé par le noir et le rouge, blason des magistrats, des pasteurs et des bourreaux, couleurs de la passion et du deuil. Gleyre bannit cependant le pathos féminin et évite le caractère romanesque du cachot, décor gothique. Plaçant les protagonistes contre un ciel d'azur, il accentue au contraire l'expression recueillie, la pose statique et le drapé raide des personnages, dont les formes et les couleurs sont géométrisées et juxtaposées verticalement, à la manière de figures insérées dans les lancettes d'un vitrail. Le désir de hiératisme se traduit tout particulièrement par la modification apportée à la figure du bourreau. Les premières études et esquisses (cat. 68) lui prêtaient la nonchalance d'un professionnel blasé, au déhanché proche de celui du bourreau de Jane Grey. Puis une nouvelle étude dessinée le dépouilla de son tricorne ainsi que du gilet, éléments typés du costume XVIIIe siècle, et l'enveloppa dans un manteau drapé en toge. La version définitive le métamorphosa en ange laïc de la mort : fixe et solennel, il résume l'étrange communion des oppresseurs avec leur victime[12]. Ce changement manifeste le soin avec lequel Gleyre évitait le caractère anecdotique pratiqué par ses confrères et prétendait élever la scène à l'intemporalité d'une tragédie antique.

Comme l'ont démontré Michel Thévoz[13] et William Hauptman[14], tout est fait pour manifester la ferveur chrétienne et la vocation sacrificielle du héros, que Gleyre assimile à un saint martyr. On a remarqué que Davel, allégorie de l'éloquence, emprunte le geste du Socrate mourant de David (1787, New York, Metropolitan Museum) exposé en 1846[15]. Dans l'entourage plus immédiat de Gleyre, on note une analogie avec le *Socrate* conçu par son ami Paul Chenavard, projet de statue adossée à l'un des piliers de la coupole du Panthéon. Enfin, la pose de Davel est aussi l'exact reflet en miroir de celle de *Jésus remettant à saint Pierre les clés du paradis* d'Ingres (1820, Montauban, musée Ingres), que Gleyre avait pu découvrir à La Trinité-des-Monts à Rome et revoir au musée du Luxembourg.

Le fait historique est fortement stylisé, abstrait des contingences temporelles, élevé au rang de dogme religieux. La parfaite clarté de la rhétorique sacrificielle sert-elle à mieux dissimuler les malaises de la réalité historique ? Davel avait en effet été trahi et exécuté par ceux-là mêmes qu'il souhaitait émanciper. On comprend peut-être mieux pourquoi Gleyre trouvait le sujet « fort difficile et ingrat[16] ».

La seconde commande passée par le canton de Vaud laissa à l'artiste la liberté de son sujet : Gleyre en profita pour choisir un fait historique plus consensuel et situé dans une haute Antiquité. Cette option lui permit d'assumer facilement le costume et d'entreprendre une composition beaucoup plus complexe que celle du *Major Davel*. Connu aussi sous le titre de *Bataille du Léman*, *Les Romains passant sous le joug* (cat. 80), après leur défaite face aux Helvètes en 107 av. J.-C., rend un nouvel hommage au combat de la patrie suisse pour la liberté : il s'agit de célébrer la défense

10 Lettre de Juste Olivier à Melegari, 24 mars 1848, cité par Hauptman 1996 a, p. 170.

11 Le tableau appartenait à A. Demidoff. La gravure entreprise dès 1835 par la maison Goupil ne fut achevée qu'en 1857.

12 Charles Clément (1878, p. 232) pensa que Gleyre avait effectué cette modification par crainte de passer pour un plagiaire de Meissonnier. Ce dernier a exposé au Salon de 1852, soit après l'achèvement du *Major Davel*, un *Homme choisissant son épée* (musée d'Orsay, dépôt au château de Compiègne) assez proche du bourreau de Gleyre.

13 Thévoz 1980, p. 35-43.

14 Hauptman 1996 a, p. 184.

15 Paris, galerie des Beaux-Arts (Bazar Bonne-Nouvelle), « Exposition au profit de la caisse de secours et pensions de la société des artistes peintres et dessinateurs », 1846, nº 7.

16 Voir Hauptman 1996 a, p. 169 et suiv. pour la genèse de l'œuvre.

17 Alamir 2006-07, p. 55-81.

18 *Ibid.*, p. 81. Citation tirée de l'article publié par Gleyre dans le *Nouvelliste vaudois* et le *Journal national suisse* du 28 août 1858, édité ensuite sous forme de brochure par le musée Arlaud à Lausanne.

19 Voir P. Milza, *Napoléon III*, Paris, 2004, p. 479-481. En 1865, année où l'empereur inaugurait la statue de Vercingétorix dominant le site d'Alésia, Gleyre prit un malin plaisir à se joindre aux contempteurs : un dessin préparatoire à une composition historique non réalisée montre un chien pissant contre l'estrade du haut de laquelle César toise le chef arverne vaincu. Voir Clément 1878, p. 275 ; Hauptman 1996 b, n° 870, p. 467.

20 Gravure anonyme de l'*Album de la Suisse pittoresque*, reproduite dans Alamir 2006-07, p. 57.

21 Voir Hauptman 1996 a, p. 224-226.

22 voir Alamir 2006-07, p. 73.

légitime qu'oppose une nation entière aux conquérants étrangers et despotiques. Si la genèse de l'œuvre fut encore plus longue que celle du *Major Davel*, c'est parce que Gleyre accumula une somme prodigieuse d'informations auprès d'historiens et d'archéologues. Marie Alamir a brillamment expliqué l'extraordinaire synthèse historique que restitue *Les Romains* quant à l'armement, au costume et jusqu'aux hiérarchies sociales et symboliques de la civilisation celtique ; elle a aussi déchiffré les nombreuses allusions politiques de cet « hymne polyphonique à la liberté[17] ». Dans la notice explicative que Gleyre rédige en 1858, le rite d'humiliation par lequel les Helvètes forcent leurs otages romains à se courber sous un joug de bœufs – rappel de l'humiliation subie après la bataille des fourches caudines – est analysé comme une « protestation contre la tyrannie, [acte qui] appartient donc au grand courant moral de l'humanité[18] ». Connaissant les sentiments politiques de l'auteur, on peut y lire une critique adressée au césarisme du Second Empire. En faisant porter à deux prisonniers romains les traits du *Brutus Capitolin* et de *Néron*, célèbres auteurs d'assassinats politiques, Gleyre détourne non sans ironie le procédé par lequel Jacques-Louis David avait glissé la figure légitimante de Jules César parmi les assistants du *Couronnement* de Napoléon Ier (1807, Paris musée du Louvre). Gleyre acheva sa toile au moment où Napoléon III s'apprêtait à lancer les principales fouilles archéologiques de sites gaulois et entreprenait, avec l'aide de Mérimée et d'Hortense Cornu, l'écriture d'une monumentale *Histoire de César* afin de réhabiliter cette personnalité historique vilipendée par le républicain Lamartine[19]. Au point de vue formel, *Les Romains* se distingue des autres compositions de Gleyre par son exceptionnelle densité. Le sujet aurait naturellement recommandé un format horizontal, où les protagonistes auraient défilé latéralement. Ainsi se présentait la gravure de l'*Album de la Suisse pittoresque* qui a probablement servi d'impulsion première[20]. C'est également le format choisi par Auguste Glaize pour ses *Femmes gauloises : épisode de l'invasion romaine* (1852, Paris, musée d'Orsay). Cette vaste toile, exposée au Salon de 1852, exalte la résistance héroïque des femmes : celle qui domine la pyramide des vaincus est une druidesse dont la fureur a pu inspirer les imprécations des prêtresses helvètes de Gleyre. Ce dernier préfère porter l'action de l'arrière vers l'avant. Sans doute garde-t-il en tête le chef-d'œuvre de son premier mentor, Léopold Robert[21]. Gleyre l'avait vu à Rome terminer *L'Arrivée des moissonneurs dans les marais Pontins* (1831, Paris, musée du Louvre), qui allie les deux principes : dans une composition en frise, réalisée dans un format horizontal aéré, le peintre fait se mouvoir un lourd attelage de buffles en direction du spectateur. Mais l'encouragement déterminant à expérimenter une composition verticale et compressée a sans doute été *La Défense des Gaules* (Clermont-Ferrand, musée d'art Roger-Quilliot), présentée par Chassériau à l'Exposition universelle de 1855 : les guerriers gaulois dénudés déferlent hors des murs de Gergovie, dominés par Vercingétorix à l'arrière-plan, ainsi que par les épouses énergiques sur les côtés. Ce schéma de composition permet d'éviter le dispersement anecdotique des actions individuelles grâce à la frontalité spectaculaire des figurants. Gleyre s'exposait toutefois aux écueils que sont la saturation de la toile, l'anéantissement de la profondeur et la perturbation du sens par une accumulation de visages superposés à la manière d'un collage ; tels étaient les principaux reproches formulés à l'encontre du *Martyr de saint Symphorien* exposé par Ingres au Salon de 1834 (Autun, cathédrale), œuvre que son élève Chassériau avait probablement méditée pour sa *Défense des Gaules*. Gleyre résout le problème en appliquant la règle de la perspective atmosphérique (diminution des contrastes à mesure que les plans s'éloignent) qui rétablit la sensation de profondeur ; il y ajoute l'alternance de bandes d'ombre et de lumière qui aident l'œil à discerner le principal de l'accessoire – procédé déjà utilisé pour *Les Brigands romains* (cat. 9) et l'*Entrée de la reine de Saba à Jérusalem* (cat. 46). Enfin le chêne, arbre sacré des Celtes[22] remplit une fonction symbolique et formelle : arbre sacré des Celtes, il permet de stabiliser la composition, de combler l'espace supérieur, qui semblerait trop vide relativement à la saturation de la moitié inférieure, et de justifier l'ombre dont Gleyre a besoin pour distinguer les plans.

En matière de peinture d'histoire telle qu'elle est comprise par ses contemporains, Gleyre montre une remarquable faculté d'adaptation selon les sujets choisis et le public visé. Cette souplesse plastique est au service d'une conception très exigeante du genre, qui incite l'artiste à fuir l'anecdote et le drame pour concilier la narration avec le symbole, l'histoire et l'allégorie, le contingent et le permanent.

62 Charles Gleyre, Étude pour *La Séparation des apôtres* (tête d'apôtre), 1844-1845
Lausanne, Musée cantonal des beaux-arts

pages suivantes :
63 Charles Gleyre, *La Séparation des apôtres*, 1845
Montargis, musée Girodet

·I·N·R·I·

64 Charles Gleyre, Esquisse pour *La Pentecôte*, 1850
Lausanne, Musée cantonal des beaux-arts

65 Charles Gleyre, Esquisse pour *La Cène*, 1847-1848
Lausanne, Musée cantonal des beaux-arts

66 Charles Gleyre, Étude pour *Le Major Davel* (têtes de magistrat), 1848-1849
Lausanne, Musée cantonal des beaux-arts

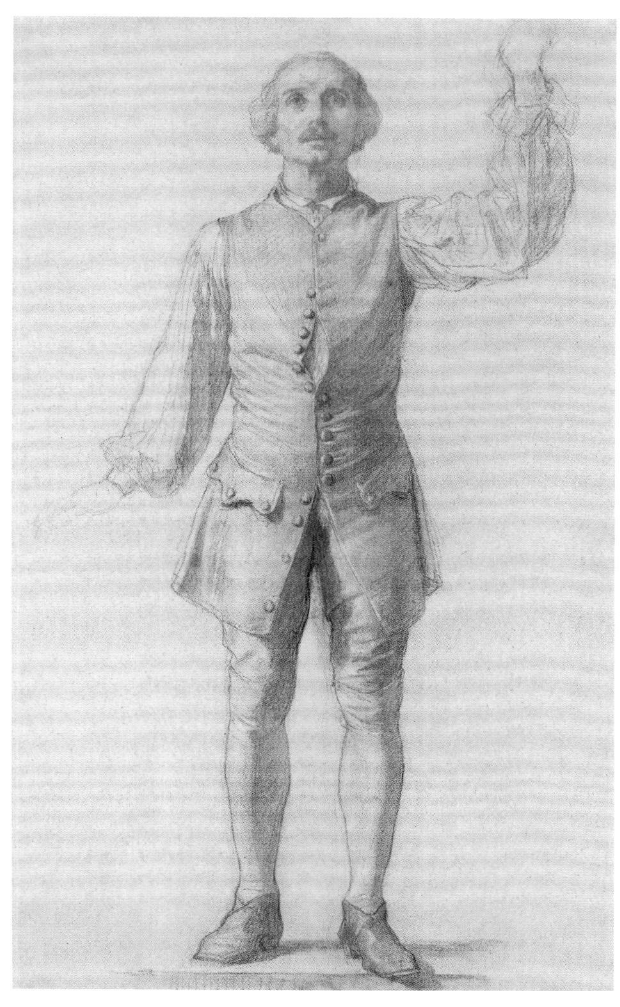

67 Charles Gleyre
Étude pour *Le Major Davel* (Davel en pied levant le bras gauche), 1849-1850
Lausanne, Musée cantonal des beaux-arts

68 Charles Gleyre
Étude pour *Le Major Davel* (le bourreau), 1847-1848
Lausanne, Musée cantonal des beaux-arts

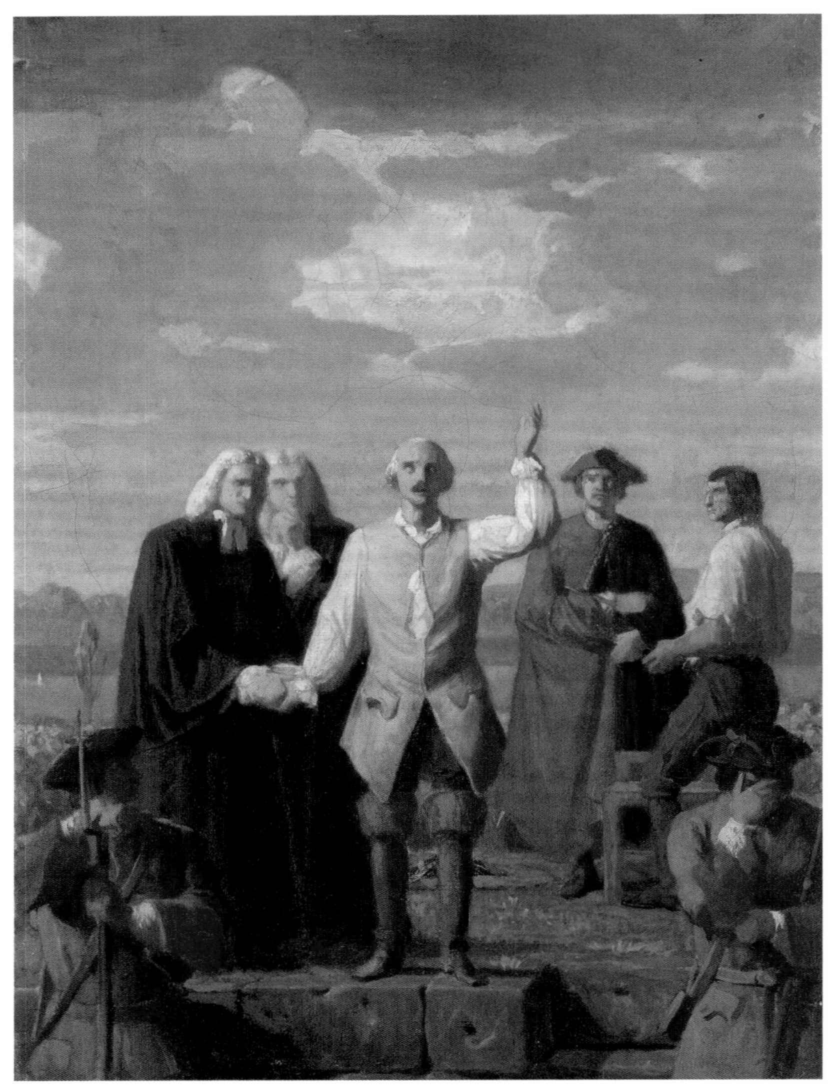

69 Charles Gleyre, Esquisse pour *Le Major Davel*, 1848-1850
Lausanne, Musée cantonal des beaux-arts

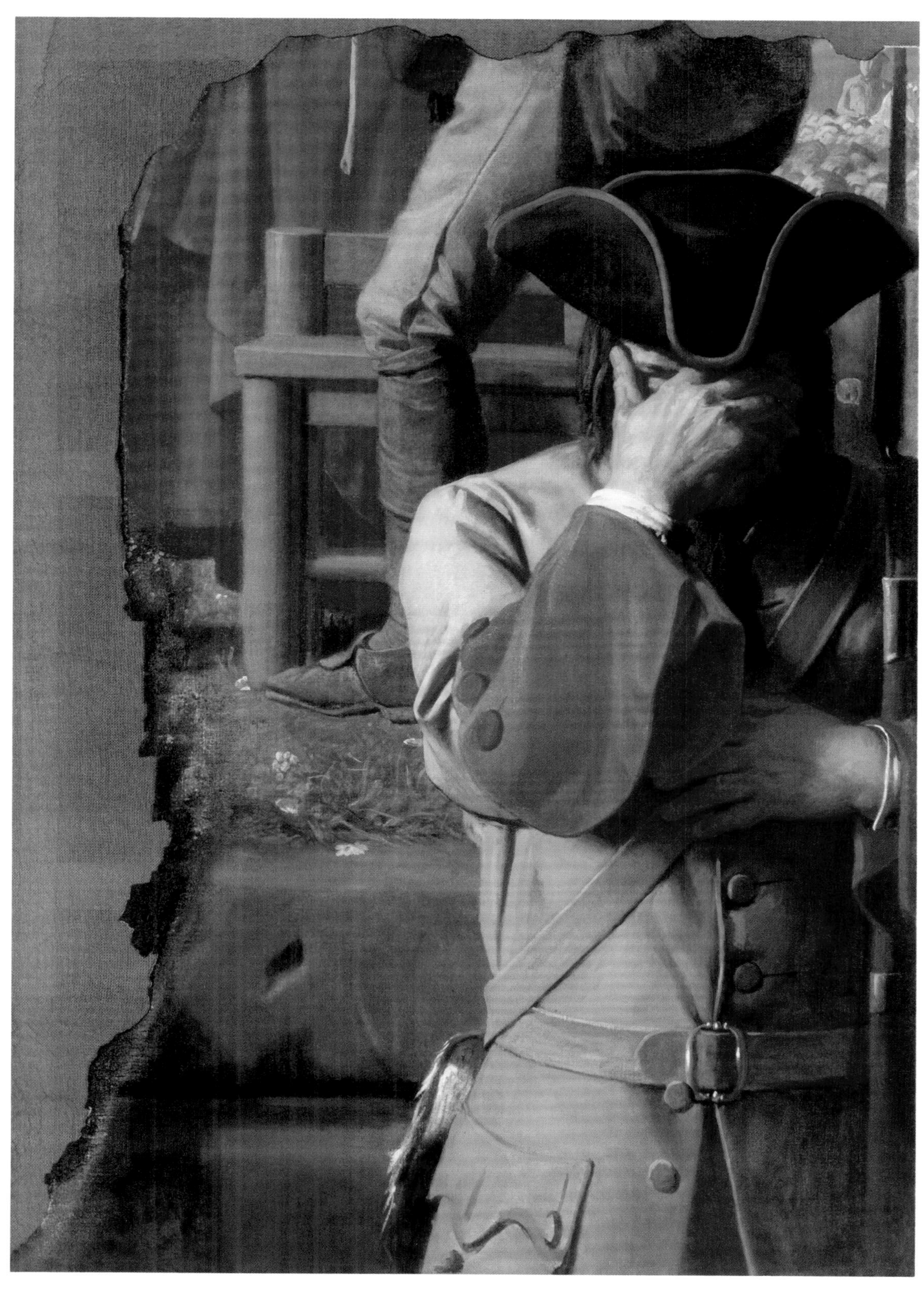

70 Charles Gleyre, *Le Major Davel* (fragment après vandalisme), 1850
Lausanne, Musée cantonal des beaux-arts

71 Charles Gleyre, Étude pour *Les Romains passant sous le joug* (femme helvète aux bras levés), 1854-1858
Lausanne, Musée cantonal des beaux-arts

72 Charles Gleyre, Étude pour *Les Romains passant sous le joug* (femme helvète de dos), 1854-1858
Lausanne, Musée cantonal des beaux-arts

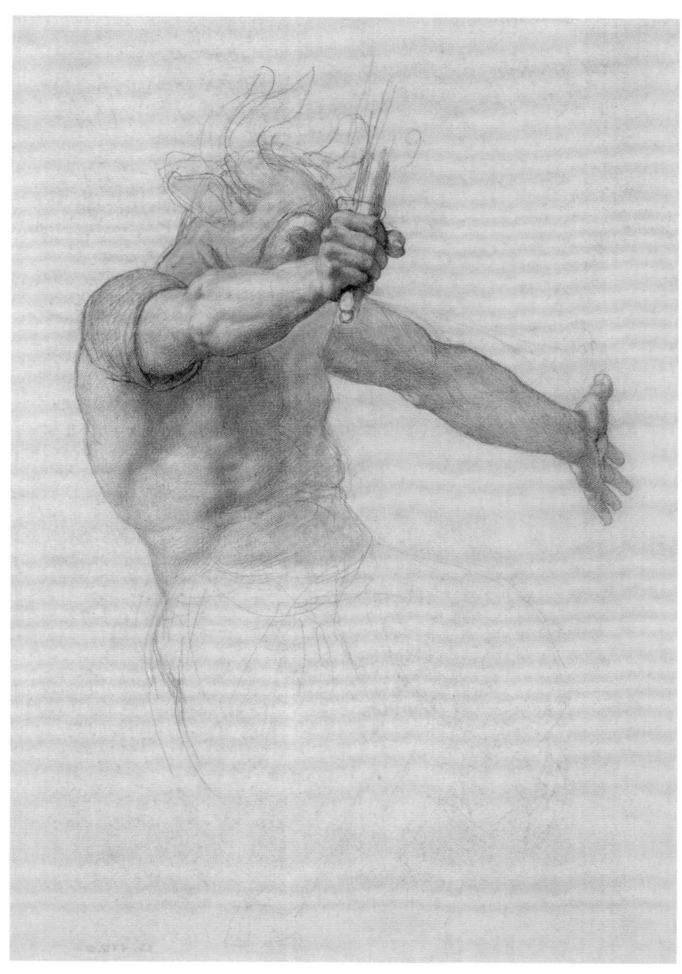

73 Charles Gleyre, Étude pour *Les Romains passant sous le joug* (Divico), 1854-1858
Lausanne, Musée cantonal des beaux-arts

74 Charles Gleyre, Étude pour *Les Romains passant sous le joug* (femme helvète bras tendus vers le bas), 1854-1858
Lausanne, Musée cantonal des beaux-arts

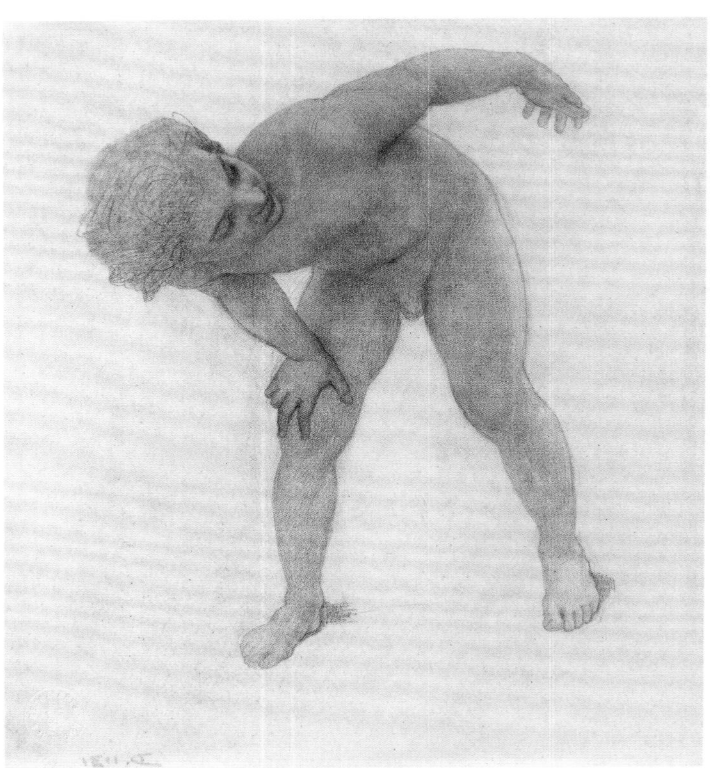

75 Charles Gleyre
Étude pour *Les Romains passant sous le joug* (enfant penché), 1854-1858
Lausanne, Musée cantonal des beaux-arts

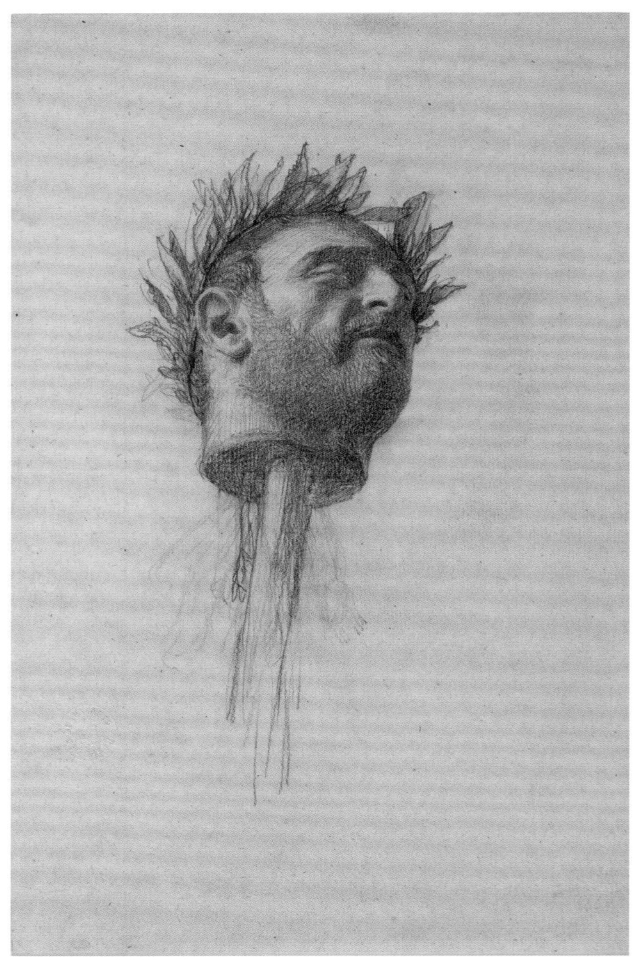

76 Charles Gleyre
Étude pour *Les Romains passant sous le joug* (tête coupée sur une pique)
Lausanne, Musée cantonal des beaux-arts

77 Charles Gleyre, Esquisse pour *Les Romains passant sous le joug*, 1856-1858
Lausanne, Musée cantonal des beaux-arts

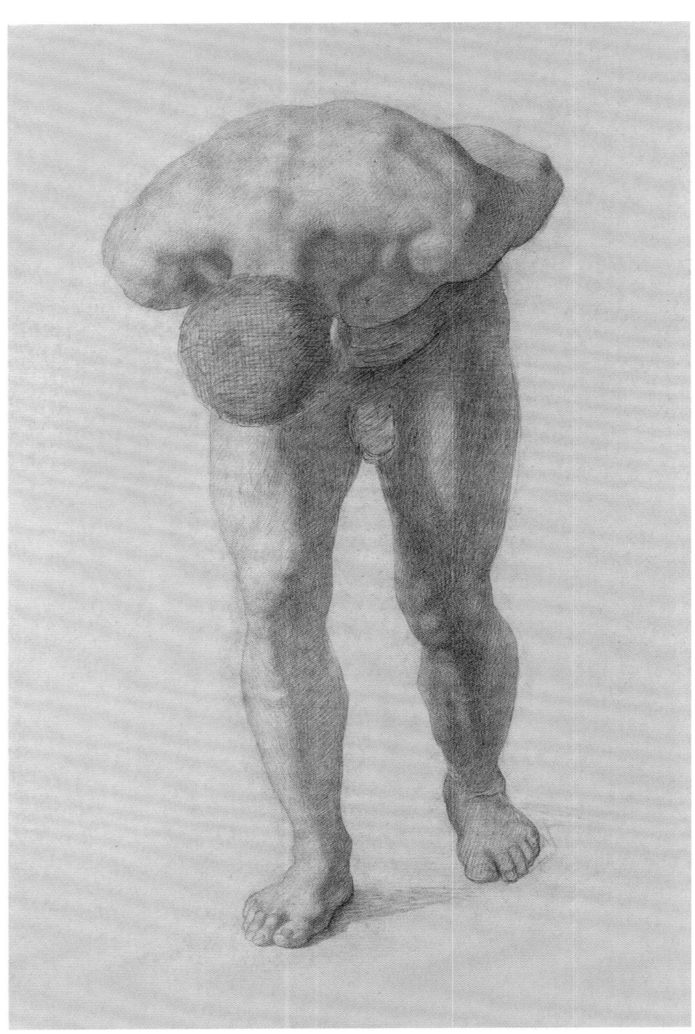

78 Charles Gleyre, Étude pour *Les Romains passant sous le joug* (prisonnier courbé), 1854-1858
Lausanne, Musée cantonal des beaux-arts

79 Charles Gleyre, Étude pour *Les Romains passant sous le joug* (tête d'homme regardant de côté), 1854-1858
Lausanne, Musée cantonal des beaux-arts

pages suivantes :
80 Charles Gleyre, *Les Romains passant sous le joug*, dit aussi *La Bataille du Léman*, 1858
Lausanne, Musée cantonal des beaux-arts

Archéologies du paysage

« Gleyre aimait le paysage, et les fonds de quelques-uns de ces tableaux indiquent assez avec quelle supériorité il eût traité ce genre. Il comptait bien en faire, "mais, disait-il, le paysage est bon pour les jeunes gens qui n'ont pas encore fait leur première communion ou pour les vieux qui n'ont plus assez d'imagination pour inventer des sujets et peindre la figure"[1]. » Peintre d'histoire, Gleyre a toujours respecté la hiérarchie des genres, mais cela ne signifie pas qu'il ait méprisé le paysage puisqu'il en avait très tôt reconnu le caractère historique. Ce ne sont pas les *vedute* des villes ou des plaines cultivées européennes qui l'intéressent, palimpsestes d'une histoire trop récente pour être selon lui digne de peinture. À l'instar de la génération romantique, il s'irrite régulièrement des traces d'occupation industrielle qui défigurent l'environnement et anéantissent, selon lui, sa profondeur historique[2]. Son attention artistique s'applique avant tout aux déserts intacts de toute exploitation humaine : maquis, garrigues, montagnes et volcans (cat. 81). Ces territoires épargnés par les aménagements humains et industriels permettent à l'artiste de se projeter dans une haute Antiquité, d'imaginer un monde encore vierge dans lequel l'humanité primitive a dû lutter pour sa survie, combattre les intempéries et les dangers d'une nature hostile, en formation, avec pour seules armes son endurance physique et sa confiance morale.

En 1828, lorsqu'il s'apprête à traverser les Alpes, Gleyre note à Saint-Maurice d'Agaune : « Le jour commence à poindre. On dit que c'est ici que fut massacrée la légion thébaine. C'est une gorge extrêmement étroite au fond de laquelle le Rhône coule. Le vent souffle avec violence[3]. » L'atmosphère dramatique et menaçante provoquée par la tempête actualise la tragique bataille du IIIe siècle ap. J.-C., dont Gleyre se plaît à imaginer que le décor n'a presque pas changé depuis deux mille ans. Les régions désertes de Grèce et d'Égypte, quand elles ne déclenchent pas des pensées mélancoliques ou un ennui douloureux, éveillent en lui une exaltation rare : « Je viens de chevaucher dans les plaines de sable du désert libyque. Invisible au milieu des nuages de poussière soulevés par les pieds agiles de mon rapide coursier, un instant je me suis cru heureux[4]. » Bien plus que les portraits ou les ruines que Lowell lui demande de reproduire, ce sont finalement les paysages semi-désertiques du Proche-Orient qui constituent pour Gleyre la part la plus féconde et inspirante du voyage. À son retour, parfois à plusieurs années d'écart, il fixe à l'huile des souvenirs de paysages de Basse-Égypte (cat. 83) ou des environs de Smyrne (cat. 82). Son pinceau s'attarde principalement à reproduire les ciels en purs dégradés de fin du jour, les formations rocheuses et leur réaction à une lumière rasante ou en contre-jour. L'impression générale mêle la violence des mouvements telluriques, dont les roches tumultueuses sont le témoin, à la sérénité d'une lumière d'après-midi qui caresse chaque anfractuosité, réunissant ainsi en une même image le passé et le présent, la tempête et le calme retrouvé.

Gleyre utilise ces notations pour réaliser l'arrière-plan de *La Séparation des apôtres* (1845), visible seulement dans les marges de la scène ; mais, simultanément à cet ouvrage, il entreprend une autre composition dans laquelle il accorde une plus grande autonomie narrative au paysage. *Le Déluge* (cat. 84), achevé en 1856, avait été commencé vers 1844, peut-être stimulé par l'inauguration, la même année à Paris, d'un diorama conçu par Charles-Marie Bouton sur le même thème, dont Gérard de Nerval livre un compte rendu enthousiaste[5]. On est en effet tenté d'interpréter le format panoramique du *Déluge*, ainsi que les effets surnaturels obtenus par le mélange de pastel et d'huile, comme la traduction des stimulations optiques caractéristiques du diorama : ce médium mobilise en effet des transparents partiellement peints, à travers lesquels sont projetées des lumières mouvantes, d'intensité et de couleurs différentes. Gleyre choisit de représenter le moment où les eaux se retirent. Le ciel se découvre, laissant apparaître une bande lumineuse à l'horizon, et éclaire le premier plan où pousse le rameau d'olivier : une colombe en porte un rameau à Noé, répandant la bonne nouvelle de la renaissance du monde terrestre, lavé de ses péchés après le châtiment divin. Sylvie Wuhrmann a rappelé que le rôle des deux anges n'est pas attesté dans la Genèse[6], on peut penser qu'ils sont toutefois nécessaires pour marquer le centre de gravité de la composition et attirer l'attention du spectateur sur la frêle colombe et le petit rameau qui n'ont pas en eux-mêmes suffisamment d'envergure et de présence scénique. La stylisation des anges – l'aile droite perpendiculaire au corps tendu – est tempérée par la délicatesse des tons pâles de leurs robes.

1 Clément 1878, p. 322.

2 « Pleurez, artistes, peintres, sculpteurs, vous tous qui parlez le langage poétique de la forme, de la couleur ; l'industrie envahit vos domaines. Vous, sculpteurs, plus de ces corps vigoureux se dessinant sous d'amples et libres draperies ; vous, peintres, l'étroit habit noir rend inutiles les brillantes couleurs de votre palette ; toi, malheureux paysagiste, les ciels et les mers seront ton seul refuge [...]. Les cours de nos clairs ruisseaux sont troublés, j'ai vu l'usine de teinturier s'établir sur les bords du Céphise, j'ai vu le sultan en chemise, en jabot, en pantalon à sous-pied, les nuages noirs de la vapeur obscurcissent le ciel naguère si pur de l'Égypte. Pleurons, pleurons... », *Carnet de voyage en Orient*, cité par Clément 1878, p. 74.

3 *Ibid.*, p. 26.

4 *Ibid.*, p. 87.

5 Voir Wuhrmann 2006-07, p. 183-184.

6 *Ibid.*, p. 185.

S'ils évoquent *La Justice et la Vengeance divine poursuivant le Crime* de Prud'hon (1808, Paris, musée du Louvre)[7], leur archaïsme rappelle avant tout les primitifs italiens, à commencer par Giotto à la chapelle de l'Arena visitée et étudiée par Gleyre à l'automne 1845. Le motif des anges ailés avait été apprécié et réinterprété par les jeunes artistes « primitivistes » lyonnais et allemands effectuant leur formation en Italie dans les années 1830-1840. On songe ainsi à Henri Lehmann (sainte Catherine d'Alexandrie au tombeau, Salon de 1840, Montpellier, musée Fabre), à Victor Orsel qui fait survoler la Ville Éternelle par saint Pierre et saint Paul dans un beau dessin de 1849, et plus encore à Louis Janmot dont Gleyre a pu admirer *Le Poème de l'âme*, cycle poétique et pictural exposé à Lyon et à Paris en 1854-1855 : le vol des deux âmes sœurs au-dessus des montagnes, évoquée dans un épisode intitulé *L'Idéal*, présente d'intimes analogies avec *Le Déluge* de Gleyre.

Si les principaux choix iconographiques (roches grises, serpent, arche) sont redevables à la grande tradition des *Déluges* de Carrache et de Poussin (Paris, musée du Louvre), on reconnaît aussi une réminiscence personnelle du désert égyptien visité par Gleyre. Les jeux d'obliques – gros blocs de pierre en suspens, tronc d'arbre posé en diagonale – sont probablement empruntés à un dessin réalisé aux environs du temple de Gournah à Thèbes en 1835 (Lausanne, Musée cantonal des beaux-arts). Étant donné l'ascendance égyptienne de cette vision postdiluvienne, on est tenté, à l'instar de Clément[8], d'établir une relation entre *Le Soir* (cat. 61), crépuscule des illusions humaines, et *Le Déluge*, aube d'une réconciliation entre les créatures et leur Créateur. Au lieu de voir s'éloigner la barque abritant les rêves d'harmonie, le spectateur considère comme une promesse l'arche de Noé à l'horizon, qui va bientôt libérer les élus de Dieu pour fonder un nouveau monde ; au premier plan, les deux rameaux d'olivier, arbre sacré et nourricier de tous les mythes méditerranéens, semblent être un écho juvénile aux deux rameaux de figuier, autre arbuste providentiel, qui survivent au milieu de l'aridité du *Soir*. On peut aussi, à l'unisson de William Hauptman[9], tracer un lien avec *La Séparation des apôtres* (cat. 63), qui constitue un jalon dans cette chronique des grands moments fondateurs d'une harmonie universelle et de son progressif désenchantement.

Gleyre ne possède pas le systématisme de la pensée palingénésique complexe de son camarade d'atelier et ami Paul Chenavard : ce dernier songe depuis la fin des années 1820 à son grand cycle d'histoire universelle et humaine, et en obtient la commande publique pour le Panthéon en 1848 (annulée trois ans plus tard). Mais il semble que Gleyre poursuive également dans la seconde moitié des années 1840 et durant la décennie 1850, de manière beaucoup plus indépendante et autoréférentielle, un projet artistique de « peintre philosophique ». C'est ce que pourrait attester un projet de la fin des années 1850, intitulé par Clément *Les Éléphants* (cat. 88), où Gleyre essaie de donner forme à un épisode encore antérieur au *Déluge*, sous la forme d'un paysage peuplé de fougères et d'animaux démesurés. Tandis qu'un ptérosaure déploie ses ailes dans le ciel, Adam et Ève, dérisoires et minuscules, se blottissent dans les fougères. Ce projet a été déchiffré par Danielle Chaperon qui indique que « Gleyre s'aventure sur des terrains qu'aucun artiste académique n'avait encore arpentés[10] ». Peut-être stimulé par de récentes découvertes de fossiles au bord du lac Léman en 1854[11], le peintre puise sa documentation dans les ouvrages de vulgarisation scientifique, à l'instar des gravures publiées dans la dixième édition du *Monde avant la création de l'homme*, de W.F.A. Zimmermann (1857). Selon une vision syncrétique correspondant aux convictions des grands biologistes de l'époque, Georges Cuvier et Jacques Boucher de Perthes, Gleyre essaie de faire coïncider le récit de la Genèse avec les découvertes scientifiques : il propose un état du monde entre la Chute et le Déluge, qui remet profondément en question la place traditionnellement éminente accordée à l'homme. L'harmonie primitive du monde aurait-elle été celle d'un univers où la suprématie était encore détenue par le règne animal ? Connaissant le respect sincère et généreux de Gleyre envers les animaux[12], ainsi que sa misanthropie, une telle proposition pouvait être prise au sérieux de sa part.

Mis à part ces recherches très singulières, il faut rappeler que Gleyre s'inscrit dans un mouvement pictural des années 1830-1840 qui offre à la peinture de paysage historique une solution de régénération. La tradition néoclassique du paysage mythologique meublé de fabriques antiques et composé d'éléments empruntés à la verdoyante

7 Hauptman 1996 a, p. 210.

8 Clément 1878, p. 234.

9 Hauptman 1996 a, p. 211.

10 Chaperon 2006-07, p. 191.

11 *Ibid.*, p. 191-192.

12 Membre de la société protectrice des animaux, Gleyre avait progressivement laissé les animaux coloniser son atelier : chats, pigeons, souris et ouistitis y logeaient librement, allant jusqu'à provoquer des dégâts sur certaines œuvres. Voir Clément 1878, p. 208, 260 et 298.

13 Hauptman 1996 b, nº 867, p. 462.

14 Voir Clément 1878, p. 349 : « La nature alpestre le laissait assez froid. Elle lui semblait incohérente et démesurée, inutile pour le peintre [...] ».

campagne italienne, sur des modèles de Poussin et de Claude Lorrain, s'essoufflait et faisait place à une appréhension plus fidèle de paysages méditerranéens arides, auparavant jugés laids et effrayants par les théoriciens académiques. Au Salon de 1834, Alexandre Decamps avait surpris et passionné la critique avec *La Défaite des Cimbres* (Paris, musée du Louvre), dont les troupes réduites à l'aspect d'une fourmilière se fondent dans le paysage splendide et sévère du massif des Maures, près d'Aix-en-Provence, lieu historique de la bataille en 102 av. J.-C. Le ciel bas et lourd est aussi tourmenté, zébré d'ombres et d'éclairs lumineux, que le paysage qui devient le véritable monument de la défaite. La démesure des rapports de proportion, l'ampleur panoramique et les effets de puissants contrastes trahissent l'influence du goût anglais pour la catégorie du sublime, mais aussi, plus prosaïquement, l'influence des dioramas. Decamps proposa par la suite des paysages mettant en scène des paraboles bibliques. Gleyre s'inscrit dans ce mouvement en élaborant, sous forme de dessins au fusain très aboutis, parfois signés et datés, des paysages historiques qui mettent en scène le bon Samaritain (cat. 86) et la mère de Tobie (cat. 87) dans des environnements traduisant la persistance des souvenirs du Proche-Orient. Les sujets choisis traitent de la détresse et de l'espoir de salut ; les personnages entrent en fusion avec le premier plan du paysage aride et rocheux vu en contre-jour, et qui contraste avec l'horizon éclairé, comme dans *Le Déluge*. Jaloux de son indépendance et anxieux d'être accusé de plagiat, Gleyre aurait-il renoncé à ces projets de peur de paraître singer Decamps ? L'attrait pour le paysage historique ne faiblit cependant pas avec les années : il déploie encore toute sa puissance dramatique et primitive dans *Penthée poursuivi par les Ménades*, achevé en 1864 (cat. 90). Le peintre semble avoir hésité dans les rapports de proportion à accorder aux personnages, que les premières esquisses dessinées montrent beaucoup plus petits, absorbés dans une nature boisée[13]. Dans le tableau définitif, Gleyre préfère, à son habitude, un environnement minéral et sec, et joue habilement des effets de contrastes : le corps éclairé de Penthée se détache contre la falaise rocheuse qui l'enferme à la manière d'un tombeau, tandis que les silhouettes des ménades, à l'instar des oiseaux de proie, se découpent à contre-jour sur l'horizon lumineux.

Ce n'est qu'à la fin de sa carrière, pour son ultime projet inachevé, que Gleyre ose créer un paysage historique au ton lyrique et non tragique, s'inspirant non plus des maquis méditerranéens mais des verdoyantes Alpes suisses qu'il avait jusqu'alors été très réticent à utiliser dans sa peinture d'histoire[14]. Faisant fi des débats scientifiques, *Le Paradis terrestre* (cat. 111) n'a plus rien de commun avec l'Enfer préhistorique des *Éléphants*.

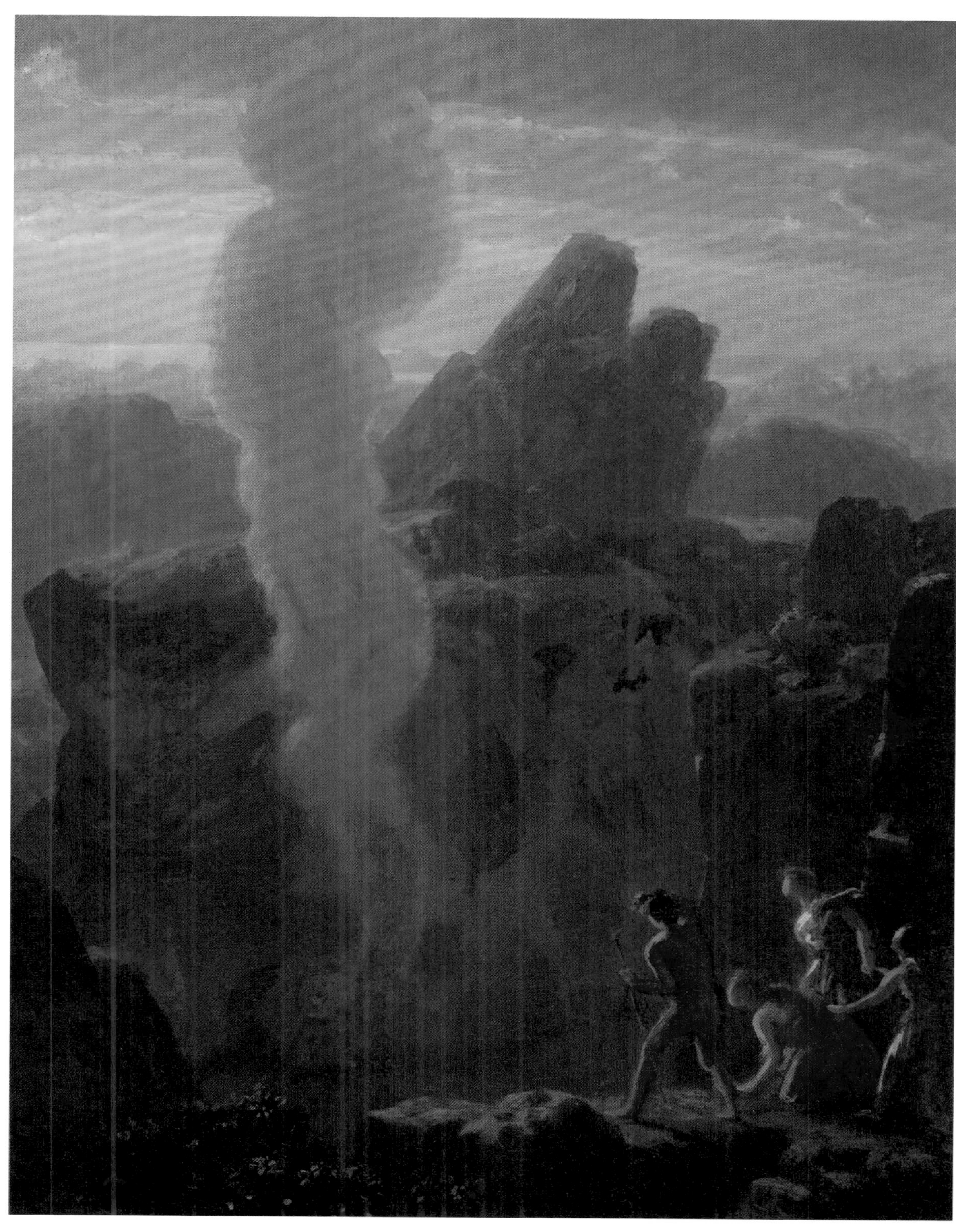

81 Charles Gleyre, *Paysage avec cratère (Etna ?)*, 1840, Lausanne, Musée cantonal des beaux-arts

82 Charles Gleyre, *Souvenir de Smyrne*, 1854-1856, Lausanne, Musée cantonal des beaux-arts

83 Charles Gleyre, *Paysage d'Égypte*, vers 1862, Lausanne, Musée cantonal des beaux-arts

84 Charles Gleyre, *Le Déluge*, 1856, Lausanne, Musée cantonal des beaux-arts

85 Charles Gleyre, *Paysage antédiluvien*, 1856 (?)
Lausanne, Musée cantonal des beaux-arts

86 Charles Gleyre, *Le Bon Samaritain*, 1840 (?)
Lausanne, Musée cantonal des beaux-arts

87 Charles Gleyre, *La Mère de Tobie*, 1860, Lausanne, Musée cantonal des beaux-arts

88 Charles Gleyre, *Les Éléphants*, 1856 (?), Lausanne, Musée cantonal des beaux-arts

89 Charles Gleyre, Esquisse pour *Penthée poursuivi par les Ménades*, 1859-1864
Lausanne, Musée cantonal des beaux-arts

pages suivantes :
90 Charles Gleyre, *Penthée poursuivi par les Ménades*, 1864
Bâle, Kunstmuseum

Le thyrse et la quenouille : l'invention de l'art au féminin

C'est au lendemain des grands succès au Salon, à l'automne 1845, que Gleyre effectua son premier séjour à Venise : Clément nous apprend qu'« il voulait demander à Titien et à Véronèse ce qu'il n'avait pu apprendre à Florence et à Rome[1] ». Quelle était donc cette leçon si pressante à demander aux maîtres du *Cinquecento* vénitien ? À n'en pas douter, il s'agit du nu féminin profane, de la traduction picturale de la chair palpitante et irradiante, et du luxe des soieries et des fourrures. En effet, sitôt rentré à Paris, Gleyre fut pris d'une frénésie créatrice rare dans sa carrière. Il se lança immédiatement dans la réalisation de *La Nymphe Écho* (cat. 108) et débuta de sa propre initiative *La Danse des Bacchantes* (cat. 96). Renâclant à répondre à la commande du *Major Davel*, il travailla au contraire assez vite à *La Danse*, achevée au printemps 1849. Vendue au prince-consort d'Espagne, la toile fut exposée au Salon durant un mois, avant d'être envoyée à Madrid.

Le lien qui s'était établi dans l'esprit de Gleyre entre Venise et l'imaginaire bachique remontait à son premier séjour à Rome au début des années 1830. Il avait assisté à l'envol de la carrière de son camarade Sébastien Cornu qui bénéficia d'un premier achat de l'État grâce à une *Bacchanale* envoyée au Salon de 1831[2]. Dans ce tableau d'esprit vénitien, Bacchus muni de son thyrse et Silène vidant sa coupe sont placés en périphérie de la composition : Cornu a réservé la place centrale à une bacchante. Vue de profil, vêtue d'une tunique courte et d'une peau léopard, elle danse en jouant des crotales[3]. Suivant avec envie le succès de son confrère, Gleyre avait flairé l'utilité d'une formation complémentaire à celle offerte par Rome et Florence, et supplia immédiatement sa famille de lui financer un nouveau voyage : « Tiens, vois-tu, si tu as envie de me revoir, il faut me fournir les moyens de faire ce voyage [à Naples] et celui de Venise. Il me faut 2 000 francs absolument. Je te ferai dix tableaux et quinze même si cela est nécessaire, mais je veux voir ces deux villes[4]. »

Un autre modèle important de sa jeunesse, Léopold Robert, avait dû aussi l'inciter à ce voyage. Gleyre avait probablement observé au Salon de 1827 le succès du *Retour du pèlerinage à la Madone de l'Arc* à Naples (Paris, musée du Louvre). Ayant fréquenté Robert à Rome en 1829-1830, il connaissait l'ambitieux projet qui sous-tendait ce tableau et le suivant, *L'Arrivée des moissonneurs dans les marais Pontins* : Robert avait entrepris de faire percevoir, à travers l'ennoblissement et la stylisation de certaines fêtes populaires italiennes contemporaines, la persistance de rites religieux saisonniers hérités de l'Antiquité[5]. Après les fêtes de Flore à Naples et celles de Cérès à Rome, Robert souhaitait évoquer celles de Bacchus dans les vignobles toscans, tandis que les saturnales d'hiver – le carnaval – devaient prendre place à Venise[6]. Mais, cruellement touché par un amour déçu à Florence avec Charlotte Bonaparte, il n'avait pas achevé son cycle. Installé en février 1832 à Venise pour peindre l'épisode hivernal, en proie au doute et aux souffrances sentimentales, il y mit fin à ses jours trois ans plus tard.

Cuirassé contre toute interférence amoureuse[7], Gleyre semble avoir pris ses gardes contre un tel échec. Les lettres envoyées de Venise en automne 1845 montrent qu'il ne voulut pas se laisser emprisonner dans la lagune embrumée en hiver[8]. D'autre part, il avait encore suffisamment confiance en la fécondité des grands maîtres et en ses propres talents de peintre d'histoire pour penser qu'il n'était point nécessaire de passer par la stylisation de la scène de genre contemporaine. Sa bacchanale reste bel et bien ancrée dans l'Antiquité, s'inscrit dans le sillage du Poussin et de Titien, ce que les commentateurs surent apprécier.

Les critiques notèrent toutefois l'absence de Silène, des satyres et des petits faunes qui, chez les maîtres anciens, constituaient le contrepoint grotesque indispensable au thiase bachique. Alors que Théophile Gautier s'en plaignit en incriminant le tempérament froid et sévère du peintre, F. de Lagenevais chercha à comprendre ce choix, décelant deux volontés : d'une part la perfection formelle et d'autre part la rigueur scientifique qui restitue un rite avéré au sein d'une civilisation historique. Le caractère du tableau n'est plus mythologique ni fabuleux et devient « essentiellement religieux[9] ». Gleyre évacue tout élément surnaturel qui pourrait déréaliser la scène, efface aussi les dérives comiques et les présences masculines qu'autoriserait le sujet, de sorte que sa bacchanale décrit une liturgie exclusivement féminine, par conséquent mystérieuse et secrète aux yeux du spectateur masculin qui observe un rite interdit[10].

Il faut considérer la place qu'occupe *La Danse des Bacchantes* dans la carrière de Gleyre : exposée six ans après

1 Clément 1878, p. 185.

2 *Bacchanale*, n° 3018. Acquise par l'État, l'œuvre de Cornu est envoyée au musée de Grenoble, où elle est toujours conservée.

3 Quatorze ans plus tard, Gleyre semble s'être souvenu de l'œuvre fétiche de son camarade en citant cette danseuse à la peau de léopard dans le groupe central de *La Danse des Bacchantes*.

4 Lettre de Charles Gleyre à son frère Henry, Rome, 2 avril 1831, p. 41. S'il parvint effectivement à Naples en hiver 1833-1834, le voyage à Venise ne se réalisa pas avant 1845.

5 Griener 1996, p. 50.

6 Gassier 1983, p. 218.

7 « La volupté du bien-être, l'amour d'une belle femme ont fait avorter plus de beaux génies que la haine et la misère qui sont aussi pourtant de bien grands monstres ! », citation du *Carnet de voyage en Orient*, voir Clément 1878, p. 74.

8 Lettre de Charles Gleyre à Sébastien Cornu, Venise, 15 octobre 1845.

9 *Ibid.*

10 *Penthée*, que Gleyre peint en 1865 poursuivi et lacéré par les ménades pour avoir surpris le secret de leur rite, constitue en quelque sorte la suite tragique de *La Danse des Bacchantes*.

Le Soir (cat. 61), elle suit de quatre années *La Séparation des apôtres* (cat. 63). On y observe le même schéma de composition que dans les deux tableaux précédents : dans un format horizontal, douze personnages en symbiose évoluent sous le regard d'un treizième. Après les douze créatures musiciennes indifférentes au poète nostalgique et les douze apôtres se dispersant au pied de la croix, douze bacchantes se livrent ici à leur culte sous l'égide protectrice de la prêtresse de Dionysos. Sa droiture l'assimile à la colonne-autel portant la statuette du dieu, peinte en rouge comme le Priape des vergers antiques. Sans jamais abdiquer l'élégance du dessin ni la tempérance de son pinceau lisse, l'artiste traduit la dislocation des corps, le désordre des costumes et la disharmonie phonique suggérée par la musique des crotales, du tambourin et de l'*aulos*. Le pur dégradé céleste du *Soir*, encore présent dans l'aube de *La Séparation des apôtres*, a laissé place à un tourbillon de nuées dans un ciel bleu électrique dont l'horizon est bouché par un massif rocheux. Gleyre exalte les racines barbares et orientales de rites grecs païens antiques, mises en évidence au même moment par les historiens des religions[11]. Il imagine une Grèce primordiale, caractérisée par le pouvoir religieux des femmes en quête de transcendance, non par la méditation ni par la parole, mais par l'ivresse et l'épuisement physique. Une telle scène, placée dans un contexte païen antique, offre un programme religieux radicalement antithétique à celui de *La Séparation des apôtres*, ultime instant de synthèse et de recueillement des mâles patriarches du christianisme. Toutefois, les deux scènes se rejoignent en ce qu'elles postulent l'impossibilité d'une harmonie durable dans un groupe exclusivement constitué d'individus de même sexe. Viendraient-elles, à la manière de deux volets d'un triptyque, étayer le panneau central que pourrait être *Le Soir* ou *Le Déluge* ? La jouissance de l'harmonie éternelle et universelle serait-elle réservée aux anges et aux chastes êtres androgynes ? Nous verrons que l'ultime projet de Gleyre, *Le Matin* (dit aussi *Le Paradis terrestre*) (cat. 111), propose une réponse alternative.

Il semble que le thème de la puissance créatrice des femmes a fasciné l'artiste arrivé à maturité, même si ce n'est qu'à la condition d'employer le filtre à la fois anoblissant et déréalisant de la mythologie grecque : il ne sera pas question de représenter une prise de pouvoir féminine ancrée dans l'histoire politique. Lorsque Gleyre songe par exemple à représenter *Jeanne d'Arc* (cat. 100) vers 1860, ce n'est pas sous la forme d'une guerrière chevauchant au milieu des soldats ni dans le rôle de la martyre immolée – *Major Davel* au féminin ; elle reste au contraire une jeune bergère solitaire et visionnaire, imitant la *Jeanne d'Arc écoutant ses voix* sculptée par François Rude pour le jardin du Luxembourg huit ans auparavant (1852, Paris, musée du Louvre)[12].

Cette créativité des femmes ne s'exprime pas seulement négativement, à travers la libération excessive et violente des sens : Gleyre admet les vertus civilisatrices de la féminité. Ainsi l'atmosphère sauvage de *La Danse des Bacchantes* (1849) et de *Penthée poursuivi par les Ménades* (1865) alterne avec la douceur d'*Hercule et Omphale* (1862) et de *Minerve et les trois Grâces* (1866). Le souffle tragique et les mystères du rite religieux accomplis dans les maquis désertiques alternent avec l'humour épigrammatique de saynètes placées dans d'élégants gynécées aux tons pastel. Pour illustrer la fable d'*Hercule et Omphale* (cat. 99), Gleyre délaisse les modèles du XVIe siècle au profit du ton galant du XVIIIe siècle. Stéphane Guégan a ainsi montré les sources rocaille du tableau, réinterprétation d'une œuvre de François Lemoyne (1724, Paris, musée du Louvre)[13], auquel il faut ajouter *L'Amour se faisant un arc de la massue d'Hercule* d'Edmé Bouchardon (1750, Paris, musée du Louvre). Le principe d'inversion des rôles traditionnellement assignés à chaque sexe dans cette fable n'est cependant pas mené jusqu'au bout. Contrairement à la même scène exposée par Gustave Boulanger au Salon de 1861, l'Omphale de Gleyre ne se tient pas debout, dépoitraillée et railleuse, empoignant l'attribut phallique d'Hercule. Malgré le paon, symbole d'orgueil, posé à son aplomb, la reine de Lydie ne quitte pas le luxueux trône conforme à son rang et se désintéresse de la massue : l'Amour narquois et Hercule recroquevillé portent seuls la charge comique de la situation. Plus qu'une entreprise d'humiliation et d'« aplatissement de l'homme par la femme », comme Gleyre a pu l'exprimer lui-même en guise de bravade[14], le spectateur a davantage le sentiment d'assister à une leçon artistique prodiguée par une patiente enseignante à un novice désespérant de maladresse[15].

11 Voir l'essai de Sébastien Mullier, « Le sauvage idéal », dans le présent catalogue, p. 60.

12 Commandé en 1845 pour la série des *Femmes illustres* du jardin du Luxembourg, le marbre exposé au Salon de 1852 est aujourd'hui conservé au musée du Louvre.

13 Guégan 2006-07, p. 212-213.

14 Clément 1878, p. 292-293.

15 Il ne faut pas oublier que, selon le mythe, Hercule fut livré à Omphale en vertu d'un châtiment prononcé par les dieux pour le punir d'avoir tué le roi Iphitus dans un accès de rage, épisode pour lequel Gleyre esquisse une composition au fusain au même moment. Voir Hauptman 1996 b, n° 845, p. 454.

Gleyre achève quatre ans plus tard *Minerve et les trois Grâces* (cat. 91) pour le décor intérieur d'une somptueuse résidence privée suisse[16]. S'il donne corps à la déesse civilisatrice par excellence de la culture grecque, c'est avec tout autant d'élégance et de désinvolture envers la tradition iconographique. Le peintre déforme à sa guise le mythe de l'invention de l'*aulos* (flûte double) par Minerve, associe pour la première fois cette déesse aux trois Grâces, évoquant – sans la reproduire – une troisième fable, celle de la visite de Minerve aux muses. Cette rencontre inédite offrirait-elle une réflexion personnelle sur la musique ? Alors que les traditionnels attributs martiaux de Minerve (casque, lance, égide et bouclier) ont été déposés en marge de la composition, elle s'est assise et dénudée ; son statut divin se distingue encore par l'auréole resplendissante, le hiératisme conféré par une position frontale et les yeux grands ouverts qui prennent le spectateur à témoin de sa puissance et son enthousiasme, au sens originel du terme. Placée à l'arrière-plan à l'aplomb de son crâne, une fine cascade semble verser sur sa tête l'inspiration divine venue des cimes olympiennes. Gleyre lui fait jouer de la flûte traversière, instrument introduit seulement au Moyen Âge en Europe occidentale, par conséquent anachronique ; il présente l'avantage de ne pas déformer ses traits. À sa droite, Thalie, une des Grâces, incarnation de la plénitude de la vie, souffle au contraire dans l'*aulos*, se détournant du spectateur pour dissimuler la laideur suscitée par la déformation de ses joues. Les deux autres Grâces, Aglaé et Euphrosine, écoutent en silence, délaissant la cithare et le tambourin posés à leurs côtés.

Quel sens faut-il accorder à ce complexe rébus[17] ? S'agit-il de prôner la fusion entre la part savante, abstraite et sacrée de la musique, incarnée par Minerve, et la part naïve, sensuelle et profane de cet art, prise en charge par la Grâce ? Ce que l'on peut en tout cas retenir est l'éviction des figures masculines attendues, seulement suggérées *in absentia*. Minerve et les Grâces supplantent Orphée en charmant les animaux. Instruments liés au culte de deux divinités masculines antagoniques, l'attribut raffiné de l'Apollon citharède et le bruyant tambourin de Dionysos sont réduits à des accessoires, utilisés ici pour leur forme mais non pour leur son. Sont-ils écartés en raison de leur origine ? Ces instruments sont en effet créés à partir de dépouilles animales (carapace, peau et boyaux), contrairement aux flûtes, entièrement végétales. La clé de l'harmonie musicale parfaite semble donc résider dans la conciliation de deux souffles féminins complémentaires, antique et moderne, divin et profane. Emblématiques de la civilisation grecque, Minerve et les Grâces reprennent à leur compte le prestige et les attributs des divinités masculines tout en les excluant de leur espace. *Sapho* (cat. 101) peinte l'année suivante semble réitérer le même schéma : dominée par l'effigie de Minerve juchée sur une colonne-autel, la poétesse est placée à égale distance de la cithare apollinienne et du tambourin bachique, négligemment posés parmi les accessoires d'une pièce vouée à l'intimité féminine.

Ces mises en scène alambiquées et originales trahissent les sentiments contradictoires que Gleyre nourrit à la fois envers la musique et envers les femmes. « [Gleyre] adorait la musique, mais sans vouloir en convenir. Il prétendait que c'était un art secondaire, malfaisant, amollissant, corrupteur ; un art de décadence, qui manque de précision, qui retient l'esprit dans l'à-peu-près, qui n'inspire que de vagues rêveries[18]. » Les reproches adressés à la musique sont les mêmes que Gleyre lance au beau sexe. Il s'en méfie au quotidien mais leur consacre la majeure partie de son travail artistique dans les années 1860 et s'en laisse parfois séduire[19].

Du *Soir* (cat. 61) à *Minerve* en passant par *La Danse des Bacchantes*, la musique et les femmes sont alliées et jouent un rôle central dans les compositions où Gleyre formule des conceptions esthétiques. Afin d'évoquer simplement la fusion idéale du sacré et du profane, le peintre combine avec ingéniosité l'effet saisissant de la frontalité iconique avec la douceur discrète des profils perdus, emblèmes de la puissance ambivalente prêtée aux femmes comme à la musique. Les sujets antiques fournissent aussi au peintre l'occasion d'une réflexion personnelle et surprenante sur l'origine des arts, qui ne fait appel ni à Apollon ni à Orphée : qu'il s'agisse de la danse inventée par les bacchantes, de la musique prodiguée par Minerve aux animaux, de l'art de filer enseigné par la belle Omphale ou encore de la poésie amoureuse composée par Sapho, le secret des arts semble être le privilège des femmes, acquis grâce à leur connivence mystérieuse et intuitive avec les forces créatrices divines.

16 Le château des Crêtes, à Clarens, appartenait au puissant magnat du gaz et de la presse Vincent Dubochet.

17 Voir Junod 2006-07, p. 217-220.

18 Clément 1878, p. 340.

19 Les deux seuls accès de profonde émotivité que Clément a surpris chez Gleyre en trente ans d'amitié réactivent cette ambivalence : le premier survint alors que l'artiste entendait les plaintes d'Orphée chantées par Pauline Viardot, l'autre alors qu'un jeune modèle féminin ravissant se déshabilla un jour devant lui. Voir Clément 1878, p. 341-342.

91 Charles Gleyre, *Minerve et les trois Grâces*, 1866, Lausanne, Musée cantonal des beaux-arts

ΧΑΙΡΕ
ΚΑΙ ΧΑΡΙϹΙ

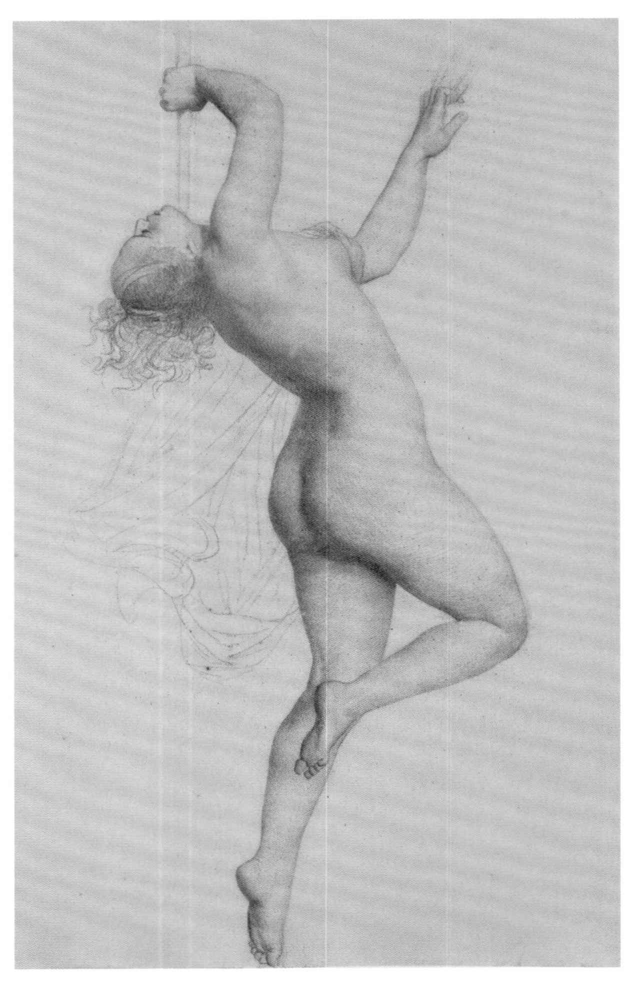

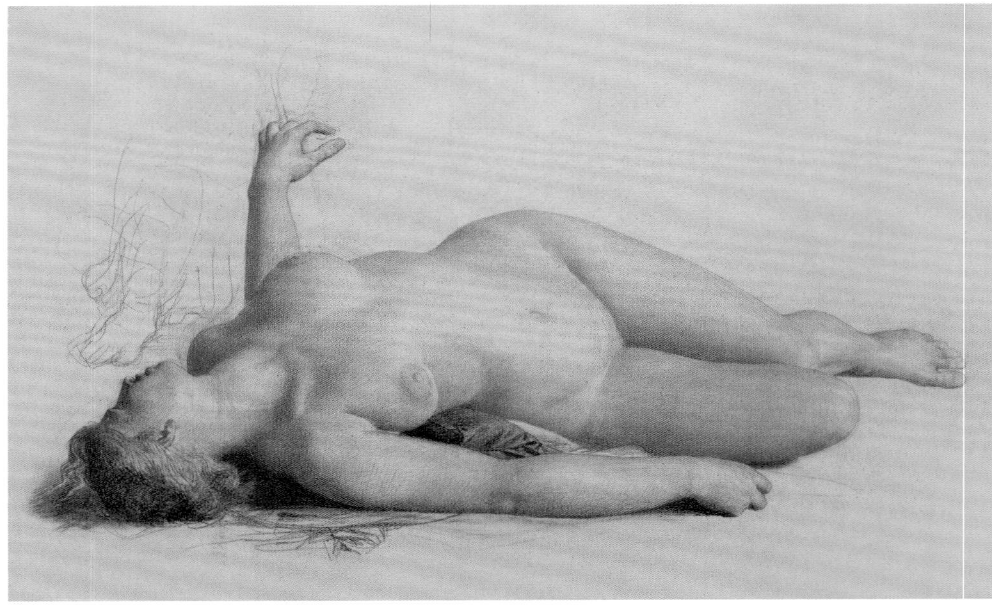

92 Charles Gleyre, Étude pour *La Danse des Bacchantes*
(bacchante de profil), 1848-1849
Lausanne, Musée cantonal des beaux-arts

93 Charles Gleyre, Étude pour *La Danse des Bacchantes*
(bacchante couchée), 1848-1849
Lausanne, Musée cantonal des beaux-arts

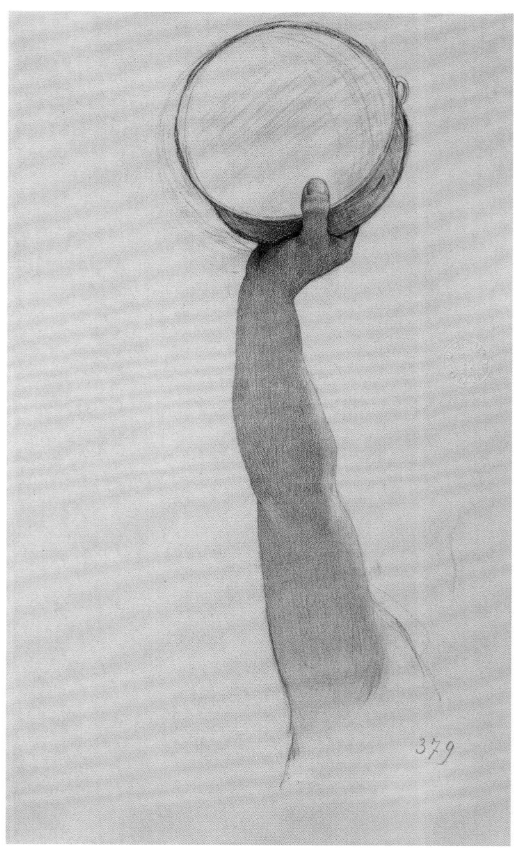

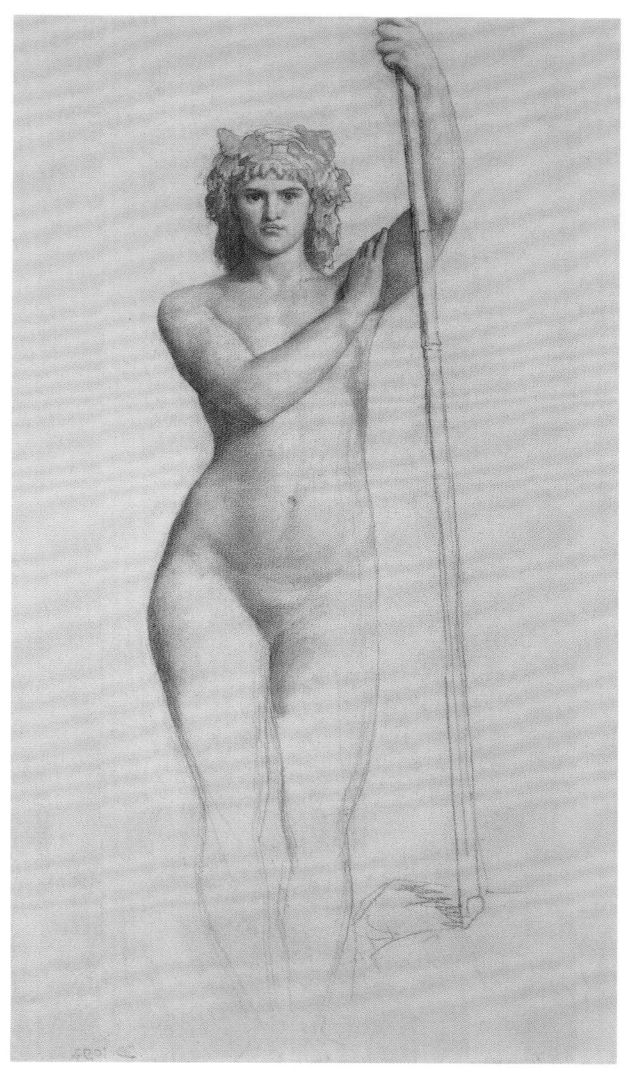

94 Charles Gleyre, Étude pour *Penthée poursuivi par les Ménades* (bras au tambourin), 1859-1864
Lausanne, Musée cantonal des beaux-arts

95 Charles Gleyre, Étude pour *La Danse des Bacchantes* (prêtresse de face), 1848-1849
Lausanne, Musée cantonal des beaux-arts

pages suivantes :
96 Charles Gleyre, *La Danse des Bacchantes*, 1849
Lausanne, Musée cantonal des beaux-arts

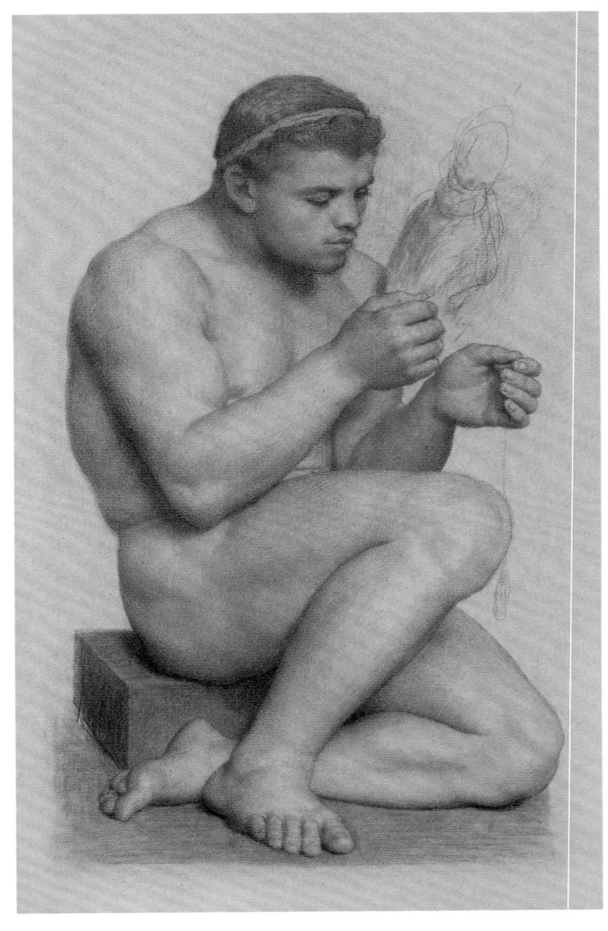

97 Gustave Boulanger, *Ulysse reconnu par Euryclée*, 1849
Paris, École nationale supérieure des beaux-arts

98 Charles Gleyre, Étude pour *Hercule et Omphale* (Hercule), 1859-1862
Lausanne, Musée cantonal des beaux-arts

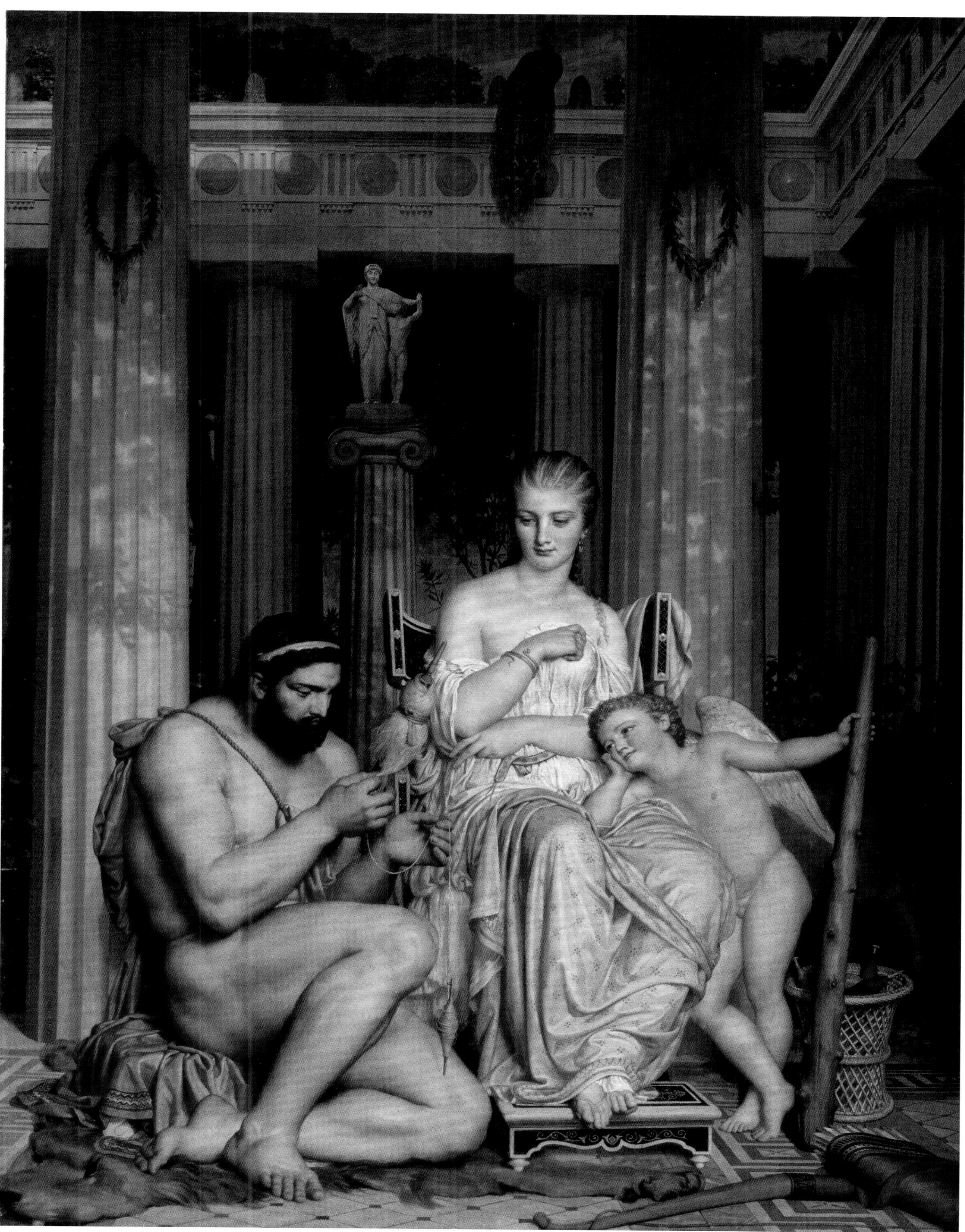

99 Charles Gleyre, *Hercule et Omphale*, 1862, Neuchâtel, musée d'Art et d'Histoire

100 Charles Gleyre, *Jeanne d'Arc*, vers 1860
Lausanne, Musée cantonal des beaux-arts

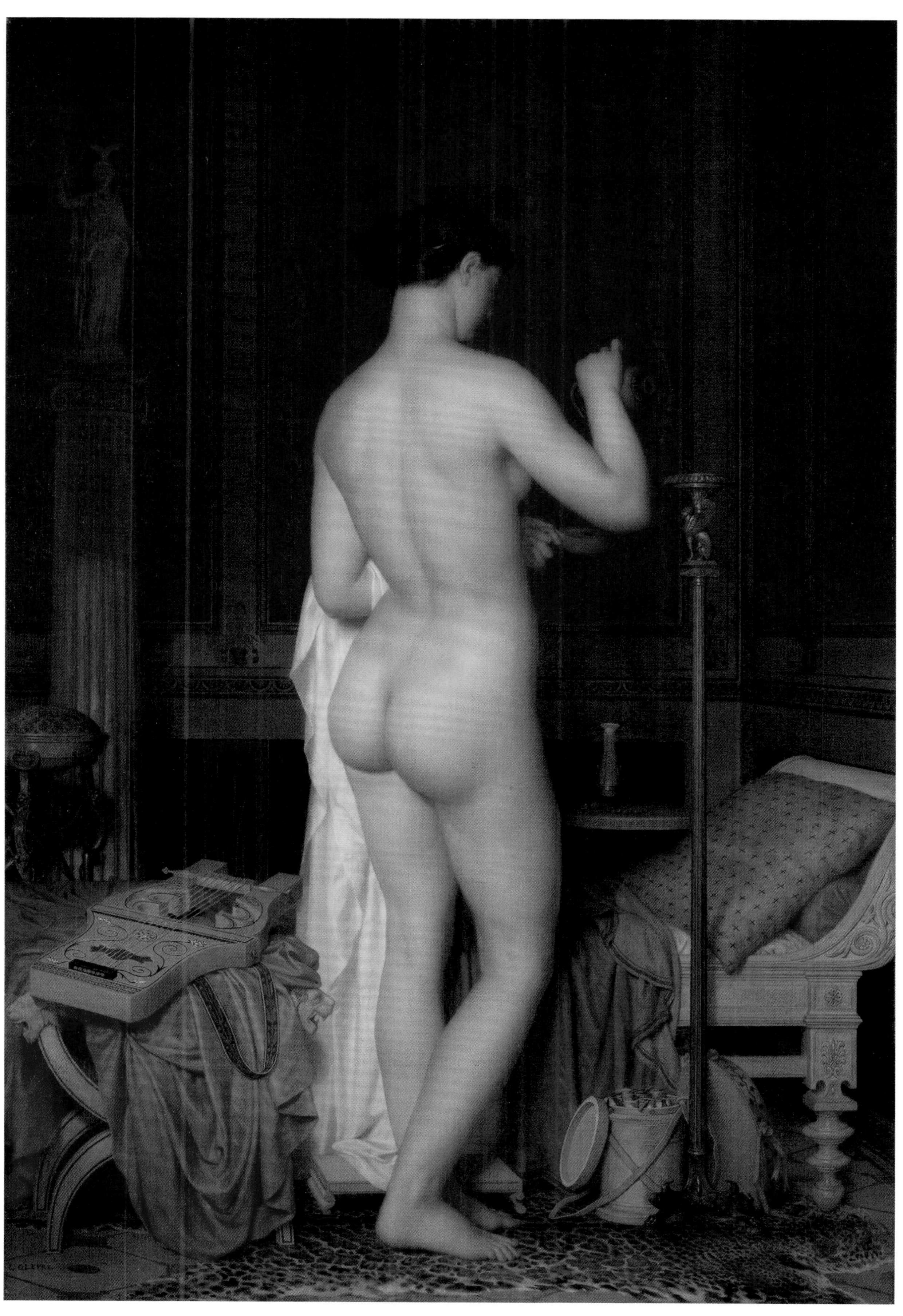

101 Charles Gleyre, *Sapho*, dit aussi *Jeune fille dans un intérieur pompéien*, 1867
Lausanne, Musée cantonal des beaux-arts

Vers l'idylle : la chair en lumière

1 Thévoz 2006-07, p. 236.

2 Vernet est mort en 1863, Ingres en 1867.

3 Horace Vernet, *Raphaël au Vatican*, 1832, Salon de 1833, Paris, musée du Louvre.

4 Voir l'essai du présent catalogue, « Du rapin parisien au brigand romain : les audaces d'un enfant prodigue », p. 74.

5 Voir Hauptman 1996 b, n°s 972-988, p. 516-521.

6 C'est ce même écorché, moulage fréquemment utilisé dans les ateliers et dont la paternité était alors donnée à Michel-Ange, que porte le génie réprouvé dans *Raphaël au Vatican* d'Horace Vernet.

Les ultimes peintures de Charles Gleyre semblent être placées sous le signe de la réconciliation et de la tradition. Après les scènes de viol, de séparation, de renoncement, de chasse et d'humiliation, l'artiste ôte à ses compositions toute violence latente et fait place à la sérénité. Utilisant des compositions simplifiées et une palette éclaircie, il prend également ses distances avec l'érudition extrême qui caractérisait ses précédentes peintures d'histoire et de mythologie. Il peut d'autant mieux se concentrer sur le thème, central dans son œuvre, de l'harmonie qui ne paraît plus se poser sous forme critique ou historique, mais comme une évidence intemporelle. Pourtant, un examen attentif permet de penser que, sous la glace des dernières compositions, perce encore le feu du tempérament profondément indépendant du peintre.

Le dernier tableau achevé par l'artiste s'intitule *Le Retour de l'enfant prodigue* (cat. 106). Après avoir dilapidé sa fortune et son honneur, le fils honteux de la parabole chrétienne est pardonné et accueilli avec joie par sa famille. Le tableau déroute le spectateur par son absolue perfection formelle, le caractère affecté des sentiments et un choix implacablement conventionnel des motifs : le discours semble verrouillé dans une morale biblique infantilisante, désespérément dépourvue d'ambiguïté. Michel Thévoz affirme que le peintre « régresse au stade trivial de l'idéologie, aux stéréotypes édifiants, à la religiosité niaise. Tout y passe : la famille unie, le père ferme et indulgent, la mère aimante, le fils repenti, la sœur future femme au foyer, le chien fidèle[1] ».

Mais il faut noter qu'à son habitude, Gleyre ne respecte pas à la lettre la parabole rapportée dans l'Évangile selon saint Luc : il fait fi du frère aîné qui ne comprend pas la joie du père, tandis que la mère fait irruption dans la composition alors qu'elle est absente du texte. Rompant avec l'ambition archéologique qui l'anime et l'orientalisme biblique en vogue, Gleyre n'installe pas l'action dans un cadre de la Palestine antique, mais dans un environnement médiéval italien. On peut proposer d'interpréter cette distorsion par le souhait de raccorder formellement *Le Retour de l'enfant prodigue* à *Raphaël quittant la maison paternelle* (cat. 103) peint par le jeune Gleyre, probablement à Rome, entre 1830 et 1834. L'enfant, embrassé par sa mère vêtue de jaune sous le regard du père en manteau à doublure rouge, retrouve, quarante ans plus tard, des parents et un décor qui n'ont pas changé d'aspect : une maison médiévale précédée d'une pergola couverte de vigne vierge, avec pour cadre un paysage vallonné, bucolique et ensoleillé des Marches d'Italie centrale. Faut-il pour autant penser que l'austère et anticlérical Gleyre compose, sous le voile de la parabole biblique, une histoire-fiction mettant en scène l'ambitieux Raphaël ? La scène moralisante prendrait alors une tournure nettement comique : compromis dans les péchés d'orgueil et de luxure après avoir mis ses pinceaux au service de la splendeur corrompue des papes et des cardinaux, Raphaël aurait-il dû faire amende honorable et retourner à son foyer d'Urbino, au lieu de mourir dans les bras d'une courtisane romaine ? Gleyre veut-il ainsi égratigner le mythe du divin Raphaël, tant exalté par Horace Vernet et par Jean-Auguste-Dominique Ingres, autrefois puissants et craints, désormais défunts[2] ? Répond-il tout particulièrement à Vernet qu'il avait vu, à Rome en 1832, mettre en scène dans un format immense une altercation entre le peintre d'Urbino et l'irascible et disgracieux Michel-Ange, relégué à la périphérie de l'espace[3] ? Gleyre révérait depuis sa jeunesse Michel-Ange, génie ombrageux, incorruptible et indépendant[4]. Pendant qu'il reprenait et achevait *Le Retour de l'enfant prodigue*, il méditait depuis 1865, à travers de nombreux dessins préparatoires, une étrange composition que Charles Clément intitule *Michel-Ange et Pandore*[5] : envoyé par Jupiter, Mercure tente de persuader le sculpteur, nouveau Prométhée, de laisser pénétrer la séduisante et fatale Pandore dans son espace de création. Mais l'artiste se méfie de la femme et lui préfère son labeur – au double sens de travail créatif et de souffrance –, symbolisé par le célèbre écorché accroupi[6]. Gleyre avait certainement suivi et lu les recherches de son ami Charles Clément qui avait publié en 1861 (et réédité fin 1866) une étude comparative intitulée *Michel-Ange, Léonard de Vinci, Raphaël* ; la rumination de ces biographies, les affinités électives et les projections personnelles de l'artiste auraient-elles mené à deux allégories complexes sur les dangers du plaisir et de l'orgueil d'une part (*Le Retour de l'enfant prodigue*), sur les vertus du célibat et de la modestie dans la vie d'artiste d'autre part (*Michel-Ange et Pandore*) ? Cette dernière allégorie, passablement hermétique, finit par lasser son auteur. Les recherches pour *Michel-Ange et Pandore* furent définitivement laissées inachevées en 1872, tandis que *Le Retour de l'enfant prodigue*, achevé non sans peine l'année suivante pour un riche commanditaire suisse, avait laissé son auteur profondément insatisfait[7].

Une telle frustration permet peut-être de comprendre l'ultime volte-face du peintre qui prit au contraire grand plaisir à travailler au *Paradis terrestre* (cat. 111), également sous-titré *Le Matin*, comme en témoigne une inscription en marge d'une esquisse dessinée[8]. Seule une esquisse peinte permet de connaître l'effet pictural souhaité par l'artiste qui avait entrepris la transposition de la composition sur une grande toile préparée avant de mourir brutalement. Quelques semaines avant sa mort, il avait séjourné chez son ami Gaugiran-Nanteuil à Lieusaint afin d'étudier la flore printanière. Car c'est bien le « printemps de la vie[9] » et du monde que représente le tondo où Adam et Ève enlacés parcourent une prairie verdoyante et fleurie à l'horizon de laquelle se profilent les crêtes du massif du Jura. La présentation des figures en contre-jour, tournant le dos au soleil levant, permet de créer un écho formel avec *Le Soir* (cat. 61), qui se trouve ainsi doté *a posteriori* d'un faux pendant. Gleyre reprend une réflexion sur l'amour et l'harmonie entre homme et femme inaugurée dix ans plus tôt avec *Daphnis et Chloé* (1861-1862, coll. part. ; esquisse, cat. 113) : âgé de 56 ans, il avait alors osé peindre pour la première fois une scène où un homme et une femme nus entretiennent un rapport harmonieux. Il s'agissait toutefois d'un couple d'adolescents, et Gleyre semble avoir eu quelques difficultés à assembler les deux corps étrangement disproportionnés et agencés. *Le Paradis terrestre* montre une disposition beaucoup plus naturelle des corps ; la palette de gris, bleu et vert piquée du rose vif des fleurs annonce un plaisir retrouvé de la couleur. Enfin la lumière solaire, filtrée par le corps et les cheveux d'Ève, devait contribuer à la poésie et au tour de force technique du tableau. Catherine Lepdor en conclut que « le peintre des *Illusions perdues* clôt son grand cycle d'images par une œuvre affirmant la réconciliation avec le monde et sa croyance dans un âge d'or futur. *Le Matin* [...] ne représente pas le paradis terrestre biblique, mais le paradis sur terre, celui que nombre d'artistes du XIXe siècle, d'Ingres à Hans von Marées en passant par Puvis de Chavannes et Gauguin, et jusqu'aux promoteurs de la *Lebensreform*, appellent de leurs vœux, qu'ils défendent une conception conservatrice ou révolutionnaire de l'Histoire[10] ».

Gleyre semble ainsi découvrir dans ses dernières années le plaisir du nu féminin détendu et savoureux, caressé par une lumière plus naturelle et chaleureuse que l'éclairage d'atelier. Cette jouissance picturale est pleinement assumée dans *Le Bain* (cat. 110), composition achevée en 1868[11]. Charles Clément indique que Gleyre trouva l'argument de la petite scène dans une terre cuite de la collection Campana, sans plus de précision[12] : peut-être s'agit-il d'une des nombreuses plaques de terre cuite dont le décor en bas-relief représente deux femmes de part et d'autre d'un candélabre (Paris, musée du Louvre, inv. S.757), ou bien d'une *pélikè* à figures rouges montrant sur l'une des panses deux femmes autour d'un baquet (Paris, musée du Louvre, inv. G.547). On note par ailleurs que la vasque centrale est fort proche de celle que Delaroche avait choisie pour sa *Jeune fille dans une vasque* (fig. 28), probable hommage intime et conjugal interrompu en 1845 par la mort de son épouse, née Louise Vernet. Gleyre avait alors appris avec douleur la mort précoce de cet amour de jeunesse[13].

Qu'il soit emprunté à Delaroche ou à la céramique grecque antique, le motif de la femme nue à la vasque ne sert que de première impulsion, de prétexte à une composition par laquelle Gleyre marque à plusieurs titres un écart à l'égard de ses précédentes scènes antiques. *Le Bain* surprend d'abord par le thème intemporel de la maternité, que Gleyre n'avait jusqu'alors traité qu'une seule fois, à travers le schéma fort conventionnel et raphaélesque de la *Vierge avec les deux enfants*[14] (1846, localisation inconnue). Le décor est considérablement simplifié et vidé des innombrables accessoires qui encombraient la scène d'*Hercule et Omphale* (cat. 99). La temporalité antique est seulement rappelée par le contexte architectural – un *impluvium* gréco-romain –, le répertoire ornemental du pavage, ainsi que la tunique de la servante. L'attention du spectateur est d'autant mieux concentrée sur les sentiments exprimés ainsi que sur le traitement innovant des corps. La pose de la mère nue montre un relâchement inhabituel : soit par légère fatigue, soit par distraction, absorbée dans la contemplation affectueuse de son enfant, elle détend ses jambes, reporte son poids sur la vasque contre laquelle elle

7 « C'est un tableau manqué, je n'ai rien rendu de ce que je voulais faire ; je ne fais plus rien de bien », propos de l'artiste cités par son élève Paul Milliet. Voir Hauptman 1996 a, p. 304-305.

8 *Ibid.*, p. 309, ainsi que l'essai Lepdor 2006-07, p. 241-249.

9 Témoignage de Mme Milliet lors de sa visite à l'atelier de Gleyre en octobre 1872, voir Hauptman 1996 b, n° 1023, p. 538.

10 Lepdor 2006-07, p. 249.

11 Hauptman 2006-07, p. 230-233.

12 Clément 1878, p. 344. En collaboration avec Sébastien Cornu, Charles Clément avait fait partie des experts mandatés par l'empereur Napoléon III pour acquérir, inventorier et exposer l'exceptionnelle collection en 1861-1862 ; Gleyre avait donc pu avoir des renseignements de première main sur cet ensemble.

13 *Ibid.*, p. 57.

14 *Ibid.*, p. 242 ; Hauptman 1996 a, p. 154.

s'appuie nonchalamment avec les deux bras. La lumière latérale, qui caresse la poitrine et le ventre sans en masquer les légères irrégularités, souligne l'abandon de la pose. La chevelure simplement dénouée et pendante, sans effet de mèches élaboré, traduit également l'absence de contrôle et de citation historique précise.

Une liberté semblable est également sensible dans le petit tondo des *Baigneuses* (cat. 109) réalisé peu auparavant : elles pataugent, s'éclaboussent, s'étirent ou s'étalent avec une désinvolture étonnante, presque comique, cependant qu'une grande attention est portée à l'éclairage latéral de la baigneuse de dos qui constitue le motif central. Même si le schéma de composition le rappelle fortement, il est difficile de savoir si *Les Baigneuses* constituent un contrepoint personnel au *Bain turc* d'Ingres (Paris, musée du Louvre) livré en 1859 au prince Napoléon, retravaillé en tondo au début des années 1860. Qu'elles soient ou non une parodie du maître montalbanais, *Les Baigneuses* sont l'indice de la distance prise par Gleyre durant les années 1860 avec l'éclectisme savant et ingresque qui caractérisait ses premiers essais dans le domaine du nu féminin. Après *Diane au bain* et *La Nubienne* (1838), Gleyre avait en effet repris ses recherches sur le nu après son voyage à Venise en 1845. *La Nymphe Écho* (cat. 108), réalisée immédiatement au retour, est très révélatrice de la leçon du *Seicento* vénitien, restituée avec habileté et correction. La torsion du corps assis, qui guide le regard de la pointe du pied gauche jusqu'aux épaules et au profil perdu du visage orienté vers la droite, est une citation du célèbre personnage féminin de *Vénus et Adonis* peint en maints exemplaires par le Titien. Soumis à l'idéal de perfection des lignes de contour ainsi qu'au velouté régulier des chairs prônés par Ingres, Gleyre avait pris soin de polir son modèle, d'effacer les irrégularités et les effets de réel par lesquels Titien avait conféré spontanéité, sensualité et fraîcheur à sa Vénus. L'ombre portée qui place la moitié supérieure du corps de la nymphe dans une pénombre intimiste est un procédé emprunté à Véronèse. Enfin l'envol très complexe et précieux du drapé rose translucide accentue encore l'artificialité et le caractère très référencé de la composition.

À l'opposé de la sculpturale *Diane* au bain, de *La Nubienne* maniériste et de *La Nymphe Écho* titiano-ingresque, les baigneuses que peint Gleyre dans les années 1860 se détachent non seulement de tout contexte narratif et historié, mais se désolidarisent également des canons et schémas artistiques préexistants dans la longue tradition des arts du dessin. Gleyre ne se fond pas non plus dans la peinture de style, très élégante, poseuse et consciente que pratique Bouguereau à la même époque : la *Baigneuse* que signe ce dernier en 1864 (Gand, musée des Beaux-Arts), par exemple, mime par sa pose les Suzanne de la peinture ancienne mais ne manque pas d'établir par son regard une connivence érotique contemporaine avec le spectateur. L'absorption mentale et l'autonomie picturale qui caractérisent la baigneuse de Gleyre confèrent à celle-ci en comparaison une discrète mais indéniable modernité.

C'est probablement en cela que le maître arrivé à maturité s'approche le plus de son élève Renoir. Au moment où Gleyre achevait *Le Bain*, Renoir avait déjà quitté son atelier d'enseignement pour voler de ses propres ailes ; du tableau immédiatement envoyé aux États-Unis, il n'aurait pu voir qu'une reproduction photographique éditée par Goupil. Il faut néanmoins rappeler qu'au début des années 1880, soit peu après la publication par Clément de la biographie et du catalogue partiellement illustré de Gleyre, Renoir développa à son retour d'Italie une recherche de synthèse entre la tradition et la modernité à partir du motif pictural de la baigneuse, dont le résultat le plus abouti, *Les Grandes Baigneuses* de 1884-1887 (fig. 44), s'inscrit par maints aspects dans un mouvement similaire à celui du *Bain* et des *Baigneuses* de son maître.

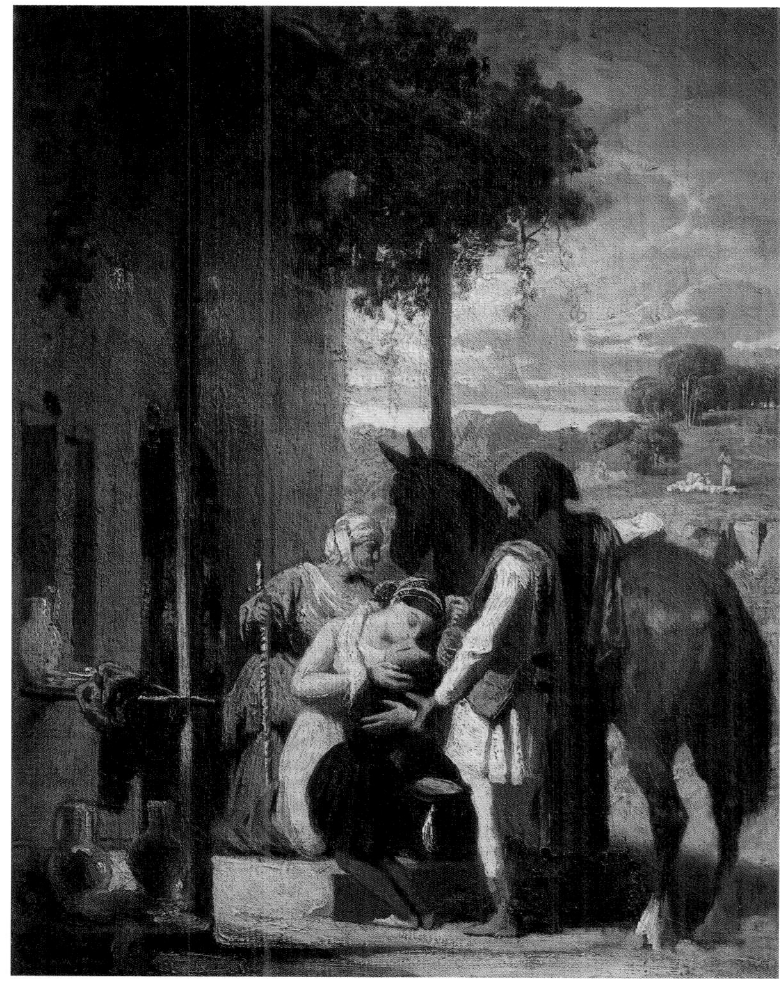

102 Charles Gleyre, Étude pour *La Gloire*, 1843-1844
Lausanne, Musée cantonal des beaux-arts

103 Charles Gleyre, *Raphaël quittant la maison paternelle*
1830-1834, collection particulière

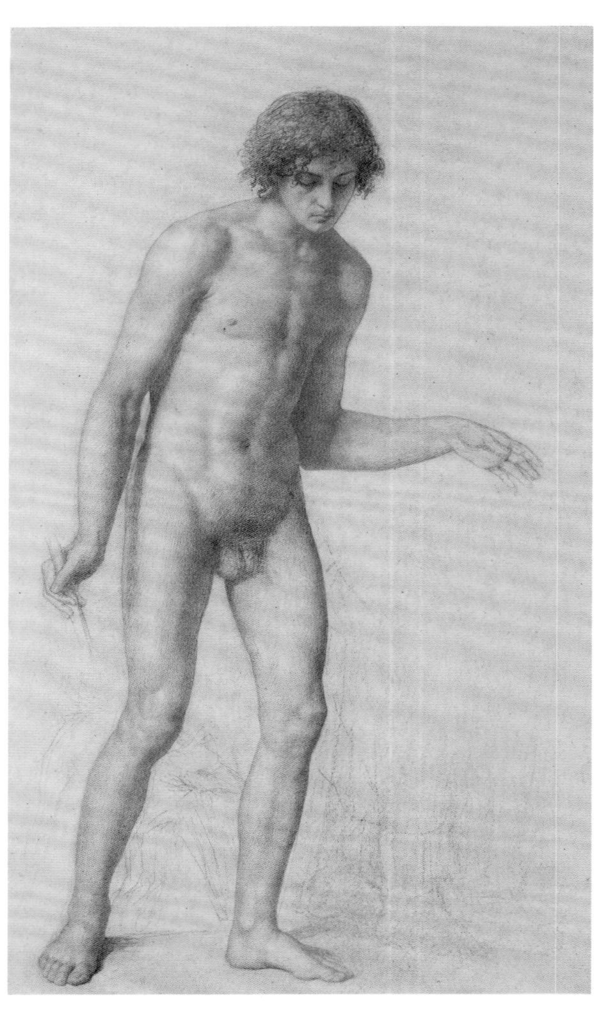

104 Charles Gleyre, Étude pour *Le Retour de l'enfant prodigue* (l'enfant), 1869
Lausanne, Musée cantonal des beaux-arts

105 Charles Gleyre, Étude pour *Le Retour de l'enfant prodigue* (drapé), 1872
Lausanne, Musée cantonal des beaux-arts

106 Charles Gleyre, *Le Retour de l'enfant prodigue*, 1873
Lausanne, Musée cantonal des beaux-arts

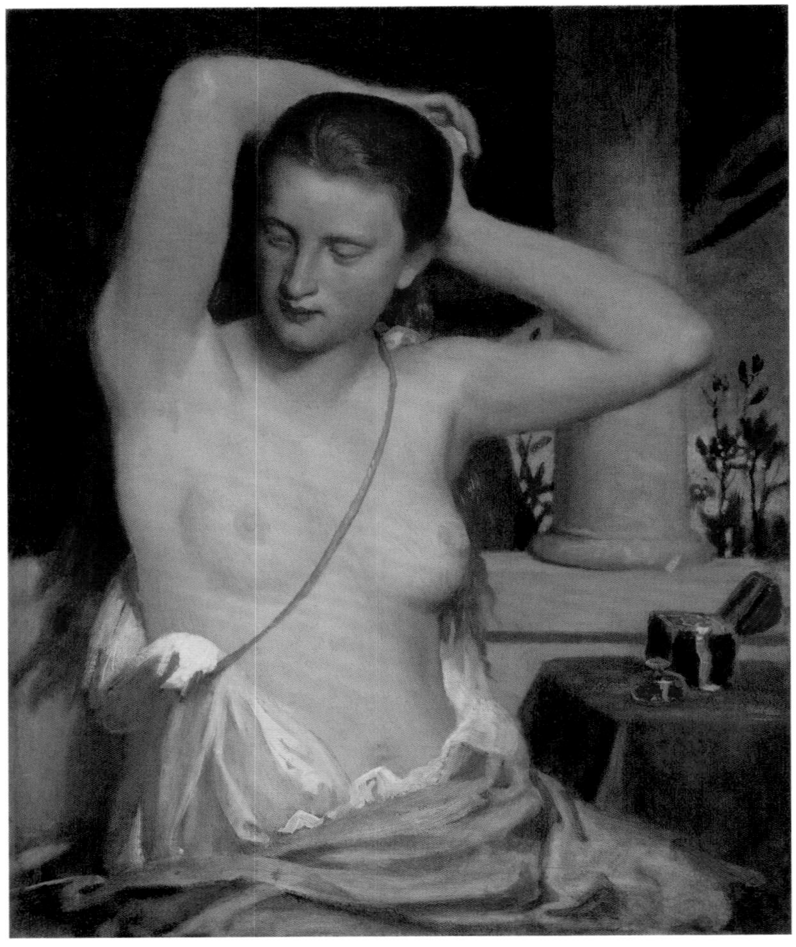

107 Charles Gleyre, *Femme à sa toilette*, vers 1859-1862
Lausanne, Musée cantonal des beaux-arts

108 Charles Gleyre, *La Nymphe Écho*, 1846
Collection particulière

109 Charles Gleyre, *Les Baigneuses*, vers 1860
Lausanne, Musée cantonal des beaux-arts

110 Charles Gleyre, *Le Bain*, 1868, Norfolk, Chrysler Museum of Art

111 Charles Gleyre, *Le Paradis terrestre*, 1869-1874
Lausanne, Musée cantonal des beaux-arts

112 Charles Gleyre, Esquisse pour *Le Paradis terrestre*, 1869-1874
Lausanne, Musée cantonal des beaux-arts

113 Charles Gleyre, Esquisse pour *Daphnis et Chloé*, 1860-1862
Lausanne, Musée cantonal des beaux-arts

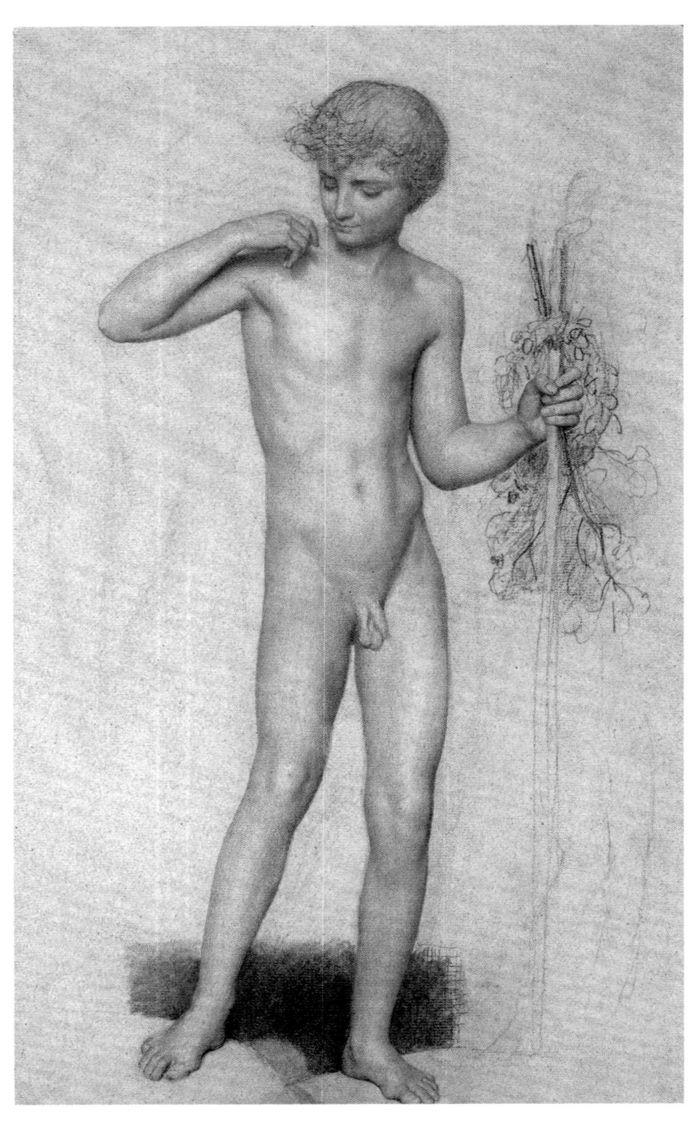

114 Charles Gleyre, Étude pour *Daphnis et Chloé* (Daphnis), 1860-1862
Lausanne, Musée cantonal des beaux-arts

115 Charles Gleyre, *La Charmeuse*, 1868, Bâle, Kunstmuseum

Face-à-face

LA MÉLANCOLIE DU *PRISONNIER* : CHARLES GLEYRE ET LES NÉO-GRECS

Cyrille Sciama

Le mouvement des néo-grecs, fondé autour de Jean-Léon Gérôme, Henri-Pierre Picou et Jean-Louis Hamon notamment, a connu un bref épanouissement d'une dizaine d'années à partir du *Combat de coqs* de Gérôme (1846). Leurs sujets légers, leur palette souvent claire, leur goût pour les références archéologiques grecques connurent les faveurs de la critique et d'une clientèle qui voulaient rompre avec le sérieux de la peinture d'histoire du Salon[1]. Les recherches récentes ont remis en perspective la dette des élèves de Paul Delaroche envers leur maître respecté[2]. L'apport fondamental de Charles Gleyre à ce cercle n'a été pour sa part partiellement mentionné[3]. Il n'est souvent référencé qu'en tant que successeur de Delaroche, alors professeur à l'École des beaux-arts[4] : en effet, ce dernier ferma son atelier suite à un bizutage qui provoqua la mort d'un élève et partit se réfugier en Italie où Gérôme (1843-1844) le rejoignit[5]. Toutefois, les liens entre Gleyre et les néo-grecs furent étroits et constants. Le peintre suisse se retrouva dans la jeune génération, tout en prenant soin de mener son propre chemin, loin du tapage de ses jeunes « barbus » (Charles Baudelaire)[6]. La figure la plus marquante du groupe, la plus flamboyante, fut sans doute Jean-Léon Gérôme. L'étude des rapports entre Gleyre, maître d'une jeune génération, et les néo-grecs apporte un éclairage inédit sur l'intérêt mutuel qu'ils se portèrent, jusqu'à une rupture spectaculaire.

Gleyre après Delaroche : un foyer de tolérance

Les liens étroits entre Delaroche et Gleyre n'ont jamais été vraiment étudiés, malgré leur estime mutuelle. Car quoi de commun entre la peinture de genre historique de Delaroche et celle de Gleyre ? Entre le style lisse du premier et le « romantisme contrôlé » du second ? L'Italie sans doute. Delaroche y séjourna trois fois (1834-1835, 1838-1839 et 1843-1844) et Gleyre y vécut presque six ans (1828-1834). À Rome, Gleyre fréquenta Horace Vernet, directeur de l'Académie de France, dont la fille épousa Delaroche (1835). Lors du retour de Gleyre à Paris en 1838, Vernet et Delaroche l'aidèrent à trouver ses premières commandes. En Italie, Gleyre fut aussi très proche de son compatriote Léopold Robert, peintre reconnu.

Le 15 octobre 1833, Delaroche est nommé professeur à l'École des beaux-arts de Paris. Ce fut le plus prestigieux atelier de la monarchie de Juillet. Delaroche y forme des centaines d'élèves, en prenant comme exemple l'Antiquité et l'Italie, la Renaissance de Raphaël, Léonard de Vinci, Titien et l'art grec de Phidias. Chez Delaroche, les travaux sont corrigés par le maître deux fois par semaine, le mercredi et le samedi ; les élèves y travaillent cinq heures par jour. Deux salles au rez-de-chaussée de l'Institut permettent aux étudiants de se préparer : l'une pour l'étude d'après les moulages, l'autre pour le modèle vivant. En outre, les cours sont onéreux et donc fort rémunérateurs pour le professeur. Quand il ferma son atelier, Delaroche avoua ses confortables revenus pour cette seule activité : « Du 25 au 30 octobre, je quitterai notre exécrable Paris pour aller habiter Rome pendant un an. [...] Ce qui me retenait de force à Paris n'existe plus, j'ai définitivement fermé mon école, et c'est avec le plus grand plaisir que j'ai sacrifié 10 000 francs de revenu à ma liberté[7]. » Son domaine de prédilection est la peinture d'histoire et il tend à former ses élèves pour remporter le prix de Rome. Sa carrière incite aussi ses élèves à l'imiter : membre de l'Institut (1832), professeur à l'École des beaux-arts (1833), il est aussi officier de la Légion d'honneur et expose avec succès aux Salons depuis 1822 – il cessa d'y participer en 1837. Ses commandes sont nombreuses (église de la Madeleine, 1833 ; hémicycle de l'École des beaux-arts, 1836 ; pavillon du Roi à Versailles, 1838) et ses honneurs multiples : les académies de Prusse (1841), Vienne (1843) ou Saint-Luc (1844) le couronnent. La liste de ses élèves remportant le prix de Rome est importante, et son enseignement

1 Hélène Jagot, *La Peinture néo-grecque (1847-1874). Réflexions sur la constitution d'une catégorie artistique*, thèse de doctorat d'histoire de l'art, sous la direction de Ségolène Le Men, Paris Ouest Nanterre, 2013, 2 vol.

2 Sous la direction de Cyrille Sciama et Florence Viguier-Dutheil, *La Lyre d'ivoire. Henri-Pierre Picou (1824-1895) et les Néo-Grecs*, Nantes, musée des Beaux-Arts/Montauban, musée Ingres, Paris, Le Passage, 2013.

3 Voir William Hauptman 1996 a, et sous la direction de Catherine Lepdor, Lausanne 2006, p. 12.

4 Voir, sous la direction de Claude Allemand-Cosneau et Isabelle Julia, *Paul Delaroche. Un peintre dans l'Histoire*, Nantes, musée des Beaux-Arts/Montpellier, musée Fabre, Paris, RMN, 1999. Gleyre, qui n'était pas membre de l'Institut, ne pouvait disposer d'un atelier à l'École des beaux-arts, comme Delaroche, mais en loua un rue d'Erfurth à partir de l'hiver 1843, puis 36, rue de l'Ouest vers 1850, et enfin au 69, rue de Vaugirard à partir de 1859 (voir Hauptman 1996 b, p. 330).

5 Dans la *Gazette des beaux-arts* de 1876, « Les artistes contemporains. Gérôme », p. 223-224, Ch. Timbal précise : « Le maître lui dit : "Je ne veux plus d'élèves, tu entreras chez Drolling, tu t'y prépareras au concours de Rome." "Je n'entrerai pas chez Drolling, répondit résolument le jeune homme. Je n'accepte pas deux maîtres. Vous allez à Rome, j'irai avec vous, si vous le permettez, derrière vous, si vous me repoussez ; [...]" Comment se fâcher de cette résistance et de cette confiance ? Le maître et l'élève partirent ensemble. »

6 Charles Baudelaire, « Salon de 1859. Religion, histoire, fantaisie », *Revue française*, 10 et 20 juin, 1er et 20 juillet 1859, rééd., Paris, 1989, p. 76.

7 Lettre à Delaborde, Paris, Bibliothèque de l'Institut de France, ms 2156, pièce 142.

Charles Gleyre, *Romains passant sous le joug*, dit aussi *La Bataille du Léman*, détail, 1858, Lausanne, Musée cantonal des beaux-arts
(voir cat. 80 p. 153)

fig. 28 Paul Delaroche, *Jeune fille dans une vasque*, 1844-1845, huile sur papier collé sur papier de bois, 20,3 × 25,7 cm, collection particulière

est censé permettre une carrière prometteuse. En 1839, l'atelier de Delaroche comporte quatre-vingt-cinq élèves. Lorsque Gleyre accepte de reprendre cet atelier, il est auréolé par le récent succès du *Soir* (cat. 61), couronné d'une médaille de deuxième classe au Salon, acquis par l'État pour le musée du Luxembourg : Gleyre, après de nombreuses années difficiles, est devenu célèbre.

Toutefois, cette gloire inédite ne change pas le caractère profondément effacé et mélancolique de l'artiste. Grâce aux travaux d'Hélène Jagot, nous connaissons mieux l'histoire de la reprise de l'atelier de Delaroche par Gleyre[8] : « À la différence de Delaroche, il est plus sensible à la sincérité de l'expression des sentiments qu'à l'arrangement scénique d'un sujet[9]. » Delaroche aimait à expliquer ses théories dans la salle haut et fort, soit tout le contraire de Gleyre : « Il entrait à l'atelier doucement et commençait à faire la tournée en s'arrêtant auprès de chaque élève. Il s'adressait à celui-là seulement qu'il corrigeait et parlait bas, si bas que le voisin entendait à peine ce qu'il disait. Jamais il ne faisait de discours comme Paul Delaroche, qui à l'École des beaux-arts se plantait là et parlait tellement haut qu'on comprenait bien ses paroles dans les deux salles. Il s'en allait de même bien tranquillement après avoir allumé sa cigarette[10]. » La dichotomie entre Delaroche le professoral et Gleyre le timide est manifeste. Car, si un même amour de l'art les anime, leurs approches s'opposent. Les élèves de Gleyre relatent l'esprit qui régnait dans son atelier : « Il semblait que le choix du sujet lui fût indifférent ; les choses les plus banales lui allaient aussi bien que les classiques. Lui, si heureux, si poète dans l'invention des sujets, disait : "Tout est matière à tableau, seulement il faut savoir rendre." Il semblait même avoir une sorte de prédilection pour les paysages, les fleurs et les animaux. Ses observations sur la composition portaient bien moins sur l'arrangement pittoresque que sur le geste vrai du sentiment à exprimer[11]. » Il se voit comme un camarade d'atelier, et celui que ses protégés appellent le « patron » ne vient qu'accompagner l'évolution de chaque élève. Les journées sont rythmées par sa visite deux fois par semaine auprès des étudiants (le lundi et le jeudi). « L'enseignement de Gleyre était très large. Bien loin d'absorber, de tirer à lui, de dire : faites comme moi ou vous ferez mal, son premier soin était de chercher à discerner les facultés spéciales de l'élève, afin de le pousser dans sa propre voie. Aussi, parmi les cinq ou six cents artistes qui ont passé dans son atelier, rencontre-t-on presque autant de sculpteurs, de paysagistes, de peintres de genre que de peintres d'histoire[12]. » Cette prédilection pour des thématiques propices à la fantaisie incita ainsi les futurs néo-grecs à s'emparer de sujets inédits et précieux, loin de la peinture d'histoire de Delaroche et plus près de celle poétique de Gleyre. La filiation se fait ainsi dans cette approche sensible de la nature et de son histoire littéraire ou mythologique. L'influence de Delaroche sur le Gleyre néo-grec se lit dans *Jeune fille dans une vasque* (1844-1845, Besançon, musée d'Art et d'Archéologie ; esquisse, coll. part., fig. 28). L'érotisme de la figure, le paysage crépusculaire, les attributs antiques (une lyre), dévolus à l'image de Sapho, et la technique froide et lisse tissent un réseau entre la grâce de Delaroche et la mélancolie de Gleyre. Celui-ci ne s'est-il pas inspiré de cette *Jeune fille* pour son *Innocence* (1860, Lausanne, Musée cantonal des beaux-arts) ? Et *Le Bain* (cat. 110) ne découle-t-il pas directement de la *Jeune fille dans une vasque* ? Logiquement, Gleyre mit sa propre sensibilité envers l'idéal, le rêve et l'Antiquité au service d'un groupe d'élèves doués, turbulents et novateurs, les néo-grecs. Confronté à ce mouvement, Gleyre se fit chef d'école avant d'être dépassé par ses élèves.

8 Hélène Jagot, *La Peinture néo-grecque…*, *op. cit.*, p. 192-199.

9 *Ibid.*, p. 195.

10 Albert Anker, élève suisse de Gleyre, rapporté par Clément, dans Clément 1878, p. 174.

11 *Ibid.*, p. 176.

12 *Ibid.*, p. 171-172.

13 Paul Mantz, « Salon de 1859 », 2e livraison, *Gazette des beaux-arts*, t. I, 1859, p. 203.

14 Émile Marchand, « Henry Picou », *Revue de Bretagne, Vendée et Anjou*, t. VII, 1892, p. 2.

Gleyre et les néo-grecs

En 1859, Paul Mantz critique le Salon dans un raccourci saisissant du lien entre Gleyre et ses élèves : « Quelles doivent être les mélancolies de M. Gleyre lorsqu'il voit combien peu ses élèves sont restés fidèles à son enseignement et combien ils ont appauvri les austères élégances de son style[13] ! » Les néo-grecs auraient ainsi galvaudé un héritage, preuve d'une filiation souvent laissée sous silence. Pourtant, le maître manifesta un intérêt constant pour les travaux de ses élèves, qui semblent souvent décliner une formule avant de se tourner vers des voies plus personnelles. Parmi la cohorte des néo-grecs, Picou, Hamon et Gérôme demeurent à part.

Picou, Hamon : deux personnages en quête d'auteur

Les liens de Gleyre avec Picou et Hamon furent particulièrement étroits. La relation intime qu'il noua avec ces deux Bretons au caractère poétique et intransigeant transparaît dans leurs œuvres et leur mode de vie. Les témoignages de l'époque sont unanimes et dénotent l'affection que Gleyre porta plus précisément aux deux natifs de Nantes et de Plouha. Ainsi, Picou raconte-t-il au soir de sa vie sa vision de son maître : « Gleyre avait un immense talent. Il était très instruit, et il travaillait beaucoup. Mais il n'aimait pas le bruit. Sa discrétion était excessive. Il paraissait toujours grave et sérieux, et avait un peu l'allure d'un pasteur protestant. Jamais, touchant exemple de désintéressement, il ne voulut recevoir un sou de ses élèves, pour les leçons qu'il donnait. C'est bien l'homme le plus respectable qu'il était possible de rencontrer. Il fut toujours l'ennemi intime de l'empereur Napoléon III[14]. » Une opinion politique partagée, l'idéal d'un art pur, libre de toute considération mercantile s'enrichissent d'un destin commun d'artistes provinciaux arrivés dans la capitale sans fortune. Les détails matériels prennent une grande part dans le récit des échanges. Fils de cordonnier (Hamon) ou de peintre sans gloire (Picou), les deux élèves sont confrontés à l'âpre réalité sociale, comme les héros d'un roman de Balzac. « Parfois, lorsque Gleyre venait à l'atelier, il s'avançait vers Hamon et Picou et leur montrait un louis. On laissait alors de côté la palette et les pinceaux, et l'on allait faire une longue promenade à pied, dans les environs de Paris. Pendant la marche, on causait d'art. Lorsqu'on était arrivé au but de la promenade – le plus souvent dans un coquet village –, on cherchait une auberge bien propre et pleine de fraîcheur, et l'on se restaurait là sans façon, dans la fantaisiste intimité d'artistes en rupture d'atelier. On assaisonnait le repas de piquette et de bons mots. Et, le soir venu, on rentrait à Paris, avec l'imagination mollement caressée par la douce et sereine vision de la nature et des étoiles ! Oh ! les ravissantes promenades[15] ! »

Dans ces conditions d'intimité, il n'est guère étonnant de remarquer quelques similitudes entre les œuvres de Gleyre et celles de ses élèves : *Hercule et Omphale* (cat. 99) reprend *Hercule et Omphale* de Léopold Burthe (1845, Poitiers, musée Sainte-Croix), en inversant l'érotisme de la scène : c'est bien Hercule qui est au centre de l'attention et non Omphale, dénudée comme dans le tableau de Burthe. De même, *La Naissance de Pindare* de Picou (fig. 29) inspire partiellement *La Danse des Bacchantes* (cat. 96) dans la composition en frise, et surtout les Bacchantes (qui n'en sont pas !) semblent des reprises des allégories des muses de Picou. Plus évidente encore est la filiation avec Hamon. Car si un élève fut proche de Gleyre, cette place revient à Jean-Louis Hamon. Ses sujets bizarres, érudits, mélancoliques, sa palette grave et délicate, son caractère sombre et rêveur le rapproche de l'art subtil de Gleyre et de ses humeurs. Hamon raconte, dans des souvenirs rapportés par Hoffmann, sa rencontre avec Gleyre : « Je fis une visite à M. Gleyre avant l'ouverture du cours ; il me plut tout de suite ; je trouvai en lui un homme naturellement bon, bienveillant, comprenant son monde, sans mystère, ne faisant pas le grand homme,

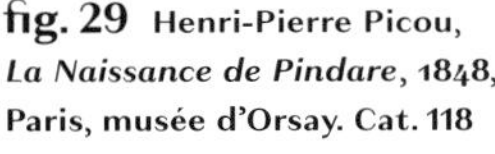
fig. 29 Henri-Pierre Picou, *La Naissance de Pindare*, 1848, Paris, musée d'Orsay. Cat. 118

d'une modestie exagérée : un homme antique. Il avait été malheureux comme les pierres et ne s'en était jamais vanté[16]. » Hamon fut toute sa vie reconnaissant envers Gleyre, qui paya à ses frais le modèle vivant pour que le jeune artiste puisse l'étudier, seul : « [Gleyre] le faisait venir, quand même, pour travailler avec lui : puis, quand Hamon était là, il le laissait étudier tout seul le modèle vivant, que Gleyre payait, montrant toujours dans ces circonstances une exquise délicatesse, qui faisait que Hamon ne pouvait en être humilié[17]. » Il lui conserva son affection jusqu'à sa mort le 29 mai 1874, trois semaines après la disparition de son maître (5 mai). L'influence de Gleyre sur l'œuvre de Hamon est perceptible dans nombre de ses tableaux. *La Comédie humaine* (1859, Paris, musée d'Orsay,), *L'Escamoteur, quart d'heure de Rabelais* (1861, Nantes, musée des Beaux-Arts) et *Triste Rivage* (1874, Rennes, musée des Beaux-Arts) témoignent du goût de Hamon pour les compostions en frise – comme *Le Soir* (cat. 61) – et une suite d'allégories difficilement compréhensibles : « Il faudrait être sur la symbolique de la force de plusieurs Creutzer pour expliquer les mythes et allégories de M. Hamon », raille Théophile Gautier en 1861[18]. Ne pourrait-on pas dire la même chose de certaines œuvres de Gleyre ?

L'Arnaute et *Le Prisonnier*, Gérôme contre Gleyre

« J'étais dans ma troisième année d'études, lorsque, en revenant de vacances, j'appris la fermeture de l'atelier, et en même temps la nouvelle que M. Delaroche nous avait placés, Picou et moi, chez M. Drolling. » Finalement, Gérôme partit avec son maître Delaroche en Italie pour un an et ne revint qu'après son retour à Paris dans l'atelier de Gleyre. L'influence de Delaroche sur Gérôme est flagrante dans certaines de ses œuvres ; mais Gérôme ne s'est-il pas construit une identité d'élève préféré de Delaroche pour effacer ce qu'il doit à Gleyre ? Certes, Gérôme accompagna Delaroche à Rome, travailla à ses côtés pour *Le Passage des Alpes par Charlemagne* (1847, château de Versailles). Il lui demanda conseil pour la conception du *Combat de coqs* qui lui valut une gloire immense et soudaine. Et il assista aux derniers instants de Delaroche (3 novembre 1856). Mais cette filiation appartient aussi à la légende que Gérôme s'est construite comme le disciple d'un maître vénéré – au détriment de son second maître dont il dit ne rien lui devoir. Charles Timbal relate, dans un article de 1876, l'épisode de l'entrée de Gérôme dans l'atelier de Gleyre : « Cependant, le père de Gérôme avait une forme précise d'ambition pour son fils. À un certain âge, on se contente mal des espérances et des promesses, il voulait, après quatre ans d'efforts, des résultats. Le prix de Rome le tentait pour deux. Il fallait obéir, et comme le nom d'un maître était nécessaire si l'on se présentait au concours, le nouveau compétiteur vint se présenter chez Gleyre. Malgré qu'il eût retrouvé là bon nombre de ses anciens camarades, il ne put se résigner à rester avec eux plus de trois mois. La science de l'auteur du *Soir de la vie* lui parut-elle insuffisante ? Question délicate sur laquelle Gérôme a toujours gardé un silence respectueux[19]. » La coquetterie de Gérôme explique sans doute cette omission délicate. Il souhaita aussi ne pas se présenter comme trop proche de Gleyre – même s'il expose dans les années 1846-1850 avec le titre d'élève de Paul Delaroche et de Charles Gleyre. Toutefois, l'influence de Gleyre sur Gérôme fut constante et parfois réciproque : *Anacréon, Bacchus et l'Amour* (fig. 30) reprend la composition en frise du *Soir*, entièrement éclairée à contre-jour sur un ciel en subtil dégradé ; mais, à l'opposé du poète abattu et mutique de Gleyre, Anacréon fait chanter sa lyre pour mener une danse bachique. Plus tard, Gérôme utilisa un ancien croquis des colosses de Memnon de Gleyre pour l'arrière-plan de sa *Vue de la plaine de Thèbes* (1857, Nantes, musée des Beaux-Arts). Mieux, en 1856, Gérôme demanda et obtint de Gleyre la permission de faire exécuter une photographie du *Soir*. *A contrario*, l'influence de Gérôme sur

15 *Ibid.*, p. 56.

16 Eugène Hoffmann, *Jean-Louis Hamon peintre (1821-1874)*, Paris, chez l'auteur, 1903, p. 47.

17 *Ibid.*, p. 49-50.

18 Théophile Gautier, *Abécédaire du Salon de 1861*, Paris, E. Dentu, p. 196.

19 Charles Timbal, art. cité, p. 224.

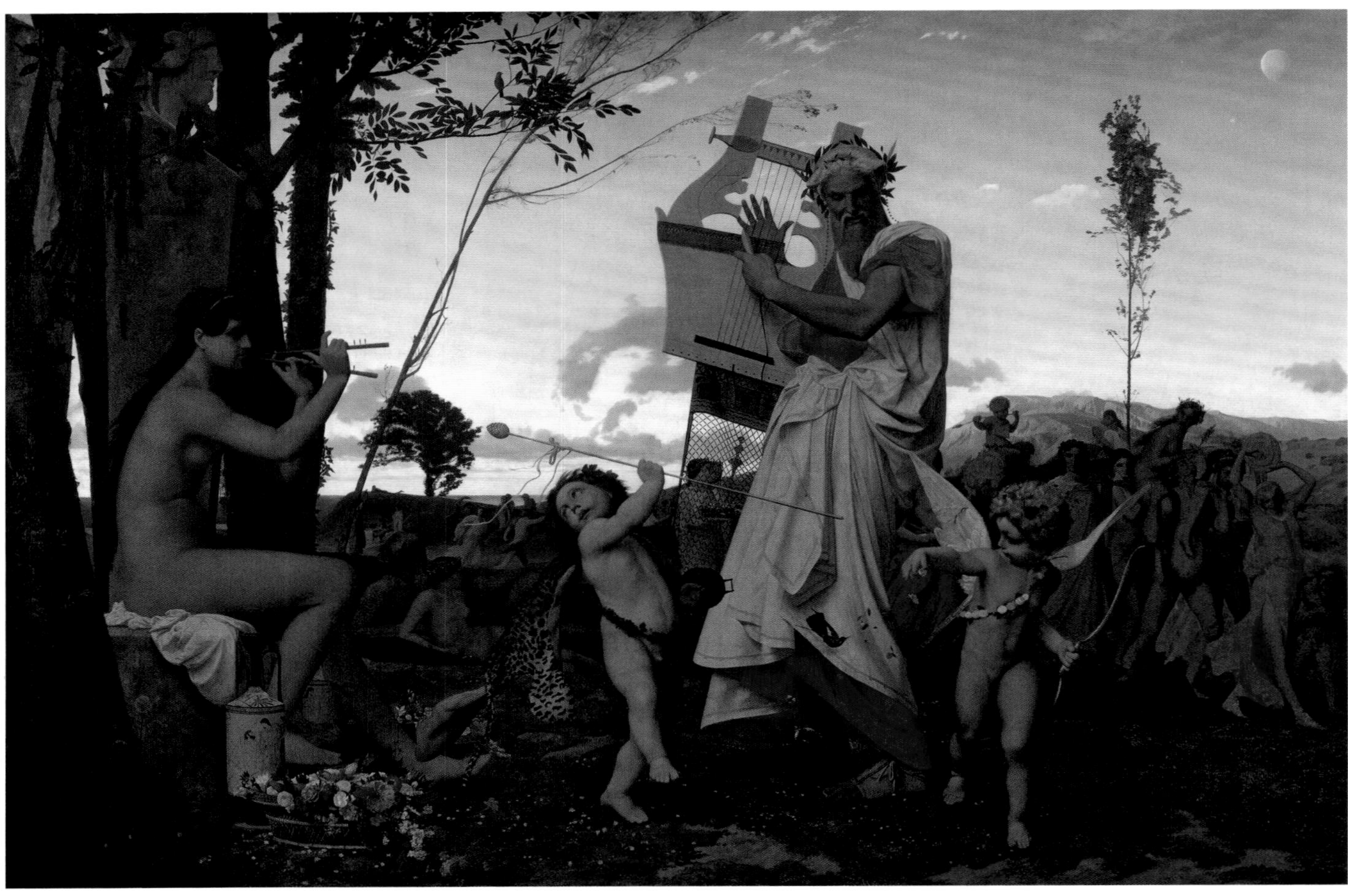

fig. 30 Jean-Léon Gérôme, *Anacréon, Bacchus et l'Amour*, 1848, huile sur toile, 136 × 211 cm, Toulouse, musée des Augustins

Gleyre fut constante : *Hercule et Omphale* de Gleyre (cat. 99) reprend aussi le gynécée d'*Intérieur grec* (1850, collection particulière) et *Socrate venant chercher Alcibiade chez Aspasie* de Gérôme (1861, collection particulière). De même, l'extraordinaire *Sapho* de Gleyre (cat. 101) inverse la figure du *Roi Candaule* (fig. 1) avec le nu féminin vu de dos qui inspira *Phryné* de Gérôme. Toutefois, l'inclination propre de Gérôme pour l'Orient fit définitivement basculer l'art du chef des néo-grecs vers d'autres sujets. Les thèmes de la Grèce rêvée, malmenée, raillée, avec l'ironie propre à Gérôme, laissèrent place à des scènes de genre où la charge érotique et parfois politique sous-tend un discours *a priori* convenu. *Le Prisonnier* symbolise ce tournant.

Les spécialistes de Gérôme se sont souvent penchés sur l'une des œuvres les plus célèbres de l'artiste, *Le Prisonnier* (fig. 31)[20]. Si les conditions de son exécution sont maintenant davantage connues[21], l'analyse peut être affinée par les références implicites à Delaroche et à Gleyre. Charles Timbal donne une explication anecdotique à l'œuvre : « Un soir, il se promenait sur les bords du Nil, et, à la clarté du crépuscule, il regardait une barque filant au cours du fleuve, sur les flots argentés et tremblants. Assis à la proue, un Arnaute[22] chantait aux étoiles en s'accompagnant sur la guzla. Est-ce que le thème n'était pas suffisant ? Le peintre, avec l'œil intérieur de son imagination, y vit cependant un acteur qui allait en doubler l'intérêt : sur le banc du rameur il étendit un pauvre esclave, les pieds et les mains fortement serrés dans les fers[23]. » Gérôme voulut avant tout représenter un épisode fantasmé de l'Orient, qu'il avait découvert en 1856 avec Bartholdi lors d'un voyage en Égypte. Une étude méconnue du paysage de Louxor est conservée à l'Ashmolean Museum d'Oxford[24]. Elle complète ce que l'on sait de l'utilisation de la photographie de Bartholdi. En complément, la photographie du *Soir* a sans doute été d'une grande aide pour Gérôme – plus que le souvenir du tableau de Delaroche, *La Barque de cérémonie du cardinal de Richelieu sur le Rhône* (1829, Londres, Wallace Collection).

Sophie Makariou et Charlotte Maury parlent à juste titre du *Prisonnier* comme d'une « espagnolade[25] ». Mais le spectateur est placé en situation de voyeur d'une scène d'une rare violence psychologique : le prisonnier nargué par le mercenaire va-t-il être exécuté ? Ou est-ce un simulacre ? Les critiques de l'époque reconnurent Gérôme dans les traits de l'Arnaute et de Charles Gleyre dans ceux du prisonnier. Symbolique transposition du rapport entre le maître et l'élève ! L'œuvre emprunte beaucoup à Gleyre dans sa conception : l'influence du *Soir* est évidente dans le sujet (un épisode en barque), la tonalité crépusculaire, la touche douce et la composition en frise de droite à gauche. Mais, détail révélateur de l'ironie de Gérôme, ce dernier remplace le poète rêveur par un chanteur, et les gracieuses créatures poétiques par une scène de torture physique et psychologique. Gérôme, fasciné et agacé par Gleyre, renverse les rapports de domination entre maître et élève. Réglant ses comptes, il oriente son inspiration vers des sujets plus contemporains et tourne la page néo-grecque, qu'il commençait à délaisser depuis son premier voyage en Égypte. La rupture fut consommée avec *Phryné devant l'Aréopage* (1861, Hambourg, Kunsthalle). Charles Clément, biographe et ami de Gleyre, raconte que le vieux maître aurait été vexé de découvrir l'œuvre de Gérôme au Salon et qu'il aurait alors abandonné son travail sur le même thème. William Hauptman a montré les nombreuses études que Gleyre avait entreprises, témoins de l'importance du sujet à ses yeux[26] : Phryné est présentée au centre de la toile, au moment où l'avocat Hypérides la déshabille pour convaincre les juges de la beauté du modèle qui inspirait Praxitèle (fig. 23). Mais l'œuvre de Gleyre diffère de celle de Gérôme, et point n'est besoin de penser que Gérôme a plagié Gleyre :

20 Ackerman 1986, p. 89, Lafont-Couturier 2000, p. 22, Paris 2010-11, p. 228-230, n° 127.

21 Voir dernièrement Sciama 2013, p. 78-88.

22 Sont désignés comme Arnautes ou Arnaoutes les mercenaires albanais recrutés par l'Empire ottoman.

23 Charles Timbal, art. cité, p. 339.

24 *Vue du Nil à Louxor*, huile sur toile marouflée sur carton, 16,5 × 28,7 cm, WA2001.45.

25 Paris 2010-11, p. 260.

26 Hauptman 1996 a, p. 248-250, et 1996 b, n°s 785-791, p. 425-427.

fig. 31 Jean-Léon Gérôme, *Le Prisonnier*, 1861, Nantes, musée des Beaux-Arts. Cat. 119

le sujet avait déjà été traité à de nombreuses reprises à l'époque, et Victor Mottez en avait présenté une version érotique au Salon de 1859 (Dijon, musée des Beaux-Arts). L'étude peinte pour *Phryné devant l'Aréopage* (fig. 32) est typique du style de Gleyre, à la fois épuré, puisant aux sources de la statuaire antique et d'un érotisme latent : il est une reprise d'une *Diane* de jeunesse (1838, cat. 49) où la nudité du modèle est cachée par un drap adroitement ajusté, comme prêt à tomber sous le regard du spectateur. Voyeurisme et peinture d'histoire se rejoignent dans un épisode que Gleyre ne voyait plus qu'à distance.

Deux académiques rebelles

Finalement, ne peut-on voir Gleyre et Gérôme comme deux académiques rebelles ? Malades d'un siècle hésitant et chaotique, ils sont pris dans les tourments des voyages, des commandes et de la recherche d'une gloire souvent capricieuse. Gérôme, pas plus que Gleyre, n'eut le prix de Rome. Mais ils sont liés par d'autres points communs, notamment une initiation précoce et fondatrice à l'Orient ; Gleyre n'en ramène que maladies et nostalgie d'un monde passé, alors que Gérôme s'y trouve un idéal vivant, une source inépuisable de sujets ambigus et pittoresques, entre l'histoire et l'anecdote. La mélancolie de l'un s'oppose à la vitalité de l'autre. Gleyre se réfugie dans son atelier rue du Bac, au sein d'un cercle restreint d'amis choisis ; il travaille lentement et n'expose ses œuvres qu'avec parcimonie. Gérôme au contraire mène une vie de voyages, de mondanités et d'honneurs. Gleyre, républicain convaincu, refuse la Légion d'honneur et récuse le Second Empire, Gérôme se lie avec Napoléon III et mène une carrière à l'Institut. Toutefois, et c'est sans doute leur modernité, ils jouèrent tous les deux le public contre l'institution : le succès du *Soir* (1843) trouva un écho dans le *Combat de coqs* (1846) de Gérôme par la notoriété immédiate accordée à un peintre suisse quasi inconnu et à son jeune élève ambitieux. La relève d'une génération est ainsi transmise par la gloire apportée par le sentiment (Gleyre) ou le scandale (Gérôme). En somme, tous deux diffusent leurs œuvres à un public, à *leur* public : Gleyre à ses habitués de la rue du Bac, Gérôme aux nombreux amateurs qui découvrent son œuvre par les gravures de Goupil. Leurs rapports distants et suivis présentent un troublant miroir qui renvoie l'image de deux artistes en quête d'eux-mêmes, créant leur propre monde en correspondance toute symboliquement baudelairienne.

fig. 32 Charles Gleyre, *Phryné devant l'Aréopage*, 1859-1861, huile sur panneau, 66 × 36 cm, Lausanne, Musée cantonal des beaux-arts

CHARLES GLEYRE ET PIERRE PUVIS DE CHAVANNES

Aimée Brown Price

Devançant d'une génération Puvis de Chavannes, Charles Gleyre a produit un œuvre qui rejoint, dans le détail comme d'un point de vue plus général, celle de son jeune collègue. De Gleyre, qu'a donc pu apprendre Puvis ? À moins que ce ne soit l'inverse ? On notera, dans leurs productions respectives, une mélancolie récurrente et tangible[1]. Chacun invoque un registre d'images classicisantes auquel tous deux confèrent, au cours de la même décennie du Second Empire, un charme enjoué et séduisant. Tous deux étaient des artistes protéiformes, dont l'œuvre a remarquablement évolué au fil de leur carrière. Dans quelle mesure ces influences sont-elles réciproques, ou découlent-elles de sources ou de situations communes ? Il conviendra de déterminer si les similitudes présentes dans leurs œuvres sont davantage le fruit du tempérament personnel de chacun et d'un point de vue particulier sur le monde ou d'idées bien ancrées dans l'air du temps, réponses aux commanditaires, à la mode, et donc viables commercialement.

Puvis ne fait pas son apprentissage au sein du célèbre atelier de Gleyre, pourtant très fréquenté à l'époque. Sa préparation sur le plan formel est limitée et discontinue : à l'occasion de deux voyages en Italie (dont le premier a lieu en 1848), il observe assidûment les œuvres d'art et décide alors de devenir artiste ; il est un temps l'élève de Thomas Couture et se forme auprès de ses camarades d'atelier, les orientalistes Alexandre Bida et Gustave Ricard. Peu familier des écoles et de leurs conventions, il s'essaye à une grande diversité de styles, contribuant au développement de son originalité. Comparable à l'ouverture d'esprit de Gleyre, le caractère libre de Puvis est bien évidemment responsable de la difficulté que l'on éprouve, *a posteriori*, à catégoriser leur travail respectif, ce qui explique que l'intérêt posthume suscité par leurs œuvres soit moins important que celui qu'elles auraient mérité.

Au cours de la première décennie de sa carrière (1848-1858), Puvis, comme bien des jeunes artistes ambitieux, examine attentivement l'œuvre des peintres qu'il admire – qu'il s'agisse de grands maîtres, depuis longtemps célèbres, ou de contemporains – et cherche à tirer des leçons de leur pratique, réinterprétant à sa manière certains de leurs motifs, de leurs compositions, et même de leurs accords chromatiques, tout en suivant sa propre trajectoire[2]. Plusieurs œuvres de jeunesse de Puvis présentent une affinité, pour ne pas dire une ressemblance frappante, avec certaines images de Gleyre, qu'il s'agisse d'éléments iconographiques, de l'organisation de la composition, jusqu'à certaines idées picturales, voire des tenues vestimentaires. Tous deux produisent des images extraordinairement variées, et l'on retrouve, en diverses occasions, des passages (scènes de chasse, couple d'anges ou de muses dans les airs)[3] qui se font écho, ainsi que des motifs évoquant l'œuvre d'autres artistes contemporains. Gleyre, devenu particulièrement réticent à l'idée d'exposer ses œuvres au Salon, a fait défection après 1849[4] ; la question se pose donc de savoir où Puvis – ou quiconque n'était pas élève de Gleyre – a pu voir ses tableaux. Où son œuvre était-elle visible ? Où a-t-elle été reproduite ?

Ruth et Booz

Ruth et Booz (fig. 33), œuvre de jeunesse de Puvis de Chavannes faisant partie d'une série de peintures murales réalisées en 1854-1855 pour le Brouchy[5], un château appartenant à son frère, rappelle sensiblement un tableau de Gleyre de 1853-1854 sur le même thème (fig. 34), commandé par un mécène inconnu et dont on a perdu la trace[6]. On a alors affirmé que l'œuvre de Puvis était inspirée de celle de Gleyre[7].

Puvis a conçu son imposant *Ruth et Booz* (249 × 222,3 cm) pour symboliser *L'Été* parmi les quatre grandes peintures murales représentant les saisons – ici, la récolte de

1 Voir William Hauptman, *The Persistence of Melancholy in Nineteenth-Century Art: The Iconography of a Motif: A Thesis in Art History*, thèse de doctorat, Pennsylvania State University, 1975. Même si *La Mort et les Jeunes Filles* de Puvis (1872, Clark Art Institute) y est cité (p. 128) sous le titre de *Mélancolie*, un tel titre n'existe pas à ma connaissance, et l'auteur ne cite pas de source. À noter, également, Hauptman 1978, p. 322-323.

2 Brown Price 2010, vol. I, p. 13-26 ; vol. II, p. 5-69 et *passim*.

3 Bien que certains aient vu dans les similitudes existant entre le tableau de Puvis, *Retour de la chasse* (1859, Marseille, musée des Beaux-Arts), et celui de Gleyre, *Les Romains passant sous le joug* (1858), une preuve de l'influence de Gleyre sur son jeune contemporain, la première version de la composition de Puvis date de 1854-1855 et a été réalisée au château de Brouchy. De la même manière, il n'est sans doute pas plus important de déterminer si les deux anges du *Déluge* (1856, Lausanne) de Gleyre ont inspiré à Puvis les deux muses de son tableau *Le Bois sacré cher aux arts et aux muses* (1884, Lyon, musée des Beaux-Arts) ou les deux allégories ailées du Bien et du Mal de la *Physique* (1896, Boston, Boston Public Library) ou s'ils sont plutôt issus d'une même source, comme *La Justice et la Vengeance divine poursuivant le Crime* de Prud'hon, ou le couple du *Poème de l'âme* de Louis Janmot.

4 L'œuvre de Gleyre a été en certaines occasions exposée ailleurs – comme au musée Rath de Genève en 1854 – puis présentée, plus tard, par Goupil. Voir Hauptman 1996 a et b.

5 Voir Brown Price 2010, vol. I, p. 26-28 ; vol. II, p. 34-38 et p. 34-42. Chaque peinture murale fut précédée d'une esquisse préparatoire (huile sur toile) datée de 1854, et la composition de l'ensemble devait déjà avoir été imaginée à cette date ou même avant. Brown Price 2010, vol. II, cat. n° 49.

6 Clément 1878, n° 73, *Ruth et Booz* (62 × 83 cm) (à Mme de Clerq), et n° 74, une *Esquisse pour Ruth et Booz* (10 ¼ × 16 ½ cm) (à Jules Duplan). Voir Hauptman 1996 a, p. 206-209, 219, repr. 206 ; 1996 b, cat. n° 612, p. 352-358.

Charles Gleyre, *Le Déluge*, détail, 1856, Lausanne, Musée cantonal des beaux-arts
(voir cat. 84 p. 162-163)

fig. 33 Pierre Puvis de Chavannes, *Ruth et Booz*, dit aussi *L'Été*, 1854-1855, collection particulière

fig. 34 Charles Gleyre, *Ruth et Booz*, 1853-1854, huile sur toile, 62 × 83 cm, Paris, collection particulière

l'orge –, chacune associée à la nourriture et la boisson, choix approprié au décor d'une salle à manger. Chaque thème abordé est également situé dans un contexte biblique – et fait l'objet d'un récit, ce qui le rend plus intéressant et édifiant. L'ensemble, soigneusement élaboré, comprenait *L'Automne* ou *Les Vendanges* (la fabrication du vin chez Noé), *L'Hiver*, associé à la viande à travers *Le Retour de la chasse* (d'Esaü) et *Le Printemps*, au poisson, avec *La Pêche miraculeuse.* Le cycle s'achève enfin sur une cinquième peinture murale, un banquet célébrant *Le Retour de l'enfant prodigue.* S'il s'agit de trouver un thème associant à la fois scène biblique, saison et alimentation pour représenter l'Été, l'histoire de *Ruth et Booz* est un choix assez évident. Le motif de la moisson était déjà abondamment traité depuis des siècles, et l'histoire de Ruth et Booz le mettait encore davantage en valeur, en y ajoutant l'injonction morale de charité et de bonté, associée à une histoire d'amour transcendant les classes sociales.

Il n'en demeure pas moins que le lieu et le moment où ces tableaux ont été réalisés, ainsi que leurs histoires respectives[8], montrent bien qu'aucun des deux artistes (si l'on ne retient pas l'hypothèse qu'il y ait eu quelque intermédiaire) n'a pu avoir connaissance du tableau de l'autre et que chacune des deux œuvres a été réalisée indépendamment. Les ressemblances iconographiques peuvent s'expliquer par les exigences inhérentes au thème.

Gleyre et Puvis connaissaient nécessairement le tableau de Poussin, *L'Été*, dit aussi *Ruth et Booz* (1660-1664, Paris, musée du Louvre) qui a pu faire office d'impulsion première pour les deux artistes. Cependant, d'autres œuvres plus proches dans le temps ont également pu susciter leur intérêt pour ce thème : Louis Hersent, avec qui Gleyre avait étudié à l'École des beaux-arts, avait présenté son *Ruth et Booz* au Salon de 1822. Dans le tableau de Jean-François Millet, *Le Repas des moissonneurs (Ruth et Booz)*, exposé au Salon de 1853, la figure de femme portant une gerbe de céréales qu'elle serre sur son ventre fait écho à la femme représentée à l'extrême droite dans la toile de Puvis. Le thème était alors récurrent aux Salons[9], où fut notamment présenté un *Booz endormi* (avec Ruth, représentation d'un passage ultérieur du récit) de Théodore Chassériau, artiste qu'admirait Puvis[10]. Gleyre et Puvis ont également pu avoir les poèmes d'André Chénier comme

7 C'est Albert Boime, dans Winterthur 1974-75, fig. 94, fig. 96 repr., n. p. [p. 120], qui est à l'origine de l'allégation selon laquelle Puvis devait nécessairement connaitre le *Ruth et Booz* de Gleyre. J'ai moi aussi pensé que le *Ruth et Booz* de Puvis avait pu être inspiré par celui de Gleyre, voir Brown Price 2010, cat. n° 54, p. 38.

8 Hauptman 1996 a, p. 162-163, p. 206-209 ; 1996 b, p. 352, relate les circonstances dans lesquelles Gleyre, reclus, a peint son *Ruth et Booz*. Le tableau fut exposé au début de l'automne 1854 au musée Rath de Genève, et Mosbruger en fit une gravure qui ne fut reproduite dans le *Magasin pittoresque* qu'en avril 1858. Rien n'atteste que Puvis se soit rendu en Suisse en 1854 – extrêmement occupé par l'œuvre qu'il avait entreprise au Brouchy. Voir également New York 1980, cat. 221.

source littéraire commune. Le sujet était suffisamment important aux yeux de Gleyre pour qu'il le fasse figurer, la décennie suivante, parmi les thèmes iconographiques imposés à ses élèves[11], parmi lesquels Frédéric Bazille, qui peindra en 1870 un tableau représentant *Booz endormi* (Montpellier, musée Fabre)[12].

La mélancolie

Une atmosphère mélancolique teintée de désenchantement, tel est le véritable sujet de l'œuvre que l'on a longtemps considérée comme la plus originale, la plus sincère et la plus révélatrice de Gleyre, et celle à laquelle il est le plus souvent associé : *Le Soir*, dit aussi *Les Illusions perdues*, titre plus populaire en raison de son caractère désenchanté et narratif. Cette œuvre constitue l'une des manifestations les plus remarquables d'un sentiment que l'on a identifié comme le « mal » ou la « maladie du siècle[13] ». Qu'il soit exprimé par un mal-être psychique général, un désenchantement, une déception ou une désespérance aiguë née d'espoirs et d'ambitions contrariés, ce mal a également été associé à un profond sentiment de solitude et d'isolement – métaphysique, émotionnel, à la fois banal et universel[14] – propre à l'art et à la société du XIXe siècle. En 1846, Baudelaire pouvait affirmer que la mélancolie était la caractéristique la plus remarquable de l'œuvre de Delacroix, ce qui faisait de lui un véritable peintre moderne[15]. Si cette prédisposition à l'inquiétude et à l'abattement était partagée par d'autres peintres, comme Henri Lehmann[16], et même considérée comme « à la mode[17] », Clément, le biographe de Gleyre, décrit ce dernier comme étant naturellement sujet aux « pensées sombres » et aux « idées noires[18] », dont *Les Illusions perdues* serait l'incarnation[19].

La résignation silencieuse du personnage assis à droite, vu de profil, massif et courbé dans une attitude contemplative et mélancolique, tandis qu'une barque s'éloigne en emportant les personnifications de rêves non réalisés, trouve un écho dans la triste figure solitaire du tableau de jeunesse de Puvis, *La Solitude*, de 1857 (fig. 35, probablement détruit). Pareillement placé à droite, de profil et courbé, la tête entre les mains, dans une attitude classique de tristesse et de chagrin[20], le personnage est assis sur un promontoire rocheux. Sa silhouette se découpe sur un ciel nocturne, avec, au loin, la lune qui se lève.

9 Lestang-Parade (Salon de 1839). Voir *Revue du Lyonnais*, XI (1840), 86 ; Cazes (en 1841), Schopin (1841) et Lehoux (1843), pour n'en citer que quelques-uns. Théodore Chassériau exposa un *Ruth et Booz* au Salon de 1837.

10 Marc Sandoz, *Théodore Chassériau, 1819-1856 : catalogue raisonné des peintures et estampes*, Paris, Arts et métiers graphiques, 1974, n° 33, pl. XXV, p. 128, et l'on peut également citer les Élégies de Chénier.

11 Voir Brigit Staiger-Gayler, « Gleyre und seine Schweizer Schüler », dans Winterthur 1974-75, non paginé [p. 128], p. 126-139, citant un étudiant écrivant en 1863, comme cité dans Thévoz 1980, p. 113.

12 *Booz endormi*, inspiré du poème de Victor Hugo.

13 Hauptman, *The Persistence of Melancholy…*, *op. cit.*, dans ses écrits et ceux de bien d'autres encore.

14 Voir notamment Thévoz 1980, p. 101 et *passim*.

15 Charles Baudelaire, « Salon de 1846 », Œuvres complètes, Paris, N.R.F., 1958, p. 628-629.

16 Voir J. L. L. Whiteley, « The revival in painting of themes inspired by Antiquity in Mid-Nineteenth Century France », D. Phil. thèse Oxford University, 1972, p. 211, 214-215, 221, 227-228, 235.

17 Voir Ackerman 1986, p. 26.

18 Clément 1878, p. 77, n° 1.

19 Pour son histoire, voir notamment *Le Musée du Luxembourg en 1874*, Paris, Grand Palais, cat. exp., Paris, Éditions des musées nationaux, 1974, p. 90.

20 Voir *Mélancolie : génie et folie en Occident*, cat. exp., Paris, Galeries nationales du Grand Palais ; Berlin, Neue Nationalgalerie, Paris, RMN, 2005.

fig. 35 Pierre Puvis de Chavannes, *La Solitude*, dit aussi *La Méditation* (étude), 1857, huile sur toile, 33,97 × 43,5 cm, University of Iowa Museum of Art, Iowa City, Gift of Owen and Leone Elliott, inv. 1970.63

Il porte un habit de prêtre (comme le montre clairement un dessin préliminaire)[21]. Un critique ironisa sur la couleur bleue inhabituelle et attribua la tristesse du personnage au fait qu'il se trouvait dans un tableau qui présentait un « travestissement de la nature[22] » aussi prononcé. Puvis a innové en faisant usage d'aplats de couleur et en éliminant le clair-obscur, ce qui élevait ses compositions à un autre niveau de réalité ; Gleyre avait également su traduire et accompagner l'état d'esprit des *Illusions perdues*, en employant des teintes nettement grisées et crépusculaires ; ces similitudes n'amènent pas nécessairement à conclure à des influences mutuelles mais plutôt à attirer l'attention sur l'intelligence visuelle de chacun.

Il n'était pas rare de rencontrer de telles figures isolées, vues de profil, ou dont le regard se détourne en « profil perdu » pour plonger dans les profondeurs du tableau, faisant naître un sentiment de nostalgie et de mélancolie : on peut citer *La Contemplation* de Puvis (1864, Amiens, musée de Picardie), ou *Iphigénie* (1862, Damstadt, Hessisches Landesmuseum) et *Médée*[23] (1870, Munich, Neue Pinakothek) d'Anselm Feuerbach, dont certains éléments ne sont pas sans rappeler *Les Illusions perdues* de Gleyre. Noter les similitudes ne revient toutefois pas à affirmer que Gleyre a été le seul à proposer ce type de composition, on en trouve notamment d'autres exemples dans des tableaux plus anciens de l'école lyonnaise[24], même s'il est vrai que le tableau de Gleyre proposait un modèle plus récent, accessible et facilement exploitable.

La tension mélancolique et le désespoir qui s'expriment dans *La Solitude* de Puvis correspondent chez lui à une tendance profonde qui réapparaît dans ses tableaux de chevalet, plus personnels, de la maturité. Si, à partir de 1860, dans ses œuvres de commande publique, Puvis opte pour d'autres thèmes, comme ses célèbres scènes pastorales rassurantes situées en Arcadie, il n'en demeure pas moins que les œuvres emblématiques de sa carrière publique, les créations les plus personnelles, les plus singulières, et les plus importantes de la maturité – certainement les plus fascinantes aussi – sont *L'Enfant prodigue* (1879, Zurich, Fondation Bührle ; d'autres versions, fig. 36)[25] et *Le Pauvre* Pêcheur (fig. 37)[26]. Quel qu'en soit le thème – épisode biblique ou simple scène de pêche –, ces œuvres suscitent simultanément des sentiments de contemplation intérieure, de résignation, de passivité ou d'abattement – manifestations d'isolement existentiel et d'impuissance. En d'autres termes, la figure essentiellement solitaire est repliée sur elle-même, impuissante, incapable de contrôler les circonstances de son propre destin. L'attitude soumise de ces figures fait écho au sentiment particulier évoqué par Gleyre dans *Les Illusions perdues*.

Les deux artistes ont également fait un brillant usage de l'iconographie de l'embarcation : l'humble pêcheur de Puvis nous est littéralement présenté à la dérive, vivante évocation de ce que l'on a nommé le « misérabilisme[27] ». Quoique traitant en apparence du même thème, le pauvre pêcheur affligé de Puvis contraste radicalement avec un tableau peint précédemment, intitulé *La* Pêche (fig. 38). Puvis ne s'autorisa à mettre en avant cette vision mélancolique qu'après avoir été reconnu et honoré pour ses œuvres idylliques et classicisantes de la fin des années 1870, à un moment où il était, comme il l'écrit lui-même, assez déprimé[28].

Le fait d'associer différents niveaux de réalité est une autre caractéristique des *Illusions perdues* que Puvis a également reprise à son compte. Le spectateur comprend que le personnage assis, ruminant ses pensées, ne fait qu'imaginer le bateau qui part, ainsi que ses occupants. Ce schéma de composition bien connu – le célèbre *Le rêve de la raison engendre des monstres* [1797-1799] de Goya et *Le Songe d'Ossian* [1813, Montauban, musée Ingres] d'Ingres en sont deux exemples parmi d'autres –, fut employé par Puvis dans *Le* Rêve (fig. 39) avec ses illusions imaginées, filles des cieux, porteuses d'espoir et de promesses[29].

21 Voir Brown Price 2010., vol. II, p. 52-53, n° 78 (une étude) et n° 79 (le tableau définitif). Ce dernier n'est visible qu'à travers une reproduction en noir et blanc, car le tableau a disparu de l'atelier de Puvis en 1871, durant le siège de Paris, mais une étude à l'huile (University of Iowa Museum of Art, Iowa City, donation d'Owen et Leone Elliott, inv. 1970.63) permet de se faire une bonne idée de ce qu'était l'original.

22 Voir Brown Price 2010, vol. II, n° 79, p. 53.

23 Comme Puvis, Feuerbach (1829-1880) avait été l'élève de Thomas Couture.

24 Voir Sylvie Ramond, « Les artistes lyonnais au XIXe siècle, entre mélancolie et utopie », dans *Le Temps de la peinture, Lyon (1800-1914)*, cat. exp., Lyon, musée des Beaux-Arts, Lyon, Fage, 2007, p. 8-15. Pour des exemples plus anciens, voir fig. 8a, 14d, 15c.

25 Voir Brown Price 2010, vol. I, p. 93, 95-97, 101-103 ; vol. II, cat. n°s 257-261, 298-299, p. 227-232, 271-272.

26 *Ibid.*, vol. I, p. 95, 101-3 ; vol. II, cat. n°s 262-265, 271-272, p. 232-235, 238-247.

27 Jacques Feydy, « Autour du "misérabilisme" de Chateaubriand à Bernard Buffet », *L'Information culturelle artistique*, I, n° 1, 1955-1956, p. 14-21, sur Puvis, p. 19-20.

28 Brown Price 2010, vol. I, p. 95, 97, 101.

29 *Le Rêve* présente également certaines similitudes liées à la composition et jusqu'ici ignorées avec *l'Échelle d'or* de Louis Janmot (1851, Lyon, musée des Beaux-Arts).

fig. 36 Pierre Puvis de Chavannes, *L'Enfant prodigue*, vers 1879-1883, huile sur lin, 106,5 × 146,7 cm, National Gallery of Art, Washington, D. C., Chester Dale Collection, 1963.10.200

fig. 37 Pierre Puvis de Chavannes, *Le Pauvre Pêcheur*, 1881, huile sur toile, 154,7 × 192,5 cm, Paris, musée d'Orsay

Les classicismes

Depuis la fin du XVIIIe siècle et tout au long du XIXe siècle, malgré de multiples transformations, le style classique restait fort respecté et seul jugé convenable pour s'adresser à un large public, répondre aux commandes officielles et satisfaire les mécènes ; la peinture française connut une période très féconde en ce domaine[30]. La pérennité de telles images était garantie par des références à un socle culturel commun aux personnes cultivées de cette époque. On pouvait alors en jouer et s'en servir de tremplin pour développer des sensibilités singulières en restant au sein d'un imaginaire partagé.

Gleyre opta résolument pour le classicisme dans les années 1840[31]. Sa personnalité et son œuvre engendrèrent, tout particulièrement au sein de la génération ayant vu le jour dans les années 1820 – et donc celle de Puvis – un groupe d'artistes qu'on appela les néo-grecs. Cette tendance, considérée par certains comme progressiste et sophistiquée,

30 Voir les tableaux sur les sujets classicisants et la discussion correspondante dans J. L. L. Whiteley, « The revival in painting... », *op. cit.*

31 Hauptman 1996 a, p. 111.

fig. 38 Pierre Puvis de Chavannes, *La Pêche*, 1866, œuvre détruite

charmante et suave, n'était pourtant pas du goût de tous. Les Goncourt, qui appréciaient fort peu l'œuvre des néo-grecs, parlent dans leur journal d'« idéal anecdotique et de l'histoire en vaudeville[32] ». Parfois considérés comme charmants et délicieusement effarouchés – voire un peu mièvres –, beaucoup d'artistes, dont nombre faisaient partie du cercle de Gleyre ou étaient ses élèves, succombèrent à cette mode à partir des années 1860.

Puvis de Chavannes adopta le style classicisant, de façon soudaine et avec une haute ambition, pour ses premiers grands décors publics, œuvres qu'il présenta au Salon de 1861. Ces toiles imposantes (ultérieurement installées dans les espaces du futur musée de Picardie à Amiens) étaient conçues pour satisfaire le goût pour les références à l'antique et les concepts universels. *Bellum* et *Concordia* (avec leurs titres judicieusement latinisés signifiant *La Guerre* et *La Paix*) furent suivis, en 1863, par *Le Repos* et *Le Travail*.

Cependant, Puvis flirtait alors également avec un style proche de celui des néo-grecs : des motifs anecdotiques, délicats et faciles à appréhender, qui ne requièrent pas, de la part du spectateur, de connaissances particulières en matière de mythologie ou d'épopées anciennes, d'hellénisme ou de récits complexes, et qui sont peuplés de figures féminines aux courbes charmantes, d'enfants potelés et d'hommes aux belles proportions Même la morphologie délicate plus qu'imposante des personnages rappelait le style rococo du XVIIIe siècle, son attrait charmeur et ingénieux. On cherchait à faire gracieux plutôt qu'héroïque ou magistral. Dans les années 1860, Puvis cultivait donc simultanément deux styles classiques distincts : l'un plus strict, plus sévère, pour les compositions murales destinées aux édifices publics, et l'autre, nettement plus doux, dans des œuvres comme *La Pêche* (probablement détruit, fig. 38[33]), *Les Vendanges* ou *L'Automne* (1865, Cologne, musée Wallraf-Richartz[34]) et, dans une moindre mesure, dans un ensemble de quatre tableaux de 1866 destinés à orner l'intérieur de l'artiste Marie-Noémi Cadiot, connue sous le pseudonyme de Claude Vignon[35]). Des traces de cette esthétique perdurent tout au long des années 1860, comme on peut l'observer dans les *Femmes à la fontaine* de 1869 (Boston, Museum of Fine Arts). Alors que les compositions de Gleyre font preuve d'une précision et d'une préciosité remarquables, avec leurs figures gracieuses, serpentines et, sans nul doute, séduisantes, voire érotiques – qualité plus rare chez Puvis –, *Minerve et les trois Grâces* (cat. 91), peint à la même période, se distingue en raison d'un schéma décoratif destiné à un lieu bien précis[36]. La palette de couleurs claires semble, à l'évidence, avoir été pensée pour convenir à un intérieur défini[37]. Les surfaces lisses et modelées de Gleyre contrastent avec celles plus rugueuses et mates des toiles de Puvis, mais tous deux travaillèrent les tonalités de couleurs dans leur ensemble. Le thème de l'Arcadie, auquel Puvis est souvent associé, fait son apparition dans l'œuvre de Gleyre au cours des mêmes années. Ce phénomène coïncide avec l'essor de la poésie parnassienne, dans les années 1860. Les Parnassiens étaient de fervents admirateurs de la civilisation antique – mais remodelée par les poètes du Second Empire et leur culte de l'art pour l'art, en résonance avec les préoccupations de Gleyre comme de Puvis[38].

32 E. et J. de Goncourt, *Journal*, vol. I, 1851-1861, Paris, 1888, p. 197, tel que cité dans J. L. L. Whiteley, « The revival in painting... », *op. cit.*, p. 147.

33 Voir Brown Price 2010, vol. II, cat. n°s 138-139, p. 110-111.

34 *Ibid.*, vol. II, cat. n° 135, p. 107.

35 Voir Brown Price 2010, vol. I, p. 59-61 ; vol. II, p. 112-122. Parmi cet ensemble, comparer le *Recueillement* (1866, Paris, musée d'Orsay) avec les figures d'*Innocence* (1858-1865) et de *Jeanne d'arc entendant les voix dans la forêt* de Gleyre. Voir également Clément 1878, p. 280-281, repro. p. 180, 311-312.

36 Hauptman 1996 b, cat. n° 872, p. 468-469.

37 *Ibid.*, 1996 a, p. 275-278, 282-284.

38 Concernant le Parnasse et le contexte du classicisme dans les années 1860, voir Brown Price 2010, vol. I, p. 38-44, 46, 77, 137, 141, 211, n° 253 ; vol. II, p. 79, 84, 176, 261, 360.

Bien qu'il y eût, à l'époque, un marché tout acquis à la peinture néo-grecque – en France, elle avait la faveur de l'influent comte de Nieuwerkerke, le marchand d'art Goupil ainsi que des Américains en faisaient la promotion, tandis que les Anglais comptaient d'importants acheteurs[39] –, Puvis délaissa le style néo-grec à partir des années 1870. Il construisit un univers formel classique destiné aux espaces publics, sérieux par ses intentions comme par ses thèmes, élaborant ses compositions selon un principe général d'équilibre rythmique et géométrique, accentuant la lisibilité par l'épuration des formes et des couleurs. La simplicité à laquelle Puvis était alors parvenu a été par la suite assimilée à ce qu'il est convenu d'appeler « modernisme ». Les aplanissements, les ellipses et les abréviations formelles, combinées à des glacis pâles et blanchâtres qui accentuent l'autonomie de la surface picturale, affranchissent ses pastorales de l'illusionnisme, ajoutent une distance, un caractère visionnaire. Aussi différentes que ces peintures aient pu être, sur le plan stylistique, de celles de Gleyre, par bien des aspects les deux peintres n'en parvinrent pas moins à créer des œuvres puissamment abstraites.

39 J. L. L. Whiteley, « The revival in painting... », *op. cit.*, p. 270, 272-273. De plus, en tant que beau-père de Gérôme, il incombait naturellement au marchand d'art Goupil de promouvoir le style néo-grec.

Les œuvres de Gleyre et de Puvis ne sont pas faciles à classer parmi les catégories qui ont longtemps dominé l'histoire de l'art consacrée à la peinture française du XIXe siècle. Chacun d'eux a adopté une démarche expérimentale avec le Style, entendu au sens large, et exploré un vaste champ de possibilités, créant ainsi, par exemple, de nouveaux types de classicisme. Bien qu'ils aient eu maille à partir avec divers mouvements (tels qu'on les conçoit couramment), ils ne cessèrent jamais d'être des artistes protéiformes inclassables, et tous deux furent par la suite placés en marge, si ce n'est mis au ban des grands résumés et des introductions explicatives consacrés à la période.

fig. 39 **Pierre Puvis de Chavannes, *Le Rêve : « Il voit dans son sommeil l'Amour, la Gloire et la richesse lui apparaître »*, 1883, Paris, musée d'Orsay. Cat. 120**

SISLEY, RENOIR, BAZILLE ET MONET À L'ATELIER GLEYRE : MYTHES ET RÉALITÉS

Paul Perrin

Au début du xxe siècle, alors que Claude Monet et Auguste Renoir entrent vivants dans la gloire, leurs années de formation font l'objet d'une attention nouvelle. Si l'œuvre de Charles Gleyre tombe progressivement dans l'oubli, on se souvient qu'il fut leur premier maître, ainsi que celui d'Alfred Sisley et Frédéric Bazille. « En 1862, quatre jeunes gens, Claude Monet, Sisley, Renoir, Bazille, élèves chez Gleyre, se liaient d'amitié. Ils allaient se développer, animés d'un même esprit[1] », écrit Théodore Duret dans l'édition de 1906 de son *Histoire des peintres impressionnistes*. L'atelier Gleyre, lieu de rencontre entre ces artistes, noyau du futur groupe impressionniste, devient par extension le lieu mythique de la naissance du mouvement[2] et le moment symbolique de la rébellion : « Ni les uns ni les autres ne manifestaient plus que moi d'enthousiasme pour un enseignement qui contrariait à la fois leur logique et leur tempérament. Je leur prêchai immédiatement la révolte. L'exode résolu, on partit[3] », raconte Monet, la soixantaine venue. Fortement influencé par le témoignage tardif du peintre de Giverny, le récit construit par les historiens du début du xxe siècle masque la réalité de situations individuelles complexes. Renoir ne se désigne-t-il pas au Salon, et ce jusqu'en 1890, comme l'« élève de Gleyre » ? À partir des années 1930, la publication par extraits de la correspondance de Bazille[4] permet de mieux comprendre cette période et de poser la question de l'« influence de l'atelier Gleyre sur les impressionnistes français[5] », comme le fait Germaine Guillaume à Berne en 1936. Longtemps, la réponse apportée par l'historiographie impressionniste reste négative : « Que doivent à Gleyre des élèves comme Monet, Renoir, Sisley, Bazille ? Rien de plus, assurément, que ce qu'ils auraient pu devoir à tout autre atelier. [...] Non seulement ils ne devaient pas subir l'influence de ses idées et de ses goûts, mais ils devaient en prendre le contre-pied[6] », résume François Daulte en 1952. Le changement vient du côté des études anglo-saxonnes, et notamment d'Albert Boime qui, au début des années 1970, met en évidence les points de passage entre les œuvres de Gleyre et celles de ses élèves, mais ne convainc pas par sa théorie d'une filiation *via* les néo-grecs[7]. Les travaux indispensables de William Hauptman sur Gleyre et son atelier[8] fournissent aujourd'hui le cadre d'une étude renouvelée du passage de Monet, Renoir, Sisley et Bazille chez Gleyre, mythe fondateur de l'impressionnisme.

« Il y avait à Paris un nommé Gleyre, un Suisse, qui avait un cours de dessin très bon marché »

Dans une lettre écrite en 1892, Sisley déclare être entré dans l'atelier de Gleyre en 1860 et y avoir passé deux ans[9]. Fils d'un négociant anglais, Sisley délaisse ses études de commerce en Angleterre et, grâce à la rente que lui versent ses parents, se consacre désormais à la peinture. Réputé auprès des artistes anglo-saxons, l'atelier Gleyre est aussi un des moins chers de Paris et est connu pour son libéralisme artistique, formant aussi bien des peintres d'histoire que des paysagistes. Sisley s'y inscrit peut-être avec l'intention d'y préparer le concours d'entrée à l'École impériale et spéciale des beaux-arts[10], mais en 1863 les règles d'admission changent et ne sont plus admis qu'exceptionnellement les élèves étrangers. Si William Fisher, peintre américain élève de Gleyre, décrit Sisley comme un étudiant paresseux et peu assidu[11], Sisley figure pourtant parmi les quarante-trois visages du portrait collectif des élèves de l'atelier, réservé *a priori* aux meilleurs d'entre eux (fig. 40)[12]. Le portrait de Sisley pourrait avoir été peint par Renoir, dont on reconnaît le visage glabre et de profil juste au-dessous[13].

Ce dernier entre en effet à peu près à la même période chez Gleyre. Apprenti peintre sur porcelaine, fils d'artisans parisiens, il se forme dans les années 1850 à l'école gratuite de dessin de la rue des Petits-Carreaux, tenue par le sculpteur Louis Denis Caillouette[14].

1 Théodore Duret, *Histoire des peintres impressionnistes*, Paris, H. Floury, 1906, p. 6.

2 « Ce mouvement qui avait jadis pris son essor dans l'atelier de Gleyre », John Rewald, *Histoire de l'impressionnisme*, Paris, Albin Michel, 1986 [1955 pour l'édition originale en français], p. 353.

3 François Thiébault-Sisson, « Claude Monet », *Le Temps*, 26 novembre 1900, p. 3.

4 De larges extraits de la correspondance de Bazille sont publiés pour la première fois dans Gaston Poulain, *Bazille et ses amis*, Paris, La Renaissance du livre, 1932. Pour leur édition plus récente et plus complète, voir Michel Schulman, *Frédéric Bazille, 1841-1870. Catalogue raisonné. Peintures, dessins, pastels, aquarelles*, Paris, Éditions de l'amateur, 1995.

5 Germaine Guillaume, « Influence de l'atelier Gleyre sur les impressionnistes français », dans *Actes du congrès international d'histoire de l'art de 1936*, Bâle, Éditions Holbein, 1938, vol. 1, p. 11-12.

6 François Daulte, *Bazille et son temps*, Genève, Pierre Cailler, 1952, p. 28-29.

7 Albert Boime, « The instruction of Charles Gleyre and the evolution of painting in the Nineteenth Century », dans Winterthur 1974-75, p. 106.

8 Voir l'essai de William Hauptman dans cet ouvrage, et Hauptman 1996 a.

9 Lettre à Alfred Tavernier, 19 janvier 1892, déposée à l'institut Custodia, Paris, citée dans Richard Shone, *Sisley*, Londres, Phaidon, 1990, p. 216.

10 *Ibid.*, p. 21.

11 Hauptman 1996 a, p. 344.

12 Richard Shone, *Sisley*, *op. cit.*, p. 22.

13 *Ibid.*

14 Anne Distel, *Renoir*, Paris, Citadelles & Mazenod, 2009, p. 24 ; Sylvie Patry, « Renoir's early career: From artisan to painter », dans *Renoir, Between Bohemia and Bougeoisie: The Early Years*, cat. exp. Bâle, Kunstmuseum, 2012, Ostfildern, Hatje Cantz Verlag, 2012, p. 59.

Charles Gleyre, *Le Bain*, détail, 1868, Norfolk, Chrysler Museum of Arts
(voir cat. 110 p. 193)

fig. 40 **Collectif, *Quarante-trois Portraits de peintres de l'atelier Gleyre*, 1856-1868, Paris, Petit Palais, musée des Beaux-Arts de la Ville de Paris. Cat. 121**

Au début des années 1860, Renoir se lance dans la carrière d'artiste. Il s'inscrit en janvier 1860 comme copiste au Louvre, et sa présence est attestée chez Gleyre dès 1861 (en novembre, Gleyre signe une lettre demandant à ce que Renoir puisse consulter les œuvres sur papier au Louvre[15]). Il y prépare le concours d'entrée à l'École des beaux-arts, qu'il réussit en avril 1862 et lors duquel il se déclare élève de Caillouette[16]. Renoir choisit Gleyre pour des raisons financières : « Il y avait à Paris un nommé Gleyre, un Suisse, qui avait un cours de dessin très bon marché, dix francs par mois. Je n'avais pas le sou, c'est ce qui m'y conduisit[17]. » Selon Julius Meier-Graefe, son premier biographe, Renoir rentre même à l'atelier grâce à ses économies[18]. À Vollard et à son fils Jean, le vieux Renoir révèle que c'est son ami Émile-Henri Laporte, lui-même admis en 1861 à l'École des beaux-arts comme élève de Caillouette et Gleyre[19], qui lui a recommandé cet atelier. Renoir et Laporte, qui partagent peut-être le même logement au cours de l'année 1862[20], réalisent à cette date leurs profils réciproques, face à face, dans le portrait collectif de l'atelier.

Entre octobre et décembre 1862, Renoir fait son service militaire et est absent de l'atelier[21]. C'est à ce moment qu'y entre Frédéric Bazille, fils d'une famille de grands bourgeois montpelliérains. Bazille consacre la moitié de son temps à des études de médecine, carrière souhaitée par ses parents, et l'autre à sa formation d'artiste. Initié dès 1860 au dessin dans l'atelier du sculpteur Baussan, à Montpellier, Bazille poursuit son apprentissage dans l'atelier de Gleyre sur les recommandations de Henri Bouchet-Doumenq et de son cousin le peintre Eugène Castelnau, élèves de Gleyre à la fin des années 1850. « Nous

15 Lettre du 8 novembre 1861, Paris, Bibliothèque nationale de France, cabinet des estampes, citée dans Londres 1985-86, p. 370.

16 Anne Distel, *Renoir*, *op. cit.*, p. 25.

17 Propos rapportés par René Guimpel, dans *Journal d'un collectionneur*, Paris, Calmann-Lévy, 1963, p. 28.

18 Julius Meier-Graefe, *Auguste Renoir*, H. Floury 1912, p. 14 ; voir aussi Georges Rivière, *Renoir et ses amis*, Paris, H. Floury, 1921, p. 8.

19 Ambroise Vollard, *En écoutant Cézanne, Degas, Renoir*, Paris, Grasset & Fasquelle, 1938, p. 213-214 ; voir aussi Jean Renoir, *Pierre-Auguste Renoir, mon père*, Paris, Gallimard, 1981 [1962 pour la première édition], p. 112-113.

20 Londres 1985-86, p. 370. Anne Distel, *Renoir*, *op. cit.*, p. 25.

21 Londres 1985-86, p. 370.

sommes allés dans son atelier particulier, [Gleyre] m'a beaucoup regardé de la tête aux pieds, mais ne m'a pas adressé la parole ; il paraît qu'il est ainsi avec tout le monde, par timidité[22]. » L'atelier de la rue de Vaugirard semble aux parents de Bazille un choix convenable, Gleyre étant comme eux d'obédience protestante et républicaine. Bazille ne vise pas le concours d'entrée à l'École des beaux-arts et ne possède pas d'atelier jusqu'en 1864 : « Je crois que tu ferais bien de te contenter de l'atelier de Gleyre, d'autant qu'il te faut cette année penser sérieusement à ta médecine et à tes examens[23] », répond immanquablement Gaston Bazille aux suppliques de son fils. Si Bazille fréquente assidûment l'atelier pendant deux ans, on ne retrouve pas ses traits sur le portrait collectif du Petit Palais. Selon William Hauptman, il a pu être effacé ou remplacé par un autre après son départ de l'atelier[24].

Monet, qui n'est pas présent non plus sur ce tableau, est le dernier à y entrer. Le jeune Havrais n'est plus un débutant et s'est déjà initié à la peinture aux côtés d'Eugène Boudin dans les années 1850. En 1859, à Paris, il travaillait d'après le modèle à l'académie Suisse, aux côtés de Camille Pissarro. À l'automne 1862, après son service militaire, Monet doit s'inscrire « dans un atelier, sous la discipline d'un maître connu[25] », pour contenter ses parents qui rechignent toujours à le voir s'engager dans la carrière d'artiste. Constant Troyon lui avait conseillé en 1859 d'étudier chez Thomas Couture, où s'est formé Manet[26], mais Monet choisit Gleyre, qui lui est recommandé par le peintre Auguste Toulmouche, époux d'une lointaine cousine et élève de Gleyre[27] : « Vous allez entrer chez M. Gleyre. C'est le maître rassis et sage qu'il vous faut[28] ! » Vraisemblablement, Monet entre dans l'atelier au début du printemps 1863. En effet, si le 5 mars 1863, lors de sa demande de carte d'élève au Louvre[29], Monet se déclare l'élève non pas de Gleyre mais de son ami Amand Gautier, le 22 mars, Bazille écrit avoir fait la connaissance, à l'atelier, du vicomte Lepic et de Monet[30].

« M. Gleyre m'a fait des compliments tout haut à l'atelier, ce qui lui arrive rarement »

Arrivés à l'atelier par des chemins variés, Sisley, Renoir, Bazille et Monet, au début des années 1860, ne constituent pas un groupe défini. Tous pourtant partagent les enseignements de Gleyre et se perfectionnent au travail d'après la gravure, la « bosse », puis le modèle vivant (masculin ou féminin). Tous – hormis Monet, déjà expérimenté en ce domaine – y apprennent la technique de la peinture à l'huile. Renoir, qui cumule les séances chez Gleyre et à l'École des beaux-arts, où l'on ne pratique que le dessin, dira plus tard à Vollard : « J'allais quelquefois à ces deux cours, mais c'était chez Gleyre que j'apprenais le métier de peintre[31]. » L'atelier est ouvert le matin, six jours par semaine, réduits à quatre (du lundi au jeudi) à partir de la fin de l'année 1863[32] : « M. Gleyre (on dit à l'atelier : le patron) vient deux fois par semaine et passe devant chaque élève dont il corrige le dessin ou la peinture, puis il donne de temps en temps un petit sujet de composition[33]. »

Rares sont les œuvres réalisées dans l'atelier qui sont parvenues jusqu'à nous. On connaît quelques académies dessinées par Bazille (fig. 41), et le nu masculin visible chez Bazille et Monet rue de Furstenberg en 1865 est sans doute une étude peinte chez Gleyre (fig. 42). Serait-ce celle dont Monet parle en 1900 : « La première semaine [...] j'enlevai avec autant d'application que de fougue mon étude de nu d'après le modèle vivant que M. Gleyre corrigeait le lundi. Quand il passa, la semaine d'après, devant moi, il s'assit et, solidement calé sur ma chaise, regarda attentivement le morceau. [...] "C'est très laid, tout ça. Rappelez-vous donc, jeune homme, que, quand on exécute une figure, on doit toujours penser à l'antique. La nature, mon ami, c'est très bien comme élément d'étude,

22 Bazille à ses parents, lettre du 8 novembre 1862, dans Michel Schulman, *Frédéric Bazille*, *op. cit.*, p. 317.

23 Gaston Bazille à son fils, lettre du 12 octobre 1863, dans *ibid.*, p. 329.

24 Hauptman 1996 a, p. 345.

25 François Thiébault-Sisson, « Claude Monet », art. cité, p. 3.

26 Claude Monet à Eugène Boudin, lettre du 19 mai 1859, dans Daniel Wildenstein, *Claude Monet. Biographie et catalogue raisonné*, t. I, Paris/Lausanne, La Bibliothèque des Arts, 1974, lettre I, p. 419.

27 *Hommage à Claude Monet (1840-1926)*, cat. exp. Paris, Grand Palais, 1980, Paris, Éditions de la Réunion des musées nationaux, p. 45, note 8.

28 François Thiébault-Sisson, « Claude Monet », art. cité, p. 3 ; Marc Elder, *À Giverny chez Claude Monet*, Paris, Bernheim-Jeune, 1924, p. 19-20.

29 *Hommage à Claude Monet (1840-1926)*, cat. exp., *op. cit.*, p. 46, note 9.

30 Bazille à son père, lettre XXII, mars 1863, dans Michel Schulman, *Frédéric Bazille*, *op. cit.*, p. 324. Le vicomte Lepic est représenté à droite de Sisley sur le portrait collectif et participe en 1874 à la première exposition impressionniste.

31 Ambroise Vollard, *En écoutant Cézanne*, *op. cit.*, p. 214.

32 Hauptman 1996 a, p. 331.

33 Bazille à son père, début février 1863, dans Michel Schulman, *Frédéric Bazille*, *op. cit.*, p. 322.

fig. 41 Frédéric Bazille, Académie d'homme, 7 mars 1863, crayon Conté et fusain sur papier, 62 × 47 cm, Montpellier, musée Fabre, inv. 49.5.2

fig. 42 Frédéric Bazille, *L'Atelier de la rue Furstenberg*, détail, 1865, huile sur toile, 81,2 × 65 cm, Montpellier, musée Fabre, inv. 85.5.3

mais ça n'offre pas d'intérêt"[34] » ? Si la réputation de l'atelier Gleyre, sous le Second Empire, est celle d'un lieu où la discipline du maître se fait moins pesante et où la personnalité de chaque élève est encouragée à s'exprimer plus librement qu'ailleurs[35], l'anecdote révèle la distance irréductible qui sépare les préoccupations du professeur de celles de ces jeunes réalistes, et notamment Monet. Bazille qui, dans ses lettres à ses parents, se décrit comme un élève modèle reçoit, lui, les félicitations du « patron » pour une académie dessinée de très grand format : « M. Gleyre m'a fait des compliments tout haut à l'atelier, ce qui lui arrive rarement[36]. » Son académie d'homme, avec ses volumes synthétiques et son contour ferme et précis, répond en effet aux injonctions d'idéalisation formulées par Gleyre.

Répétée par Monet à de nombreux interlocuteurs à la fin de sa vie, alors qu'il construit de son vivant sa propre légende[37], l'anecdote de la correction devient le symbole précoce de son dévouement à la nature : « Je ne peux dessiner que ce que je vois[38]. » De la même manière, plusieurs amis et biographes de Renoir usent d'anecdotes sur l'atelier Gleyre pour mettre en avant certains aspects de sa personnalité : « Gleyre regarde ma toile, prend un air froid et me dit : "C'est sans doute pour vous amuser que vous faites de la peinture ?" "Mais certainement, lui répondis-je, et si ça ne m'amusait pas, je vous prie de croire que je n'en ferais pas !"[39]. » « Tout Renoir est dans cette réponse à Gleyre[40] », commente Albert André en 1919 ; Jean Renoir y voit même une « déclaration de principe[41] ».

Qu'ils soient bons ou mauvais élèves – les témoignages, à cet égard, indiquent que Sisley et Monet furent les plus turbulents[42] –, les jeunes artistes complètent le plus souvent leur travail à l'atelier par des séances de copie au Louvre, mais aussi de peinture sur le motif. Entre 1861 et 1865, Sisley puis Renoir, Monet et Bazille fréquentent à plusieurs reprises la forêt de Fontainebleau et ses environs. Une mauvaise lecture d'une lettre de Bazille, dans laquelle celui-ci réclame à son père la location d'un atelier pour pouvoir continuer à travailler ailleurs que chez Gleyre, est à l'origine d'un malentendu qui veut que Gleyre ait encouragé ses élèves à peindre sur le motif : « Il faut cependant que je puisse dessiner et peindre *en dehors de l'atelier* Gleyre, si je veux faire des progrès sérieux, M. Gleyre me l'a conseillé lui-même[43]. » Il n'en est rien, et c'est bien plutôt à la suite de Corot, Diaz ou Rousseau que Sisley et ses amis se rendent à Chailly.

« Je leur prêchai immédiatement la révolte. L'exode résolu, on partit »

Après avoir passé seulement quelques semaines auprès de Gleyre en mars 1863, Monet, accompagné de Bazille, quitte Paris pour Chailly, où il séjourne jusqu'à la fin du printemps[44]. À Toulmouche, qui lui reproche d'avoir quitté trop tôt l'atelier, Monet répond : « Je ne l'ai point du tout abandonné. J'ai trouvé ici mille charmes auxquels je n'ai pu résister[45]. » Rien ne prouve cependant qu'il y soit retourné après cette date et, en l'état actuel des sources, seule la lettre de Bazille de mars 1863 atteste de son passage à l'atelier. Absent du portrait collectif, Monet ne se présente jamais comme élève de Gleyre, et ses témoignages tardifs appuient l'idée d'un bref séjour : « La vérité, la vie, la nature [...] n'existaient pas pour cet homme. Je ne resterais pas chez lui. Je ne me sentais pas né pour recommencer à sa suite *Les Illusions perdues* et autres balançoires. [...] J'attendis toutefois quelques semaines. Pour ne pas exaspérer ma famille, je continuai à faire acte de présence, juste le temps d'exécuter d'après le modèle une pochade, d'assister à la correction... et je filai[46]. »

Le départ de Monet a-t-il entraîné immédiatement celui de ses camarades ? « Ni les uns ni les autres ne manifestaient plus que moi d'enthousiasme pour un enseignement qui contrariait à la fois leur logique et leur tempérament. Je leur prêchai immédiatement la révolte. L'exode résolu, on partit, et nous prîmes un atelier en commun, Bazille et moi[47] », raconte Monet en 1900. Pourtant, les lettres de Bazille témoignent que celui-ci fréquente l'atelier jusqu'au printemps de l'année suivante et que ce n'est qu'en janvier 1865 que les deux amis louent ensemble un atelier. « Monet a souvent déclaré (et il nous l'a raconté à nous-même) qu'il était resté quinze jours à peine chez Gleyre et en était parti avec horreur, emmenant à sa suite les autres, plus timides. Les lettres de Bazille nous révèlent qu'il en fut autrement[48] », écrit Gaston Poulain, premier biographe de Bazille, dès 1932. La solution de cette contradiction, qui a parfois fait suspecter Monet de vantardise, est sans doute la suivante : l'artiste a bien quitté l'atelier au bout de quelques semaines au printemps 1863, entraînant temporairement hors de l'atelier (à Chailly) Bazille, Renoir et Sisley, qui retournent cependant chez Gleyre à l'issue de ce séjour. La situation atypique de Monet a longtemps orienté l'opinion générale sur l'atelier Gleyre, focalisant l'attention sur la sortie dramatique de ces mousquetaires de l'impressionnisme : « Monet ne fit que paraître et disparaître, [et] fit évader Renoir », affirme Gustave Geffroy dès 1892[49]. Raymond Régamey, dans un article consacré à la formation de Monet, publié en 1927, suspecte déjà la « simplification symbolique, plus vraie que la réalité[50] » de ce récit.

Bazille est le seul dont on sait de façon certaine qu'il quitte l'atelier à la fin du printemps 1864[51], avant ses vacances annuelles à Montpellier. Le jeune artiste possède

34 François Thiébault-Sisson, « Claude Monet », art. cité, p. 3.

35 Clément 1878, p. 176. Hauptman 1996 a, p. 20

36 Bazille à son père, novembre 1863, Michel Schulman, *Frédéric Bazille*, *op. cit.*, p. 329.

37 Marc Elder, *À Giverny*, *op. cit.*, p. 20.

38 Gustave Geffroy, *La Vie artistique*, vol. III, *Histoire de l'impressionnisme*, Paris, E. Dentu, 1894, p. 26.

39 Albert André, *Renoir*, Paris, Georges Crès & Cie, 1919, p. 8.

40 *Ibid.*

41 Jean Renoir, *Pierre-Auguste Renoir*, *op. cit.*, p. 119.

42 Hauptman 1996 a, p. 334 ; Jean Renoir, *Pierre-Auguste Renoir*, *op. cit.*, p. 108.

43 Bazille à son père, novembre 1863, dans Michel Schulman, *Frédéric Bazille*, *op. cit.*, p. 330. Nous soulignons.

44 Raymond Régamey, « La formation de Claude Monet », *Gazette des beaux-arts*, 1927, t. XV, p. 68.

45 Monet à Armand Gautier, 23 mai 1863, dans Daniel Wildenstein, *op. cit.*, p. 420.

46 François Thiébault-Sisson, « Claude Monet », art. cité, p. 3.

47 *Ibid.*

48 Gaston Poulain, *Bazille et ses amis*, *op. cit.*, p. 35.

49 Gustave Geffroy, *La Vie artistique*, *op. cit.*, p. 24 ; voir aussi Théodore Duret, *op. cit.*, p. 6.

50 Raymond Régamey, « La formation de Claude Monet », *Gazette des beaux-arts*, t. XV, janvier-juin 1927, p. 68.

51 La dernière mention de Gleyre dans la correspondance date de la 2e quinzaine d'avril 1864.

désormais de plus solides bases techniques et loue depuis quelques mois son propre atelier au 119, rue de Vaugirard, avec son compatriote montpelliérain Émile Villa, lui aussi élève de Gleyre. Bazille abandonne enfin la médecine et est prêt à se passer de l'enseignement d'un maître : « Si [...] il fallait fermer boutique, j'irais dans une académie libre, on appelle ainsi des ateliers tenus ordinairement par d'anciens modèles, et l'on n'est sous la direction de personne[52] » ; « ce que M. Gleyre m'apprend, le métier s'apprend très bien partout[53] ». Guidés sans être trop contraints ou écrasés par la personnalité de leur professeur, Bazille et ses camarades ont pris confiance en eux et peuvent désormais travailler seuls ou entre eux. Ainsi, à l'automne 1864, Bazille ne retourne pas chez Gleyre mais partage les modèles de Monet et travaille avec lui dans son atelier.

Les sources manquent pour connaître le moment précis du départ de Renoir et Sisley. Renoir, qui ne renouvelle pas son permis de copiste au Louvre et abandonne l'École des beaux-arts en 1864, expose pour la première fois au Salon la même année (*Esméralda*, tableau détruit). Désormais « lancé », il est probable que Renoir ait quitté l'atelier Gleyre à cette date. Les avis divergent cependant. Selon Jean Renoir, son père abandonne l'atelier faute de moyens : « Renoir dut quitter l'atelier Gleyre et retourner à ses travaux de décoration. Il n'avait plus le sou[54]. » Pour Robert Rey, Renoir y serait resté plus longtemps que ses camarades[55] mais, pour François Daulte, tous quittent Gleyre à contrecœur lors de sa prétendue fermeture en 1864 : « Aucun élève ne l'a quitté par esprit de révolte, ainsi que les historiens de l'impressionnisme l'ont trop souvent relaté, suivant en cela les affirmations de Monet. Les lettres de Bazille font foi du contraire. Quelqu'un déplore même sa fermeture : Renoir qui, misérable, ramassait chez Gleyre les tubes écrasés[56]. » Les lettres envoyées par Bazille à ses parents en janvier 1864 décrivent en effet un atelier mal en point, laissant penser que le départ des impressionnistes coïncidait en réalité avec sa fermeture[57] : « M. Gleyre est assez malade, il paraît que le pauvre homme est menacé de perdre la vue, tous ses élèves sont fort affligés, car il est aimé de tous ceux qui l'approchent. L'atelier lui-même est malade, je veux dire qu'il manque de fonds, les anciens élèves s'occupent en ce moment de l'exposition et ne paient pas leurs mois d'atelier, d'un autre côté les nouveaux manquent[58]. » L'atelier a bien continué de fonctionner après cette date, comme l'a montré William Hauptman[59], mais a perdu de son attractivité. Gleyre a « déserté le champ de bataille[60] » du Salon (Paul Mantz) depuis plus de dix ans, et hormis *Le Soir* (cat. 61), c'est tout juste si ses élèves peuvent voir ses tableaux à Paris. Malade, peu charismatique, Gleyre n'est plus un modèle de réussite et retient difficilement dans ses classes la jeune avant-garde réaliste, séduite par le tempérament flamboyant d'un Gustave Courbet ou les succès de scandale d'Édouard Manet.

« Gleyre, son maître, doit être tout à fait surpris d'avoir formé un pareil enfant prodigue »

Le passage de Monet dans l'atelier, trop bref, ne pouvait avoir de réelles conséquences. L'artiste ne s'en réclame d'ailleurs jamais, à la différence de ses amis. Sisley se dit l'élève de Gleyre en 1863, dans une lettre de protestation à l'attention de l'administration des Beaux-Arts[61], et en 1866, quand sont acceptés au Salon deux de ses paysages. La même année, Bazille – également présent pour la première fois à l'exposition avec une nature morte de poissons – se déclare également élève de Gleyre ; ce sera la seule fois. Cette même année 1866, Monet expose sa *Camille* (Brême, Kunsthalle), mais Renoir est refusé. Gleyre, membre élu du jury du Salon entre 1864 et 1869, a-t-il joué un rôle dans ces acceptations ou ces refus ? « Le maître, celui dont les élèves font aujourd'hui les méchants, s'est conduit en excellent homme. Vous savez que le roi n'est jamais le plus grand royaliste.

52 Bazille à son père, lettre du 21 janvier 1864, dans Michel Schulman, *op. cit.*, p. 333.

53 Bazille à son père, lettre du 27 janvier 1864, dans *ibid.*, p. 313.

54 Jean Renoir, *Pierre-Auguste Renoir*, *op. cit.*, p. 123.

55 Robert Rey, « Renoir à l'École des beaux-arts », *Bulletin de la Société de l'histoire de l'art français*, 1926, p. 34.

56 Gaston Poulain, *Bazille et ses amis*, *op. cit.*, p. 35.

57 John Rewald, *Histoire de l'impressionnisme*, *op. cit.*, p. 73 ; Boime 1971, p. 63 ; Kermit Swiler Champa, *Studies in Early Impressionism*, New Heaven/Londres, Yale University Press, 1973, p. 22.

58 Bazille à son père, 21 janvier 1864, dans Michel Schulman, *Frédéric Bazille*, *op. cit.*, p. 313.

59 Hauptman 1996 a, p. 327.

60 Mantz 1875, p. 233.

61 Hauptman 1996 a, note 1250, p. 338.

fig. 43 Frédéric Bazille, *Ruth et Booz*, 1870, huile sur toile, 138 × 202 cm, Montpellier, musée Fabre, inv. 2004.13.1

Peut-être M. Gleyre s'est-il souvenu d'une terrible leçon que, selon la chronique, lui aurait infligée M. Ingres, au château de Dampierre[62] », écrit Zola dans son compte rendu du Salon. Pourtant, Gleyre se serait opposé cette année-là à ce que Gustave Moreau reçoive une médaille pour son *Orphée* (Paris, musée d'Orsay). Comment aurait-il pu approuver les premiers essais réalistes de ses élèves, sous l'influence de Corot, Courbet et Manet, lui dont l'œuvre rejette avec force la vie moderne et la matérialité de la peinture[63] ?

On trouve pourtant dans l'œuvre de Bazille et de Renoir plusieurs points de contact avec l'enseignement de leur maître. Pendant ses dernières semaines à l'atelier au printemps 1864, Bazille, pour son premier tableau de grand format, choisit de peindre une académie féminine (*Nu couché*, Montpellier, musée Fabre), largement tributaire de son travail chez Gleyre. L'été 1870, quelques mois avant de mourir au combat, Bazille se lance dans un tableau biblique, *Ruth et Booz* (fig. 43). Le sujet, traité par Gleyre et donné comme exercice de composition à l'atelier au début des années 1860[64], le faire plus sec employé par Bazille dans ce tableau, la mélancolie des figures ne sont pas sans rappeler les chairs lisses et l'étrangeté de certaines compositions du maître suisse.

Renoir, tout au long de sa carrière, se définit comme l'élève de Gleyre[65]. Sincère « hommage à l'homme dont il n'estimait point que l'enseignement lui eût été inutile[66] », cette filiation n'avait pourtant rien d'évident du point de vue de certains critiques. Arsène Houssaye, au Salon de 1870, écrit à propos de l'envoi de Renoir (*Femme d'Alger*, Washington, National Gallery of Art) : « Gleyre, son maître, doit être tout à fait surpris d'avoir formé un pareil enfant prodigue [...]. Mais Gleyre est un trop grand artiste pour ne pas reconnaître l'art, quelles qu'en soient les expressions[67]. » En 1886, lors de la première exposition impressionniste organisée à New York par Durand-Ruel, la presse américaine, familière de l'œuvre de Gleyre et notamment du célèbre *Bain* (cat. 110), parle des « lourdes et odieuses créations de Renoir, cet élève dégénéré et avili de l'homme si sain,

62 Émile Zola, « Mon Salon », 1866, repris dans Émile Zola, *Écrits sur l'art*, Jean-Luc Adine (éd.), Paris, Gallimard, 1991, p. 103-104.

63 Clément 1878, p. 174-177.

64 Paul Milliet, *Une famille de républicains fouriéristes, les Milliet*, Paris, Giard et Brière, 1915-1916, cité dans Hauptman 1996 a, note 1241, p. 335.

65 Renoir se dit l'« élève de Gleyre » à chaque fois qu'il participe au Salon (1864, 1865, 1869, 1870 ; Salon des refusés, 1873, 1878, 1879, 1880, 1881, 1882, 1883 et 1890), sauf en 1868.

66 Robert Rey, *La Renaissance du sentiment classique dans la peinture française à la fin du XIXe siècle*, Paris, Les Beaux-Arts, 1931, p. 44.

67 Arsène Houssaye, repris par Karl Bertrand, « Le Salon de 1870. Peinture », *L'Artiste*, juin 1870, p. 319.

fig. 44 **Auguste Renoir, *Les Grandes Baigneuses*, 1884-1887, huile sur toile, 117,8 × 170,8 cm, Philadelphie, Philadelphia Museum of Art, 1963-116-13, The Mr. and Mrs. Carroll S. Tyson Jr. Collection, 1963**

honnête et bien inspiré qu'était Gleyre[68] ». Comme le souligne Albert Boime, des liens existent entre les personnalités des deux hommes, tous deux d'origine modeste et ayant eu affaire jeunes à l'artisanat d'art[69]. Les préoccupations picturales de Gleyre à la fin de sa vie – la recherche de chairs lumineuses, d'une peinture claire et de sujets idylliques, loin des grands drames de l'Histoire – se retrouvent dans l'œuvre de Renoir, particulièrement à partir des années 1880, lorsqu'il place au cœur de son travail le nu féminin dans la nature. S'il est abusif de dire que la révolution classique des *Grandes Baigneuses* (fig. 44) doit tout à l'exemple de Gleyre – Ingres et Raphaël sont ses modèles –, il est juste d'observer chez les deux peintres une même volonté d'invention dans la tradition. Robert Rey, auteur d'une thèse sur *La Renaissance du sentiment classique dans la peinture française à la fin du XIX*e siècle, compare avec justesse les baigneuses tardives de Renoir (fig. 45) et certains tableaux de Gleyre, comme *Le Paradis terrestre* (cat. 111). Il trouve dans ces œuvres de la maturité la « même recherche de clarté », distinguant cependant l'apport de la technique impressionniste : « Gleyre ne pouvait concevoir le modelé que par des variations allant du noir au blanc[70]. » Rey, le premier, réintroduit de manière positive la figure de Charles Gleyre dans l'histoire de l'impressionnisme, dès les années 1920 et grâce à Renoir : « L'art de ce maître manquait, certes, de chaleur, mais non d'une certaine élégance assez sensuelle en même temps qu'assez noble, d'un amour pour les clairs modelés dont on trouve comme des réminiscences dans les œuvres de Renoir[71]. »

68 John Rewald, *Histoire de l'impressionnisme*, *op. cit.*, p. 341.

69 Boime 1971, p. 106.

70 Robert Rey, cours de l'école du Louvre, 1925-1926, p. 3, INHA, archives Robert Rey. Merci à Hadrien Viraben, doctorant en histoire de l'art à l'université de Rouen, de nous avoir signalé cette source.

71 *Id.*, « Renoir à l'École des beaux-arts », *Bulletin de la Société de l'histoire de l'art français*, 1926, p. 34 ; voir aussi *id.*, *La Renaissance du sentiment classique*, *op. cit.*, p. 44.

fig. 45 Auguste Renoir, *Baigneuse aux cheveux longs*, vers 1895-1896, Paris, musée de l'Orangerie. Cat. 122

CHARLES GLEYRE ET ARNOLD BÖCKLIN : DU « SENTIMENT ANTIQUE »

Andrea Linnebach-Wegner

L'« ancêtre de Böcklin »

Dans son livre *Un siècle de peinture française*, l'historien de l'art allemand Richard Muther désigne en 1901 Gleyre comme l'« ancêtre de Böcklin ». Et il poursuit : « On voit [...] au Louvre qu'une ligne directe conduit des *Illusions perdues* (cat. 61) à *Vita somnium breve* (fig. 46) et l'on peut continuer d'explorer au musée des Beaux-Arts de Lausanne cet intéressant rapport qui existe entre Gleyre et le plus grand artiste de notre temps[1]. » Muther, qui vénérait le peintre suisse Arnold Böcklin comme le « suprême génie du XIXe siècle[2] » et qui fut par ailleurs l'un des premiers à introduire l'impressionnisme français en Allemagne, n'est pas le seul à avoir souligné cette affinité entre Gleyre et son compatriote. Le premier est sans doute Herman Grimm, l'un de ses collègues historien de l'art, le fils et neveu des illustres germanistes et collectionneurs de contes Wilhelm et Jacob Grimm, dans le texte qu'il publia en 1897 à l'occasion des soixante-dix ans du peintre bâlois. Bien que Gleyre ait été fortement marqué par l'empreinte de la scène artistique parisienne à laquelle Böcklin n'eut finalement jamais accès, leurs œuvres présentent selon Grimm une étonnante ressemblance. « Au musée de Bâle [...], il y a deux peintures de Gleyre dans lesquelles se manifeste le lien spirituel de Böcklin avec lui : Penthée poursuivi par des Furies, et la magicienne en train de jouer de la flûte double dans la forêt pour attirer les oiseaux, la figure vue de dos d'une jeune fille, exécutée avec la plus extrême délicatesse des lignes et du coloris. Quelqu'un qui ne connaîtrait pas Gleyre attribuerait ces deux toiles à Böcklin ou nommerait même certaines peintures de Böcklin indéniablement baignées de la même atmosphère[3]. »

Dans les études récentes, les évocations d'éventuels rapports artistiques ou même personnels entre les deux peintres suisses sont en revanche étonnamment rares[4] – ce qui s'explique probablement par l'histoire de leur réception, laquelle diffère beaucoup pour l'un et l'autre. Gleyre a été longtemps un artiste presque oublié en dehors de la Suisse, tandis que, vers 1900, Böcklin était célébré avec enthousiasme, surtout en Allemagne, avant de devenir ensuite et jusqu'à nos jours une figure très controversée. Les violentes polémiques soulevées par l'œuvre du Bâlois sont certainement dues, en partie du moins, à sa récupération par une certaine propagande nationaliste allemande, qui a fait de la peinture de Böcklin et de son goût pour le symbole l'incarnation même d'un art, supposé foncièrement germanique, qui sait parler à l'âme[5]. En tout cas, le thème du lien « intéressant » ou « spirituel » entre Gleyre et Böcklin, s'il est apparu avec tant d'évidence à leurs contemporains Muther et Grimm, n'est explicitement traité nulle part, alors qu'il se révèle aussi à quiconque feuillette aujourd'hui les catalogues raisonnés des deux peintres. Nous saute immédiatement aux yeux cette « même atmosphère », relevée par Grimm, de leurs créations picturales dont le caractère élégiaque est parfois poussé jusqu'à une théâtralité extrême, avec le rôle éminent joué par le paysage en tant que vecteur ou support de ces atmosphères, à quoi s'ajoute leur préférence commune pour les couleurs éclatantes, les thèmes insolites généralement empruntés à la mythologie.

Au vu de coïncidences artistiques aussi frappantes, on peut se poser la question de l'existence de relations réelles entre Gleyre et Böcklin, d'une génération son cadet. On ne saurait manquer de relever d'emblée que leur biographie présente un trait commun : les deux artistes suisses ont préféré l'un comme l'autre vivre et travailler loin de leur patrie – Gleyre essentiellement à Paris, Böcklin en priorité à Rome et Florence. Et aujourd'hui encore, on associe plutôt chacun d'eux à une autre culture nationale que celle de leur pays natal – Gleyre à la France, Böcklin à l'Allemagne, conformément à leur langue maternelle respective. Or c'est justement à Paris qu'eut lieu la première rencontre, quoique non personnelle, que l'on puisse attester entre les deux artistes – dans le pavillon suisse aménagé par Gleyre pour l'Exposition universelle de 1867.

À Hans Holenweg, Muttenz (Suisse), avec mes sentiments cordiaux. Je remercie Côme Fabre, à Paris, pour ses nombreuses suggestions.

1 Richard Muther, *Ein Jahrhundert französischer Malerei*, Berlin, S. Fischer, 1901, p. 50. En 1897, il soutenait encore au contraire que Böcklin n'avait pas d'ancêtres dans l'histoire de l'art (Richard Muther, « Arnold Böcklin zum 70. Geburtstag », dans *id.*, *Studien und Kritiken*, vol. I, Vienne, 1900, p. 43).

2 Richard Muther, « Die Schack-Galerie in München. Zu ihrer Neueröffnung. 2. Teil », dans *Kunst für Alle*, 10e année (1894-1895), p. 360.

3 Herman Grimm, « Zum siebzigsten Geburtstage Arnold Böcklin's », dans *Deutsche Rundschau*, octobre 1897, p. 51-69, ici p. 60.

4 On ne trouve ainsi aucune référence à Gleyre dans les catalogues raisonnés de l'œuvre peint et des dessins de Böcklin, pourtant établis avec un soin éminent (Rolf Andree, *Arnold Böcklin. Die Gemälde*, Bâle/Munich, Friedrich Reinhardt/Prestel, 1977 ; Hans Holenweg/Franz Zelger, *Arnold Böcklin. Die Zeichnungen*, Bâle/Munich, Friedrich Reinhardt/Hirmer, 1998), tandis que, dans le catalogue tout aussi remarquable de l'œuvre de Gleyre par William Hauptman, le nom de Böcklin n'est que brièvement mentionné deux fois (Hauptman 1996 a, p. 18, 272).

5 Voir en dernier lieu à ce sujet Thomas W. Gaethgens, « Le cas Böcklin de Julius Meier-Graefe et les débats sur l'art moderne dans l'Empire allemand », dans *De l'Allemagne, 1800-1939. De Friedrich à Beckmann*, cat. exp., musée du Louvre, Paris, 2013, p. 210-221.

Charles Gleyre, *Penthée poursuivi par les Ménades*, détail, 1864, Bâle, Kunstmuseum
(voir cat. 90 p. 168-169)

Réseau : relations personnelles entre Gleyre et Böcklin

Si l'on se lance à la recherche de liens jusqu'ici inconnus ou négligés dans la biographie et l'environnement personnels de l'un et l'autre artistes, on tombe effectivement sur plusieurs relations importantes, quoiqu'on ne puisse faire état, au stade actuel de nos connaissances, d'une rencontre directe entre les deux peintres. Dans l'essai que nous avons déjà mentionné, Grimm livre un premier indice : « C'est à Friedrich Weber que je dois aussi la découverte des œuvres de Gleyre[6]. » Bâlois d'origine, comme Böcklin dont il était l'ami, le graveur Friedrich Weber a donc joué un rôle capital de médiateur. Entré en 1840 dans l'atelier de Paul Delaroche – la classe d'enseignement de l'École des beaux-arts que Gleyre allait reprendre en 1843 –, Weber a vécu à Paris jusqu'en 1859, hormis quelques interruptions d'assez courte durée, et aura donc eu de multiples opportunités de voir les œuvres de Gleyre et d'apprendre à les apprécier. Gleyre nourrissait lui aussi beaucoup d'estime pour le travail de Weber[7], qui s'était surtout fait une éminente réputation de graveur de reproduction. En 1859, Weber revint s'installer dans sa ville natale. C'est à sa suggestion, appuyée par leur ami commun Jacob Burckhardt, que Böcklin quittera à son tour Rome pour rentrer en 1866 à Bâle, où Weber avait déjà œuvré pour ses deux compatriotes, aussi bien Gleyre que Böcklin. En sa qualité de membre de la commission artistique du Musée bâlois, il s'entremit en effet pour l'acquisition des deux peintures de Gleyre dont il a été question plus haut[8] et pour la commande passée à Böcklin, en 1862, d'un grand tableau (*La Chasse de Diane*) et par la suite de plusieurs fresques destinées à orner l'institution bâloise (1868-1870). Weber accompagnera également Böcklin lorsque celui-ci se rendra à Paris en mai 1870, pour vérifier l'accrochage au Salon de son tableau *Assassin poursuivi par des Furies*[9] (fig. 47).

Outre Weber, les élèves de Gleyre comptent aussi parmi les amis et familiers que les deux artistes avaient en commun ; on sait en effet que Böcklin en fréquentait certains. Dès son premier séjour à Munich, entre 1858 et 1860, le Bâlois avait fait la connaissance du peintre d'histoire Karl von Piloty, qui avait étudié auprès de Gleyre en 1851[10]. Et c'est également à Munich qu'il rencontrera par la suite Theophil Preiswerk, un peintre d'origine bâloise qui fut l'élève de Gleyre en 1867. Des liens d'amitié assez étroits lieront Böcklin à Preiswerk, qui suivit Böcklin à Florence en 1874. Par ces contacts, Böcklin avait certainement entendu parler des œuvres de son compatriote, très appréciées à Paris, de même que l'on peut supposer que la réputation d'originalité de son jeune collègue était parvenue aux oreilles de Gleyre.

Mentionnons pour finir un autre nœud important dans ce tissu de relations : le galeriste Adolphe Goupil, qui faisait commerce des œuvres de Gleyre et en diffusait des reproductions, sera le représentant de Böcklin aux deux expositions du Salon auxquelles il prit part à Paris, en 1868 et 1870[11].

6 Grimm, art. cité, p. 58. Weber a été membre extérieur de l'Académie prussienne des beaux-arts à Berlin de 1874 à 1882. C'est vraisemblablement pendant cette période qu'il a fait la connaissance de Herman Grimm, qui y fut professeur d'histoire de l'art à partir de 1873.

7 Voir Hauptman 1996 a, p. 273.

8 C'est précisément l'année du retour de Weber de Paris à Bâle qu'on passa commande à Gleyre d'une peinture d'histoire. Ce qui laisse supposer que Weber a joué dans cette affaire un rôle déterminant de médiateur.

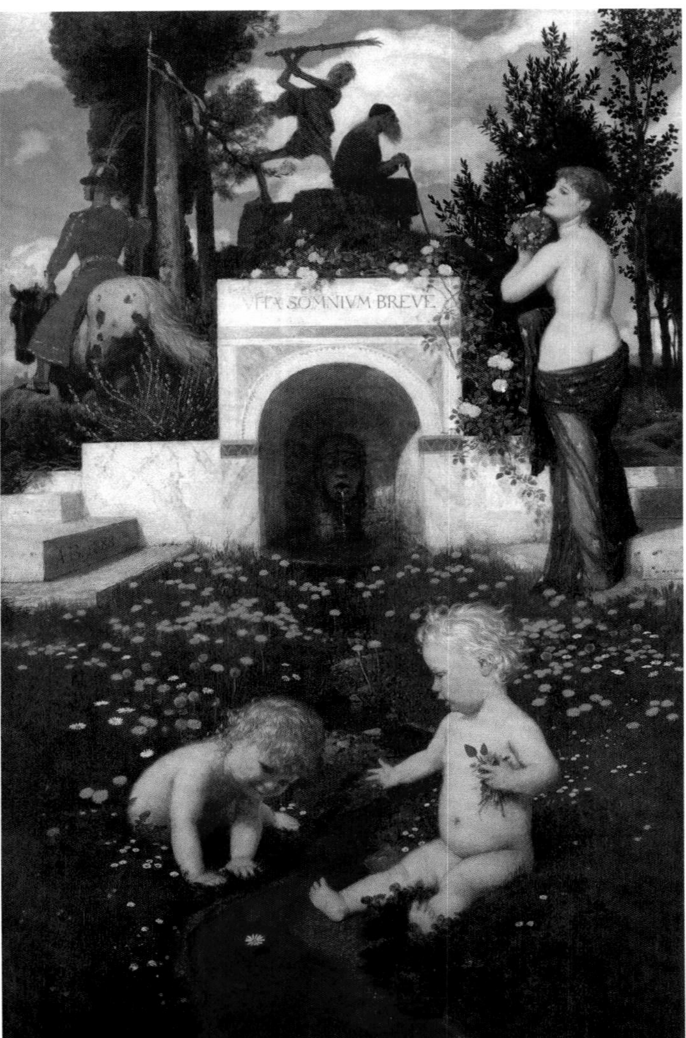

fig. 46 **Arnold Böcklin, *Vita somnium breve*, 1888, huile sur bois, 180 × 114,5 cm, Bâle, Öffentliche Kunstsammlung, Kunstmuseum**

fig. 47 **Arnold Böcklin,** ***Assassin poursuivi par les Furies*****, 1870, huile sur toile, 80 × 141 cm, Munich Bayerische Staatsgemäldesammlungen, Schack-Galerie**

Böcklin à Paris – Gleyre sur la peinture de Böcklin : un « traitement éclatant des couleurs »

Böcklin se rendit à Paris deux fois : en 1848, pour un séjour d'étude de plusieurs mois, et au printemps 1870, pour une brève visite de quelques jours. Son premier séjour parisien, au cours duquel il travailla dans l'atelier de Charles Suisse, fut obscurci par les événements de la révolution de 1848, avec la répression sanglante de l'insurrection ouvrière en juin dont il fut le témoin. Böcklin avait toutefois ramené de Paris une pleine moisson d'expériences artistiques déterminantes – outre les anciens maîtres du Louvre, ce sont surtout les peintures de Delacroix, de Couture et de l'école de Barbizon qui l'avaient impressionné, montrant même par là combien il avait su être attentif aux tout derniers développements de son art. Lors de ce séjour, il a certainement dû voir aussi *Le Soir* de Gleyre au musée du Luxembourg (cat. 61).

Une vingtaine d'années plus tard allait avoir lieu la première exposition de travaux de Böcklin à Paris. À la demande de Piloty, un ancien élève de Gleyre, le comte Adolf Friedrich von Schack prêta plusieurs œuvres de sa collection munichoise pour l'Exposition universelle de 1867[12]. Parmi ces toiles, il y avait trois peintures de Böcklin : *La Complainte du berger* (*Daphnis et Amaryllis*, fig. 48), *Villa en bord de mer* (deuxième version) et *Ermite devant une paroi rocheuse*. Il ressort de la correspondance entre Franz von Lenbach et Böcklin que Schack souhaitait que le peintre suisse pût « figurer parmi les "Allemands"[13] ». On peut supposer que l'artiste n'était pas du tout d'accord avec cette idée, puisque, dans une autre de ses lettres, Lenbach écrit à Böcklin qu'il n'est « plus possible de faire marche arrière sur la question[14] ». C'est ainsi qu'on en arriva à un curieux compromis et à une distribution des trois œuvres venues de Munich : le tableau du *Berger* fut accroché dans le pavillon suisse aménagé par Gleyre, tandis que les deux autres toiles étaient exposées avec la peinture allemande, à savoir dans le pavillon bavarois, dans le groupe des peintres de paysage munichois[15].

Dans la *Gazette des beaux-arts* du 1er mai 1867, le critique d'art allemand Alfred Woltmann s'était déjà employé à présenter la collection du comte von Schack au public français et avait souligné dans son article – en allant au-devant du goût artistique parisien de l'époque – le grand « talent comme coloriste[16] » de Böcklin. Gleyre porta lui-même un jugement similaire dans le compte rendu de l'exposition qu'il fit paraître dans

9 Voir Hans Holenweg, « Biographie », dans *Arnold Böcklin*, cat. exp., Öffentliche Kunstsammlung, Basel/Kunstmuseum, Bâle/musée d'Orsay, Paris/Neue Pinakothek, Munich, 2001-2002, p. 345.

10 Voir la liste des élèves, dans Winterthur 1974-75, p. 146.

11 Voir *Explication des ouvrages de peinture et dessins, sculpture, architecture et gravure des artistes vivants...*, Paris, 1868, p. 34, et *ibid.*, 1870, p. 38.

12 Voir *Adolf Friedrich Graf von Schack. Kunstsammler, Literat und Reisender*, sous la direction de Christian Lenz, Heidelberg, éd. Braus, 1994, p. 207.

13 Lettre de Lenbach à Böcklin, 14 janvier 1767, citée d'après *Böcklin-Memoiren. Tagebuchblätter von Böcklins Gattin Angela*, édition établie par Ferdinand Runkel, Berlin, 1910, p. 145.

14 *Ibid.*

15 Voir Friedrich Pecht, *Kunst und Kunstindustrie auf der Weltausstellung von 1867. Pariser Briefe*, Leipzig, 1867, p. 136, 146.

16 *Gazette des beaux-arts*, 1867, p. 511.

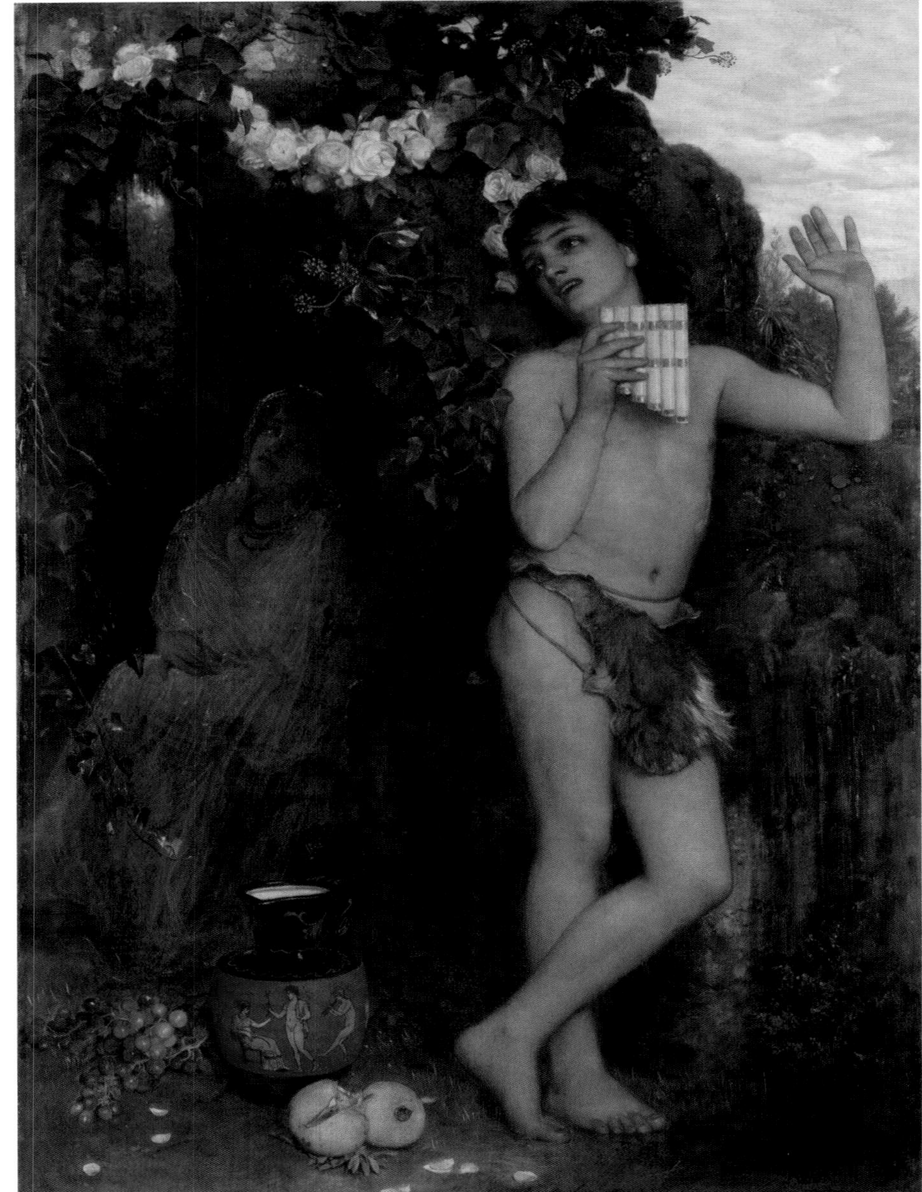

fig. 48 **Arnold Böcklin, *La Complainte du berger (Daphnis et Amaryllis)*, 1866, huile sur toile, 137 × 100,4 cm, Munich, Bayerische Staatsgemäldesammlungen, Schack-Galerie**

le *Schweizerisches Bundesblatt* : « *Daphnis et Amaryllis* de Böcklin, un tableau qui se distingue par un traitement éclatant et solide des couleurs[17] », où il signalait en outre que son collègue était l'un des rares représentants de la peinture suisse d'histoire.

D'autres œuvres de Böcklin seront également montrées à Paris les années suivantes, aux Salons de 1868 et 1870, dont Gleyre était membre du jury. On peut donc supposer qu'il s'était engagé à ce titre en faveur de son jeune compatriote. En 1868, le Salon exposait *Pétrarque à la fontaine de Vaucluse* et *Marie-Madeleine pleurant le Christ mort* ; en 1870, son *Assassin poursuivi par des Furies*. En l'absence de documents, on en est réduit aux hypothèses sur la façon dont ces choix se sont opérés. L'intérêt de Gleyre pour la *Marie-Madeleine* de Böcklin était probablement nourri de sa propre confrontation, tout aussi insolite, avec certains thèmes bibliques (par exemple *La Séparation des apôtres*, 1845, cat. 63). Et l'on peut sans doute considérer la décision de Böcklin d'envoyer à Paris en 1870 son *Assassin* comme une tentative de s'inscrire dans le sillage direct du chef-d'œuvre de Gleyre, *Penthée poursuivi par les Ménades* (cat. 90) – les deux tableaux se ressemblant en effet par le choix d'un thème inhabituel et relativement sinistre, à forte teneur émotionnelle, qui s'inscrit en outre dans un paysage au caractère dramatique appuyé. Or l'œuvre de Böcklin n'eut pas de succès à Paris : répertoriée dans le catalogue comme un simple *Paysage*, la toile était extrêmement mal placée, disposée beaucoup trop haut sur la cimaise, si l'on en croit le peintre. Le dépit que lui inspira ce funeste accrochage, joint

17 Charles Gleyre, « Bericht über die Betheiligung der Schweiz an der allgemeinen Kunst- und Industrieausstellung in Paris 1867 », dans *Schweizerisches Bundesblatt*, 20e année, I, n° 10, 7 mars 1868, p. 319-326, sur Böcklin p. 322. Voir aussi Pascal Ruedin, *Beaux-Arts et Représentation nationale. La participation des artistes suisses aux Expositions universelles de Paris*, Berne, P. Lang 2010, sur Gleyre p. 149 et suiv.

au peu de considération accordé à son tableau par le public parisien, allait d'ailleurs le pousser à renoncer à son projet d'une éventuelle installation à Paris[18].

À cause de la césure de la guerre franco-allemande de 1870-1871, il faudra attendre 1878, quatre ans après la mort de Gleyre, pour voir des œuvres de Böcklin reprendre le chemin de Paris. Intégralement associé désormais à la peinture allemande, l'artiste peut se féliciter cette fois-ci d'un accueil étonnamment positif dans la presse française. Voici ce qu'en écrivait par exemple Edmond Duranty dans la *Gazette des beaux-arts* : « M. Boecklin [...] se voue aux mythologies et aux ermites. Il comprend les mythologies d'une façon particulière ; c'est un romantique coloriste ou plutôt un *boeckliniste.* Il vit à part, invente des couleurs, il est dur pour ses confrères, il est excentrique et fait de belles choses. » Et d'ajouter, à propos de *Triton et Néréide* : « À une fantaisie il a donné l'énergie et la plénitude de la réalité, cas vraiment extraordinaire[19]. »

Böcklin bénéficiait donc d'une très bonne renommée sur la scène de l'avant-garde parisienne. Dans son bienveillant article, Duranty esquissait quelques-uns des traits essentiels de la peinture de l'artiste suisse : sa palette délicate, sa conception originale de la mythologie antique et sa façon de la mettre en rapport avec le romantisme – autant de marques qui caractérisent également la peinture de Gleyre. Mais le critique identifie aussi chez Böcklin un goût pour l'excentrique, pour ce qui sort du commun. En l'occurrence, Duranty entendait certainement désigner ces éléments déroutants qui sont si typiques de l'art de Böcklin – et que l'on repère déjà dans ses premiers tableaux. Aujourd'hui encore, les historiens de l'art ne réussissent pas à s'accorder par exemple sur le genre d'atmosphère qui règne dans *La Complainte du berger*, l'œuvre célébrée par Gleyre : tandis que Friedrich Pecht, un contemporain du peintre, trouvait en 1867 que la scène était empreinte d'une « plaisante gaîté malicieuse[20] », Christian Lenz estimait pour sa part en 2001 que l'artiste avait fait basculer son modèle littéraire, *La Troisième Idylle* de Théocrite, dans une « sentimentalité grave que le spectateur parvient difficilement à suivre[21] ».

Cette équivocité, où l'éclat et le chatoiement de son art se mêlent à d'autres traits plus déconcertants, est une caractéristique majeure de la peinture de Böcklin. En lieu et place d'un idéal normatif de l'Antiquité, fait de beauté sans défaut et de significations claires, ce sont les profondeurs insondables, le rêve, l'ivresse dionysiaque et parfois le grotesque, le comique, voire le trivial qui entrent en scène[22]. Dès lors, on comprend aisément que Böcklin, en raison de sa manière de procéder très bien décrite par Duranty (« À une fantaisie il a donné l'énergie et la plénitude de la réalité »), ait pu devenir l'ancêtre des symbolistes et des surréalistes[23]. Böcklin savait vraisemblablement que Gleyre l'avait précédé dans l'exploration de ces nouveaux mondes visuels.
Mais quittons d'abord Paris pour rejoindre l'autre lieu de rencontre qui nous importe ici.

Gleyre à Bâle – Böcklin sur Gleyre : « philistin et antiquaire »

On peut juxtaposer aux propos concis de Gleyre sur Böcklin un commentaire étonnamment long de ce dernier sur l'œuvre de son prédécesseur. Voici ce que Rudolf Schick, un élève de Böcklin, notait en effet dans son journal, le 19 avril 1869 : « Sur Gleyre, dont un tableau est exposé ici : une nymphe debout, vue de dos, nue, jouant de la flûte à un oiseau. Böcklin l'a qualifié avec justesse de philistin et d'antiquaire, en ajoutant qu'on lui avait donné à entendre que lui-même aurait utilisé cette idée de Gleyre dans son *Faune sifflant avec un merle*. C'est stupide à tous égards. Böcklin a peint son tableau quatre ans avant Gleyre. Au reste, on ne saurait dire qu'un motif soit volé s'il n'est pas copié dans sa forme. Sinon, toutes les madones du Moyen Âge seraient alors volées, parce qu'elles traitent

18 Voici ce qu'il écrivait de Paris à son épouse, le 15 mai 1870 : « D'ailleurs, je m'aperçois qu'il ne sera jamais possible de vivre ici en famille » (*Böcklin-Memoiren*, *op. cit.*, p. 170). Un insuccès similaire allait également le retenir par la suite de partir s'installer à Berlin – ce qui lui inspira un ressentiment marqué envers l'Allemagne après 1871 (*Gründerzeit*), comme il ressort de sa lettre du 14 mars 1883, où il est question de « dégoût » pour l'Allemagne et le « Berlin cultivé » (*ibid.*, p. 255).

19 Edmond Duranty, « Exposition universelle. Les écoles étrangères de peinture. I. Allemagne », dans *Gazette des beaux-arts*, 2e période, vol. XVIII (1878), p. 50-62, ici p. 59.

20 Pecht, *op. cit.*, p. 146.

21 Christian Lenz, dans cat. exp., Bâle/Paris/Munich, 2001-2002, *op. cit.*, p. 196.

22 Sur l'humour de Böcklin, voir Andrea Linnebach, « "Wilder Humor". Zur Antikenkomik Arnold Böcklins – und ein wildes Nachspiel im 20. Jahrhundert », dans *In omni historia curiosus. Studien zur Geschichte von der Antike bis zur Neuzeit. Fs. für Helmuth Schneider zum 65. Geburtstag*, sous la direction de Björn Onken et Dorothea Rohde, Wiesbaden, Harrassowitz, 2011, p. 185-197.

23 Voir *Arnold Böcklin, Giorgio de Chirico, Max Ernst. Eine Reise ins Ungewisse*, cat. exp., Kunsthaus, Zürich/Haus der Kunst, München/Nationalgalerie, Berlin, 1998.

du même motif. Böcklin m'a montré une photographie d'*Hercule et Omphale* de Gleyre (cat. 99). Il dit que le tableau a l'air d'un bric-à-brac où le peintre a voulu déballer toutes ses connaissances sur l'Antiquité. Tout est rassemblé sans choix artistique : colonnes, couronnes, paon, sièges, etc., et se fait valoir avec prétention. Ses figures ressemblent toutes à des modèles. On dirait que Hercule est grossièrement peint d'après un modèle ordinaire. Böcklin dit qu'on ne doit pas condamner l'exécution extérieure d'un tableau et que ça lui donne un charme propre quand l'œil peut aller avec intérêt d'un détail à l'autre, sauf qu'il faut que ceux-ci soient présentés astucieusement et avec art[24]. »

On peut tirer plusieurs informations importantes du commentaire de Böcklin sur Gleyre : Böcklin s'est vu confronté, avec son *Faune* de 1863, à l'accusation de plagiat ; *La Charmeuse* (cat. 115), le tableau de Gleyre qu'on lui reprochait d'avoir copié, était alors exposé à Bâle, de sorte que Böcklin a pu le voir de ses propres yeux[25] ; il possédait une photographie de *Hercule et Omphale* de Gleyre (et connaissait certainement d'autres œuvres de son collègue[26]) ; il juge Gleyre – devant son élève Schick tout au moins – comme un peintre académique et traditionaliste (« philistin[27] et antiquaire »), qui accumule avec trop d'insistance et de minutie dans ses tableaux ce qu'il sait de l'Antiquité.

Ces propos dépréciatifs sur Gleyre ne manquent pas d'étonner, mais on y perçoit également cette part d'ironie si caractéristique de Böcklin (« bric-à-brac »). À l'arrière-plan de cette critique négative, il y avait certainement – outre l'accusation injustifiée de plagiat – l'insatisfaction éprouvée par Böcklin sur sa propre situation malheureuse à Bâle : tout en ayant pour ainsi dire jour après jour sous ses yeux le succès considérable remporté par Gleyre avec son *Penthée*, Böcklin avançait en effet avec beaucoup de difficultés dans la réalisation des fresques pour le musée de Bâle, son travail soulevant des divergences d'opinion qui finiront même par la rupture avec son ami Jacob Burckhardt. Böcklin, en butte à des attaques venues de toutes parts et qui dut lutter jusque dans les années 1890 pour sa reconnaissance, se sentait manifestement dans un contexte de concurrence douloureux par rapport à Gleyre, qui était alors le peintre suisse le plus apprécié de son temps[28].

Les remarques de Böcklin révèlent pourtant, au-delà de toute polémique, qu'il s'était beaucoup intéressé à l'œuvre de Gleyre. Et il a beau critiquer sans ménagement *Hercule et Omphale*, il n'aura pu manquer de sentir clairement combien les deux tableaux bâlois de Gleyre et *Le Soir*, qu'il connaissait certainement, étaient proches de ses propres préoccupations artistiques.

De Gleyre à Böcklin

La « ligne directe », que Muther traçait du *Soir* de Gleyre à *Vita somnium breve* de Böcklin et qui prolonge aisément jusqu'à sa *Villa en bord de mer*, *Melancholia* ou son *Île des morts*, se retrouve dans de nombreux autres exemples – qu'il s'agisse de confrontation immédiate ou de coïncidence plus générale dans la volonté artistique des deux hommes. Ainsi voit-on sans cesse surgir dans l'œuvre de Böcklin, à partir du milieu des années 1850, des réminiscences de Gleyre, comme par exemple dans son *Assassin* évoqué plus haut. De même, *Astolphe s'enfuyant avec la tête d'Orrile* (1874) rappelle nettement le *Penthée* de Gleyre : de la composition en diagonale, où le décor dramatique du paysage se déploie en tant que miroir des émotions, jusqu'au thème effrayant du géant décapité (Orrile) ou de celui qui doit l'être (Penthée), en passant par le choix de la palette, avec d'intenses accents de rouge. Mais, à l'inverse, le *Penthée* de Gleyre ressemble de façon stupéfiante au tableau de *Pan effrayant un berger* que Böcklin a peint presque au même moment (deux versions, 1859, fig. 49 et 1860). De façon générale, le paysage paraît prendre pour Gleyre,

24 Rudolf Schick, *Tagebuch-Aufzeichnungen aus den Jahren 1866, 1868, 1869 über Arnold Böcklin*, édition établie par Hugo von Tschudi, Berlin, F. Fontane, 1901, p. 334 et suiv.

25 Encore une fois, c'est le galeriste Adolphe Goupil qui fut le premier propriétaire du tableau. Il le mit manifestement en vente à Bâle. L'œuvre fut acquise par le Musée bâlois, mais seulement en 1874, voir Hauptman 1996 b, cat. n° 914.

26 Goupil avait fait faire une photographie du tableau. Voir le catalogue des œuvres établi en 1878 par Charles Clément, reproduit dans Winterthur 1974-75, où l'on trouve également la liste d'autres photographies, par exemple celle de *Minerve et les trois Grâces* (*ibid.*, n° 101). On mentionnera en outre que plusieurs photographies d'œuvres de Gleyre se trouvaient dans la succession de Jacob Burckhardt, l'ami de Böcklin, à Bâle : *Le Soir*, *La Charmeuse*, *Le Bain* et Étude pour *Le Bain*, voir http://www.e-manuscripta.ch/bau/content/titleinfo/228648 (page consultée le 20 mai 2015). À cette époque (1869), Burckhardt possédait visiblement d'autres photographies, dont il aimait d'ailleurs faire cadeau, et il en offrit probablement aussi à Böcklin, voir *The European Correspondence to Jacob Burckhardt*, URL : http://www.burckhardtsource.org/letter/686.annotate (page consultée le 15 juin 2015), en particulier la lettre de F. von Preen, datée du 30 décembre 1869, qui remercie Burckhardt pour *Le Bain*.

27 Il faut entendre « philistin » dans son sens allemand, qui désigne un homme d'un certain âgé, volontiers pédant, avec des préoccupations très terre à terre et un esprit étroit et conservateur. Le lecteur curieux pourra se reporter à l'article du *Deutsches Wörterbuch* des frères Jacob et Wilhelm Grimm, URL : http://woerterbuchnetz.de/DWB/?sigle=DWB&mode=Vernetzung&hitlist=&patternlist=&lemid=GP04658#XGP04658 (page consultée le 3 juin 2015).

28 Voir Hauptman 1996 a, p. 17 et suiv.

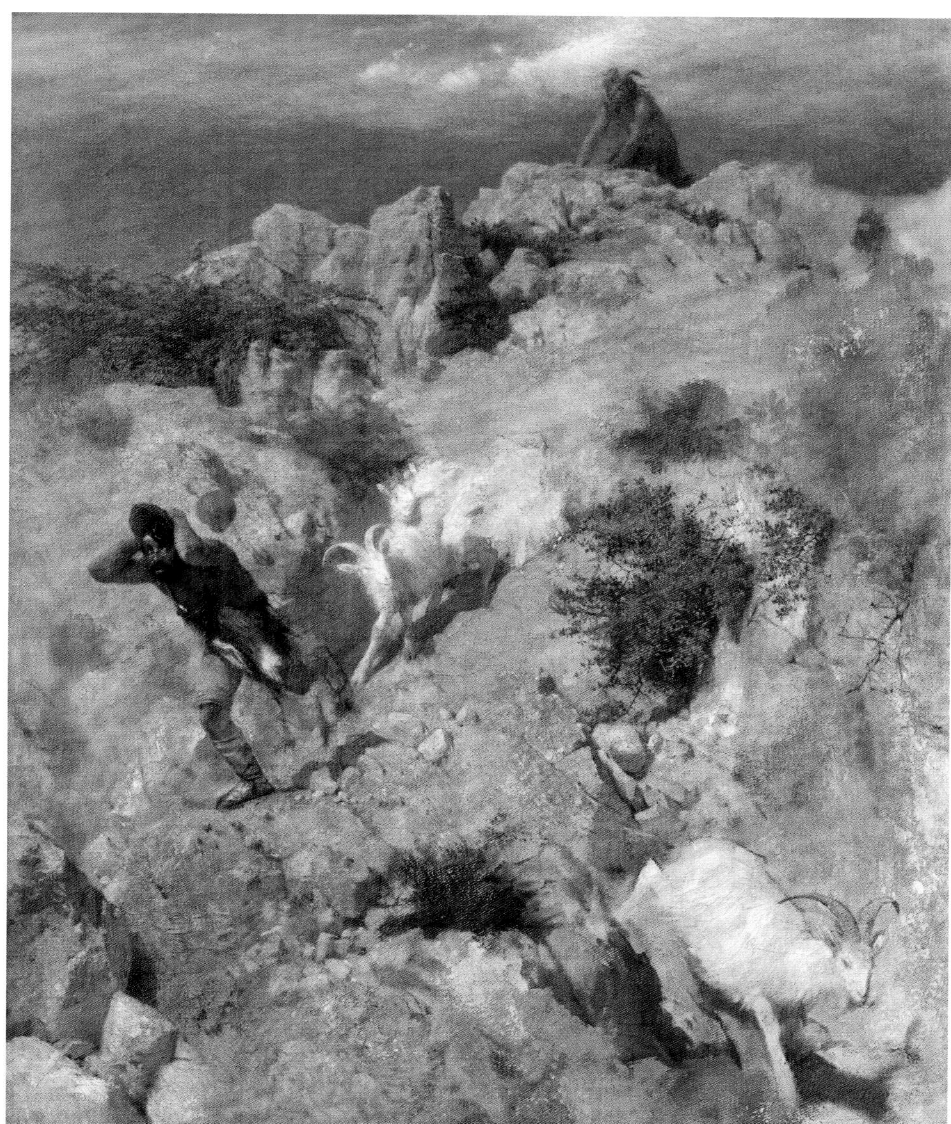

fig. 49 Arnold Böcklin, *Pan effrayant un berger*, 1859, huile sur toile, 78 × 64 cm, Bâle, Kunstmuseum

à partir du milieu du siècle, une importance de plus en plus considérable, comme chez Böcklin. Au pathos théâtral assez sinistre de Gleyre, on voit certes s'opposer, dans le plein midi ensoleillé de la scène de Böcklin, divers éléments comiques et – à travers la figure du berger qui s'enfuit tout droit vers le spectateur – une immédiateté pleine de fraîcheur.

Il y a assurément aussi – à travers une sorte de croyance dans la liberté démocratique que professent pareillement les deux artistes – une autre « ligne directe » qui mène du *Major Davel* de Gleyre (cat. 70) à *La Liberté (Helvetia)* peinte par Böcklin en 1891. Quarante ans d'une histoire chargée d'événements séparent le portrait richement détaillé de Gleyre et le tableau allégorique de Böcklin montrant une figure féminine presque nue, coiffée d'un bonnet phrygien. Deux idées différentes de la représentation s'énoncent en outre dans chacun de ces tableaux. Or, dans l'un et l'autre cas, la figure principale se détache pourtant de la même façon au-dessus de la chaîne des Alpes enneigées, dans le triple accord des couleurs bleue, blanche et rouge. En partant de *La Liberté* de Böcklin, on peut suivre par ailleurs une autre ligne qui remonte à *L'Espérance* (1871-1872) de Puvis de Chavannes – avec le motif de la maison détruite à l'arrière-plan – et à la propre confrontation de Böcklin avec les atrocités de la guerre franco-allemande dans sa *Maison détruite près de Kehl* et *La Chevauchée de la Mort*.

Les deux artistes partagent également le thème de la figure féminine égarée dans la solitude mystérieuse de la forêt, deux motifs que le romantisme aime à associer (*Jeanne d'Arc*, cat. 100, ou *La Jeune Fille au chevreau* de Gleyre et *Le Silence des bois* de Böcklin).

De même, certains motifs du *Bain* de Gleyre (cat. 110) semblent résonner dans *La Poésie et la Peinture* de Böcklin – la fontaine disposée au centre, les deux figures féminines qui la flanquent à droite et à gauche, le portique à l'arrière-plan. Et les Muses ou les Nymphes de Böcklin ressemblent aux Grâces de Gleyre qui prennent la pose de façon charmante au milieu d'un paysage de printemps, jouant elles aussi de la flûte double en compagnie de chevreuils et de biches, même si les figures féminines böckliniennes sont certainement moins gracieuses (*Minerve et les trois Grâces* de Gleyre [cat. 91] et *Euterpe* et *Hymne du printemps* [fig. 50] de Böcklin).

Souvent, ce sont des détails particuliers, principalement dans les thèmes et les motifs empruntés à l'Antiquité, qui révèlent des associations entre les œuvres de Gleyre et de Böcklin. Ainsi dans *La Charmeuse* (cat. 115) de Gleyre, l'autel caché dans la profondeur obscure de la forêt, avec l'hermès de Pan, fait-il penser à la série entière des paysages sacrés de Böcklin – par exemple son *Bois sacré* –, à son intérêt pour le culte païen et à sa prédilection pour la figure du dieu Pan[29]. À la colonne qui signale, dans la scène idyllique de Gleyre, le lieu où l'on célèbre le culte du dieu des bergers et des troupeaux, Böcklin oppose l'apparition parfois inquiétante de Pan en chair et en os – en cherchant à évoquer de cette façon l'actualité du mythe, dans toute son intensité. Son prédécesseur avait déjà montré lui aussi un intérêt peu commun pour cette « inquiétante étrangeté » du culte païen, avec ses traits de sauvagerie et d'ivresse propres à faire tomber les interdits. Signalons les liens thématiques qui unissent les scènes dionysiaques de *La Danse des Bacchantes* (cat. 96) ou de *La Bacchanale à l'âne* de Gleyre et les différentes versions données par Böcklin de *Fête de mai dans la Rome antique* ou de sa *Bacchanale* (1885) – où l'on retrouve encore une fois, contrastant avec le raffinement de Gleyre, un prosaïsme qui fit dire à un critique qu'il croyait assister à quelque « fête munichoise de la bière en costumes romains[30] ». Or il se dégage de ces œuvres, et d'autres encore, une même liberté et un mépris comparable des conventions dans la manière de traiter la mythologie transmise par la tradition : l'Antiquité n'est plus un matériau formel ayant la pâleur du marbre, mais un élément vital – et, qui plus est, multicolore ! Si Böcklin compte parmi les premiers à avoir soutenu que la statuaire antique était polychrome[31], il eut également sur ce point un prédécesseur en la personne de Gleyre. En peignant la statue d'un Bacchus écarlate juché sur une colonne au-dessus des Bacchantes, Gleyre rejetait tout aussi résolument que Böcklin l'esthétique néoclassique de la forme pure et sans couleurs. L'origine commune de cette fascination éprouvée par les deux artistes suisses est sans doute à chercher dans l'architecture et la décoration polychromes de Pompéi.

fig. 50 Arnold Böcklin, *Hymne du printemps*, 1888, huile sur bois, 125 × 97 cm, Leipzig, Museum der bildenden Künste

Quelquefois, ce sont des esquisses de Gleyre qui montrent une ressemblance frappante, alors qu'il est parfaitement impossible que Böcklin en ait eu connaissance – hasard ou travail à partir des mêmes modèles ? Dans l'esquisse pour *Le Soir* (cat. 61), le protagoniste adopte ainsi pratiquement la même attitude de languissant désir ou de désespoir que l'*Ulysse* (1869, fig. 51) de Böcklin. Et tout comme Gleyre a renoncé à cette pose théâtrale dans la version finale de son tableau, son collègue bâlois optera lui aussi, dans sa variante ultérieure d'*Ulysse et Calypso* (1882), pour une expression corporelle plus contenue et intériorisée. Dans les œuvres qu'il réalise à partir des années 1880, Böcklin aboutira à un langage pictural que Heinrich Wölfflin allait célébrer comme la période « classique » de l'artiste : un vocabulaire qui se caractérise selon lui par « la simplification et la concentration, la clarté et la détermination de l'expression par la forme et la couleur, le besoin d'une structure visuelle rigoureuse ». Böcklin, poursuit le critique, réussit ici à « produire un effet maximal avec un minimum de moyens[32] ». En examinant ce tableau, on comprendra plus clairement ce que visait Böcklin lorsqu'il critiquait la richesse de détails tout « antiquaire » mise en œuvre par son collègue romand dans son *Hercule et Omphale*.

Outre ces analogies de motifs et de formes, il convient de relever un autre aspect qui rapprochait les deux peintres suisses : leur intérêt partagé, profond et rare pour les progrès les plus récents des sciences naturelles, qui ébranlèrent considérablement la vision du monde vers le milieu du siècle, à travers les découvertes sensationnelles de certains fossiles et, quelque années plus tard, les théories de Darwin. Gleyre comme Böcklin ne manquèrent pas de donner une expression artistique à cet intérêt pour la science, même s'ils devaient aboutir à des solutions très différentes. Ainsi Gleyre, inspiré par les discussions contemporaines sur l'histoire de la Terre et de l'homme, a-t-il peint son extraordinaire tableau des *Éléphants* (vers 1856, cat. 88) dans un déconcertant et mystérieux décor préhistorique[33]. Quelques années plus tard, Böcklin allait se frotter de son côté à la théorie de l'évolution, développée à partir de 1859 par Darwin, en particulier dans ses énigmatiques paysages marins. Faisant fusionner la mythologie et la zoologie, le peintre bâlois évoquera, à travers l'extravagante variété de son univers de tritons, de centaures marins ou de néréides et dans l'éventail des multiples états transitionnels entre les formes animales et humaines, les questions pressantes sur l'origine et l'évolution de la vie. Les deux artistes ne se sont pas contentés d'illustrer les théories scientifiques de leur temps, ils ont cherché des formes susceptibles d'exprimer le profond trouble qui en avait alors résulté. En peignant ces décors archaïques ou marins, Gleyre et Böcklin ont atteint, indépendamment l'un de l'autre, des dimensions artistiques jusqu'alors inconnues.

Gleyre, Böcklin et le « cœur du public sentimental »

Quand Gleyre associe Minerve et les Grâces, réunit treize figures féminines pour en faire une bacchanale ou coiffe sa Diane d'un couvre-chef qui la fait ressembler à une Walkyrie[34], et Böcklin imagine un combat de centaures, nous montre Pan en train de jouer une « polka », tandis que Vénus sort de l'onde portée par un monstre des profondeurs marines, et non par la traditionnelle écume des vagues, les deux artistes ne se soucient guère d'illustrer les thèmes et les motifs antiques en restant fidèles aux sources. De telles ruptures avec la tradition académique et le caractère énigmatique de leurs œuvres qui en est souvent le corollaire n'ont pas manqué de provoquer migraines et désagréments chez le public. « Personne n'y comprend rien[35] », écrivait en 1866 un contemporain à propos de *Minerve et les trois Grâces* de Gleyre, car cette combinaison de figures et d'attributs n'apparaît nulle part dans la mythologie antique. Les œuvres de Böcklin ont suscité en 1873 une réaction similaire : « Qu'est-ce que ça peut bien vouloir dire ? Si l'artiste veut

29 Pour une analyse générale de la façon dont Böcklin percevait l'Antiquité, voir Andrea Linnebach, *Arnold Böcklin und die Antike. Mythos, Geschichte, Gegenwart*, Munich, Hirmer Verlag, 1991 ; *id.*, « Antike und Gegenwart. Zu Böcklins mythologischer Bilderwelt », dans cat., Zurich/Munich/Berlin, 1998, *op. cit.*, p. 195-203.

30 Georg Schmidt, 1963, cité d'après Andree, *op. cit.*, p. 462.

31 Dans sa *Sappho* (1862), Böcklin imagine un buste antique de la villa Albani à Rome dans une version polychrome. Son plaidoyer en faveur de la polychromie de la statuaire antique se trouva confirmé une année plus tard par la découverte, dans la villa de Livie située Prima Porta à Rome, d'une statue d'Auguste. Voir Andree, *op. cit.*, p. 263.

32 Heinrich Wölfflin, « Der "Klassische" Böcklin (Odysseus und Kalypso) », dans *id.*, *Gedanken zur Kunstgeschichte*, Bâle, B. Schwabe, 1941, p. 60.

33 Voir Chaperon 2006-07, p. 191-197.

34 Voir Lausanne 2006-07, p. 102.

35 Paul Millet, cité d'après *ibid.*, p. 217.

fig. 51 Arnold Böcklin, *Ulysse au bord de la mer*, 1869, huile sur toile, 47 × 55 cm, Suisse, collection particulière

nous poser des devinettes, qu'il en choisisse alors qu'un cerveau normalement constitué puisse résoudre[36].» La façon subjective qu'ont les deux artistes de raconter leurs histoires, qui conduit manifestement ici la raison à se heurter à ses limites, en appelait plutôt, par contrecoup, à l'émotion éprouvée devant les œuvres. Charles Clément, le biographe de Gleyre, dit ainsi que sa peinture est « profondément empreinte du sentiment antique, de la vérité mythologique[37] » –, un jugement qui pourrait s'appliquer tout aussi bien à Böcklin, si différentes que soient au demeurant leurs manières de peindre. Si le « sentiment antique » semble encore fortement bridé chez Gleyre par la structure de ses compositions pleines de raffinement et d'équilibre, chez Böcklin il est beaucoup plus libre, jusqu'à verser parfois dans le grotesque et le grossier : rêves et cauchemars, comique et angoisse de la mort, violence déchaînée et passion marquent l'univers de ses créations. Ainsi le peintre bâlois a-t-il beaucoup fait pour renverser l'idéal antique figé de « noble simplicité et de calme grandeur » prôné par Winckelmann. Gleyre et Böcklin allaient pourtant obtenir leurs plus grands succès – un autre point qu'ils ont en commun – avec des œuvres pleines de mélancolie et de douleur traitant de la séparation. Si Gleyre avait réussi, vers le milieu du siècle, à toucher ses contemporains avec tant d'intensité que Baudelaire put écrire après coup qu'« il avait volé le cœur du public sentimental avec le tableau du *Soir*[38] », Böcklin allait tout pareillement conquérir, une quarantaine d'années plus tard, celui de ses contemporains avec son *Île des morts*.

Le dernier volume que Richard Muther consacre à l'histoire de la peinture européenne du XIXe siècle se termine par des réflexions sur le triomphe de l'autonomie du tableau en tant que conjugaison des deux principes antinomiques de la réalité et de l'imagination, du réel et du rêve, de l'être et de l'apparence : « Pour ainsi dire les points de départ et d'arrivée sur le chemin que la peinture a parcouru au XIXe siècle. L'étude de la vie lui a donné la liberté, et maintenant que le terrain naturaliste est préparé,

36 *Zeitschrift für bildende Kunst*, 8e vol. (1873), supplément, col. 179.

37 Cité d'après Lausanne 2006-07, p. 220.

38 Charles Baudelaire, *Curiosités esthétiques*, Paris, Michel Lévy frères, 1868, p. 31.

39 Richard Muther, *Geschichte der Malerei im XIX. Jahrhundert*, 3 vol., Munich, G. Hirth, 1894, p. 657 et suiv.

l'imagination exerce elle aussi fièrement ses droits royaux[39].» Plus qu'aucun autre artiste de leur temps, Gleyre d'abord, puis Böcklin ont pénétré dans ce royaume de l'imagination – sans perdre pour autant la réalité de vue. Ils ont revendiqué l'un et l'autre avec véhémence le droit à l'invention, à la liberté de choix artistique et ont créé un univers visuel autonome, déterminé par les élans et les associations de leur subjectivité, préfigurant l'art moderne. Nombreux furent ceux qui les ont suivis, notamment un troisième artiste suisse, Albert Hurter, qui transposera ce monde visuel dans le domaine du dessin animé. On peut aisément reconnaître, dans les scènes qu'il a conçues sur la *Symphonie pastorale* de Beethoven, dans *Fantasia* (1940) de Walt Disney, par exemple la figure du petit faune jouant de la flûte double, des emprunts non seulement à Böcklin[40] mais aussi à Gleyre.

Gleyre et Böcklin ont été l'un et l'autre, chacun à sa façon, d'éminents médiateurs entre les cultures de la Suisse, de la France, de l'Allemagne et de l'Italie, et ont eu tous deux un rayonnement immense sur la génération d'artistes qui leur ont succédé. Mais, malgré tout ce qu'ils avaient en commun, ils restent des individualistes et des solitaires – comme l'entendait Duranty lorsque, cherchant à classer Böcklin dans l'histoire de l'art, il écrivait que c'était un « *boeckliniste* ». Même s'ils ont tous deux connu le succès à partir du milieu de leur carrière, une profonde aversion à l'encontre du commerce de l'art les unissait, de même qu'un ardent désir de pouvoir peindre sans avoir à s'embarrasser d'aucune contrainte sociale. Ce besoin de liberté, associé à une attitude critique envers la tradition et les conventions, les a conduits à adopter des positions artistiques similaires. « Que les dieux me donnent donc un petit coin tranquille où je puisse vivre seul dans le calme. Regarder et travailler, voilà ce que j'aimerais, et me tenir éloigné de toute la racaille de l'art[41] », dira Böcklin à Jacob Burckhardt, alors qu'il n'avait encore que trente-quatre ans. Nul doute que Gleyre aurait pu énoncer ce même vœu.

40 Voir Robin Allan, *Walt Disney and Europe. European Influences on the Animated Feature Films of Walt Disney*, Londres, Indiana University Press, 1999, p. 141 et suiv.

41 Lettre de Böcklin à Jacob Burckhardt, 28 juillet 1861, citée d'après *The European Correspondence to Jacob Burckhardt*, URL : http://www.burckhardtsource.org/api.php/tc/179 (page consultée le 15 juin 2015).

Annexes

fig. 52 Charles Gleyre, *Autoportrait*, 1841, huile sur toile, 51 × 41 cm, Versailles
Musée national des châteaux de Versailles et de Trianon

BIOGRAPHIE

Homme réservé, timide et d'une modestie extrême, Charles Gleyre a laissé peu de traces écrites. Le critique et historien d'art Charles Clément, qui fut l'un des plus proches amis de Gleyre de 1846 à sa mort, convient lui-même que l'artiste se confiait fort rarement sur son passé. Nommé exécuteur testamentaire, Clément hérita du fonds d'atelier après sa mort. Collectant les lettres et les témoignages parmi les amis et familiers encore vivants, il publia en 1878 une biographie qui fit autorité jusqu'à la fin du XXe siècle. L'historien d'art William Hauptman a repris, critiqué et considérablement complété ces travaux par des recherches exhaustives et la découverte de nombreuses archives inédites. Cette synthèse de référence, publiée en 1996, a donc servi de base pour la réalisation de la présente biographie.

1806 Marc Charles Gabriel naît le 2 mai à Chevilly, dans le canton de Vaud, au sein de la Confédération helvétique. Son père Charles-Alexandre Gleyre est cultivateur, doté d'une force herculéenne mais également lettré, passionné par la littérature et le dessin. Il avait épousé en 1801 Suzanne Huguenin, née à La Sarraz. Charles est le cadet de la famille, après Antoine Samuel Henry, dit Samuel, et Louis Henry, dit Henry. La famille s'installe à La Sarraz, à vingt kilomètres au nord de Lausanne.

1816 Le père meurt accidentellement en décembre, son épouse deux ans après, âgée de 38 ans. Charles est orphelin à douze ans.

1818 Il est confié, ainsi que ses deux frères, à la garde de son oncle paternel Jean-François Gleyre, modeste négociant en lingerie installé à Lyon, et de son épouse Esther. La passion du jeune Charles pour l'art se manifeste tôt, il s'exerce à dessiner d'après des gravures. « Son oncle le destinait à être dessinateur de fabrique », c'est-à-dire de modèles pour l'industrie textile (Clément 1878, p. 8).

1822-1824 Gleyre est inscrit à l'école Saint-Pierre, école de dessin de la ville de Lyon, sous la direction de Fleury François Richard, et fréquente également l'atelier de Claude Bonnefond. Il noue une amitié décisive avec son camarade Sébastien Melchior Cornu.

1825 En février, Gleyre monte à Paris avec Cornu pour compléter sa formation artistique durant trois années, avec le soutien financier très modeste de son oncle. Il s'inscrit durant la première année dans l'atelier privé de Louis Hersent, peintre d'histoire et portraitiste, membre de l'Institut, afin de se préparer au « concours de places » donnant accès à l'École des beaux-arts ; il y trouve un condisciple lyonnais avec qui il se lie d'amitié, Paul Chenavard, ainsi qu'avec Charles-François Gaugiran-Nanteuil, Louis-Godefroy Jadin, Victor-Amédée Faure, François-Gustave Dauphin et l'architecte Charles Jourdain, fils naturel de l'architecte Fontaine. Gleyre échoue à la première session du concours, mais réussit à la seconde : il entre le 19 novembre 1825 à l'École des beaux-arts. Faute de moyens suffisants pour payer les cours d'Hersent, Gleyre poursuit sa formation picturale à l'académie Suisse, copie au Louvre et prend des cours d'aquarelle. Outre les maîtres anciens, il effectue des croquis et des copies d'après des gravures d'artistes contemporains, notamment de Prud'hon et de Géricault. Gleyre doit écrire régulièrement à son oncle pour solliciter de l'argent, justifier ses dépenses ; il souffre du froid, sort peu, se consacre avec acharnement au travail et demande qu'on lui envoie une bible.

1828 À défaut de pouvoir concourir au prix de Rome, faute de citoyenneté française, Gleyre entreprend d'achever sa formation artistique en Italie par ses propres moyens, en sollicitant encore une fois l'aide de son oncle. Séjournant à Lyon en été, il débute son voyage transalpin le 3 septembre avec Cornu. Ils passent par Genève, Lausanne (Gleyre effectue un court pèlerinage sur les lieux de son enfance à La Sarraz), avant de s'engager dans la traversée des Alpes, essuyant des orages et fuyant quelques brigands aperçus en chemin. Après avoir franchi le col du Simplon, ils entrent en Piémont, alors annexé à l'Empire autrichien. Après le lac Majeur, ils s'arrêtent à Milan – visite des musées et de la Scala –, avant de poursuivre par Lodi, Plaisance, Parme, Bologne et Florence, où ils séjournent durant les trois derniers mois de l'année, dessinant abondamment d'après les maîtres de la Renaissance, des primitifs aux maniéristes.

1829-1832 À partir de janvier 1829, Gleyre séjourne durant plus de cinq années à Rome. Une visite à un lointain parent suisse installé à Rome, le peintre védutiste François Keiserman, ne lui apporte rien. Il bénéficie en revanche d'un prêt financier de son ancien maître Bonnefond, afin de louer un petit atelier, et est introduit dans la communauté d'artistes suisses installés à Rome, tels Léopold Robert et Jean-Léonard Lugardon. Il retrouve ses camarades lyonnais Flacheron et Chenavard, ce dernier le présente à Victor Orsel qui l'introduit probablement auprès des peintres allemands. Toujours intéressé par les peintres et sculpteurs de la Renaissance davantage que par les antiques, il dessine d'après Raphaël, Michel-Ange, Filippino Lippi, Masaccio, mais aussi d'après les Nazaréens, en se rendant au Casino Massimo où il dessine d'après les fresques de Schnorr dans la Stanza di Ariosto. De cette époque date probablement cette liste de résolutions : « Voir les œuvres de [Pierre-Paul] Prud[h]on, [Johann Friedrich] Overbec[k], [Léopold] Robert, Rhembrant [*sic*], Fiesole, Chenor [Julius Schnorr], les portes du Baptistère, le Parthénon, Flaxmann, [...] palais de Florence. » Par l'intermédiaire de pensionnaires de la villa Médicis, il entre en relation avec Horace Vernet, directeur de l'Académie de France à Rome, et semble s'éprendre en vain de sa fille Louise. Il fait la connaissance de pensionnaires de la villa, tels le compositeur Hector Berlioz, les architectes Joseph-Louis Duc et Léon Vaudoyer. En hiver 1832-1833, il effectue un séjour à Naples où il retrouve Chenavard, Gaugiran-Nanteuil et Edgar Quinet. Durant toute cette période, les embarras pécuniaires récurrents l'empêchent de travailler à l'huile sur toile : beaucoup de projets ne dépassent pas le stade de l'esquisse, et la seule grande huile sur toile achevée, *Les Brigands romains* (1831), s'avère impossible à exposer, en raison de son caractère inconvenant : expédié à son frère Henry à Lyon à la fin de 1831, le tableau ne sera jamais montré du vivant de l'artiste. Il réalise donc principalement des aquarelles d'après des anecdotes historiques et des sujets littéraires à la mode (*Premier Baiser de Michel-Ange*, *Mort de Françoise de Rimini*, *Roméo et Juliette*), et doit proposer ses services de portraitiste à une clientèle étrangère de passage (britannique et russe), afin de survivre, non sans quelques déconvenues et impayés. Les sensations d'impuissance et d'ennui, renforcées par un contexte d'épidémie de choléra et de répression des mouvements insurrectionnels libéraux, déclenchent les premiers accès de tristesse et de découragement.

1833 Il envoie trois portraits aquarellés au Salon parisien de 1833, restés inaperçus. Son ami Cornu épouse Hortense Lacroix. Gleyre fait la connaissance de John Lowell. Cet héritier d'une grande fortune industrielle de Boston est le fils de Francis Cabot Lowell, introducteur du métier à tisser mécanique aux États-Unis. Globe-trotter (il a déjà voyagé par deux fois en Inde), intellectuel et bibliophile, grand philanthrope, John Lowell avait perdu brutalement son épouse et ses deux filles à la suite d'une épidémie : pour noyer son chagrin, il s'embarque en novembre 1832 pour Londres puis Paris, où il planifie un grand voyage qui doit l'emmener à nouveau en Inde *via* l'Italie, la Grèce, l'Asie Mineure, l'Égypte, la Palestine, l'Iran. Il projette même de franchir l'Himalaya et de visiter la Chine. Il engage Gleyre, avec un appointement de 200 francs par mois, comme dessinateur à sa suite pour documenter par des dessins topographiques et ethnographiques l'ensemble de son périple. Le voyage, prévu à l'automne, est finalement repoussé au printemps de l'année suivante.

1834 Quittant Rome début avril 1834, Lowell et Gleyre visitent Naples, Pompéi, Paestum, prennent le bateau pour la Sicile (Palerme, Montreale, Ségeste, Trapani, Marsala, Sélinonte, Sciacca, Agrigente, Syracuse, Catane). Ils embarquent au cap Passero le 31 mai pour Malte puis Corfou, qu'ils quittent le 5 juillet pour longer les côtes albanaises. Après un passage à Missolonghi (visite aux tombes de lord Byron et Márkos Botzaris), ils visitent Corinthe et Nauplie, avant d'arriver en août à Athènes où ils effectuent un séjour de plusieurs semaines ; ils y rencontrent l'équipe de scientifiques français chargés d'inventorier les antiquités et assistent, le 2 septembre, à la cérémonie de lancement du premier chantier de restauration du Parthénon. Le 10 septembre, Gleyre et Lowell embarquent au Pirée pour l'île de Syros, puis arrivent à Smyrne (actuelle Izmir) à la fin du mois. Ils passent l'automne dans l'Empire ottoman, séjournant à Smyrne jusqu'au 12 novembre, puis à Constantinople (Istanbul) jusqu'au 9 décembre ; Gleyre peint de nombreux portraits. Embarqués à destination d'Alexandrie, les voyageurs affrontent des intempéries, Gleyre tombe malade. Après un arrêt forcé sur l'île de Rhodes, le bateau arrive en vue d'Alexandrie à Noël, mais l'équipage est soumis à une quarantaine de quinze jours avant de débarquer en ville le 10 janvier. En huit mois, Gleyre a produit près de 120 dessins et aquarelles.

1835 Après Alexandrie, Lowell et Gleyre passent près de trois semaines au Caire, absorbés par les mondanités : outre les négociants en coton et les diplomates occidentaux, ils sont présentés au vice-roi Mehmet Ali. Ils rencontrent les saint-simoniens Prosper Enfantin et Félicien David. Gleyre dessine peu, critique la saleté et les mauvaises conditions d'hygiène. En février, débute la remontée du Nil, avec des haltes à Louxor (où Gleyre rencontre de nouveau le père Enfantin), Denderah puis Abydos. Subjugué par la beauté et la grandeur des ruines des temps pharaoniques, Gleyre dessine beaucoup et note une vision idyllique sur les rives du Nil à Abydos, le soir du 21 mars, inspiration probable pour *Le Soir*. Aux moments d'exaltation succèdent des phases d'abattement de plus en plus fréquentes. Les conditions de santé des voyageurs se dégradent à mesure qu'ils s'enfoncent en Haute-Égypte et au Soudan, subissant les chaleurs excessives, les tempêtes de sable, les problèmes d'approvisionnement et d'accès aux soins, les difficultés croissantes de communication avec les populations indigènes. Lowell est malade, Gleyre peint ses dernières grandes aquarelles. Après une expédition exténuante, à dos de chameau, pour voir l'oasis de Khargeh en plein désert (25 mai) *via* Assiout, Gleyre est à bout de forces et avoue sa lassitude à Lowell fin mai, annonçant qu'il ne l'accompagnera pas au-delà de Khartoum. Malgré sa déception, Lowell accepte que les dessins réalisés depuis le début du voyage soient expédiés à Paris, où Gleyre pourra les copier pour son propre usage. La route se poursuit par Esna, Edfou, Philae (22 juin), Abou Simbel (atteint le 15 juillet). En juin, Lowell, atteint de dysenterie, perd temporairement la vue en raison d'une forte inflammation des yeux. Gleyre broie du noir mais songe à quelques compositions, tels un triptyque d'inspiration saint-simonienne (*Le Passé, le Présent et l'Avenir*) ou des scènes animalières (lion dévorant une carcasse de chameau au soleil couchant). Il vit un dernier moment de grâce en juillet au pied des colosses de Memnon à Abou Simbel, mais une fois encore suivi de réflexions amères sur la perte définitive des illusions. Après le franchissement de la deuxième cataracte, les voyageurs entrent en Nubie, territoire hostile et dangereux jusqu'alors très peu exploré et fréquenté par les Occidentaux : Saïs, Ouadi Halfa, Semna, Soleb, Argo, Dongola, Djebel Barkal, Mousawwarat el-Sofra, Naga. Gleyre et Lowell atteignent Khartoum en novembre. Gleyre « déteste le désert et s'agace fort des désagréments du voyage. Il peut faire du bon travail quand il a des incitations suffisantes, mais il a du mal à en trouver. Il est généralement plongé dans une apathie trop grande », note alors Lowell. Après dix-neuf mois et six jours de route commune, Gleyre se sépare de son mécène qui continue sa route vers l'Inde (il mourra de fièvre maligne à Bombay le 4 mars 1836). Les cent cinquante-cinq dessins au crayon (dont plus de soixante-dix sont aquarellés) réalisés par Gleyre depuis le départ de Rome sont envoyés à Paris.

1836-1837 Faible et apathique, Gleyre reste dix mois à Khartoum, période durant laquelle il se rend jusqu'à Sennar. « Il aimait une jeune fille nommée Stella. C'était une belle Nubienne. Mais quand il fut devenu aveugle, l'amour cessa » (Clément 1878, p. 114). Il parvient à rentrer au Caire en compagnie d'un jeune Anglais en novembre 1836 mais, atteint de nouveau de dysenterie et d'ophtalmie, il n'a plus assez d'argent pour s'embarquer vers Paris. Il prend donc début mai un bateau pour Beyrouth, où il retrouve un ami peintre rencontré à Rome, Charles-Amédée d'Étouilly, et rencontre Antoine-Alphonse Montfort, élève de Vernet et de Géricault, qui y travaille et séjourne. La traversée, marquée par une grave crise de dysenterie où il est laissé pour mort par l'équipage, est suivie, à terre, d'une nouvelle crise d'ophtalmie très longue, à laquelle s'ajoutent des fièvres malignes dont son ami d'Étouilly meurt en juillet 1837. Gleyre en réchappe, parvient à s'embarquer à destination de Livourne en août, pour une traversée épuisante de cinquante-deux jours, suivie de vingt-six jours de quarantaine à Livourne où il débarque en octobre 1837. Arrivé à Marseille en fin d'année, Gleyre, à bout de forces, « dans un état mille fois pire que celui de l'enfant prodigue », est recueilli et soigné par sa famille à Lyon.

1838-1839 Il arrive à Paris au printemps. Il est profondément éprouvé par un voyage de quatre années dont il garde des troubles chroniques de la vision. À 31 ans, il se considère comme un « homme usé au moral et au physique », et peine d'abord à se réadapter à la société occidentale : « À Paris, tout lui manquait, l'air, l'espace, le soleil, les hasards de la vie nomade. Il avait désappris la vie civilisée, dont les obligations le fatiguaient et l'excédaient. Il avait d'ailleurs la nostalgie de l'Orient ; il voulait y retourner à tout prix et ses amis Cornu eurent toutes les peines à le retenir » (Clément 1878, p. 128). Après dix ans d'absence, Gleyre doit reconstruire un réseau de connaissances. Sébastien Cornu et sa femme l'hébergent au 11, passage Sainte-Marie, rue du Bac. Gleyre loue son premier atelier au 19, rue de l'Université. Les dessins du voyage en Orient étant déjà repartis chez les héritiers Lowell à Boston, Gleyre les réclame à la famille, qui les lui envoie en automne 1839 pour une durée contractuelle d'un an : l'artiste copie les dessins avant de les renvoyer aux Lowell à la fin de l'année 1840. Il garde ces copies dans le secret de son atelier et les montre seulement à quelques amis (Delécluze, Planche, Houssaye, Nerval). Gleyre peint quelques dizaines d'esquisses de tableaux orientalistes et romantiques (*Entrée de la reine de Saba à Jérusalem*, *Cavaliers turcs et arabes*), sans aboutissement, faute de commandes. Il doit accepter des travaux alimentaires pour l'édition, tels qu'un frontispice et une série de six portraits de grands hommes destinés à être gravés dans *Le Plutarque français* (Voltaire, Rousseau, Prud'hon, Hoche, etc.). Recommandé par Horace Vernet, Gleyre a toutefois reçu en 1838 une commande de décor privé (*Diane* et *La Nubienne*) pour le domicile parisien de Philippe Lenoir, riche rentier et collectionneur, ce qui lui permet d'entreprendre son premier grand tableau de Salon, *Saint Jean sur l'île de Patmos*.

1840-1841 Exposé avec succès à la Société des amis des arts de Lyon à la fin de l'année précédente, *Saint Jean sur l'île de Patmos* est accepté au Salon de Paris en mars : l'accueil de la presse est favorable (Jules Janin, Gustave Planche), et le tableau est acquis par l'État, envoyé à la collégiale Saint-Vulfran d'Abbeville. Suite à ce succès, Gleyre est chargé par Honoré-Théodoric d'Albert, duc de Luynes, de réaliser le décor peint du grand escalier du château de Dampierre, réaménagé par l'architecte Félix Duban, assisté d'Alexandre Denuelle : un ensemble de figures allégoriques grandeur nature dans les niches, au plafond et dans quatre médaillons aux voussures. Gleyre travaille d'arrache-pied, faisant de nombreux séjours *in situ* de janvier à juin 1841. Après avoir dû refaire une des allégories sur ordre du commanditaire, il apprend qu'elles ont déplu à Jean-Dominique Ingres lors de son arrivée sur le chantier, et que le duc a fait effacer celles qui occupaient les trois niches. Gleyre peint un *Autoportrait* à l'huile, offert aux Cornu.

1842 Probablement recommandé à l'architecte Hittorff par Cornu, Gleyre reçoit commande de dix médaillons peints à l'encaustique pour le décor de l'église Saint-Vincent-de-Paul (achevés en automne 1842, les médaillons sont payés un an plus tard). Fin août, le bureau des Beaux-Arts (administration de l'État) lui commande pour 1 000 francs une copie d'une *Assomption* de Murillo pour l'église de Goumois (commune du Doubs frontalière avec la Suisse) ; elle sera livrée seulement trois ans plus tard, Gleyre étant absorbé par la réalisation du *Soir*.

1843 *Le Soir*, accepté par le jury et accroché au Salon ouvert en mars, recueille les suffrages du public et de la presse. Gleyre reçoit la médaille de seconde classe dans la catégorie peinture de genre (d'une valeur de 200 francs, Gleyre l'envoie à son oncle lyonnais). L'œuvre est acquise 3 000 francs par l'État pour le musée du Luxembourg. Soutenu par l'écrivain Arsène Houssaye, directeur de la revue *L'Artiste*, Gleyre est peu à peu introduit dans le monde artistique et littéraire parisien. Durant cinq années, il mène une vie assez mondaine et heureuse, son appartement-atelier s'ouvre régulièrement à d'illustres visiteurs, tels Gérard de Nerval, François Ponsard, Gustave Flaubert, Théophile Gautier, Maxime Du Camp, Jules Sandeau, Prosper Mérimée. Orphelins de leur maître parti en Italie, les anciens élèves du peintre Paul Delaroche, gendre d'Horace Vernet, le sollicitent en automne pour ouvrir un atelier d'enseignement : Gleyre accepte et fait preuve d'une générosité exceptionnelle en refusant de faire rétribuer ses cours. Près de 500 élèves passeront par son atelier durant ses vingt-cinq ans d'activité.

1844 Gleyre travaille à *La Séparation des apôtres* et commence *Le Déluge*.

1845 *La Séparation des apôtres allant prêcher l'Évangile*, accepté par le jury à l'unanimité et salué par la presse, figure en bonne place au Salon. Gleyre reçoit la médaille de 1re classe dans la catégorie de la peinture d'histoire. Le tableau est proposé à la vente chez Goupil. Gleyre emménage dans un appartement-atelier au 4e étage du 94, rue du Bac. Il effectue en octobre-novembre un voyage qui débute par Strasbourg, Bâle, Zurich, Lugano avant d'atteindre la Lombardo-Vénétie, but de son voyage. À Milan, Vérone, Venise et Padoue, il étudie Giotto, Léonard, Giorgione, Carpaccio, Titien, Tintoret, Véronèse et Tiepolo. Lorsqu'il s'arrête au retour à Lausanne, le canton de Vaud lui offre de diriger l'école de dessin et le nouveau musée des Beaux-Arts, inauguré en 1841 grâce au mécénat du peintre Marc-Louis Arlaud, tout juste décédé en mai : Gleyre décline le poste mais accepte la commande du *Major Davel* rétribuée 2 500 francs, demandée par le testament d'Arlaud.

1846-1847 De retour à Paris, les projets et les commandes affluent : il travaille en priorité à *La Nymphe Écho* (acquise par M. Herstatt, de Cologne) et à *La Danse des Bacchantes*. Il achève la raphaélesque *Vierge avec les deux enfants*, et songe à une *Fuite en Égypte*. Chargé par la préfecture de la Seine d'une commande pour l'église Sainte-Marguerite, Gleyre développe un projet sur *Le Retour de l'enfant prodigue*. En avril 1846, l'État français lui passe commande d'un tableau sur les derniers moments du Christ, pour 3 000 francs : en février 1847, la commande est commuée en achat de *La Séparation des apôtres* (toujours pour 3 000 francs), œuvre restée invendue chez Goupil. Le tableau est envoyé à l'église de Montargis pour satisfaire une promesse faite au député du Loiret, le baron de Salles. À l'occasion de la visite d'Ahmad Bey, bey de Tunis, à Paris fin 1846, Gleyre reçoit commande d'un portrait officiel du bey ainsi que de ses deux ministres, Ben Ayed et Raffo, sans doute *via* Jourdain, architecte du roi en mission à Tunis depuis 1840. C'est également Jourdain qui présente à l'artiste le critique d'art Gustave Planche, de retour d'un séjour en Italie. Planche devient rapidement un habitué du salon-atelier de la rue du Bac, tout comme Charles Clément, rencontré au même moment : tous deux deviennent des amis de confiance, attachés à soutenir l'artiste et à promouvoir son art, notamment par des articles dans la *Revue des Deux Mondes*. Ponsard donne chez Gleyre la lecture d'une nouvelle pièce, *Agnès de Méranie*.

1848 Gleyre suit les événements révolutionnaires de février avec beaucoup d'intérêt et d'enthousiasme. La commande d'un tableau pour l'église Sainte-Marguerite est suspendue. Gleyre sert comme garde national pour son quartier durant les journées de juin, puis effectue un bref voyage à Londres en juillet avec les époux Cornu. Le conseil de Vaud s'inquiète régulièrement de l'avancée de sa commande : Gleyre se met à travailler activement au *Major Davel*. Il demande un acompte de 1 200 francs, accordé.

1849 *La Danse des Bacchantes* est achetée 4 000 francs par le prince-consort don François d'Assise de Bourbon, époux de la reine d'Espagne Isabelle II : « Il était temps, car à ce moment, toutes les poches étaient vides » (Clément 1878, p. 196). L'ambassadeur d'Espagne réceptionne *La Danse des Bacchantes* et l'envoie au Salon qui ouvre le 15 juin. Le tableau (gravé dans *L'Artiste*) reçoit dans la presse un succès d'estime ; Gleyre fait décrocher le tableau au bout d'un mois, pendant les traditionnels jours de fermeture intermédiaire pour réaccrochage (16 au 19 juillet). Il n'exposera plus au Salon. Le tableau est expédié ensuite au Palais royal de Madrid, avant de retourner à Paris lorsque le prince-consort s'y installera à partir de 1875. Fin août, la préfecture confirme la commande d'un tableau de 4 000 francs destiné à l'église Sainte-Marguerite : Gleyre commence une *Cène* pour laquelle il fait poser Chenavard (non réalisée). Alors qu'il séjourne quelques semaines chez son frère Henry à Lyon, il rencontre fin octobre Gustave Flaubert et Maxime Du Camp, en chemin pour l'Égypte, à qui il raconte son expérience égyptienne.

1850 Cinq ans après avoir été commandée, l'exécution du major Davel est enfin prête, livrée à Lausanne en août et présentée pour la première exposition du musée Arlaud, inaugurée le 5 septembre. Le tableau jouit d'un succès populaire immense, Gleyre est fêté. Dès octobre, le Conseil d'État lui passe commande d'un nouveau tableau d'histoire pour 3 000 francs, le sujet est laissé libre. Le poète et érudit Juste Olivier devient l'indispensable relais de Gleyre en Suisse, attirant à lui les élites bourgeoises locales qui se pressent pour commander des œuvres. La notoriété et la respectabilité de Gleyre sont désormais acquises : les commandes lui parviennent régulièrement, laissant la plupart du temps le choix libre du sujet. Cependant, la maladie, le doute et la lenteur de l'artiste maintiennent un rythme de production assez lent.

Fin 1850-1851 Malgré le succès, Gleyre traverse pendant dix-huit mois une phase de grave dépression et de maladie (paralysie faciale, ophtalmie) qui se traduisent par une longue période d'inactivité et d'abattement. « La peinture me fait horreur [...]. En regardant en arrière, je ne vois rien dont je suis satisfait [...]. Il me semble que tout est fini, et je n'ai pas vécu. Rien en arrière, rien en avant » (lettre à son frère, 5 janvier 1851). S'ajoutent des soucis financiers car le peintre veut soutenir les affaires déclinantes de ses frères à Lyon. « Parfois il passait des journées et des semaines entières assis dans un fauteuil, immobile, silencieux, plongé dans une morne tristesse, dans un complet abattement dont il n'était arraché que par l'excès de la souffrance » (Clément 1878, p. 236-237). Gleyre reprend progressivement son activité au second semestre 1851. Il réalise la commande pour Sainte-Marguerite, non plus sous forme d'une *Cène* horizontale, mais d'une *Pentecôte* en format vertical, achevée l'année suivante. En septembre, il est sollicité pour dessiner le portrait de Heinrich Heine sur son lit de malade afin d'illustrer un article de la *Revue des Deux Mondes* (il livrera par la suite des portraits de Thomas Carlyle et de Jasmin destinés à la gravure). En novembre, son ami Gustave Planche publie dans la *Revue des Deux Mondes* le premier article monographique sur Gleyre.

1852 Gleyre guérit mais il est démoralisé par le coup d'État de Louis-Napoléon Bonaparte qui détruit toutes ses illusions politiques ; ses amis républicains Edgar Quinet et Pierre-Jules Hetzel doivent s'exiler en Belgique. Il se distancie de certains amis ralliés à l'Empire et se retranche dans un cercle de sociabilité plus limité, mettant fin à la période mondaine du salon-atelier.

1853-1855 Le peintre achève *Vénus Pandemos*, gravée en 1854 dans *L'Illustration*, exposée au musée Rath de Genève en août-septembre 1854 sous le titre de *La Bacchante* (récompensée d'une médaille d'or en peinture d'histoire), achetée par un particulier probablement genevois qui lui commande *Ruth et Booz* (œuvre aussi exposée au musée Rath en 1854) et *Ulysse et Nausicaa*.

1856-1858 Gleyre met la dernière main au *Déluge* débuté une dizaine d'années plus tôt et commence un projet de paysage antédiluvien (non réalisé). Son ami Gustave Planche meurt en septembre 1857, dans un état de dénuement avancé. Depuis son retour d'un séjour à Lausanne en octobre 1855, Gleyre se consacre principalement aux *Romains passant sous le joug*, choisi pour répondre à la deuxième commande du canton de Vaud, en s'appuyant sur les conseils de Juste Olivier, des historiens Henri Martin, Prosper Mérimée et Frédéric-Louis Troyon, archéologue vaudois. *Les Romains* est achevé au printemps 1858, vu et commenté par plusieurs critiques suisses et français dans l'atelier (Gautier, Houssaye, Mantz, qui voit Gleyre achever également un « Portrait du père Enfantin en costume officiel »), photographié, gravé en première page de *L'Illustration* en octobre. Le tableau quitte Paris le 14 août et est exposé à Lausanne à partir du 6 septembre, encensé par la presse et le public local. Le peintre est accueilli en grande pompe à Lausanne en octobre et s'y laisse photographier au daguerréotype par Samuel Heer-Tschudi. Gleyre en profite pour revoir son ami Edgar Quinet en exil. Le canton de Vaud lui passe commande d'un troisième tableau d'histoire (jamais réalisé), et la ville de Bâle lui demande un tableau d'histoire payé 10 000 francs avec le fonds Birmann. Vers 1857, Gleyre semble avoir été approché par l'architecte Duc au sujet d'un projet de décor plafonnant pour la salle d'assises du Palais de justice de Paris (projet resté à l'état de croquis).

1859-1861 Gleyre réalise le portrait du général suisse Jomini, commandé par le canton de Vaud pour 1 500 francs suisses, puis les portraits de personnalités vaudoises (le mécène William Haldimand, l'historien Louis Vulliemin). Au printemps 1860, il accepte la commande de Bâle en proposant le thème de *Penthée poursuivi par les Ménades*, inspiré par les *Bacchantes* d'Euripide. Il projette d'autres sujets tirés des fables antiques : il débute *Phryné devant l'Aréopage* (non réalisé), peint *Daphnis et Chloé*, et projette divers sujets anacréontiques : *L'Amour et les Parques*, *Les Baigneuses*, *Innocence*, *Jeune fille distraite par l'Amour*. *Vénus Pandemos* est exposée chez Goupil en 1860. Il ne délaisse cependant pas les sujets dotés de spiritualité : *La Mère de Tobie*, *Jeanne d'Arc* (restées à l'état d'études dessinées). Le 6 mai 1861, il assiste à une lecture de *Salammbô* chez Flaubert.

1862-1863 Gleyre souffre à nouveau de crises d'ophtalmie sévère au début de l'année 1862, puis fin 1863, l'obligeant à déserter temporairement l'atelier d'enseignement, alors qu'il y accueillait depuis l'automne 1861 le jeune Auguste Renoir, rejoint par Frédéric Bazille (depuis novembre 1862) et Alfred Sisley. Fin 1862, Gleyre achève *Hercule et Omphale*, envisagé depuis 1859 : le tableau, commenté par Clément dans la *Revue des Deux Mondes*, est acquis par Goupil qui l'expose dans sa galerie dès janvier 1863. Goupil expose le tableau à Genève en novembre 1865 puis à Lausanne, propose le tableau au canton de Vaud pour 18 000 francs (affaire non conclue, le canton préférant que Gleyre honore sa troisième commande, jamais réalisée). L'année 1863 est principalement consacrée à achever *Penthée* promis à Bâle : achevé en août 1864, le tableau est vu par Paul Mantz à Paris, puis expédié à Bâle en février 1865. Son bien-aimé frère Henry meurt en 1863.

1864-1866 Gleyre est élu régulièrement membre du jury pour le Salon (suppléant en 1864 et 1865, vice-président en 1866 avec Théophile Gautier, membre permanent de 1866 jusqu'en 1869). Il travaille à *Minerve et les trois Grâces*, commandé par Vincent Dubochet, magnat de l'industrie, pour décorer le salon du château des Crêtes à Clarens : achevée en mai 1866, l'œuvre est exposée à Genève en juillet puis à Lausanne en août, avant de rejoindre Clarens en septembre. Première pensée pour *Michel-Ange et Pandore*, peut-être stimulée par les récentes publications de Charles Clément sur Michel-Ange. En janvier 1865, Gleyre reçoit une commande de 4 000 francs de la Bernische Kunstgesellschaft (Société artistique bernoise) sur un sujet libre : il accepte en octobre et propose de reprendre son ancien projet du *Retour de l'enfant prodigue*, élaboré en 1846.

1866-1868 Le peintre travaille à *Michel-Ange et Pandore*, *Sapho* (achevée fin 1867 pour l'éditeur Charpentier), *La Charmeuse* (achevée à l'été 1868, exposée chez Goupil qui l'envoie à l'Exposition internationale de Vienne en 1873) et multiplie les petits sujets anecdotiques tendres (*Les Baigneuses*, *Les Petits Maraudeurs*, *Bacchanale à l'âne*, etc.). Par l'intermédiaire de Léon Goupil et de George Lucas, Gleyre est sollicité par des clients américains : *Le Bain* est réservé pour John Taylor Johnston, magnat des chemins de fer américains et président du Metropolitan Museum of Art, qui le réceptionne en octobre 1868 contre 15 000 francs. Gleyre accepte de réaliser la seule réplique autographe du *Soir*, pour William Walters, mécène de Baltimore (la réplique est livrée en 1867). Le peintre est invité par le prince Napoléon à présider le comité chargé d'organiser la section d'art suisse de l'Exposition universelle de 1867 (sélection de deux cents œuvres de cent artistes peintres, dessinateurs ou sculpteurs, parmi lesquels on remarque Arnold Böcklin et ses anciens élèves, Albert Anker, François Bocion, Maximilien de Meuron). En juillet 1867, la commande du *Retour de l'enfant prodigue*, abandonnée par Berne, est reprise par l'industriel Heinrich Moser, basé à Schaffhouse. Gleyre réalise aussi plusieurs portraits mondains (Mme Carrié, Mme Audiffred). Invité à participer à la rénovation du palais fédéral de Berne par un grand décor mural d'histoire patriotique, il imagine un débat mettant en scène les hommes politiques célèbres de l'histoire suisse (non réalisé). En 1868, il assiste à Paris au mariage de Thérèse Denuelle, fille d'Alexandre, avec Hippolyte Taine, puis à celui de Charles Clément avec Angèle Berthoud, fille de Fritz Berthoud, banquier et écrivain vaudois, ami de Gleyre.

1868-1869 Son oncle lyonnais François Gleyre meurt en 1868, puis son frère aîné Samuel l'année suivante. Gleyre réduit son activité, se concentre sur *Le Retour du fils prodigue*. Il peint néanmoins quelques portraits mondains (portrait posthume de Jacques-Julien Dubochet, neveu de Vincent et fondateur de la revue *L'Illustration* ; portrait de Marie Raffalovitch, émigrée russe qui anime un salon artistique à Paris, connue par Quinet et Dubochet).

1870 En mai, Gleyre écrit son testament. Il travaille à son projet de *Jeanne d'Arc*. À la déclaration de guerre, il souhaite s'engager mais est réformé. À la fin de l'été, sur les conseils pressants de ses amis suisses, il fuit devant le siège imminent de Paris par les troupes prussiennes : « Il partit alors pour la Suisse, n'emportant que l'esquisse de son *Paradis terrestre*, celui de ses ouvrages auquel il tenait le plus » (Clément 1878, p. 355). Il séjourne chez ses amis et parents vaudois à Fleurier, Clarens, Chevilly et Lausanne, où il réalise de nombreux portraits peints et dessinés de la haute bourgeoisie locale : Michel-Louis Ormond et sa femme (industriel du tabac, républicain convaincu lié à Courbet et Gambetta, mécène d'Anker et Bocion, puis de Sargent) ; portraits posthumes de Victor Ruffy, vice-président du Conseil fédéral suisse, et de l'industriel lausannois Jacques Mercier. Gleyre apprend la mort de son ami Sébastien Cornu, resté en France.

1871-1873 Gleyre est de retour à Paris en septembre 1871. Gravement malade en janvier et avril 1872 (coqueluche), il s'affaiblit de sorte que, en juillet 1872, sa nièce Mathilde vient s'installer à Paris rue du Bac et veille quotidiennement sur lui. Après un bref séjour au Tréport en août 1872, Gleyre effectue un long voyage en Suisse en septembre (Fleurier, Engadine, Berne, Chur, Saint-Moritz, Porlezza, Lugano). De retour à Paris, il reprend activement divers anciens projets : *Jeune fille distraite par l'Amour* (commandé par le marchand d'art américain Samuel Avery, qui passe également commande d'une peinture de *Jeanne d'Arc* pour 8 000 francs), *Michel-Ange et Pandore*, *L'Amour et les Parques*, une grande version de la *Vierge avec les deux enfants*, *Le Paradis terrestre* et *Le Retour de l'enfant prodigue*. Seul ce dernier est achevé, expédié chez M. Moser à Schaffhouse en été 1873. Gleyre s'attelle ensuite à la réalisation sur toile du *Paradis terrestre*, peut-être destiné à satisfaire la troisième commande du canton de Vaud.

1874 Un banquet est organisé à Paris en son honneur par des élèves artistes suisses le 26 janvier. Il séjourne chez son ami Gaugiran-Nanteuil à Lieusaint en avril pour effectuer des études botaniques. Après avoir visité le Salon au palais des Champs-Élysées le 1er mai, il se rend le 5 mai à l'exposition organisée au bénéfice des Alsaciens-Lorrains au Palais-Bourbon, où il s'effondre brutalement, victime d'une rupture d'anévrisme de l'aorte. Les peintres Alexandre Denuelle et François Ehrmann sont les témoins du procès-verbal de décès effectué à son domicile de la rue du Bac où il a été transféré. Le testament stipule que les biens de l'artiste sont partagés entre ses nièces, à l'exclusion des œuvres d'art contenues dans l'atelier, léguées à Charles Clément (nommé exécuteur testamentaire) « pour en disposer comme il entendra, à la condition bien expresse qu'il ne sera fait ni vente ni exposition publique de peintures ou de dessins ». Charles Clément demande à faire quelques dons aux amis comme Cornu, Gaugiran-Nanteuil, Denuelle et Olivier, ainsi que le médecin ophtalmologue François Veyne. Après expertise, la somme des biens meubles et immeubles de Gleyre en France est estimée à 62 285 francs. L'inventaire de l'atelier, dressé par Clément et le notaire Alfred Bezanson, mentionne 90 plâtres, 180 livres, une collection de papillons et un ensemble de peintures-dessins, dont 14 copies d'après des peintures, 35 esquisses à l'huile, 47 toiles, achevées ou non, 400 estampes et photographies, 500 dessins. Gleyre est enterré le 8 mai au cimetière du Montparnasse. À la demande du canton de Vaud, la dépouille est transférée au village natal de l'artiste, Chevilly, où a lieu l'enterrement le 17 mai. En septembre, un comité dirigé par deux anciens élèves suisses (Émile David et François Bocion) organise au musée Arlaud de Lausanne une exposition rétrospective rassemblant une centaine d'œuvres en mains privées et publiques. Le comité d'exposition commande un buste en marbre à Henri Chapu : réalisé sur la base de photographies, le buste est livré et offert au musée Arlaud en novembre 1876. En dépit des volontés de Gleyre, Clément vend quatre œuvres héritées de lui au musée Arlaud pour la somme de 25 000 francs, reversés à sa nièce Mathilde, alors dans le besoin.

1875 Sur les demandes de Clément, la firme Braun édite un portfolio d'une trentaine de reproductions des principales peintures de Gleyre. Au Salon, Julia Granier de Mailhac expose une copie du *Soir* sur porcelaine. *La Séparation des apôtres*, envoi de l'État à Montargis, est transféré de l'église au musée Girodet. Hortense Cornu meurt, léguant l'*Autoportrait* (1841) à Mathilde Gleyre avec la promesse de l'offrir au Louvre.

1878 Clément publie à Paris et en Suisse son *Gleyre : étude biographique et critique* : il s'agit de la première biographie exhaustive de Charles Gleyre, accompagnée d'un essai de catalogue raisonné. Une seconde édition revue et corrigée paraîtra en 1886.

1879 Le 1er décembre, *Le Soir* est affecté au musée du Louvre. De 1893 à 1914, l'administration du Louvre enregistre 78 demandes d'autorisation pour copier cette œuvre, par ailleurs abondamment diffusée par les estampes de l'éditeur Goupil et Cie.

1895 À la demande de ses nièces, la dépouille de Gleyre est transférée à Lausanne (elle retournera à Chevilly en 1947).

1908 Le musée de Lausanne achète à la veuve de Charles Clément 368 œuvres, peintures et dessins, de Gleyre, pour 115 000 francs.

1911 Mathilde Gleyre offre neuf œuvres au musée de Lausanne, complétées de cinq autres en janvier 1917. À sa mort un mois plus tard, elle lègue quarante autres œuvres ainsi que des lettres et journaux de Gleyre. Le musée de Lausanne possède à cette date près de 450 œuvres de l'artiste. Les dons et achats se poursuivent avec régularité tout au long du XXe siècle, portant leur nombre à 480 au début du XXIe siècle.

LISTE DES ŒUVRES

Œuvres de Charles Gleyre

(Chevilly, Suisse, 1806 – Paris, 1874)

Albanais, Janina, 1834
Crayon sur papier, 32,4 × 23,8 cm
Boston, the Lowell Institute, courtesy of the Museum of Fine Arts, inv. 98.49
Hist. : collection John Lowell Jr. ; Lowell Institute, Boston ; dépôt au Museum of Fine Arts de Boston depuis 1949.
Exp. : New York 1980, cat. 13
Biblio. : Hauptman 1996 b, cat. 112, p. 82.
Cat. 18 p. 92

Autoportrait, 1827
Huile sur toile, 59,5 × 49 cm
Lausanne, Musée cantonal des beaux-arts, inv. 1321
Hist. : collection de Mathilde Gleyre, nièce de l'artiste ; don de Mathilde Gleyre au Musée cantonal des beaux-arts de Lausanne, 1917.
Exp. : Zurich 1939, t. I, cat. 571 ; Genève 1943, cat. 946, p. 104, ill. p. 119 ; Lausanne 1953 (pas de catalogue) ; Winterthur 1974-75, cat. 1, ill. 1 p. 4 ; Lausanne 1977, ill. 99 p. 40 ; New York 1980, cat. 1, ill. p. 1 ; Lausanne 1994, cat. 4, ill. p. 31 ; Lausanne 2006, cat. 3, ill. 5 p. 9.
Biblio. : Hauptman 1990, p. 310-312 ; Hauptman 1996 a, ill. 6 p. 31 et ill. 25 p. 53-54 ; Hauptman 1996 b, cat. 7 p. 12.
Cat. 1 p. 77

Autoportrait, 1830-1834
Aquarelle sur papier, 24,8 × 18,2 cm
Lausanne, Musée cantonal des beaux-arts, inv. 1201
Hist. : collection de Mathilde Gleyre, nièce de l'artiste ; don de Mathilde Gleyre au Musée cantonal des beaux-arts de Lausanne, 1917.
Exp. : Winterthur 1974-75, cat. 2, ill. 18 p. 29 ; New York 1980, cat. 2, ill. 10 p. 10 ; Nyon 1985 (pas de catalogue) ; Lausanne 1994, cat. 5, ill. p. 33 ; Lausanne 1995 a (pas de numéro) ; Lausanne 2006, cat. 5, ill. 30 p. 30.
Biblio. : Clément 1886, n° 438, p. 497 ; Hauptman 1996 a, p. 70 ; Hauptman 1996 b, cat. 50, p. 26 ; Zutter, Lepdor et Schaefer 1998, p. 28 ; Ajaccio 2013, n° 6.10a, p. 180 ; Griener et Jaccard 2014, p. 84.
Cat. 4 p. 79

Cavaliers turcs et arabes, 1838-1839
Huile sur toile, 28 × 23,5 cm
Lausanne, Musée cantonal des beaux-arts, inv. 1335
Hist. : légué par l'artiste à Charles Clément, 1874 ; collection Charles Clément, Paris ; sa veuve ; achat du Musée cantonal des beaux-arts de Lausanne à Mme Charles Clément, 1908.
Exp. : Zurich 1939, cat. 573 ; Genève 1943, cat. 947 ; Lausanne 1953 (pas de catalogue) ; Lausanne 1969 (pas de catalogue) ; Winterthur 1974-75, cat. 8, ill. 36 p. 51 ; New York 1980, cat. 67 ; Lausanne 1982, cat. 144 ; Nyon 1985 (pas de catalogue) ; Atlanta 1988, cat. 25, p. 97 ; Soleure 2001-02, ill. p. 67 ; Lausanne 2006, cat. 83, ill. 53 p. 53 ; Berne 2009, cat. 57 ; Lausanne 2015 b (pas de numéro).
Biblio. : Clément 1886, p. 136-137 et cat. 30 p. 396 ; Berger 1970, p. 32 ; Thévoz 1980, p. 92 ; Hauptman 1996 b, cat. 402 p. 218 ; Zutter, Lepdor et Schaefer 1998, ill. p. 28.
Cat. 47 p. 115

Colosses de Memnon, Thèbes, 1835
Aquarelle et crayon sur papier, 47,1 × 37,5 cm
Boston, the Lowell Institute, courtesy of the Museum of Fine Arts, inv. 163.49
Hist. : collection John Lowell Jr. ; Lowell Institute, Boston ; dépôt au Museum of Fine Arts de Boston depuis 1949.
Exp. : New York 1980, cat. 42.
Biblio. : Hauptman 1996 b, cat. 270 p. 154.
Cat. 30 p. 101

Diane, 1838
Huile sur toile cintrée, 221 × 109,5 cm
Lausanne, Musée cantonal des beaux-arts, inv. 1391
Hist. : commande de Philippe Lenoir, rentier, propriétaire du café de Foix (avec *La Nubienne*) ; collection Philippe Lenoir, Paris ; sa veuve, née Marie Aspasie Jousserand (1792-1874) ; sa vente après décès, hôtel Drouot, Paris, 17 mai 1874, n° 23 (environ 16 000 francs pour les deux, avis divergents concernant ce chiffre) ; acquis à cette vente par Adrien Mercier ; collection Adrien Mercier, Lausanne ; vendu par ce dernier au Musée cantonal des beaux-arts avec son pendant en 1898 (13 250 francs les deux).
Exp. : Lausanne 1874 (pas de catalogue) ; Winterthur 1974-75, cat. 4, ill. 105 p. 118 ; New York 1980, cat. 63, ill. 18 ; Lausanne 2006, cat. 79, ill. 90 p. 103.
Biblio. : Mantz 1875, p. 235 *sqq* ; Clément 1876, p. 338-339 ; Clément 1886, p. 137-141, cat. 31 p. 396 ; Hauptman 1996 a, ill. 78 p. 114-115 ; Hauptman 1996 b, cat. 396 p. 214.
Cat. 49 p. 116

Diane chasseresse, 1838
Huile sur toile, 41 × 33 cm
Collection particulière
Hist. : probablement une esquisse pour la *Diane* commandée par Philippe Lenoir ; don de l'artiste à Mme Hortense Cornu (née Lacroix) ; don de cette dernière à Alexandre Denuelle, artiste peintre, avant septembre 1874.
Biblio. : Clément 1886, p. 138-139, cat. 33 p. 397 ; Hauptman 1996 b, cat. 398 p. 216.
Cat. 48 p. 116

Entrée de la reine de Saba à Jérusalem, 1838-1839
Huile sur toile, 54 × 43,5 cm
Lausanne, Musée cantonal des beaux-arts, inv. 1337
Hist. : légué par l'artiste à Charles Clément, 1874 ; collection Charles Clément, Paris ; sa veuve ; achat du Musée cantonal des beaux-arts de Lausanne à Mme Charles Clément, 1908.
Exp. : Lausanne 1969 (pas de catalogue) ; Winterthur 1974-75, cat. 6, ill. 49 ; New York 1980, cat. 65 ; Stuttgart 1987, cat. 3.57, ill. 4 ; Berlin 1989, cat. 1/251, ill. 606 ; Lausanne 2006, cat. 81, ill. 79 p. 91 ; Berne 2009, cat. 42.
Biblio. : Houssaye 1885, t. I, p. 323 ; Clément 1886, p. 135, cat. 25 p. 394 ; Hauptman 1996 a, p. 107-108 ; Hauptman 1996 b, cat. 399 p. 216-217 ; Ritschard 2006-07, p. 91-97.
Cat. 46 p. 114

Esquisse pour *Daphnis et Chloé*, 1860-1862
Huile sur bois, 24 × 19 cm
Lausanne, Musée cantonal des beaux-arts, inv. 1367
Hist. : collection Eugène Laval, architecte, 1862 ; son épouse ; collection M. Joret ; galerie J.-L. Reichlen, marchand d'art, Lausanne ; acquis par le Musée cantonal des beaux-arts de Lausanne par échange d'œuvres avec la galerie Reichlen, 1948.
Exp. : Lausanne 2006, cat. 193, ill. 18 p. 19.
Biblio. : Clément 1886, p. 281 et cat. 85 p. 417 ; Hauptman 1996 b, cat. 794 p. 429.
Cat. 113 p. 195

Étude pour *Daphnis et Chloé* (Daphnis), 1860-1862
Crayon noir et rehauts de gouache blanche sur papier, 43,5 × 26,1 cm
Lausanne, Musée cantonal des beaux-arts, inv. 1200
Hist. : légué par l'artiste à Charles Clément, 1874 ; collection Charles Clément, Paris ; sa veuve ; achat du Musée cantonal des beaux-arts de Lausanne à Mme Charles Clément, 1908.
Exp. : Winterthur 1974-75, cat. 121 ; Lausanne 2006, cat. 195, ill. 19 p. 19.
Biblio. : Clément 1886, cat. 346 p. 481 ; Hauptman 1996 b, cat. 796 p. 430.
Cat. 114 p. 196

Esquisse pour *La Cène*, 1847-1848
Huile sur toile, 42 × 72,5 cm
Lausanne, Musée cantonal des beaux-arts, inv. 1351
Hist. : légué par l'artiste à Charles Clément, 1874 ; collection Charles

Clément, Paris ; sa veuve ; achat du Musée cantonal des beaux-arts de Lausanne à Mme Charles Clément, 1908.
Exp. : Winterthur 1974-75, cat. 25, ill. 55 p. 75 ; New York 1980, cat. 76, ill. 22 p. 24 ; Lucerne 1985, cat. IV/7, ill. p. 171 ; Lausanne 1994, cat. 14, ill. p. 43 ; Lausanne 2006, cat. 118, ill. 140 p. 171.
Biblio. : Clément 1876, p. 351 ; Montégut 1878, p. 423-424 ; Clément 1886, p. 249-251, cat. 47 p. 402-03 ; Hauptman 1980, p. 25, ill. nº 22 p. 24 ; Hauptman 1996 a, ill. 133 p. 184-185, ill. 158 p. 201-205 ; Hauptman 1996 b, cat. 522 p. 302.
Cat. 65 p. 142-143

Esquisse pour *La Pentecôte*, 1850
Huile sur toile, 38 × 25,5 cm
Lausanne, Musée cantonal des beaux-arts, inv. 1356
Hist. : collection de Mathilde Gleyre, nièce de l'artiste ; don de Mathilde Gleyre au Musée cantonal des beaux-arts de Lausanne, 1918.
Exp. : Winterthur 1974-75, cat. 28 ; Lausanne 2006, cat. 137, ill. 142 p. 173.
Biblio. : Clément 1886, p. 252-256, cat. 49 p. 404 ; Hauptman 1996 b, cat. 583 p. 343 ; Burollet 2006-07, p. 167-175.
Cat. 64 p. 142

Étude de chasseur et de hyène, 1835
Aquarelle et crayon sur papier, 28,9 × 24,4 cm
Boston, the Lowell Institute, courtesy of the Museum of Fine Arts, inv. 103.49
Hist. : collection John Lowell Jr. ; Lowell Institute, Boston ; dépôt au Museum of Fine Arts de Boston depuis 1949.
Exp. : New York 1980, cat. 49.
Biblio. : Hauptman 1996 b, cat. 295 p. 161.
Cat. 33 p. 103

Étude de jeune Nubien, 1835 (?)
Huile et crayon sur papier, 27,8 × 20,6 cm
Lausanne, Musée cantonal des beaux-arts, inv. 1022
Hist. : légué par l'artiste à Charles Clément, 1874 ; collection Charles Clément, Paris ; sa veuve ; achat du Musée cantonal des beaux-arts de Lausanne à Mme Charles Clément, 1908.
Exp. : New York 1980, cat. 60 ; Nyon 1985 (pas de catalogue) ; Lausanne 2006, cat. 65, p. 269.
Biblio. : Clément 1886, cat. 15 p. 392 ; Hauptman 1985 b, p. 135 ; Hauptman 1996 b, cat. 348 p. 178.
Cat. 36 p. 104

Étude de tête d'une jeune femme, 1835 (?)
Huile et crayon sur papier, 28,2 × 21 cm
Lausanne, Musée cantonal des beaux-arts, inv. 1025
Hist. : légué par l'artiste à Charles Clément, 1874 ; collection Charles Clément, Paris ; sa veuve ; achat du Musée cantonal des beaux-arts de Lausanne à Mme Charles Clément, 1908.
Exp. : Nyon 1985 (pas de catalogue) ; Lausanne 2006, cat. 68, p. 269 ; Lausanne 2015 b (pas de numéro).
Biblio. : Clément 1886, cat. 18 p. 393 ; Hauptman 1996 b, cat. 351 p. 179.
Cat. 39 p. 105

Étude d'une jeune femme nubienne, 1835 (?)
Huile et crayon sur papier, 28,6 × 21 cm
Lausanne, Musée cantonal des beaux-arts, inv. 1028
Hist. : légué par l'artiste à Charles Clément, 1874 ; collection Charles Clément, Paris ; sa veuve ; achat du Musée cantonal des beaux-arts de Lausanne à Mme Charles Clément, 1908.
Exp. : Nyon 1985 (pas de catalogue) ; Lausanne 1986-87 (pas de catalogue) ; Lausanne 2006, cat. 71, p. 269 ; Lausanne 2015 b (pas de numéro).
Biblio. : Clément 1886, cat. 21 p. 393 ; Hauptman 1996 b, cat. 354 p. 180.
Cat. 35 p. 104

Étude d'un Nubien, 1835 (?)
Huile et crayon sur papier, 28,3 × 21,9 cm
Lausanne, Musée cantonal des beaux-arts, inv. 1027
Hist. : légué par l'artiste à Charles Clément, 1874 ; collection Charles Clément, Paris ; sa veuve ; achat du Musée cantonal des beaux-arts de Lausanne à Mme Charles Clément, 1908.
Exp. : Nyon 1985 (pas de catalogue) ; Lausanne 2006, cat. 70, ill. 50 p. 50.
Biblio. : Clément 1886, cat. 20 p. 393 ; Hauptman 1996 b, cat. 353 p. 179.
Cat. 37 p. 104

Étude pour deux figures allégoriques (dont ***L'Agriculture***), 1841
Aquarelle, encre et crayon sur papier, 49,1 × 28,4 cm
Lausanne, Musée cantonal des beaux-arts, inv. 1076
Hist. : légué par l'artiste à Charles Clément, 1874 ; collection Charles Clément, Paris ; sa veuve ; achat du Musée cantonal des beaux-arts de Lausanne à Mme Charles Clément, 1908.
Exp. : Winterthur 1974-75, cat. 10 ; Morges 1998 (pas de catalogue) ; Lausanne 2006, cat. 96, ill. 97 p. 113.
Biblio. : Clément 1886, p. 150-151, cat. 223 p. 459-460 ; Ockman 1982, p. 230, ill. 66 p. 312 ; Hauptman 1996 b, cat. 450 p. 234 ; Vaisse 2006-07, p. 107-117.
Cat. 55 p. 125

Étude pour *L'Abondance*, 1841
Crayon et mise aux carreaux sur papier, 51,4 × 75,5 cm
Lausanne, Musée cantonal des beaux-arts, inv. 1074
Hist. : collection de Mathilde Gleyre, nièce de l'artiste ; don de Mathilde Gleyre au Musée cantonal des beaux-arts de Lausanne, 1917.
Exp. : Paris 1884, cat. 348 ; New York 1980, cat. 68.
Biblio. : Clément 1886, p. 146, cat. 217 p. 458 ; Hauptman 1996 b, cat. 443 p. 232 ; Vaisse 2006-07, p. 107-117.
Cat. 56 p. 126

Étude pour *La Gloire*, 1843-1844
Fusain et rehauts de craie blanche sur papier, 29,2 × 37,4 cm
Lausanne, Musée cantonal des beaux-arts, inv. 1042
Hist. : légué par l'artiste à Charles Clément, 1874 ; collection Charles Clément, Paris ; sa veuve ; achat du Musée cantonal des beaux-arts de Lausanne à Mme Charles Clément, 1908.
Exp. : Winterthur 1974-75, cat. 116 ; Lausanne 1982, cat. 146 ; Lausanne 2006, cat. 106, ill. 107 p. 128 ; Lausanne 2010-11 (pas de catalogue).
Biblio. : Clément 1886, p. 170, cat. 177 p. 447 ; Hauptman 1996 b, cat. 475 p. 249.
Cat. 102 p. 187

Étude pour *La Guerre*, dit aussi ***L'Âge de fer***, 1858-1865
Fusain sur papier encollé sur toile et sur aluminium, 62,5 × 91 cm
Lausanne, Musée cantonal des beaux-arts, inv. 1016
Hist. : légué par l'artiste à Charles Clément, 1874 ; collection Charles Clément, Paris ; sa veuve ; achat du Musée cantonal des beaux-arts de Lausanne à Mme Charles Clément, 1908.
Exp. : Lausanne 2001, cat. 22, ill. 50 p. 60 ; Lausanne 2006, cat. 217, ill. 100 p. 117.
Biblio. : Clément 1886, p. 308, ill. 188 p. 450 ; Hauptman 1996 b, cat. 847 p. 455 ; Langer 2001, ill. 22 p. 59-63 ; Vaisse 2006-07, p. 107-117.
Cat. 56 p. 126

Études pour *La Justice et la Gloire* (frontispice du ***Plutarque français***), 1839
Crayon sur papier, 20,8 × 26 cm
Collection particulière
Cat. 58 p. 126

Étude pour *Memoria*, 1841
Fusain, sanguine, craie blanche et mise aux carreaux sur papier, 48 × 64,7 cm
Lausanne, Musée cantonal des beaux-arts, inv. 1081
Hist. : légué par l'artiste à Charles Clément, 1874 ; collection Charles Clément, Paris ; sa veuve ; achat du Musée cantonal des beaux-arts de Lausanne à Mme Charles Clément, 1908.
Exp. : Winterthur 1974-75, cat. 13 ; New York 1980, cat. 69 ; Lausanne 2001 (pas de numéro) ; Lausanne 2006, cat. 101, ill. 99 p. 114.
Biblio. : Clément 1886, p. 147, cat. 228 p. 461 (« L'Agriculture ou peut-être l'Automne ») ; Ockman 1982, p. 234, ill. 74 p. 317 ; Ockman 1984, ill. 3 p. 112 ; Hauptman 1996 b, cat. 455 p. 236 ; Vaisse 2006-07, p. 107-117.
Cat. 52 p. 123

Étude pour *Providentia*, 1841
Fusain, sanguine, craie blanche et mise aux carreaux sur papier, 48 × 64,7 cm
Lausanne, Musée cantonal des beaux-arts, inv. 1080
Hist. : légué par l'artiste à Charles Clément, 1874 ; collection Charles Clément, Paris ; sa veuve ; achat du Musée cantonal des beaux-arts de Lausanne à Mme Charles Clément, 1908.
Exp. : Winterthur 1974-75, cat. 12, ill. 25 p. 39 ; Morges 1998 (pas de catalogue) ; Lausanne 2006, cat. 100, ill. 98 p. 114.
Biblio. : Clément 1886, p. 147, cat. 227 p. 460 (« La Science ») ; Thévoz 1980, ill. 15 p. 96 ; Ockman 1984, ill. 2 p. 112 ; Hauptman 1996 b, cat. 454 p. 235 ; Vaisse 2006-07, p. 107-117.
Cat. 51 p. 123

Étude pour une figure allégorique, dit aussi ***La Religion***, 1841
Aquarelle, encre et crayon sur papier, 35,7 × 21 cm
Lausanne, Musée cantonal des beaux-arts, inv. 1075
Hist. : légué par l'artiste à Charles Clément, 1874 ; collection Charles Clément, Paris ; sa veuve ; achat du Musée cantonal des beaux-arts de Lausanne à Mme Charles Clément, 1908.
Exp. : Winterthur 1974-75, cat. 9, ill. 27 p. 39 ; Morges 1998 (pas de catalogue) ; Lausanne 2006, cat. 98, ill. 95 p. 111.
Biblio. : Clément 1886, p. 148-149, cat. 220 p. 459 ; Hauptman 1996 b, cat. 446 p. 233 ; Vaisse 2006-07, p. 107-117.
Cat. 54 p. 124

Étude pour une figure allégorique, dit aussi ***Le Travail***, 1841
Fusain et mise aux carreaux à la sanguine sur papier, 80,4 × 49,2 cm
Lausanne, Musée cantonal des beaux-arts, inv. 1077

Hist. : collection de Mathilde Gleyre, nièce de l'artiste ; don de Mathilde Gleyre au Musée cantonal des beaux-arts de Lausanne, 1911.
Exp. : Paris 1884, cat. 347 ; Lausanne 2006, cat. 97, ill. 92 p. 106.
Biblio. : Clément 1886, p. 149-150 ; cat. 224 p. 460 ; Ockman 1982, p. 230, ill. 68 p. 313 ; Hauptman 1996 a, p. 124 ; Hauptman 1996 b, cat. 451 p. 234 ; Vaisse 2006-07, p. 107-117.
Cat. 60 p. 127

Étude pour une figure allégorique, dit aussi ***Le Travail***, 1841
Aquarelle, encre et crayon sur papier, 35,8 × 20,8 cm
Lausanne, Musée cantonal des beaux-arts, inv. 1078
Hist. : légué par l'artiste à Charles Clément, 1874 ; collection Charles Clément, Paris ; sa veuve ; achat du Musée cantonal des beaux-arts de Lausanne à Mme Charles Clément, 1908.
Exp. : Winterthur 1974-75, cat. 11, ill. 26 p. 39 ; Morges 1998 (pas de catalogue) ; Lausanne 2006, cat. 98, ill. 94 p. 111.
Biblio. : Clément 1886, cat. 225 p. 460 ; Thévoz 1980, p. 96, ill. 17 p. 98 ; Ockman 1982, p. 230-231, ill. 69, p. 313 ; Hauptman 1996 b, cat. 452 p. 235 ; Vaisse 2006-07, p. 107-117.
Cat. 53 p. 124

Étude pour une figure allégorique, dit aussi ***Le Travail***, 1841
Fusain, sanguine et mise aux carreaux à la sanguine et au crayon sur papier, 68,6 × 41,9 cm
Lausanne, Musée cantonal des beaux-arts, inv. 1079
Hist. : légué par l'artiste à Charles Clément, 1874 ; collection Charles Clément, Paris ; sa veuve ; achat du Musée cantonal des beaux-arts de Lausanne à Mme Charles Clément, 1908.
Exp. : Lausanne 2006, cat. 99, ill. 93 p. 109.
Biblio. : Clément 1886, p. 150, cat. 226 p. 460 ; Thévoz 1980, p. 95, ill. 16 p. 97 ; Ockman 1982, p. 232, ill. 70 p. 314 ; Hauptman 1996 a, p. 124 ; Hauptman 1996 b, cat. 453 p. 235 ; Vaisse 2006-07, p. 107-117.
Cat. 59 p. 127

Femme à sa toilette, vers 1859-1862
Huile sur toile, 41 × 33 cm
Lausanne, Musée cantonal des beaux-arts, inv. 1331
Hist. : légué par l'artiste à Charles Clément, 1874 ; collection Charles Clément, Paris ; sa veuve ; achat du Musée cantonal des beaux-arts de Lausanne à Mme Charles Clément, 1908.
Exp. : Lausanne 1953 (pas de catalogue) ; New York 1980, cat. 100 ; Lausanne 1996 (pas de numéro) ; Lausanne 2006, cat. 213.
Biblio. : Clément 1886, p. 285, cat. 89 p. 419-420 ; Hauptman 1996 b, cat. 842, p. 447.
Cat. 107 p. 190

Femme fellah de Nubie, 1835
Crayon sur papier, 37× 26,5 cm
Boston, the Lowell Institute, courtesy of the Museum of Fine Arts, inv. 86.49
Hist. : collection John Lowell Jr. ; Lowell Institute, Boston ; dépôt au Museum of Fine Arts de Boston depuis 1949.
Biblio. : Hauptman 1996 b, cat. 339 p. 175.
Cat. 32 p. 102

Femme turque (Angelica), Smyrne, 1834
Aquarelle et crayon sur papier, 32,1 × 23,7 cm
Boston, the Lowell Institute, courtesy of the Museum of Fine Arts, inv. 112.49
Hist. : collection John Lowell Jr. ; Lowell Institute, Boston ; dépôt au Museum of Fine Arts de Boston depuis 1949.
Exp. : New York 1980, cat. 23 ; Londres 1984, cat. 46, ill. 45.
Biblio. : Hauptman 1996 b, ill. 168 p. 96.
Cat. 23 p. 95

Femme turque (« Dudo Narikos »), Smyrne, 1834
Crayon et aquarelle sur papier, 32,1 × 23,5 cm
Boston, the Lowell Institute, courtesy of the Museum of Fine Arts, inv. 125.49
Hist. : collection John Lowell Jr. ; Lowell Institute, Boston ; dépôt au Museum of Fine Arts de Boston depuis 1949.
Exp. : New York 1980, cat. 24 ; Lausanne 2006, cat. 29, ill. 87 p. 100.
Biblio. : Hauptman 1996 b, cat. 172 p. 98 ; Fischer 2006-07, p. 99-105.
Cat. 41 p. 110

Femme turque (« Dudo Narikos »), Smyrne, 1840
Huile sur toile, 41 × 33 cm
Lausanne, Musée cantonal des beaux-arts, inv. 1347
Hist. : collection de Mathilde Gleyre, nièce de l'artiste ; don de Mathilde Gleyre au Musée cantonal des beaux-arts de Lausanne, 1911.
Exp. : Lausanne 1953 (pas de catalogue) ; Lausanne 1969 (pas de catalogue) ; Winterthur 1974-75, cat. 97, ill. 21 p. 34 ; Nyon 1985 (pas de catalogue) ; Bâle 1988-89 (pas de catalogue) ; Lausanne 2006, cat. 90, ill. 86 p. 98 ; Lausanne 2011 (pas de catalogue) ; Izmir 2013, p. 1.
Biblio. : Clément 1886, cat. 23 p. 394 ; Hauptman 1985 b, p. 140 ; Hauptman 1996 b, cat. 424 p. 225 ; Fischer 2006-07, p. 99-105.
Cat. 42 p. 110

Femme turque (« Madame Langdon »), Smyrne, 1834
Crayon, plume et aquarelle sur papier, 37,2 × 24,9 cm
Boston, the Lowell Institute, courtesy of the Museum of Fine Arts, inv. 106.49
Hist. : collection John Lowell Jr. ; Lowell Institute, Boston ; dépôt au Museum of Fine Arts de Boston depuis 1949.
Exp. : New York 1980, cat. 26, ill. 81 p. 86 ; Lausanne 2006, cat. 30, ill. 40 p. 41.
Biblio. : Hauptman 1996 b, cat. 173 p. 98.
Cat. 22 p. 94

Hercule et Omphale, 1862
Huile sur toile, 145 × 111 cm
Neuchâtel, musée d'Art et d'Histoire, inv. 86
Hist. : acheté auprès de l'artiste par Léon Goupil (15 000 francs), probablement en 1862 ; exposé dans la galerie Goupil & Cie à partir de janvier 1863 ; acquis chez Goupil par M. Meyer, mars 1863 (environ 40 000 francs) ; collection Meyer, Vienne ; revendu par ce dernier à Goupil & Cie, Paris, automne 1865 ; collection de Fritz Berthoud, Fleurier (Suisse), au moins depuis 1869 ; vendu par Fritz Berthoud au musée de Neuchâtel (25 835 francs), avec participation de la société Maximilien de Meuron et de Charles-Louis Favarger, avocat à Neuchâtel, 1874.
Exp. : Lausanne 1874 (pas de catalogue) ; Paris 1924, cat. 271 ; Winterthur 1974-75, cat. 71, ill. 58 ; Berne 1981-82, cat. 64 ; Lausanne 1994, cat. 41, ill. p. 73 ; Berne 2003, cat. 1, ill. p. 36 ; Lausanne 2006, cat. 200, ill. 170 p. 211 ; Neuchâtel 2012-13, p. 186-187.
Biblio. : Berthoud 1880, p. 9 ; Clément 1886, p. 285-296, cat. 87 p. 418-419 ; Bonjour 1905, p. 50 *sqq* ; Lugeon 1939, p. 22 ; Thévoz 1980, p. 54-57 ; Hauptman 1996 a, p. 258-263, ill. 206 p. 259 ; Hauptman 1996 b, cat. 808 p. 436 ; Guégan 2006-07, p. 211-216.
Cat. 99 p. 181

—

Étude pour *Hercule et Omphale* (Hercule), 1859-1862
Crayon noir et rehauts de gouache blanche sur papier, 39,5 × 24,9 cm
Lausanne, Musée cantonal des beaux-arts, inv. 1155
Hist. : légué par l'artiste à Charles Clément, 1874 ; collection Charles Clément, Paris ; sa veuve ; achat du Musée cantonal des beaux-arts de Lausanne à Mme Charles Clément, 1908.
Exp. : New York 1980, cat. 97 ; Lausanne 1995 a, ill. p. 7 ; Lausanne 2006, cat. 203, ill. 174 p. 214.
Biblio. : Clément 1886, cat. 355 p. 483 ; Lepdor 1995, ill. p. 7 ; Hauptman 1996 b, cat. 812 p. 438.
Cat. 98 p. 180

Intérieur du Bellérophon, 1834
Aquarelle, crayon et encre sur papier, 36,7 × 23,7 cm
Boston, the Lowell Institute, courtesy of the Museum of Fine Arts, inv. 134.49
Hist. : collection John Lowell Jr. ; Lowell Institute, Boston ; dépôt au Museum of Fine Arts de Boston depuis 1949.
Exp. : New York 1980, cat. 31.
Biblio. : Clément 1886, p. 76 ; Newhouse 1980, p. 86 ; Hauptman 1996 b, cat. 221 p. 109.
Cat. 24 p. 96

Intérieur d'une maison copte, Le Caire, 1835
Aquarelle et crayon sur papier, 33,1 × 25,1 cm
Boston, the Lowell Institute, courtesy of the Museum of Fine Arts, inv. 137.49
Hist. : collection John Lowell Jr. ; Lowell Institute, Boston ; dépôt au Museum of Fine Arts de Boston depuis 1949.
Exp. : New York 1980, cat. 40 ; Londres 1984, cat. 55, ill. p. 161.
Biblio. : Hauptman 1996 a, ill. 57 p. 93 ; Hauptman 1996 b, cat. 237 p. 115.
Cat. 25 p. 97

Intérieur d'une maison, Pompéi, 1834
Crayon et aquarelle sur papier, 17,2 × 32,7 cm
Boston, the Lowell Institute, courtesy of the Museum of Fine Arts, inv. 143.49
Hist. : collection John Lowell Jr. ; Lowell Institute, Boston ; dépôt au Museum of Fine Arts de Boston depuis 1949.
Exp. : New York 1980, cat. 6 ; Lausanne 2006, cat. 8, ill. 31 p. 32.
Biblio. : Hauptman 1996 b, cat. 80 p. 74.
Cat. 17 p. 91

Intérieur du Parthénon, Athènes, 1834
Crayon et aquarelle sur papier, 36,2 × 51,5 cm
Boston, the Lowell Institute, courtesy of the Museum of Fine Arts, inv. 169.49
Hist. : collection John Lowell Jr. ; Lowell Institute, Boston ; dépôt au Museum of Fine Arts de Boston depuis 1949.
Exp. : New York 1980, cat. 18 ; Londres 1984, cat. 45, ill. 45 p. 155 ; Lausanne 2006, cat. 19, ill. 36 p. 37.
Biblio. : Hauptman 1996 b, cat. 130 p. 87.
Cat. 15 p. 91

Intérieur du temple d'Amon, Karnak, 1835
Crayon et aquarelle sur papier, 37,7 × 26,8 cm
Boston, the Lowell Institute, courtesy of the Museum of Fine Arts, inv. 135.49
Hist. : collection John Lowell Jr. ; Lowell Institute, Boston ; dépôt au Museum of Fine Arts de Boston depuis 1949.

Exp. : New York 1980, cat. 41, ill. pl. IV ; Rochester 1982, cat. 46, ill. p. 51 ; Lausanne 2006, cat. 47, ill. 46 p. 47.
Biblio. : Hauptman 1996 b, cat. 260 p. 150.
Cat. 28 p. 99

Jeanne d'Arc, vers 1860
Fusain et crayon noir sur papier ocre, 60,3 × 33,8 cm
Lausanne, Musée cantonal des beaux-arts, inv. 1059
Hist. : légué par l'artiste à Charles Clément, 1874 ; collection Charles Clément, Paris ; sa veuve ; achat du Musée cantonal des beaux-arts de Lausanne à Mme Charles Clément, 1908.
Exp. : Winterthur 1974-75, cat. 70, ill. 60 p. 81 ; New York 1980, cat. 93 ; Lausanne 2006, cat. 190, ill. 164 p. 202.
Biblio. : Clément 1886, p. 311-312, cat. 197 p. 453 ; Hauptman 1996 b, cat. 778 p. 422 ; Radrizzani 2006-07, p. 203-204.
Cat. 100 p. 182

Jeune fille, Djebel Barkal, 1835
Crayon sur papier, 28,9 × 23,3 cm
Boston, the Lowell Institute, courtesy of the Museum of Fine Arts, inv. 200.49
Hist. : collection John Lowell Jr. ; Lowell Institute, Boston ; dépôt au Museum of Fine Arts de Boston depuis 1949.
Biblio. : Hauptman 1996 b, cat. 315 p. 167 ; Lausanne 2006, ill. 88 p. 101-102.
Cat. 31 p. 102

La Barque sacrée. Relief du mur occidental intérieur du temple de Semna, 1835
Crayon sur papier, 21,6 × 34 cm
Boston, the Lowell Institute, courtesy of the Museum of Fine Arts, inv. 188.49
Hist. : collection John Lowell Jr. ; Lowell Institute, Boston ; dépôt au Museum of Fine Arts de Boston depuis 1949.
Exp. : Lausanne 2006, cat. 57, ill. 110 p. 133.
Biblio. : Hauptman 1996 b, cat. 299 p. 162 ; Gamboni 2006-07, p. 131-133, ill. 110.
Cat. 27 p. 98

La Charmeuse, 1868
Huile sur toile, 82,3 × 50,6 cm
Bâle, Kunstmuseum, acquisition grâce au fonds Birmann, 1873, inv. 250
Hist. : acquis auprès de l'artiste par Léon Goupil, 1868 ; vendu par la galerie Goupil & Cie à Rodolphe Lang, Bâle, probablement en 1872 (12 000 francs) ; exposé par Lang à l'Exposition universelle de Vienne (1873) avec un prix de vente à 20 000 francs ; acquis auprès de Rodolphe Lang par le Kunstmuseum de Bâle avec participation du fonds Samuel Birmann, décembre 1873 (10 000 francs).
Exp. : Bâle 1869, cat. 142, p. 14 ; Vienne 1873, section suisse, cat. 76 ; Lausanne 1874 (pas de catalogue) ; Paris 1924, cat. 47, ill. pl. XIV ; Winterthur 1974-75, cat. 80, ill. 16 p. 25 ; New York 1980, p. 11-71, ill. 66 p. 53 ; Bâle 1997, ill. 38 p. 79-80 ; Lausanne 2006, cat. 237, ill. 23 p. 23.
Biblio. : Mantz 1875, p. 412, ill. p. 410 ; Clément 1886, p. 337-339, cat. 105 p. 426-427 ; Lugeon 1939, p. 24-26, ill. 26 ; Hauptman 1996 a, p. 282, ill. 220 ; Hauptman 1996 b, cat. 914 p. 483.
Cat. 115 p. 197

La Danse des Bacchantes, 1849
Huile sur toile, 147 × 243 cm
Lausanne, Musée cantonal des beaux-arts, inv. 1995-093
Hist. : achat en 1849 par l'ambassadeur d'Espagne pour le compte de François d'Assise Marie Ferdinand de Bourbon (1822-1902), roi-consort d'Espagne ; marché de l'art madrilène, 1960 ; collection Pivar Stuart, New York, depuis 1981 ; en dépôt au University of Virginia Art Museum, Charlottesville (Virginie, États-Unis d'Amérique), 1982-1995 ; achat en 1995 par le Musée cantonal des beaux-arts de Lausanne, avec un crédit extraordinaire de l'État de Vaud et la participation de la fondation Gottfried Keller, de Gonset Holding SA, de la fondation Ernst Göhner, d'ATAG Ernst & Young SA et de l'Association des amis du musée.
Exp. : Paris 1849, cat. 914, p. 81 ; Lucerne 1994 (hors catalogue) ; Lausanne 1995 b, ill. p. 8-9 ; Lausanne 1996 (pas de numéro) ; Lausanne 2006, cat. 119, ill. 124 p. 150 ; Lausanne 2009, p. 63, ill. p. 88 ; Lausanne 2011 (pas de catalogue) ; Lausanne 2015 a (pas de catalogue).
Biblio. : Acquier 1849, non paginé ; Du Pays 1849, p. 340-341 ; Gautier 1849, non paginé ; *L'Artiste*, 1849, p. 220, ill. ; Planche 1851, p. 503 ; Mantz 1875, p. 242, ill. p. 243 ; Montégut 1878, p. 418 ; Clément 1886, p. 191-197, cat. 54 p. 405-406 ; Taine 1903, p. 214 ; Luca 1982, p. 244-248 ; Hauptman 1995, p. 3-16 ; Griener 1996, p. 49-56 ; Hauptman 1996 a, p. 159-163 ; Hauptman 1996 b, cat. 529 p. 307 ; Lepdor 1996, p. 33-35 ; Zutter, Lepdor et Schaefer 1998, p. 29, ill. p. 32 ; Vouilloux 2006-07, p. 151-157.
Cat. 96 p. 176-177

———

Étude pour *La Danse des Bacchantes* (bacchante couchée), 1848-1849
Crayon noir sur papier, 27,7 × 44,5 cm
Lausanne, Musée cantonal des beaux-arts, inv. 1096
Hist. : légué par l'artiste à Charles Clément, 1874 ; collection Charles Clément, Paris ; sa veuve ; achat du Musée cantonal des beaux-arts de Lausanne à Mme Charles Clément, 1908.
Exp. : Paris 1884, cat. 2 ; Winterthur 1974-75, cat. 20, ill. 99 p. 116 ; Chicago 1978, cat. 63, ill. p. 125 ; Lausanne 1995 b, ill. p. 16 ; Lausanne 1996 (pas de numéro) ; Lausanne 1999-00, cat. 49 ; Lausanne 2001, cat. 25, ill. 53 ; Lausanne 2006, cat. 120, ill. 125 p. 152.
Biblio. : Clément 1886, cat. 55 p. 406 ; Hauptman 1995 a, p. 12 ; Hauptman 1996 b, cat. 532, p. 308 ; Vouilloux 2006-07, p. 152.
Cat. 93 p. 174

———

Étude pour *La Danse des Bacchantes* (bacchante de profil), 1848-1849
Crayon sur papier, 46,8 × 29 cm
Lausanne, Musée cantonal des beaux-arts, inv. 2003-183
Hist. : achat du Musée cantonal des beaux-arts en 2003.
Exp. : Lausanne 2006, cat. 124, ill. 127 p. 154.
Cat. 92 p. 174

———

Étude pour *La Danse des Bacchantes* (prêtresse de face), 1848-1849
Crayon noir sur papier, 44,9 × 25,1 cm
Lausanne, Musée cantonal des beaux-arts, inv. 1097
Hist. : légué par l'artiste à Charles Clément, 1874 ; collection Charles Clément, Paris ; sa veuve ; achat du Musée cantonal des beaux-arts de Lausanne à Mme Charles Clément, 1908.
Exp. : Winterthur 1974-75, cat. 21 ; Lausanne 1995 b, ill. p. 11 ; Lausanne 1996 (pas de numéro) ; Lausanne 2006, cat. 121.
Biblio. : Clément 1886, cat. 268 p. 467 ; Hauptman 1995, p. 11 ; Hauptman 1996 b, cat. 533 p. 308.
Cat. 95 p. 175

La Mère de Tobie, 1860
Fusain et crayon noir sur papier ocre, 36,7 × 62,7 cm
Lausanne, Musée cantonal des beaux-arts, inv. 1058
Hist. : légué par l'artiste à Charles Clément, 1874 ; collection Charles Clément, Paris ; sa veuve ; achat du Musée cantonal des beaux-arts de Lausanne à Mme Charles Clément, 1908.
Exp. : Paris 1884, cat. 343 ; Winterthur 1968, cat. 64 ; Winterthur 1974-75, cat. 69 ; New York 1980, cat. 92, ill. 49 p. 44 ; Lausanne 2006, cat. 185, ill. 17 p. 18 ; Lausanne 2010-11 (pas de catalogue).
Biblio. : Clément 1886, p. 310-311, cat. 196 p. 452 ; Hauptman 1996 a, p. 255 ; Hauptman 1996 b, cat. 761 p. 416.
Cat. 87 p. 165

La Nubienne, 1838
Huile sur toile, 220 × 109 cm
Lausanne, Musée cantonal des beaux-arts, inv. 1390
Hist. : commande de Philippe Lenoir (1785-1867), propriétaire du café de Foix (avec *Diane*) ; collection Philippe Lenoir, Paris ; sa veuve, née Marie Aspasie Jousserand (1792-1874) ; sa vente après décès, hôtel Drouot, 17 mai 1874, nº 24 (environ 16 000 francs pour les deux, avis divergents concernant ce chiffre) ; acquise à cette vente par Adrien Mercier ; collection Adrien Mercier, Lausanne ; vendu par ce dernier au Musée cantonal des beaux-arts avec son pendant en 1898 (13 250 francs les deux).
Exp. : Lausanne 1874 ; Lausanne 1969 (pas de catalogue) ; Winterthur 1974-75, cat. 5, ill. 104 p. 118 ; New York 1980, cat. 64, ill. 19 ; Nyon 1985 (pas de catalogue) ; Lausanne 2006, cat. 80, p. 269, ill. 89 p. 103.
Biblio. : Mantz 1875, p. 235 *sqq* ; Clément 1876, p. 338-339, ill. 32 p. 397 ; Clément 1886, p. 137-141, cat. 32 p. 397 ; Thévoz 1980, p. 89-92 ; Hauptman 1996 a, p. 114 ; Hauptman 1996 b, cat. 397 p. 215.
Cat. 50 p. 117

La Nymphe Écho, 1846
Huile sur toile, 130 × 97 cm
Collection particulière
Hist. : acheté auprès de l'artiste par Friedrich Peter Herstatt, banquier, 1846 (par l'entremise d'Hortense Cornu) ; collection Herstatt, Cologne ; collection suisse, Zurich ; collection du Dr Vogt-Kofmehl, Soleure ; vente Beurret Kurmann Auktionen, Zurich, 17 mai 2004, nº 11 ; acquis à cette vente par le propriétaire actuel.
Biblio. : Planche 1851, p. 502 ; Mantz 1875, p. 240 ; Clément 1886, p. 189-191, cat. 51 p. 404-405 ; Hauptman 1996 a, p. 154-156, ill. 105 ; Hauptman 1996 b, cat. 504 p. 295 ; Gély 2006-07, p. 145-149, ill. 118 p. 144 ; Radrizzani 2006-07, p. 204-206.
Cat. 108 p. 191

La Pudeur égyptienne, 1838
Huile sur toile, 77,5 × 63,5 cm
Lausanne, Musée cantonal des beaux-arts, inv. 1361
Hist. : légué par l'artiste à Charles Clément, 1874 ; collection Charles Clément, Paris ; sa veuve ; achat du Musée cantonal des beaux-arts de Lausanne à Mme Charles Clément, 1908.
Exp. : Lausanne 1953 (pas de catalogue) ; Lausanne 1969 (pas de catalogue) ; Winterthur 1974-75, cat. 7, ill. 28 p. 170 ; Lausanne 1982, cat. 143 ; Nyon 1985 (pas de catalogue) ; Stuttgart 1987, cat. 3.58, ill. p. 491 ; Bâle 1988-89 (pas de catalogue) ; Berlin 1989,

cat. 15/4 ; Ornans 2001, p. 48, cat. 49, ill. p. 48 et 107 ; Genève 2003, p. 129, ill. 10 p. 12 ; Lausanne 2006, cat. 78, ill. 6 p. 10 ; Lausanne 2015 b (pas de catalogue).
Biblio. : Clément 1886, p. 133-134, cat. 28 p. 395 ; Harding 1980, ill. p. 82 ; Thévoz 1980, p. 92-93 ; Hauptman 1981, ill. 22 p. 31 ; Hauptman 1996 a, p. 111 ; Hauptman 1996 b, cat. 394 p. 214.
Cat. 43 p. 111

La Séparation des apôtres, 1845
Huile sur toile cintrée, 197 × 294 cm
Montargis, musée Girodet, inv. 885.10
Hist. : exposé au Salon de 1845 (sous le titre : *Départ des apôtres allant prêcher l'Évangile*) ; en vente à la galerie Goupil, Paris ; acquis par l'État (ministère de l'Intérieur) en remplacement d'une commande passée en 1847 (3 000 francs) ; envoi de l'État à l'église Sainte-Marie-Madeleine de Montargis, 1847 ; entré au musée Girodet, Montargis, en 1875 ; cession de propriété de l'État à la Ville de Montargis, 2009.
Exp. : Paris 1845, cat. 729 ; Paris 1968-69, cat. 143 ; Paris 1995-96, cat. 106 ; Lausanne 2006, cat. 107, ill. 113 p. 136 ; Sienne 2008, ill. 24, p. 126 ; Matsue 2009, ill. 29, p. 90.
Biblio. : Baudelaire 1845, p. 32 ; Mantz 1845, p. 238-240 ; *L'Illustration* 1845, p. 120 ; *Magasin pittoresque* 1845, p. 187 ; Delécluze 1845, non paginé ; Jeanron 1845, non paginé ; Gautier 1845, non paginé ; Planche 1851, p. 499-501 ; Mantz 1875, p. 238-240 ; Clément 1876, p. 341-342 ; Montégut 1878, p. 399 ; Clément 1886, p. 177-181, cat. 42 p. 400 ; Foucart 1987, p. 114 ; Hauptman 1996 a, p. 140-144 ; Hauptman 1996 b, cat. 477 p. 251 ; Kaenel 2006-07, p. 137-143.
Cat. 63 p. 140-141

——

Étude pour *La Séparation des Apôtres* (tête d'apôtre), 1844-1845
Crayon et fusain sur papier, 29,9 × 23,9 cm
Lausanne, Musée cantonal des beaux-arts, inv. 1087
Hist. : légué par l'artiste à Charles Clément, 1874 ; collection Charles Clément, Paris ; sa veuve ; achat du Musée cantonal des beaux-arts de Lausanne à Mme Charles Clément, 1908.
Exp. : Lausanne 2006, cat. 110, ill. 116 p. 140.
Biblio. : Clément 1886, cat. 241 p. 463 ; Ackerman 1975, p. 167 ; Hauptman 1996 b, cat. 484 p. 254.
Cat. 62 p. 139

Le Bain, 1868
Huile sur toile, 91,4 × 53,5 cm
Norfolk, Chrysler Museum of Art, don de Walter P. Chrysler, Jr, inv. 71-2069
Hist. : acheté à l'artiste par l'intermédiaire de l'agent George Lucas pour John Taylor Johnston, New York (15 000 francs) ; livré à New York à la fin de l'année 1868 ; vente de la collection Johnston, New York, 19-22 décembre 1876 (n° 183) ; acquis à cette vente par Charles Stewart Smith, New York (5 200 dollars, soit environ 25 000 francs) ; acquis par John McKay lors d'une exposition de l'American Art Association, 1935 ; collection John McKay, New York ; vente Sotheby's, New York, 12 mars 1969 (n° 110) ; acquis à cette vente par Walter P. Chrysler (2 500 dollars) ; don de Walter P. Chrysler Jr. au Chrysler Museum de Norfolk (Virginie), 1971.
Exp. : Hempstead 1974, cat. 52 ; Philadelphie 1978-79, cat. VI-62 ; New York 1980, cat. 54 ; Atlanta 1983, cat. 40 ; Norfolk 1986-87, cat. 21 ; Lausanne 2006, cat. 239, ill. 187 p. 228 ; Raleigh 2013-14.
Biblio. : Mantz 1875, p. 411 ; Clément 1886, p. 344-345, cat. 109 p. 428-429 ; Harrison 1986, ill. 21 p. 115 ; Hauptman 1996 b, cat. 920 p. 486 ; Ackerman 1999, ill. 58 ; Hauptman 2006-07, p. 229-233.
Cat. 110 p. 193

Le Bon Samaritain, 1840 (?)
Fusain, crayon noir et rehauts de craie blanche sur papier ocre, 27,6 × 43,8 cm
Lausanne, Musée cantonal des beaux-arts, inv. 1039
Hist. : légué par l'artiste à Charles Clément, 1874 ; collection Charles Clément, Paris ; sa veuve ; achat du Musée cantonal des beaux-arts de Lausanne à Mme Charles Clément, 1908.
Exp. : Winterthur 1974-75, cat. 66, ill. 54 p. 73 ; Lausanne 2006, cat. 91, p. 270 ; Lausanne 2010-11 (pas de catalogue)
Biblio. : Clément 1886, p. 158-159, cat. 174 p. 446-447 ; Hauptman 1996 b, cat. 438 p. 230.
Cat. 86 p. 164

Le Déluge, 1856
Huile et pastel sur toile, 98,5 × 197 cm
Lausanne, Musée cantonal des beaux-arts, inv. 1243
Hist. : commerce d'art, Liverpool ; acquis à Liverpool par Phillip H. Calderon, artiste peintre (1833-1898), Londres ; sa vente après décès, Christie's, Londres, 1898 (lot n° 64) ; acquis à cette vente par M. Alexandroff (5 livres 10 s) ; acquis par Georges Wenger, marchand d'art à Lausanne ; vendu par Wenger au musée Arlaud (devenu Musée cantonal des beaux-arts) grâce à une souscription publique, 1899 ; réputé disparu dans les années 1960-1970, relocalisé en 1979.
Exp. : Lausanne 2006, cat. 156, ill. 150 p. 182 ; Lausanne 2010-11 (pas de catalogue) ; Lausanne 2011 (pas de catalogue).
Biblio. : Clément 1886, p. 232-234, cat. 60 p. 408 ; Bonjour 1905, p. 68 ; Wuhrmann 1991, p. 9 ; Hauptman 1996 a, p. 210-213 ; Hauptman 1996 b, cat. 670 p. 374 ; Zutter, Lepdor et Schaefer, 1998, p. 31 ; Wuhrmann 2006, p. 109 ; Wuhrmann 2006-07, p. 183-189.
Cat. 84 p. 162-163

Le Major Davel (fragment), 1850
Huile sur toile, 143,8 × 102 cm
Lausanne, Musée cantonal des beaux-arts, inv. 1387
Hist. : commande de Louis Arlaud en vertu d'un legs fait au canton de Vaud, 1845 (2 500 francs) ; achevé et envoyé au musée Arlaud de Lausanne en 1850 (plus tard Musée cantonal) ; incendié par un acte de vandalisme anonyme, 24-25 août 1980 ; subsiste un fragment restauré et intégré sur un nouveau support en toile, 1981.
Exp. : Lausanne 1850, cat. 83 ; Lausanne 1874 (pas de catalogue) ; Winterthur 1974-75, cat. 27, ill. 53 p. 71.
À l'état de fragment : Berne 1991, cat. 426 ; Karlsruhe 2002, p. 122 ; Lausanne 2003-04, cat. 19 ; Lausanne 2006, cat. 127, ill. 131 p. 159 et ill. 136, p. 164 ; Lausanne 2014-15 (pas de catalogue).
Biblio. : Planche 1851, p. 502-503 ; Mantz 1875, p. 240-241 ; Montégut 1878, p. 421 ; Clément 1886, p. 225-232, cat. 57 p. 407 ; Hauptman 1980, p. 29-36 ; Thévoz 1980, p. 35 *sqq* ; Hauptman 1983, p. 103 *sqq* ; Hauptman 1996 a, p. 172-183 ; Hauptman 1996 b, cat. 546 p. 318 ; Zelger 2006-07, p. 159-165 ; Rime 2012, p. 95-97.
Cat. 70 p. 147

——

Esquisse pour *Le Major Davel*, 1848-1850
Huile sur toile, 45 × 33 cm
Lausanne, Musée cantonal des beaux-arts, inv. 1341
Hist. : légué par l'artiste à Charles Clément, 1874 ; collection Charles Clément, Paris ; sa veuve ; achat du Musée cantonal des beaux-arts de Lausanne à Mme Charles Clément, 1908.
Exp. : Lausanne 1923 (pas de catalogue) ; Zurich 1939, cat. 572 ; Lausanne 1953, (pas de catalogue) ; Paris 1967, cat 203, p. 72 ; New York 1980, cat. 79 ; Lucerne 1985, cat. IV/10 ; Berne 1991, cat. 425 ; Lausanne 2006, cat. 128, ill. 133 p. 161 ; Lausanne 2013 (pas de catalogue).
Biblio. : Planche 1851, p. 502-503 ; Mantz 1875, p. 240-241 ; Montégut 1878, p. 421 ; Clément 1886, p. 232, cat. 58 p. 407-408 ; Bonjour 1905, p. 44 *sqq* ; Hauptman 1991 a ; Hauptman 1996 a, p. 172-183, ill. 126 ; Hauptman 1996 b, cat. 547 p. 318 ; Zelger 2006-07, p. 159-165.
Cat. 69 p. 146

——

Étude pour *Le Major Davel* (Davel en pied levant le bras gauche), 1849-1850
Crayon noir sur papier, 45,9 × 27,5 cm
Lausanne, Musée cantonal des beaux-arts, inv. 1100
Hist. : légué par l'artiste à Charles Clément, 1874 ; collection Charles Clément, Paris ; sa veuve ; achat du Musée cantonal des beaux-arts de Lausanne à Mme Charles Clément, 1908.
Exp. : Lausanne 1923 (pas de catalogue) ; Lausanne 1994, cat. 20, ill. p. 50 ; Lausanne 2006, cat. 133.
Biblio. : Clément 1886, cat. 273 p. 468 ; Hauptman 1996 b, cat. 555, p. 320.
Cat. 67 p. 145

——

Étude pour *Le Major Davel* (le bourreau), 1847-1848
Crayon noir et rehauts de gouache blanche sur papier, 38,7 × 28,8 cm
Lausanne, Musée cantonal des beaux-arts, inv. 1101
Hist. : légué par l'artiste à Charles Clément, 1874 ; collection Charles Clément, Paris ; sa veuve ; achat du Musée cantonal des beaux-arts de Lausanne à Mme Charles Clément, 1908.
Exp. : New York 1980, cat. 77 ; Lausanne 1994, cat. 18, ill. p. 49 ; Lausanne 2006, cat. 131 ; Lausanne 2014-15 (pas de catalogue).
Biblio. : Clément 1886, cat. 274 p. 469 ; Hauptman 1996 b, cat. 551 p. 319.
Cat. 68 p. 145

——

Étude pour *Le Major Davel* (têtes de magistrat), 1848-1849
Crayon noir et fusain sur papier, 24,4 × 29,4 cm
Lausanne, Musée cantonal des beaux-arts, inv. 1103
Hist. : légué par l'artiste à Charles Clément, 1874 ; collection Charles Clément, Paris ; sa veuve ; achat du Musée cantonal des beaux-arts de Lausanne à Mme Charles Clément, 1908.
Exp. : Lausanne 2006, cat. 135.
Biblio. : Clément 1886, cat. 275 p. 469 ; Hauptman 1996 b, cat. 559, p. 321.
Cat. 66 p. 144

Le Paradis terrestre, dit aussi ***Le Matin***, 1869-1874
Fusain sur toile préparée, diam. 201 cm (tondo)
Lausanne, Musée cantonal des beaux-arts, inv. 1012
Hist. : légué par l'artiste à Charles Clément ; vendu par Charles Clément au Musée cantonal des beaux-arts de Lausanne avec le soutien du Comité du monument Gleyre, 1874.
Exp. : Lausanne 1986-87 (pas de catalogue) ; Lausanne 2006, cat. 267, ill. 200 p. 243.
Biblio. : Clément 1886, p. 363-364, cat. 430 p. 495 ; Hauptman 1996 a, p. 307-311 ; Hauptman 1996 b, cat. 1022, p. 537.
Cat. 111 p. 194

——

Esquisse pour *Le Paradis terrestre*, 1869-1874
Huile sur bois, diam. 24 cm (tondo)
Lausanne, Musée cantonal des beaux-arts, inv. 1366
Hist. : légué par l'artiste à Charles Clément, 1874 ; collection Charles Clément, Paris ; sa veuve ; achat du Musée cantonal des beaux-arts de Lausanne à Mme Charles Clément, 1908.
Exp. : Winterthur 1974-75, cat. 81 ; New York 1980, cat. 110 ; Lucerne 1985, cat. IV/13, ill. p. 174 ; Lausanne 1994, cat. 55, ill. p. 93 ; Zurich 1999, p. 34 ; Lausanne 2003-04, cat. 7 ; Lausanne 2006, cat. 268, ill. 198 p. 240 ; Wuppertal 2007-08, p. 56, ill. p. 58 ; Lausanne 2009, p. 63, ill. p. 87 ; Berne 2013, cat. 217, ill. p. 315.
Biblio. : Taine 1874 (non paginé) ; Clément 1886, p. 355, 362-363, cat. 118 p. 431-432 ; Hauptman 1996 a, p. 307-311 ; Hauptman 1996 b, cat. 1023, p. 538 ; Lepdor 2006-07, p. 241-249 ; Kropmanns 2007-08, p. 56.
Cat. 112 p. 194

Le Ramesseum, Thèbes, 1840
Huile sur toile, 36 × 49 cm
Lausanne, Musée cantonal des beaux-arts, inv. 1334
Hist. : légué par l'artiste à Charles Clément, 1874 ; collection Charles Clément, Paris ; sa veuve ; achat du Musée cantonal des beaux-arts de Lausanne à Mme Charles Clément, 1908.
Exp. : Lausanne 1953 (pas de catalogue) ; Lausanne 1969 (pas de catalogue) ; Winterthur 1974-75, cat. 90, ill. 41 p. 56 ; Nyon 1985 (pas de catalogue) ; Genève 2003, ill. 11 p. 130 ; Lausanne 2006, cat. 88, ill. 52 p. 52 ; Bruxelles 2010-11, ill. 34.
Biblio. : Clément 1886, cat. 7, p. 391 ; Thévoz 1980, p. 85 ill. 10 ; Hauptman 1996 b, cat. 422 p. 224.
Cat. 40 p. 109

Le Retour de l'enfant prodigue, 1873
Huile sur toile, 196,4 × 146,6 cm
Lausanne, Musée cantonal des beaux-arts, dépôt de la fondation Gottfried Keller, inv. 1389
Hist. : commande de « M. Moser », peut-être Johann Heinrich Moser (1805-1874), son fils Heinrich (1844-1923), juillet 1873 (25 000 francs) ; collection Moser, villa Charlottenfels, Schaffhouse ; galerie Goupil & Cie, Paris, après 1880 ; acquis par Samuel Avery, 1882 (15 000 francs) ; collection Samuel Avery, New York ; achat à ce dernier par la fondation Gottfried Keller, Zurich, 1895 (15 000 francs) ; déposé au musée Arlaud (devenu Musée cantonal des beaux-arts) en août 1895.
Exp. : Lausanne 1874 (pas de catalogue) ; Zurich 1904 (pas de catalogue) ; Berne 1942, cat. 393 ; Winterthur 1974-75, cat. 84, ill. p. 103 ; New York 1980, cat. 106, ill. 70 ; Lucerne 1985, cat. IV/12, ill. p. 173 ; Lausanne 2006, cat. 258, ill. 192 p. 234.
Biblio. : Clément 1886, p. 353-360, cat. 112 p. 429-430 ; Hauptman 1980, p. 54-56, ill. p. 56 ; Hauptman 1996 a, p. 301-306 ; Hauptman 1996 b, cat. 989 p. 522 ; Thévoz 2006-07, p. 235-239.
Cat. 106 p. 189

Étude pour *Le Retour de l'Enfant prodigue* (drapé), 1872
Crayon et rehauts de gouache blanche sur papier, 45,6 × 28,4 cm
Lausanne, Musée cantonal des beaux-arts, inv. 1188
Hist. : légué par l'artiste à Charles Clément, 1874 ; don de Charles Clément en 1874.
Exp. : Winterthur 1974-75, cat. 86 ; Lausanne 2006, cat. 261, p. 278, ill. 195 p. 238.
Biblio. : Clément 1886, cat. 418 p. 493 ; Hauptman 1996 b, cat. 1002 p. 528.
Cat. 105 p. 188

Étude pour Le Retour de l'Enfant prodigue (l'enfant), 1869
Fusain et crayon noir sur papier, 43,4 × 25,3 cm
Lausanne, Musée cantonal des beaux-arts, inv. 1189
Hist. : légué par l'artiste à Charles Clément, 1874 ; collection Charles Clément, Paris ; sa veuve ; achat du Musée cantonal des beaux-arts de Lausanne à Mme Charles Clément, 1908.
Exp. : Winterthur 1974-75, cat. 87, ill. p. 105 ; Lausanne 2006, cat. 263, p. 278, ill. 197 p. 239.
Biblio. : Clément 1886, cat. 419 p. 493 ; Hauptman 1996 b, cat. 1007 p. 529.
Cat. 104 p. 188

Le Soir*, dit aussi *Les Illusions perdues, 1843
Huile sur toile, 157 × 238 cm
Paris, musée du Louvre, département des peintures, inv. 10039
Hist. : réputé acquis par Arsène Houssaye auprès de l'artiste, probablement avant ou au cours du Salon de 1843 (1 500 francs) ; à la demande de Gleyre, Houssaye se retire au profit de l'État ; achat par l'État le 25 juillet 1843 (3 000 francs) ; envoi au musée du Luxembourg, musée des Artistes vivants, Paris ; dépôt à la galerie du Corps législatif, Palais-Bourbon, Paris, 1865-1867 ; entrée au musée du Louvre en 1879.
Exp. : Paris 1843, cat. 512 ; Londres 1862, class 38, cat. 90 ; Paris 1866, cat. 15 ; Paris 1973 (pas de numéro) ; Paris 1974, cat. 106 ; Nantes 1995-96, cat. 105.
Biblio. : Houssaye 1843, p. 284-295 ; Delécluze 1843, non paginé ; Haussard 1843, non paginé ; Peisse 1843, p. 85-109 ; *L'Artiste* 1843, p. 325 ; *Beaux-Arts* 1843, p. 46-47 ; *Le Charivari* 1843, p. 1 ; *L'Illustration* 1843, p. 121 ; Mantz 1844, p. 238 ; Baudelaire 1845, p. 32 ; Mantz 1875, p. 237-238 ; Clément 1876, p. 340 ; Montégut 1878, p. 395-426 ; Clément 1886, p. 160-170, cat. 38 p. 398-399 ; Taine 1903, p. 239 ; Rosenthal 1914, p. 197-198 ; Vaudoyer 1922, non paginé ; Focillon 1927, p. 280 ; Boime 1971, p. 58 ; Koella 1974, p. 8-20 ; Hauptman 1978, p. 321-330 ; Thévoz 1980, p. 120 *sqq* ; Hauptman 1996 a, ill. 94 p. 132-138 ; Hauptman 1996 b, cat. 465 p. 244-245 ; Gamboni 2006-07, p. 119-135, ill. 101 p. 118.
Cat. 61 p. 134-135

Étude pour *Le Soir* (vieillard), 1843
Fusain et crayon noir sur papier chiné, 58,7 × 46,5 cm
Lausanne, Musée cantonal des beaux-arts, inv. 1084
Hist. : légué par l'artiste à Charles Clément, 1874 ; collection Charles Clément, Paris ; sa veuve ; achat du Musée cantonal des beaux-arts de Lausanne à Mme Charles Clément, 1908.
Exp. : New York 1980, cat. 70, ill. 101 p. 142 ; Lausanne 2006, cat. 105, ill. 106 p. 127.
Biblio. : Clément 1886, cat. 232 p. 462 ; Ackerman 1975, p. 164 ; Hauptman 1996 b, cat. 469 p. 247.
Cat. 116 p. 23

Le Temple de Denderah, 1835
Crayon et lavis brun sur papier, 24,5 × 33,6 cm
Lausanne, Musée cantonal des beaux-arts, inv. 1283
Hist. : légué par l'artiste à Charles Clément, 1874 ; collection Charles Clément, Paris ; sa veuve ; achat du Musée cantonal des beaux-arts de Lausanne à Mme Charles Clément, 1908.
Exp. : Winterthur 1974-75, cat. 154, ill. 47 p. 61 ; Nyon 1985 (pas de catalogue) ; Lausanne 2006, cat. 44, ill. 81 p. 93.
Biblio. : Clément 1886, cat. 589 p. 525 ; Hauptman 1996 b, cat. 247 p. 119.
Cat. 26 p. 98

Les Baigneuses, vers 1860
Huile sur toile, 37 × 29 cm (tondo)
Lausanne, Musée cantonal des beaux-arts, inv. 1328
Hist. : légué par l'artiste à Charles Clément, 1874 ; collection Charles Clément, Paris ; sa veuve ; achat du Musée cantonal des beaux-arts de Lausanne à Mme Charles Clément, 1908.
Exp. : Lausanne 1953 (pas de catalogue) ; Winterthur 1974-75, cat. 64, ill. 100 p. 116 ; Lausanne 2002-03, cat. 48, ill. 15 ; Lausanne 2006, cat. 187, ill. 161 p. 198 ; Wuppertal 2007-08, p. 56, ill. p. 59.
Biblio. : Clément 1886, p. 316, cat. 96 p. 422-423 ; Montpellier 1992, ill. 10 p. 35 ; Hauptman 1996 b, cat. 768, p. 419 ; Nochlin 2006-07, p. 199-201 ; Kropmanns 2007-08, p. 56.
Cat. 109 p. 192

Les Brigands romains, 1831
Huile sur toile, H.100 × 126 cm
Paris, musée du Louvre, département des peintures, RF 1977-7
Hist. : confié par l'artiste à son frère Henry, Lyon, entre 1831 et 1838 ; repris en 1838 par l'artiste qui le donne à Charles-François Gaugiran-Nanteuil, son ami ; collection Gaugiran-Nanteuil, Paris ; collection Langautier, Toulouse ; galerie Antoine Watteau, Paris ; collection Noah et Muriel Butkin, Cleveland, 1976 ; Noah L. Butkin Foundation ; don de la Noah L. Butkin Foundation au musée du Louvre sous réserve d'usufruit, 1977 ; dépôt au Cleveland Museum of Arts de 1977 à 2008 ; entré au musée du Louvre à l'extinction de l'usufruit, 2008.
Exp. : Paris 2010, cat. 77 p. 394, ill. 94 p. 130 ; Ajaccio 2013, cat. 6.10 p. 179-181.
Biblio. : Clément, 1886, p. 59-61, 131, cat. 4 p. 390 ; Thévoz 1980, p. 57 ; Hauptman 1981, p. 17 *sqq* ; Hauptman, 1996 a, p. 74-76 ; Hauptman 1996 b, cat. 52 p. 27 ; Shaw Cable 1999, p. 15-28 ; Shaw Cable 2006-07, p. 85-90 ; Foucart-Walter 2013, p. 196 ; Pomarède 2013, ill. 205.
Cat. 9 p. 82-83

Étude pour *Les Brigands romains* (tête de brigand), 1831
Crayon sur papier, 16,9 × 14,2 cm
Lausanne, Musée cantonal des beaux-arts, inv. 1073
Hist. : légué par l'artiste à Charles Clément, 1874 ; collection Charles Clément, Paris ; sa veuve ; achat du Musée cantonal des beaux-arts de Lausanne à Mme Charles Clément, 1908.
Exp. : New York 1980, cat. 3, ill. 9 p. 18 ; Lausanne 1986-87 (pas de catalogue).
Biblio. : Clément 1886, cat. 215, p. 458 ; Hauptman 1981, p. 26, ill. 15 ; Hauptman 1996 b, cat. 53 p. 27 ; Lausanne 2006, ill. 76 p. 87.
Cat. 5 p. 80

Les Éléphants, 1856 (?)
Huile sur papier marouflé sur toile, 30 × 50,5 cm
Lausanne, Musée cantonal des beaux-arts, inv. 1322
Hist. : légué par l'artiste à Charles Clément, 1874 ; collection Charles Clément, Paris ; sa veuve ; achat du Musée cantonal des beaux-arts de Lausanne à Mme Charles Clément, 1908.
Exp. : Lausanne 1969 (pas de catalogue) ; Winterthur 1974-75, cat. 23, ill. 130 p. 151 ; New York 1980, cat. 80 ; Lucerne 1985, cat. IV/9, ill. p. 172 ; Bâle 1988-89 (pas de catalogue) ; Lausanne

2006, cat. 159, ill. 156 p. 190 ; Lausanne 2009, p. 62, ill. p. 69 ; Lausanne 2010-11 (pas de catalogue) ; Berne 2013, cat. 71, ill. p. 146.
Biblio. : Clément 1886, p. 234-235, cat. 62 p. 409 ; Hauptman 1996 b, cat. 675 p. 376 ; Chaperon 2006-07, p. 191-197.
Cat. 88 p. 166

Les Romains passant sous le joug, dit aussi ***La Bataille du Léman***, 1858
Huile sur toile, 240 × 192 cm
Lausanne, Musée cantonal des beaux-arts, inv. 1392
Hist. : commandé par le Conseil du canton de Vaud en 1850 (3 000 francs) ; achevé et livré au musée Arlaud (plus tard Musée cantonal) en 1858.
Exp. : Lausanne 1858 (pas de catalogue) ; Lausanne 1862, cat. 53 ; Winterthur 1974-75, cat. 29 ; New York 1980, cat. 83 ; Zurich 1988, cat. 36 ; Lausanne 2006, cat. 161, ill. 54 p. 55.
Biblio. : *Le Démocrate* 1858, p. 3 ; Du Pays 1858, p. 241-242 ; Gautier 1858, p. 19 ; Houssaye 1858, p. 31-32 ; Mantz 1875, p. 405-406 ; Montégut 1878, p. 420 ; Clément 1886, p. 264-76, cat. 77 p. 414 ; Hauptman 1980, p. 37-43 ; Thévoz 1980, p. 69 *sqq* ; Hauptman 1991 a, p. 618-19 ; Hauptman 1991 b, p. 29-36 ; Paschoud 1995, p. 49-62 ; Hauptman 1996 a, p. 215-240 ; Hauptman 1996 b, cat. 680 p. 380 ; Zutter, Lepdor et Schaefer 1998, p. 30-31 ; Favrod et Morerod 2003, p. 91-93 ; Paschoud 2007, p. 112-117 ; Alamir 2006-07, p. 55-81.
Cat. 80 p. 153

——

Esquisse pour *Les Romains passant sous le joug*, 1856-1858
Huile sur toile, 46 × 37,5 cm
Lausanne, Musée cantonal des beaux-arts, inv. 1339
Hist. : légué par l'artiste à Charles Clément, 1874 ; collection Charles Clément, Paris ; sa veuve ; achat du Musée cantonal des beaux-arts de Lausanne à Mme Charles Clément, 1908.
Exp. : Lausanne 1953 (pas de catalogue) ; Schaffhouse 1957, cat. 103 ; Paris 1967, cat. 678, p. 172 ; Winterthur 1974-75, cat. 30, ill. p. 89 ; Lausanne 1994, cat. 30, ill. p. 59 ; Lausanne 2006, cat. 162, ill. 68 p. 75 ; Wuppertal 2009-10, p. 138.
Biblio. : Clément 1886, p. 272, cat. 78 p. 415 ; Hauptman 1996 a, ill. 171 p. 225 ; Hauptman 1996 b, cat. 681, p. 382 ; Alamir 2006-07, p. 55-81.
Cat. 77 p. 151

——

Étude pour *Les Romains passant sous le joug* (Divico), 1854-1858
Crayon sur papier, 31,5 × 21,5 cm
Lausanne, Musée cantonal des beaux-arts, inv. 1120
Hist. : légué par l'artiste à Charles Clément, 1874 ; collection Charles Clément, Paris ; sa veuve ; achat du Musée cantonal des beaux-arts de Lausanne à Mme Charles Clément, 1908.
Exp. : Winterthur 1974-75, cat. 34, ill. 68 p. 90 ; Zurich 1988, cat. 223 ; Lausanne 1995 a (pas de numéro) ; Lausanne 2006, cat. 164, ill. 72 p. 79.
Biblio. : Clément 1886, cat. 298 p. 473 ; Hauptman 1996 b, cat. 685 p. 384.
Cat. 73 p. 149

——

Étude pour *Les Romains passant sous le joug* (enfant penché), 1854-1858
Crayon sur papier, 22,4 × 20,1 cm
Lausanne, Musée cantonal des beaux-arts, inv. 1131
Hist. : légué par l'artiste à Charles Clément, 1874 ; collection Charles Clément, Paris ; sa veuve ; achat du Musée cantonal des beaux-arts de Lausanne à Mme Charles Clément, 1908.
Exp. : Winterthur 1974-75, cat. 44, ill. 75 p. 91 ; Lausanne 2006, cat. 174, ill. 64 p. 67.
Biblio. : Clément 1886, cat. 315 p. 476 ; Ackerman 1975, p. 168 ; Hauptman 1996 b, cat. 710 p. 391.
Cat. 75 p. 150

——

Étude pour *Les Romains passant sous le joug* (femme helvète aux bras levés), 1854-1858
Crayon sur papier, 29,7 × 22,2 cm
Lausanne, Musée cantonal des beaux-arts, inv. 1127
Hist. : légué par l'artiste à Charles Clément ; collection Charles Clément, Paris ; sa veuve ; achat du Musée cantonal des beaux-arts de Lausanne à Mme Charles Clément, 1908.
Exp. : Winterthur 1974-75, cat. 40, ill. 71 p. 91 ; New York 1980, cat. 85, ill. 40 p. 39 ; Lausanne 1994, cat. 33, ill. p. 62 ; Lausanne 1995 a (pas de numéro) ; Lausanne 2006, cat. 171, p. 274, ill. 63 p. 65.
Biblio. : Clément 1886, cat. 310, p. 475 ; Hauptman 1996 b, cat. 705 p. 389.
Cat. 71 p. 148

Étude pour *Les Romains passant sous le joug* (femme helvète bras tendus vers le bas), 1854-1858
Crayon sur papier, 31,4 × 19 cm
Lausanne, Musée cantonal des beaux-arts, inv. 1128
Hist. : légué par l'artiste à Charles Clément, 1874 ; collection Charles Clément, Paris ; sa veuve ; achat du Musée cantonal des beaux-arts de Lausanne à Mme Charles Clément, 1908.
Exp. : Winterthur 1974-75, cat. 41, ill. 70 p. 91 ; New York 1980, cat. 86 ; Nyon 1985 (pas de catalogue) ; Lausanne 1995 a (pas de numéro) ; Lausanne 2006, cat. 172.
Biblio. : Clément 1886, cat. 311 p. 475 ; Hauptman 1996 b, cat. 706 p. 390.
Cat. 74 p. 149

——

Étude pour *Les Romains passant sous le joug* (femme helvète de dos), 1854-1858
Crayon sur papier, 30,4 × 21,8 cm
Lausanne, Musée cantonal des beaux-arts, inv. 1129
Hist. : légué par l'artiste à Charles Clément, 1874 ; collection Charles Clément, Paris ; sa veuve ; achat du Musée cantonal des beaux-arts de Lausanne à Mme Charles Clément, 1908.
Exp. : Winterthur 1974-75, cat. 42, ill. 72 p. 91 ; New York 1980, cat. 87 ; Lausanne 2006, cat. 173.
Biblio. : Clément 1886, cat. 312 p. 475 ; Hauptman 1996 b, cat. 707 p. 390.
Cat. 72 p. 148

——

Étude pour *Les Romains passant sous le joug* (prisonnier courbé), 1854-1858
Crayon sur papier, 28,3 × 18,5 cm
Lausanne, Musée cantonal des beaux-arts, inv. 1121
Hist. : légué par l'artiste à Charles Clément, 1874 ; collection Charles Clément, Paris ; sa veuve ; achat du Musée cantonal des beaux-arts de Lausanne à Mme Charles Clément, 1908.
Exp. : Winterthur 1974-75, cat. 35, ill. 64 p. 90 ; Zurich 1988, cat. 224 ; Lausanne 1995 a (pas de numéro) ; Lausanne 2006, cat. 165, ill. 61 p. 63.
Biblio. : Clément 1886, cat. 299 p. 473 ; Hauptman 1996 b, cat. 688 p. 385.
Cat. 78 p. 152

Étude pour *Les Romains passant sous le joug* (tête coupée sur une pique), 1854-1858
Crayon sur papier, 29,9 × 19,2 cm
Lausanne, Musée cantonal des beaux-arts, inv. 1139
Hist. : légué par l'artiste à Charles Clément, 1874 ; collection Charles Clément, Paris ; sa veuve ; achat du Musée cantonal des beaux-arts de Lausanne à Mme Charles Clément, 1908.
Exp. : Winterthur 1974-75, cat. 49, ill. 78 p. 94 ; Zurich 1988, cat. 220 ; Lausanne 1995 a (pas de numéro) ; Lausanne 2006, cat. 178.
Biblio. : Clément 1886, cat. 328 p. 478 ; Hauptman 1996 b, cat. 729 p. 395.
Cat. 76 p. 150

——

Étude pour *Les Romains passant sous le joug* (tête d'homme regardant de côté), 1854-1858
Crayon sur papier, 15,5 × 11,7 cm
Lausanne, Musée cantonal des beaux-arts, inv. 1140
Hist. : légué par l'artiste à Charles Clément, 1874 ; collection Charles Clément, Paris ; sa veuve ; achat du Musée cantonal des beaux-arts de Lausanne à Mme Charles Clément, 1908.
Exp. : Winterthur 1974-75, cat. 50, ill. 79 p. 94 ; New York 1980, cat. 89.
Biblio. : Clément 1886, cat. 329 p. 478 ; Hauptman 1996 b, cat. 730 p. 395.
Cat. 79 p. 152

Manfred invoquant l'esprit des Alpes, vers 1826-1830
Huile sur toile, 21,5 × 23,5 cm
Zurich, Musée national suisse, inv. LM 77955
Hist. : donné ou vendu par l'artiste à Mme Lacroix, mère d'Hortense Cornu ; donné par Mme Lacroix à son fils Eugène Lacroix ; la veuve de ce dernier ; probablement vendu par la veuve Lacroix au marchand d'art Wenger, Lausanne ; vendu par Wenger à Guillaume-Édouard Fatio, Genève ; légué à son fils Paul-Albert Fatio, 1902 ; hérité par le neveu de ce dernier, André Fatio ; collection Olivier Fatio, fils du précédent, Céligny (Suisse) à partir de 1986-1987 ; don d'Olivier Fatio au Musée national suisse, 1998.
Exp. : Lausanne 1876 (pas de catalogue).
Biblio. : Clément 1886, cat. 2 p. 389 ; Hauptman 1996 b, cat. 47 p. 24.
Cat. 7 p. 81

Minerve et les trois Grâces, 1866
Huile sur toile, 226 × 139 cm
Lausanne, Musée cantonal des beaux-arts, inv. 1388
Hist. : commande de Vincent Dubochet, probablement en 1864, pour le décor du salon du château des Crêtes, Clarens (Suisse) ; achevé en mai 1866 et installé à Clarens mi-septembre 1866 ; légué par Vincent Dubochet à son gendre, Joseph Arnaud de l'Ariège ; acquis par le Musée cantonal des beaux-arts de Lausanne auprès de ce dernier (40 000 francs) avec la participation de Marius Chessex, de la Société vaudoise des beaux-arts et d'une souscription publique, 1907.
Exp. : Genève 1866 (pas de catalogue) ; Lausanne 1874 (pas de catalogue) ; Winterthur 1974-75, cat. 74 ; New York 1980, cat. 102 ; Lausanne 1994, cat. 43, ill. p. 75 ; Lausanne 1996 (pas de catalogue) ; Lausanne 2006, cat. 228, ill. 177 p. 216 ; Lausanne 2011-12 (pas de catalogue).
Biblio. : Clément 1876, p. 538 ; Clément 1886, p. 331-363, cat. 101 p. 424-425 ; Harding 1980, ill. p. 43 ; Thévoz 1980, p. 104-105 ; Hauptman 1996 a, p. 275-278 ; Hauptman 1996 b, cat. 872 p. 468 ; Junod 2006-07, p. 217-221.
Cat. 91 p. 173

Néron et Agrippine, 1838-1839
Huile sur toile, 22 × 17 cm
Lausanne, Musée cantonal des beaux-arts, inv. 1379
Hist. : légué par l'artiste à Charles Clément, 1874 ; collection Charles Clément, Paris ; sa veuve ; achat du Musée cantonal des beaux-arts de Lausanne à Mme Charles Clément, 1908.
Exp. : Winterthur 1974-75, cat. 98, ill. 113 p. 127 ; New York 1980, cat. 66, ill. 15 p. 21 ; Lausanne 2006, cat. 84, ill. 80 p. 92.

Biblio. : Clément 1886, cat. 26 p. 394-395 ; Hauptman 1981, ill. 24 p. 31 ; Hauptman 1996 a, p. 112 ; Hauptman 1996 b, cat. 404 p. 218-219.
Cat. 45 p. 113

Officier du consulat néerlandais, Smyrne, 1834
Aquarelle et crayon sur papier, 25,4 × 33,6 cm
Boston, the Lowell Institute, courtesy of the Museum of Fine Arts, inv. 105.49
Hist. : collection John Lowell Jr. ; Lowell Institute, Boston ; dépôt au Museum of Fine Arts de Boston depuis 1949.
Exp. : New York 1980, cat. 25, pl. I, ill. p. 73 ; Neuchâtel 2012-13, p. 182-183.
Biblio. : Weinberg 1991, p. 55 ; Hauptman 1996 b, cat. 164 p. 95.
Cat. 19 p. 93

Paysage antédiluvien, 1856 (?)
Fusain sur toile préparée, 32,1 × 50,8 cm
Lausanne, Musée cantonal des beaux-arts, inv. 1043
Hist. : légué par l'artiste à Charles Clément, 1874 ; collection Charles Clément, Paris ; sa veuve ; achat du Musée cantonal des beaux-arts de Lausanne à Mme Charles Clément, 1908.
Exp. : Lausanne 2006, cat. 160, ill. 157 p. 192.
Biblio. : Clément 1886, ill. 178 p. 448 ; Hauptman 1996 b, cat. 676 p. 376 ; Chaperon 2006-07, p. 191-197.
Cat. 85 p. 164

Paysage avec cratère (Etna ?), 1840
Huile sur toile, 35,5 × 27 cm
Lausanne, Musée cantonal des beaux-arts, inv. 1348
Hist. : légué par l'artiste à Charles Clément, 1874 ; collection Charles Clément, Paris ; sa veuve ; achat du Musée cantonal des beaux-arts de Lausanne à Mme Charles Clément, 1908.
Exp. : Lausanne 1969 (pas de catalogue) ; Lausanne 2010-11 (pas de catalogue).
Biblio. : Clément 1886, p. 322, cat. 27 p. 395 ; Hauptman 1996 b, cat. 429 p. 227.
Cat. 81 p. 159

Paysage d'Égypte, vers 1862
Huile sur toile, 33 × 60 cm
Lausanne, Musée cantonal des beaux-arts, inv. 1358
Hist. : légué par l'artiste à Charles Clément, 1874 ; collection Charles Clément, Paris ; sa veuve ; achat du Musée cantonal des beaux-arts de Lausanne à Mme Charles Clément, 1908.
Exp. : Lausanne 1969 (pas de catalogue) ; Winterthur 1974-75, cat. 102, ill. 66 p. 78 ; Lausanne 2006, cat. 199, p. 275 ; Wuppertal 2007-08, p. 56, ill. p. 57.

Biblio. : Clément 1886, p. 323-324, cat. 66 p. 410 ; Hauptman 1996 b, cat. 806 p. 433 ;
Kropmanns 2007-08, p. 56.
Cat. 83 p. 161

Penthée poursuivi par les Ménades, 1864
Huile sur toile, 121,1 × 200,7 cm
Bâle, Kunstmuseum, acquisition grâce au fonds Birmann, 1865, inv. 249
Hist. : commandé par le Kunstmuseum de Bâle sur le fonds de la donation Birmann (10 000 francs) 1859 ; achevé et livré en 1864.
Exp. : Lausanne 1874 (pas de catalogue) ; Paris 1924, cat. 48 ; Winterthur 1974-75, cat. 57, p. 160, ill. 92 p. 183 ; New York 1980, p. 11-71, p. 49-53, ill. 64 ; Bâle 1997, p. 79, ill. 37 p. 134 ; Lausanne 2006, cat. 218, ill. 21 p. 20-21.
Biblio. : Mantz 1875, p. 410-411 ; Montégut 1878, p. 417 ; Clément 1886, p. 298-299, cat. 90 p. 420 ; Lugeon 1939, p. 22-23, ill. p. 24 ; Hamdorf 1986, p. 48, 134, ill. 109 ; Hauptman 1996 a, p. 264-268 ; Hauptman 1996 b, cat. 850 p. 457.
Cat. 90 p. 168-169

——

Esquisse pour *Penthée poursuivi par les Ménades*, 1859-1864
Huile sur toile, 27 × 40 cm
Lausanne, Musée cantonal des beaux-arts, inv. 1324
Hist. : légué par l'artiste à Charles Clément, 1874 ; collection Charles Clément, Paris ; sa veuve ; achat du Musée cantonal des beaux-arts de Lausanne à Mme Charles Clément, 1908.
Exp. : Winterthur 1974-75, cat. 57, ill. 92 p. 183 ; Rome 1996, cat. 18, ill. p. 232 ; Lausanne 2006, cat. 219.
Biblio. : Clément 1886, p. 299, cat. 92 p. 421 ; Hauptman 1996 b, cat. 853 p. 459.
Cat. 89 p. 167

——

Étude pour *Penthée poursuivi par les Ménades* (bras au tambourin), 1859-1864
Crayon noir sur papier, 31,4 × 18,4 cm
Lausanne, Musée cantonal des beaux-arts, inv. 1168
Hist. : légué par l'artiste à Charles Clément, 1874 ; collection Charles Clément, Paris ; sa veuve ; achat du Musée cantonal des beaux-arts de Lausanne à Mme Charles Clément, 1908.
Exp. : Lausanne 2006, cat. 222.
Biblio. : Clément 1886, cat. 379 p. 487 ; Hauptman 1996 b, cat. 862 p. 461.
Cat. 94 p. 175

Portrait de John Lowell Jr., 1835
Crayon et aquarelle sur papier, 43,2 × 27,9 cm
Boston, the Lowell Institute, courtesy of the Museum of Fine Arts, inv. 8.65
Hist. : collection de M. et Mme Ralph Lowell ; dépôt au Museum of Fine Arts de Boston depuis 1965.
Exp. : Lausanne 2006, cat. 74 p. 269.
Biblio. : Hauptman 1996 b, cat. 367 p. 183.
Cat. 13 p. 89

Portrait de Léon Vaudoyer, 1832
Crayon, aquarelle et gouache sur papier, 55 × 48 cm
Brie-Comte-Robert, famille Vaudoyer
Hist. : probablement commandé à l'artiste par Léon Vaudoyer à Rome ; ses descendants.
Exp. : Paris 1923, cat. 212 ; Paris 1991-92, cat. 5.
Biblio. : Hauptman 1996 b, ill. 51 p. 26.
Cat. 12 p. 85

Portrait de Sébastien Cornu, vers 1838
Crayon sur papier, H : 26,5 × 19,5 cm
Collection particulière
Hist. : vente Tajan, Paris, 18 novembre 2011 (n° 110) ; acquis à cette vente par l'actuel propriétaire.
Cat. 2 p. 78

Portrait du père Enfantin, 1835
Crayon sur papier, 33,8 × 21,9 cm
Boston, the Lowell Institute, courtesy of the Museum of Fine Arts, inv. 70.49
Hist. : collection John Lowell Jr. ; Lowell Institute, Boston ; dépôt au Museum of Fine Arts de Boston depuis 1949.
Exp. : New York 1980, cat. 39.
Biblio. : Clément 1886, p. 91-92 ; Hauptman 1996 b, cat. 244 p. 117.
Cat. 34 p. 103

Prêtre arménien, Smyrne, 1834
Aquarelle et crayon sur papier, 32,2 × 23,7 cm
Boston, the Lowell Institute, courtesy of the Museum of Fine Arts, inv. 129.49
Hist. : collection John Lowell Jr. ; Lowell Institute, Boston ; dépôt au Museum of Fine Arts de Boston depuis 1949.
Exp. : New York 1980, cat. 21.
Biblio. : Hauptman 1996 b, cat. 186 p. 102.
Cat. 21 p. 93

Raphaël quittant la maison paternelle, 1830-1834
Huile sur toile, 35,5 × 27,5 cm
Collection particulière
Hist. : donné ou vendu par l'artiste à Mme Lacroix, mère d'Hortense Cornu ; donné par Mme Lacroix à son fils Eugène Lacroix ; la veuve de ce dernier ; probablement vendu par la veuve Lacroix au marchand d'art Wenger, Lausanne, 1876 ; vendu par ce dernier à Émile David ; ses descendants ; collection particulière.
Exp. : Lausanne 1876 (pas de catalogue) ; Lausanne 2006, cat. 4, p. 266, ill. p. 236.
Biblio. : Clément 1886, p. 61, cat. 3 p. 389-390 ; Hauptman 1996 a, p. 70, 72 ; Hauptman 1996 b, cat. 48 p. 25.
Cat. 103 p. 187

Sapho, dit aussi ***Jeune fille dans un intérieur pompéien***, 1867
Huile sur toile, 108 × 72 cm
Lausanne, Musée cantonal des beaux-arts, dépôt de la fondation Gottfried Keller, inv. 1332
Hist. : acheté auprès de l'artiste par Gervais Charpentier, éditeur, Paris, 1867 (8 000 francs) ; son fils ; galerie Goupil et Cie, Paris ; vendu par Goupil au marchand d'art Rodolphe Lang, Bâle, avant mai 1874 ; vendu par ce dernier à Adrien Mercier, industriel, fin mai 1874 ; collection Adrien Mercier, Lausanne ; vendu par ce dernier à la fondation Gottfried Keller, avril 1909 (40 000 francs), dépôt permanent au Musée cantonal des beaux-arts, 1909.
Exp. : Lausanne 1874 (pas de catalogue) ; Paris 1924, cat. 270 ; Berne 1942, cat. 394 ; Lausanne 1953 (pas de catalogue) ; Winterthur 1974-75, cat. 78 ; New York 1980, cat. 103 ; Atlanta 1988, cat. 26 ; Lausanne 2006, cat. 235, ill. 182 p. 222 ; Cologne 2008, cat. 171 p. 164 ; Vienne 2009-10, cat. 171, p. 164 ; Lausanne 2011 (pas de catalogue) ; Zug 2013 (pas de catalogue).
Biblio. : Mantz 1875, p. 412 ; Clément 1886, p. 340-354, cat. 107 p. 427-428 ; Berger 1970, p. 17 ; Thévoz 1980, p. 105 ; Hauptman 1996 a, p. 280-283 ; Hauptman 1996 b, cat. 908 p. 480 ; Zutter, Lepdor et Schaefer 1998, p. 31 ; Ducrey 2006-07, p. 223-227.
Cat. 101 p. 183

Scène de pillage et de viol, 1835
Crayon sur papier, 19,9 × 32,2 cm
Lausanne, Musée cantonal des beaux-arts, inv. 1326
Hist. : légué par l'artiste à Charles Clément, 1874 ; collection Charles Clément, Paris ; sa veuve ; achat du Musée cantonal des beaux-arts de Lausanne à Mme Charles Clément, 1908.
Exp. : Winterthur 1974-75, cat. 161, ill. 23 p. 37 ; Lausanne 2006, cat. 77 p. 269.
Biblio. : Clément 1886, cat. 642 p. 534 ; Thévoz 1980, ill. 5 p. 57-58 ; Hauptman 1996 b, cat. 387 p. 189.
Cat. 44 p. 112

Souvenir de Smyrne, 1854-1856
Huile sur toile, 38,5 × 46 cm
Lausanne, Musée cantonal des beaux-arts, inv. 1344
Hist. : légué par l'artiste à Charles Clément, 1874 ; collection Charles Clément, Paris ; sa veuve ; achat du

Musée cantonal des beaux-arts de Lausanne à Mme Charles Clément, 1908.
Exp. : Paris 1924, cat. 49 ; Lausanne 1969 (pas de catalogue) ; Winterthur 1974-75, cat. 101, ill. 65 p. 177 ; Soleure 2001-02, ill. p. 68 ; Lausanne 2006, cat. 155, ill. 12 p. 14.
Biblio. : Clément 1886, cat. 65 p. 409-410 ; Hauptman 1996 b, cat. 664 p. 371.
Cat. 82 p. 160

Temple d'Abou Simbel, 1835
Crayon noir sur papier, 28 × 38,1 cm
Boston, the Lowell Institute, courtesy of the Museum of Fine Arts, inv. 173.49
Hist. : collection John Lowell Jr. ; Lowell Institute, Boston ; dépôt au Museum of Fine Arts de Boston depuis 1949.
Exp. : Lausanne 2006, cat. 55.
Biblio. : Hauptman 1996 a, p. 96 ; Hauptman 1996 b, cat. 291 p. 159.
Cat. 29 p. 100

Tête d'Égyptien, 1835 (?)
Huile et crayon sur papier, 27,7 × 21,6 cm
Lausanne, Musée cantonal des beaux-arts, inv. 1018
Hist. : légué par l'artiste à Charles Clément, 1874 ; collection Charles Clément, Paris ; sa veuve ; achat du Musée cantonal des beaux-arts de Lausanne à Mme Charles Clément, 1908.
Exp. : Winterthur 1974-75, cat. 93, ill. 11 p. 168 ; New York 1980, cat. 61 ; Nyon 1985 (pas de catalogue) ; Lausanne 1986-87 (pas de catalogue) ; Lausanne 2006, cat. 61, ill. 49 p. 50 ; Lausanne 2015 b (pas de catalogue).
Biblio. : Clément 1886, cat. 11 p. 391 ; Thévoz 1980, ill. 8 p. 83 ; Hauptman 1996 b, cat. 344 p. 177.
Cat. 38 p. 104

Vénus Pandemos, 1852-1853
Huile sur toile, 46 × 46 cm
Monaco, collection particulière, courtesy of Eckart Lingenauber
Hist. : probablement acheté auprès de l'artiste par Camille Duplan, 1854 ; collection Camille Duplan jusqu'en 1876 ; acquis par Louis de Clerq, Paris, 1876 ; collection de ce dernier jusqu'en 1885 au moins ; vente Bolland & Marotz, Brême, 28 juin 2003, n° 652 ; acquis à cette vente par l'actuel propriétaire.
Exp. : Genève 1854 (pas de catalogue) ; Paris 1885 b, cat. 230 ; Bruxelles 2003-04, cat. 320.
Biblio. : Mantz 1875, p. 406, 409 ; Montégut 1878, p. 416 ; Bertoud 1880, p. 8 ; Clément 1886, p. 259-261, cat. 70 p. 411 ; Hauptman 1980, p. 43 ; Hauptman 1996 a, ill. 251 p. 199-200 ; Hauptman 1996 b, cat. 571 p. 338.
Cat. 117 p. 62

Vue d'Athènes, 1834
Aquarelle et crayon sur papier, 23,6 × 37,1 cm
Boston, the Lowell Institute, courtesy of the Museum of Fine Arts, inv. 131.49
Hist. : collection John Lowell Jr. ; Lowell Institute, Boston ; dépôt au Museum of Fine Arts de Boston depuis 1949.
Biblio. : Hauptman 1996 b, cat. 122 p. 85.
Cat. 16 p. 91

Vue du port de La Valette, Malte, 1834
Aquarelle et crayon sur papier, 25 × 36,5 cm
Boston, the Lowell Institute, courtesy of the Museum of Fine Arts, inv. 132.49
Hist. : collection John Lowell Jr. ; Lowell Institute, Boston ; dépôt au Museum of Fine Arts de Boston depuis 1949.
Exp. : New York 1980, cat. 10 ; Lausanne 2006, cat. 11, ill. 33 p. 34.
Biblio. : Hauptman 1996 b, cat. 98 p. 79.
Cat. 14 p. 90

Zeibeck (soldat irrégulier turc), Smyrne, 1834
Aquarelle et crayon sur papier, 32,1 × 23,6 cm
Boston, the Lowell Institute, courtesy of the Museum of Fine Arts, inv. 124.49
Hist. : collection John Lowell Jr. ; Lowell Institute, Boston ; dépôt au Museum of Fine Arts de Boston depuis 1949.
Biblio. : Hauptman 1996 b, cat. 176 p. 99.
Cat. 20 p. 93

Boulanger, Gustave
(1824-1888)
Ulysse reconnu par Euryclée, 1849
Huile sur toile, 147 × 114 cm
Paris, École nationale supérieure des Beaux-Arts, inv. PRP 94.
Hist. : tableau lauréat du concours du prix de Rome en 1849 ; entré dans la collection de l'École nationale supérieure des Beaux-Arts de Paris la même année.
Exp. : Rome 1904 (pas de catalogue) ; Tokyo 1989 (pas de catalogue) ; Paris 1995-96, cat. 20 p. 339-340 ; Paris 2004, cat. 26 ; Nantes 2013-14, p. 156-157.
Biblio. : *L'Illustration* 1849 ; *L'Artiste* 1849 ; Delécluze 1849 b ; Grunchec 1986, ill. 112 p. 263-264 ; Boyer 1996, p. 64-65 ; Jagot 2007, p. 74.
Cat. 97 p. 180

Collectif
Quarante-Trois Portraits de peintres de l'atelier Gleyre, 1856-1868
Huile sur toile, 114 × 146 cm
Paris, Petit Palais, musée des Beaux-Arts de la Ville de Paris, inv. 899
Hist. : achat auprès du peintre Paul-Albert Baudouin, 1931.
Exp. : Paris 1953, cat. 34 (non paginé) ; Ottawa 1997, cat. 1 p. 88-91, ill. p. 89, détail p. 90 ; Milan 2002, ill. p. 43 ; Budapest 2003, cat. 2 p. 106, ill. p. 107 ; New York 2004, ill. 8 p. 16.
Biblio. : Hauptman 1985, p. 79-119 ; Hauptman 1996 a, p. 340-350, ill. 262 ; Gaussen 2006, p. 52.
Cat. 121 p. 220

Cornu, Sébastien (1804-1870)
Portrait de Charles Gleyre, 1826-1827
Huile sur toile, 41 × 33 cm
Lausanne, Musée cantonal des beaux-arts, inv. 1371
Hist. : collection de Mathilde Gleyre, nièce de l'artiste ; don de cette dernière au Musée cantonal des beaux-arts de Lausanne, 1916
Exp. : Lausanne 2000-01, cat. 23 ; Lausanne 2006, cat. 279, ill. 3 p. 8.
Biblio. : Hauptman 1996 a, p. 40, ill. 16 p. 41.
Cat. 3 p. 78

Gérôme, Jean-Léon
(1824-1904)
Le Prisonnier, 1861
Huile sur bois, 45 × 78 cm
Nantes, musée des Beaux-Arts, inv. 990
Hist. : galerie Léon Goupil, Paris ; achat du musée des Beaux-Arts de Nantes à la galerie Goupil, 1861 (10 000 francs).
Exp. : Paris 1863, cat. 770 p. 96 ; Paris 1867 groupe I, France, classes 1 et 2, cat. 296 p. 25 ; Paris 1973 (pas de numéro) ; Marseille 1975, cat. 87 ; Vesoul 1981, cat. 131 ; Paris 1997, cat. 151 p. 95 ; Bordeaux 2000, p. 19, 25, 59, 115-117, 153, 165 ; Amsterdam 2003, cat. 66 p. 267 ; Athènes 2006-07, cat. 23 p. 229 ; Paris 2010-11, cat. 127, ill. p. 228-229 ; Nantes 2013-14, cat. 21 p. 196-197.
Biblio. : Ackerman 1986, ill. 134 p. 211 ; Lafont-Couturier 1998, p. 129 ; De Font-Réaulx 2010-11, p. 229-230 ; Sciama 2013, p. 78-88.
Cat. 119 p. 207

Henner, Jean-Jacques
(1829-1905)
Idylle, dit aussi ***La Fontaine***, vers 1872
Huile sur toile, 74 × 61,5 cm
Paris, musée d'Orsay, RF 95
Hist. : acquis par l'État à l'issue du Salon de 1872 ; musée du Luxembourg, Paris, 1874-1885 ; musée du Louvre, Paris, 1885-1889 ; dépôt au Musée national du château de Fontainebleau, 1889-1900 ; musée du Luxembourg, 1900-1923 ; musée du Louvre à partir de 1923 ; affecté au musée d'Orsay, Paris, 1981.
Exp. : Paris 1872, cat. 789 ; Vienne 1873, cat. 330 ; Paris 1900, cat. 358 ; Madrid 1918, cat. 97 (non paginé).
Biblio. : Bénédite 1912, ill. 260 p. 3, 40 ; Crespelle 1966, p. 107 ; Compin 1990, t. I, p. 229.
Non reproduit

Hersent, Louis (1777-1860)
Religieux de l'hospice du mont Saint-Gothard, 1824
Huile sur toile, 134 × 138 cm
Paris, musée du Louvre, département des peintures, inv. 5328
Hist. : commandé et acquis par Charles-Philippe de France, comte d'Artois, futur roi Charles X ; placé à une date indéterminée au musée du Luxembourg, Paris ; envoyé au château de Saint-Cloud, 1852 ; déposé à la mairie de Mortagne-au-Perche, 1876 ; fin de dépôt et entrée au musée du Louvre, 1993.
Exp. : Paris 1824, cat. 890 p. 98 ; Paris 1993-94, cat. 57, ill. p. 57 ; Paris 1995-96, cat. 113, ill. p. 400 ; Vienne 2011-12, cat. 120, ill. p. 304-305.
Biblio. : Landon 1824, ill. 890 p. 98 ; Thévoz 1980, p. 65 ; Shaw Cable 1999, ill. 7 p. 20, 21 ; Shaw Cable 2006-07, p. 86-88.
Cat. 6 p. 81

Picou, Henri Pierre
(1824-1895)
La Naissance de Pindare, 1848
Huile sur toile, 114 × 146,5 cm
Paris, musée d'Orsay, RF 2008-55
Hist. : collection de l'artiste jusqu'en 1888 ; collection Vauvercy, Paris ; vente, hôtel des ventes, Senlis, lot n° 88, 2008 ; acquis à cette vente par l'établissement public du musée d'Orsay.
Exp. : Paris 1849, cat. 1635 p. 144 ; Nantes 2013-14, cat. 53, ill. p. 251.
Biblio. : Meilheurat 1849, p. 25 ; Gautier 1849, p. 1 ; Lagenevais 1849, p. 571-572 ; Du Pays 1849, p. 392 ; Delécluze 1849 a, non paginé ; Gallimard 1849, p. 58 ; Marchand 1888, p. 123 ; Marchand 1892, p. 54-59, 197-207, 287-298 ; Saunier 2009, p. 52.
Cat. 118 p. 204

Puvis de Chavannes, Pierre (1824-1898)
Le Rêve : « Il voit dans son sommeil l'Amour, la Gloire et la Richesse lui apparaître », 1883
Huile sur toile, 82 × 102 cm
Paris, musée d'Orsay, RF 1685
Hist. : dans l'atelier de l'artiste jusqu'en 1887 ; confiée à Durand-Ruel, 1887 ; collection Théodore Duret ; vente Théodore Duret, Paris, galerie Georges Petit, 19 mars 1894, n° 35 ; collection Étienne Moreau-Nélaton, Paris, depuis 1899 ; don d'Étienne Moreau-Nélaton à l'État, 1906 ; attribué au musée du Louvre ; dépôt au musée des Arts décoratifs, Paris, 1907-1934 ; affecté au musée d'Orsay, Paris, 1986.
Exp. : Paris 1883, cat. 1992 ; New York 1887 (pas de catalogue) ; Paris 1976, cat. 160, p. 183 ; Paris 1991, cat. 84, p. 106.
Biblio. : Enault 1883, p. 3-4 ; Kelder 1986, p. 127-129, ill. 124 p. 128 ; Brown Price 2010, p. 269-271, ill. 297 p. 270.
Cat. 120 p. 217

Renoir, Auguste (1841-1919)
Baigneuse aux cheveux longs, vers 1895-1896
Huile sur toile, 82,5 × 65,2 cm
Paris, musée de l'Orangerie, RF 1963-23
Hist. : acquis auprès de l'artiste par Durand-Ruel, 1896 ; collection O. Schmitz depuis 1911 ; collection Paul Guillaume, Paris ; acquis par l'État, avec le concours de la Société des amis du Louvre (souscription) en 1963.
Exp. : Paris 1899, cat. 101 ; Dresde 1926, cat. 142 ; Zurich 1932, cat. 49 ; Paris 1945, cat. 119 ; Londres 1985-86, cat. 92 ; Paris 2009-10, p. 182, cat. 9 p. 183 ; Caen 2013, cat. 63 p. 130, ill. p. 131 ; Martigny 2014, p. 198, cat. 55 p. 199 ; Bruxelles 2014-15, cat. 77.
Biblio. : Régnier 1923, non paginé ; Waldmann 1927, p. 94, 488 ; Meier-Graefe 1929, ill. 276 p. 322 ; Hoog et Guicharnaud 1990, ill. 87 ; Haddad 1990, p. 56, 187 ; Cahn 1996, p. 76 ; Cros 2003, p. 134, 136-137 ; Distel 2009, p. 276-278, ill. 252 p. 278, détails p. 266, 267, 268.
Cat. 122 p. 227

Robert, Léopold (1794-1835)
Brigand de la campagne romaine, 1821
Huile sur toile, 33,5 × 27,3 cm
Lausanne, Musée cantonal des beaux-arts, inv. 665
Hist : achat du Musée cantonal des beaux-arts de Lausanne au marchand Georges Wenger, Lausanne, 1902.
Exp. : Lausanne 1996, ill. 38 ; Lausanne 2000-01, cat. 74, ill. 42 ; Lausanne 2013 (pas de catalogue) ; Lausanne 2015 a (pas de catalogue).
Biblio. : Gassier 1983, ill. p. 89.
Cat. 8 p. 81

Vernet, Horace (1789-1863)
Autoportrait, vers 1832
Dessin à la mine de plomb sur papier dans un album, 14,6 × 12,2 cm
Paris, musée du Louvre, département des arts graphiques, RF 29186 (recto)
Hist. : collection de l'artiste ; ses descendants ; legs de Mme Philippe Delaroche-Vernet (née Suzanne Paraf) au musée du Louvre, 1938.
Cat. 10 p. 83

———

Portrait de Louise Vernet, fille de l'artiste, 1834
Huile sur toile, 100 × 74 cm
Paris, musée du Louvre, département des peintures, RF 1995-16
Hist. : collection de l'artiste ; ses descendants ; entrée au musée du Louvre par dation en paiement de droits de succession, 1995.
Exp. : Paris 1898, cat. 284 ; Paris 1980, cat. 54, p. 179 ; Rome 2003, cat. 48, p. 217, 561-562.
Biblio. : Silvestre 1853, t. I, p. 18, 21 ; Delaroche-Vernet 1907, p. 5-10 ; Pomarède 1991-95, p. 200-204 ; Hauptman 1996 a, n° 39, ill. p. 69 ; Pomarède 1996 a, p. 111-114 ; Pomarède 1996 b, p. 14-15 ; Temperini 2001, p. 660.
Cat. 11 p. 84

BIBLIOGRAPHIE

Sources et études :

L'Artiste
– Anonyme, « Salon de 1843 », 3e série, t. III, 21 mai 1843, p. 321-325.
– Anonyme, « Gravures du numéro. *Les Bacchantes* », 5e série, t. III, 15 octobre 1849, p. 220.
– Anonyme, « Mouvement des arts », 5e série, t. III, 13e livraison, octobre 1849, p. 207-208.

ABOUT 1858
Edmond About, *Nos artistes au Salon de 1857*, Paris, Librairie de L. Hachette, 1858.

ABOUT 1883
Edmond About, *Quinze Journées au Salon de peinture et de sculpture*, Paris, Librairie des bibliophiles, 1883.

ACKERMAN 1975
Gerald M. Ackerman, « Drawings of a Famous Teacher : Charles Gleyre », *Master Drawings*, t. XIII, n° 2, été 1975, p. 161-169.

ACKERMAN 1986
Gerald M. Ackerman, *La Vie et L'Œuvre de Jean-Léon Gérôme*, Courbevoie, ACR Édition, 1986.

ACKERMAN 1999
Gerald M. Ackerman, « New Books on two Important Teachers at the French Academy & some thoughts about Art Historians », *The Classical Realism Journal*, été 1999, p. 56-58.

ACQUIER 1849
Hippolyte Acquier, « Salon de 1849. Deuxième visite », *La Liberté*, n° 192, 9 juillet 1849, non paginé.

ALAMIR 2006-07
Marie Alamir, « *La Bataille du Léman* de Charles Gleyre. L'invention d'un mythe », dans cat. exp. *Charles Gleyre. Le génie de l'invention*, Lausanne, Musée cantonal des beaux-arts, Milan, 5 Continents Éditions, 2006, p. 55-81.

ARNAULDET 1857
Thomas Arnauldet, « Les artistes bretons, angevins et poitevins au salon de 1857 », *Revue des provinces de l'Ouest*, 1857, p 1-55.

AUVRAY 1857
Louis Auvray, *Exposition des Beaux-Arts. Salon de 1857*, Paris, Au bureau de l'Europe artiste, 1857.

BANN 1997
Stephen Bann, *Paul Delaroche, History Painted*, Londres/Princeton, Reaktion Books, 1997.

Basler Nachrichten
« Schweizerische Kunstausstellung », *Basler Nachrichten*, n° 94, 22 avril 1869, p. 851-852.

BAUDELAIRE 1845
Charles Baudelaire, « Salon de 1845 », dans *Critique d'art*, t. I, Paris, Folio, 2005, p. 11-67.

Beaux-Arts
Anonyme, « Salon de 1843 », t. I, n° 3, 1843, p. 41-47.

BÉNÉDITE 1912
Léonce Bénédite, *Le Musée du Luxembourg. Les peintures*, Paris, Librairie Renouard, 1912.

BERGER 1970
René Berger (dir.), *Promenade au Musée cantonal des beaux-arts de Lausanne*, Lausanne, Crédit suisse, 1970.

BERTHOUD 1880
Charles Berthoud, « Charles Gleyre », dans *Galerie suisse*, t. III, Lausanne, 1880, p. 536-554.

BOIME 1971
Albert Boime, *The Academy and French Painting in Nineteenth Century*, Londres, Phaidon Press, 1971.

BONJOUR 1905
Émile Bonjour, *Le Musée Arlaud (1804-1904)*, Lausanne, 1905.

BOYER 1996
Sylvain Boyer, « Boulanger, *Ulysse reconnu par sa nourrice Euryclée*, le style néo-grec », dans *Dossier de l'art*, n° 28, 1996, p. 64-65.

BROWN PRICE 2010
Aimée Brown Price, *Pierre Puvis de Chavannes*, vol. I : *The Artist and his Art*, vol. II : *Catalogue raisonné of the Painted Work*, New Haven/Londres, Yale University Press, 2010.

BUROLLET 2006-07
Thérèse Burollet, « La commande pour l'église Sainte-Marguerite, l'histoire d'un tableau mal-aimé », dans cat. exp. *Charles Gleyre. Le génie de l'invention*, Lausanne, Musée cantonal des beaux-arts, 2006-2007, p. 167-175.

CAHN 1996
Isabelle Cahn, *Les Nus de Renoir*, Paris, Assouline, 1996.

CANTINELLI 1912
Richard Cantinelli, *Vingt-Cinq Dessins de maîtres conservés à la bibliothèque de la Ville de Lyon, reproduits en fac-similés*, Lyon, Rey, 1912.

CHAPERON 2006-07
Danielle Chaperon, « Un paysage trompeur », dans cat. exp. *Charles Gleyre. Le génie de l'invention*, Lausanne, Musée cantonal des beaux-arts, 2006-2007, p. 191-197.

Le Charivari
Anonyme, « Salon de 1843. II. Une heure d'élégie », 23 mars 1843, p. 1.

CLÉMENT 1876
Charles Clément, *Artistes anciens et modernes*, Paris, Didier, 1876.

CLÉMENT 1878
Charles Clément, *Gleyre. Étude biographique et critique, avec le catalogue raisonné de l'œuvre du maître*, Paris, Didier, 1878.

CLÉMENT 1886
Charles Clément, *Gleyre. Étude biographique et critique, avec le catalogue raisonné de l'œuvre du maître*, 2e édition revue et corrigée, Paris, Perrin et Cie, 1886.

COMPIN 1990
Isabelle Compin, Geneviève Lacambre, Anne Roquebert, *Catalogue sommaire illustré des peintures du musée d'Orsay*, Paris, RMN, 1990.

CRESPELLE 1966
Jean-Paul Crespelle, *Les Portraitistes mondains*, Paris, Hachette, 1966.

CROS 2003
Philippe Cros, *Pierre-Auguste Renoir*, Paris, Terrail, 2003.

DELABORDE et GODDÉ 1858
Henri Delaborde et Jules Goddé, *Œuvre de Paul Delaroche*, Paris, Goupil et Cie, 1858.

DELAROCHE-VERNET 1907
Horace Delaroche-Vernet, *Recherches généalogiques sur Horace Vernet, Paul Delaroche et leur famille*, Paris, Imprimerie nationale, 1907.

DELÉCLUZE 1843
Étienne Delécluze, « Salon de 1843 », *Journal des débats*, 20 avril 1843, non paginé.

DELÉCLUZE 1845
Étienne Delécluze, « Salon de 1845 », *Journal des débats*, 9 avril 1845, non paginé.

DELÉCLUZE 1849 a
Étienne Delécluze, « Exposition des ouvrages d'art aux Tuileries en 1849 », *Journal des débats*, 22 août 1849.

DELÉCLUZE 1849 b
Étienne Delécluze, « Grand prix de peinture », *Journal des débats*, 28 septembre 1849.

DISTEL 2009
Anne Distel, *Renoir*, Paris, Citadelles & Mazenod, 2009.

DUCREY 2006-07
Guy Ducrey, « Intimité pompéienne », dans cat. exp. *Charles Gleyre. Le génie de l'invention*, Lausanne, Musée cantonal des beaux-arts, 2006-2007, p. 223-227.

DU PAYS 1849
Augustin-Joseph Du Pays, « Salon de 1849 », *L'Illustration*, t. XIII, 28 juillet 1849, p. 339-342.

DU PAYS 1849
Augustin-Joseph Du Pays, « Salon de 1849 », *L'Illustration*, t. XIII, 18 août 1849, p. 392.

DU PAYS 1858
Augustin-Joseph Du Pays, « *Les Romains passant sous le joug*. Tableau de M. Gleyre », *L'Illustration*, t. XXXII, n° 816, 16 octobre 1858, p. 241-242.

ENAULT 1883
Louis Enault, *Paris-Salon 1883*, Paris, E. Bernard et Cie, 1883.

FAVROD et MOREROD 2003
Justin Favrod et Jean-Daniel Morerod, « La source inconnue d'un célèbre tableau de Charles Gleyre », *Revue historique vaudoise*, t. 111, 2003, p. 91-93.

FISCHER 2006-07
Elizabeth Fischer, « Le costume ne fait pas le modèle », dans cat. exp. *Charles Gleyre. Le génie de l'invention*, Lausanne, Musée cantonal des beaux-arts, 2006-2007, p. 99-105.

FOCILLON 1927
Henri Focillon, *La Peinture au XIXe siècle*, Paris, Librairie Renouart, 1927.

FOUCART 1987
Bruno Foucart, *Le Renouveau de la peinture religieuse en France (1800-1860)*, Paris, Arthena, 1987.

FOUCART-WALTER 2013
Élisabeth Foucart-Walter, « Écoles diverses : Russie, République tchèque, Pologne, Suisse », dans cat. exp., *Catalogue des peintures britanniques, espagnoles, germaniques, scandinaves du musée du Louvre*, Paris, Louvre/Gallimard, 2013, p. 196.

GALIMARD 1849
Auguste Galimard, *Examen du Salon de 1849*, Paris, Gide et J. Baudry, 1849.

GAMBONI 2006-07
Dario Gamboni, « *Le Soir*, ou la vision retrouvée ? », dans cat. exp. *Charles Gleyre. Le génie de l'invention*, Lausanne, Musée cantonal des beaux-arts, 2006-2007, p. 119-135, ill. n° 101 p. 118.

GASSIER 1983
Pierre Gassier, *Léopold Robert*, Neuchâtel, Ides et Calendes, 1983.

GAUTIER 1845
Théophile Gautier, « Salon de 1845 », *La Presse*, 20 mars 1845, non paginé.

GAUTIER 1849
Théophile Gautier, « Salon de 1849 », *La Presse*, 3 août 1849, non paginé.

GAUTIER 1858
Théophile Gautier, « À travers les ateliers », *L'Artiste*, t. IV, 16 mai 1858, p. 17-20.

GAUSSEN 2006
Frédéric Gaussen, *Le Peintre et son atelier : les refuges de la création, Paris XVIIe-XXe* siècles, Paris, Éditions Parigramme, 2006.

GÉLY 2006-07
Véronique Gély, « *Écho* ou l'ombre du désir », dans cat. exp. *Charles Gleyre. Le génie de l'invention*, Lausanne, Musée cantonal des beaux-arts, 2006-2007, p. 145-149, ill. n° 118 p. 144.

GERMAIN 1920
Alphonse Germain, « Les dessins du musée de Lyon », *La Renaissance de l'art français et des industries de luxe*, n° 3, mars 1920, p. 128-136.

GRIENER 1996
Pascal Griener, « Charles Gleyre et Léopold Robert. Le bon usage de Dionysos », dans *Entre Rome et Paris. Œuvres inédites du XVIe au XIXe* siècle, cat. exp., Lausanne, Musée cantonal des beaux-arts, *Les Cahiers du musée des Beaux-Arts de Lausanne*, n° 4, 1996, p. 49-56.

GRIENER ET JACCARD 2014
Pascal Griener et Paul-André Jaccard (dir.), *Paris ! Paris ! Les artistes suisses à l'École des beaux-arts (1793-1863)*, Lausanne, Institut suisse pour l'étude de l'art, Genève, Slatkine, 2014.

GUÉGAN 2006-07
Stéphane Guégan, « Hercule entre le vice et la vertu », dans cat. exp. *Charles Gleyre. Le génie de l'invention*, Lausanne, Musée cantonal des beaux-arts, 2006-2007, p. 211-216.

HADDAD 1990
Michèle Haddad, *La Divine et l'Impure : le nu au XIXe* siècle, Paris, Jaguar, 1990.

HAMDORF 1986
Friedrich Wilhelm Hamdorf, *Dionysos Bacchus. Kult und Wandlungen des Weingottes*, Munich, Callwey, 1986.

HARDING 1980
James Harding, *Les Peintres pompiers. La peinture académique en France de 1830 à 1880*, Paris, Flammarion, 1980.

HARRISON 1986
Jefferson C. Harrison, *French Paintings from the Chrysler Museum*, Norfolk, The Chrysler Museum, 1986.

HAUPTMAN 1978
William Hauptman, « Allusions and Illusions in Gleyre's *Le Soir* », *The Art Bulletin*, t. LX, n° 2, juin 1978, p. 321-330.

HAUPTMAN 1980
William Hauptman, « Charles Gleyre : Tradition and innovation », dans cat. exp. *Charles Gleyre 1806-1874*, William Hauptman et Nancy Scott Newhouse (éd.), New York, New York University, Grey Art Gallery, 1980, p. 11-71.

HAUPTMAN 1981
William Hauptman, « Gleyre, Vernet, and the revenge of the *Brigands Romains* », *The Bulletin of the Cleveland Museum of Art*, n° 68, janvier 1981, p. 17-43.

HAUPTMAN 1983
William Hauptman, « Charles Gleyre et la famille Gaudin. Leurs rencontres peu connues à Lausanne et à Paris », *Revue historique vaudoise*, t. XCI, 1983, p. 93-118.

HAUPTMAN 1985 a
William Hauptman, « Delaroche's and Gleyre's teaching ateliers and their group portraits », *Studies in the History of Art*, vol. 18, 1985, p. 79-119, fig. 7 p. 90.

HAUPTMAN 1985 b
William Hauptman, « Il maestro di Renoir », *FMR*, t. XXXVI, octobre 1985, p. 135-152.

HAUPTMAN 1990
William Hauptman, « Les autoportraits de Gleyre. Un peintre se cache », *Nos monuments d'art et d'histoire*, t. XLI, n° 3, 1990, p. 310-317.

HAUPTMAN 1991 a
William Hauptman, « Charles Gleyre, *Major Davel* », dans *Zeichen der Freiheit. Das Bild der Republik in der Kunst des 16. bis 20. Jahrhunderts*, Dario Gamboni et Georg Germann, en collaboration avec François Capitani (dir.), Berne, Stämpfli, 1991.

HAUPTMAN 1991 b
William Hauptman, « Gleyre, Troyon et les Romains en 1858 », *Archäologie der Schweiz*, t. XIV, n° 1, 1991, p. 29-36.

HAUPTMAN 1995
William Hauptman, « Un chef-d'œuvre méconnu », dans cat. exp., *Charles Gleyre. La Danse des Bacchantes*, Lausanne, Musée cantonal des beaux-arts, *Les Cahiers du musée des Beaux-Arts de Lausanne*, n° 1, 1995, p. 3-16.

HAUPTMAN 1996 a
William Hauptman, *Charles Gleyre 1806-1874, Life and Works*, Zurich/Lausanne, Swiss Institute for Art Research, Catalogues raisonnés of Swiss Artists 17 janvier, Princeton, Princeton University Press, Bâle, Wiese Publishing Ltd, t. I, 1996.

HAUPTMAN 1996 b
William Hauptman, Charles Gleyre *1806-1874, Life and Works*, Zurich/Lausanne, Swiss Institute for Art Research, Catalogues raisonnés of Swiss Artists 17 janvier, Princeton, Princeton University Press, Bâle, Wiese Publishing Ltd, t. II, 1996.

HAUPTMAN 2006-07
William Hauptman, « Un tableau remarquable d'une grande suavité », dans cat. exp. *Charles Gleyre. Le génie de l'invention*, Lausanne, Musée cantonal des beaux-arts, 2006-2007, p. 229-233.

HAUSSARD 1843
Prosper Haussard, « Beaux-Arts. Salon de 1843 », *Le National*, 29 mars 1843, non paginé.

HOOG et GUICHARNAUD 1990
Michel Hoog et Hélène Guicharnaud, *Musée de l'Orangerie, catalogue de la collection Jean Walter et Paul Guillaume*, Paris, RMN, 1990.

HOUSSAYE 1843
Arsène Houssaye, « Le Salon de 1843 », *Revue de Paris*, t. XV, 26 mars 1843, p. 284-295, et t. XVI, 9 avril 1843, p. 107-126.

HOUSSAYE 1858
Arsène Houssaye, « Nouvelles d'art », *L'Artiste*, t. II, 1858, p. 31-32.

HOUSSAYE 1885
Arsène Houssaye, *Les Confessions. Souvenirs d'un demi-siècle, 1830-1880*, Paris, Ligaran, 1885.

L'Illustration
– Anonyme, « Salon de 1843 », t. I, 22 avril 1843.
– Anonyme, vol. XIV, n° 345, 6 octobre 1849.
– Anonyme, « Salon de 1845 », t. V, 19 avril 1845.

JAGOT 2007
Hélène Jagot, « Savoir-faire. La formation des artistes à l'époque de Paul Baudry », dans *Devenir peintre au XIXe* siècle, Lyon, Éditions Fage, 2007.

JEANRON 1845
Philippe-Auguste Jeanron, « Beaux-Arts. Peinture. Salon de 1845 », *Le Pandore*, t. I, n° 13, 15 avril 1845, p. 201-205, et n° 17, 15 juin 1845, p. 265-267.

JUNOD 2006-07
Philippe Junod, « Un rendez-vous manqué », dans cat. exp. *Charles Gleyre. Le génie de l'invention*, Lausanne, Musée cantonal des beaux-arts, 2006-2007, p. 217-221.

KAENEL 2006-07
Philippe Kaenel, « Départ des apôtres et retour à l'art religieux », dans cat. exp. *Charles Gleyre. Le génie de l'invention*, Lausanne, Musée cantonal des beaux-arts, 2006-2007, p. 137-143.

KELDER 1986
Diane Kelder, *L'Héritage de l'impressionnisme. Les sources du XXe siècle*, Paris, Bibliothèque des arts, 1986.

KLUCK 1982
Frederick J. Kluck, « Charles Gleyre and the French Romantics », *Nineteenth Century French Studies*, vol. X, Spring/Summer 1982, p. 228-243.

KOELLA 1974
Rudolf Koella, « Charles Gleyre, Maler der verlorenen Illusionen », dans cat. exp., *Charles Gleyre ou les illusions perdues*, Winterthur, Kunstmuseum, 1974, p. 8-21.

KROPMANNS 2007-08
Peter Kropmanns, « Vom Realismus zum Impressionismus – die entscheidenden Jahre der "nouvelle peinture" », dans cat. exp. *Auguste Renoir und die Lanschaft des Impressionismus*, Wuppertal, Von der Heydt-Museum, 2007-08, p. 17-83.

LAFONT-COUTURIER 1998
Hélène Lafont-Couturier, *Gérôme*, Paris, Herscher, 1998.

LAGENEVAIS 1849
Frédéric de Lagenevais, « Le Salon de 1849 », *Revue des Deux Mondes*, t. III, 15 août 1849, p. 559-593.

LANDON 1824
Paul Landon, « Salon de 1824 », *Annales du Musée et de l'École moderne des Beaux-Arts*, t. II, Paris, 1824, p. 76.

LANGER 2001
Laurent Langer, « Charles Gleyre », dans *L'Attrait du trait. Dessins anciens et modernes de la collection*, Dominique Radrizzani (éd.), cat. exp., Lausanne, Musée cantonal des beaux-arts, 2001, p. 57-63, 75-78.

LECADRE 1995
Jean-Marie Lecadre, *Auguste Toulmouche, 1829-1890, peintre de la vie bourgeoise au temps de l'impressionnisme*, maîtrise sous la direction de Patricia Plaud-Dilhuit, université Rennes II, 1995, 2 vol. Voir site Internet de l'auteur : http://jm.lecadre.free.fr/index1.htm.

Le Démocrate
– Anonyme, sans titre, n° 83, 19 octobre 1858, p. 3.

LEPDOR 1995
Catherine Lepdor, « Charles Gleyre 1806-1874 », dans *La Genèse des formes. Œuvres sur papier de la collection*, cat. exp., Lausanne, Musée cantonal des beaux-arts, *Les Cahiers du musée des Beaux-Arts de Lausanne*, n° 4, 17 mars-28 mai 1995, p. 6-9.

LEPDOR 1996
Catherine Lepdor, « *La Danse des Bacchantes*, 1849 », *Bericht der Gottfried Keller Stiftung 1993-1996*, Berne, Gottfried Keller Stiftung, 1996, p. 33-35.

LEPDOR 2006-07
Catherine Lepdor, « *Le Matin*, ou les illusions retrouvées », dans cat. exp. *Charles Gleyre. Le génie de l'invention*, Lausanne, Musée cantonal des beaux-arts, 2006-2007, p. 241-249.

LUGEON 1939
Raphael Lugeon, *Charles Gleyre. Le peintre et l'homme*, Lausanne, Imprimerie centrale, 1939.

LUNA 1982
Juan J. Luna, « Charles Gleyre, «La Danza de Bacantes», de 1849 », *Miscelanea de Arte*, Madrid, 1982, p. 244-248.

Magasin pittoresque
– Anonyme, « Salon de 1845. Peinture. *Le Départ des apôtres*, par M. Gleyre », t. XIII, juin 1845, p. 187-188.

MANTZ 1844
Paul Mantz, « Le musée du Luxembourg », *L'Artiste*, t. V, 1844, p. 238.

MANTZ 1845
Paul Mantz, « Salon de 1845. Les peintures religieuses », *L'Artiste*, t. III, 1845, p. 193-196.

MANTZ 1875
Paul Mantz, « Charles Gleyre », *Gazette des Beaux-Arts*, t. XI, 1er mars 1875, p. 233-244, et 1er mai 1875, p. 404-444.

MARCHAND 1888
Émile Marchand, « Henri Picou », *Revue de Bretagne, Vendée et Anjou*, Paris, Gourcuff, Nantes, Gaillé, 1888, p. 123.

MARCHAND 1892
Émile Marchand, « Les artistes nantais », *Revue de Bretagne, Vendée et Anjou*, Paris, Gourcuff, Nantes, Gaillé, 1892, p. 54-59, 197-207, 287-298.

MAUCLAIR 1929
Camille Mauclair, *Les Musées d'Europe. Lyon (le palais Saint-Pierre)*, Paris, Éditions Nilsson, 1929.

MEIER-GRAEFE 1929
Julius Meier-Graefe, *Renoir*, Leipzig, Klinkhardt & Biermann, 1929.

MEILHEURAT 1849
Alfred Meilheurat, « Salon de 1849 », *La Sylphide*, 20 juillet 1849, p. 25.

MONTÉGUT 1878
Émile Montégut, « Charles Gleyre », *Revue des Deux Mondes*, t. XLVIII, septembre, 1878, p. 395-426.

NEWHOUSE 1980
Nancy Scott Newhouse, « From Rome to Khartoum : Gleyre, Lowell, and the evidence of the Boston watercolors and drawings », dans cat. exp., *Charles Gleyre 1806-1874*, William Hauptman et Nancy Scott Newhouse (éd.), New York, Grey Art Gallery, 1980, p. 79-117.

NOCHLIN 2006-07
Linda Nochlin, « Le nu entre réalisme et orientalisme », dans cat. exp. *Charles Gleyre. Le génie de l'invention*, Lausanne, Musée cantonal des beaux-arts, 2006-2007, p. 199-201.

OCKMAN 1982
Carol Ockman, *The Restoration of the Château of Dampierre : Ingres, the Duc de Luynes and an Unrealized Vision of History*, PhD, Yale, 1982.

OCKMAN 1984
Carol Ockman, « Gleyre's destroyed' staircase decorations at Dampierre : A glaring scholarly error », *Gazette des Beaux-Arts*, n° 1, 1984, p. 111-114.

PACCOUD 2013
Stéphane Paccoud, « Le XIXe siècle. Le musée des Beaux-Arts de Lyon », dans *Le Musée des Beaux-Arts de Lyon*, Paris, RMN, 2013, p. 84-109.

PANSU 1980
Évelyne Pansu, *Iconographie de l'Âge d'or ou des Quatre âges de l'Humanité*, thèse de doctorat de 3e cycle, université Lyon II, Lyon, 1980.

PASCHOUD 1995
François Paschoud, « Les Romains sont-ils passés sous le joug à Montreux ? À propos d'un célèbre tableau de Charles Gleyre », *Museum helveticum* 52, 1995, p. 49-62.

PASCHOUD 2007
François Paschoud, « Suite et fin (?) du feuilleton relatif à la "Bataille du Léman" de Charles Gleyre », *Museum helveticum* 64, 2007, p. 112-117.

PEISSE 1843
Louis Peisse, « Le Salon », *Revue des Deux Mondes*, t. III, 1er avril 1843, p. 85-109, et 15 avril 1843, p. 255-287.

PLANCHE 1851
Gustave Planche, « Peintres et sculpteurs modernes de la France. M. Charles Gleyre », *Revue des Deux Mondes*, t. XII, 1er novembre 1851, p. 489-505.

POMARÈDE 1991-95
Vincent Pomarède, *Nouvelles Acquisitions du département des peintures, musée du Louvre, Paris*, Paris, RMN, 1991-1995, p. 200-204.

POMARÈDE 1996 a
Vincent Pomarède, *Le Tableau du mois*, n° 26, musée du Louvre, département des peintures, Paris, 1996, p. 111-114.

POMARÈDE 1996 b
Vincent Pomarède, *La Revue du Louvre et des Musées de France*, n° 3, 1996, p. 14-15.

POMARÈDE 2013
Vincent Pomarède, *Le Tableau du mois*, n° 205, musée du Louvre, département des peintures, Paris, 2013, non paginé.

RADRIZZANI 2006-07
Dominique Radrizzani, « La mort du tigre », dans cat. exp. *Charles Gleyre. Le génie de l'invention*, Lausanne, Musée cantonal des beaux-arts, 2006-2007.

RÉGNIER 1923
Henri de Régnier, *Renoir, peintre du nu*, Paris, Bernheim-Jeune, 1923.

RIME 2012
Michel Rime (dir.), *1762-2012 : 250 ans dans la vie des Vaudois*, Lausanne, 2012.

RITSCHARD 2006-07
Claude Ritschard, « La reine de Saba ou l'orientalisme comme manifeste », dans cat. exp. *Charles Gleyre. Le génie de l'invention*, Lausanne, Musée cantonal des beaux-arts, 2006-2007, p. 91-97.

SAUNIER 2009
Philippe Saunier, « Henri-Pierre Picou, *La Naissance de Pindare* », *48/14. La revue du musée d'Orsay*, n° 28, printemps 2009.

SCIAMA 2013
Cyrille Sciama, « *Le Prisonnier* de Jean-Léon Gérôme au musée de Nantes : documents inédits », *La Revue des musées de France*, n° 1, février 2013, p. 78-88.

SHAW CABLE 1999
Patrick Shaw Cable, « Personal, aesthetic, and political struggles in Gleyre's *Roman Bandits* », dans *Gazette des Beaux-Arts*, n° 141, janvier 1999, p. 15-28.

SHAW CABLE 2006-07
Patrick Shaw Cable, « Énigme et insolence d'une œuvre de jeunesse », dans cat. exp. *Charles Gleyre. Le génie de l'invention*, Lausanne, Musée cantonal des beaux-arts, 2006-2007, p. 85-90.

SILVESTRE 1853
Théodore Silvestre, *Histoire des artistes vivants, français et étrangers. Étude d'après nature*, t. I, Paris, 1853.

STRAHAN 1879
Edward Strahan, *The Art Treasures of America*, Philadelphie, 1879, reproduit en fac-similé en 1977.

TAINE 1874
Hippolyte Taine, « Charles Gleyre », *Journal des débats*, 6 mai 1874, non paginé.

TAINE 1903
Hippolyte Taine, *Derniers Essais de critique et d'histoire*, 3e édition, Paris, Librairie Hachette et Cie, 1903.

TEMPERINI 2001
Renaud Temperini, « De 1815 à 1850 », dans Pierre Rosenberg (dir.) *La Peinture française*, Paris, Menges, 2001.

TERNOIS et CAMESCARA 1971
Daniel Ternois et Ettore Camescara, *Tout l'œuvre peint d'Ingres*, Paris, Flammarion, 1971.

THÉVOZ 1980
Michel Thévoz, *L'Académisme et ses fantasmes. Le réalisme imaginaire de Charles Gleyre*, Paris, Éditions de Minuit, 1980.

THÉVOZ 2006-07
Michel Thévoz, « Chevilly-Paris et retour », dans cat. exp. *Charles Gleyre. Le génie de l'invention*, Lausanne, Musée cantonal des beaux-arts, 2006-2007, p. 235-239.

TOSCANO 2014
Gennaro Toscano, « Ingres et Mantegna », *Bulletin du musée Ingres*, n° 86, Montauban, 2014.

VAISSE 2006-07
Pierre Vaisse, « Le décor peint du château de Dampierre », dans cat. exp. *Charles Gleyre. Le génie de l'invention*, Lausanne, Musée cantonal des beaux-arts, 2006-2007, p. 107-117.

VIGUIER-DUTEIL 2009
Florence Viguier-Duteil, « Ingres pour toujours », dans cat. exp., *Ingres et les modernes*, Québec, Musée national des beaux-arts du Québec, 5 février-31 mai 2009, Montauban, musée Ingres, 3 juillet-4 octobre 2009, Paris, 2009, p. 16-27.

VOUILLOUX 2006-07
Bernard Vouilloux, « Une bacchanale méditative », dans cat. exp. *Charles Gleyre. Le génie de l'invention*, Lausanne, Musée cantonal des beaux-arts, 2006-2007, p. 151-157.

WALDMANN 1927
Emil Waldmann, *Die Kunst des Realismus und des Impressionismus, im 19. Jahrhundert*, Berlin, Im Propyläen, 1927.

WEINBERG 1991
H. Barbara Weinberg, *The Lure of Paris. Nineteenth Century American Painters and Their French Teachers*, New York, Abbeville Press, 1991.

WUHRMANN 1991
Sylvie Wuhrmann, *Le Déluge. Émergence et évolution d'un thème iconographique aux XVIIIe et XIXe* siècles, mémoire de licence, université de Lausanne, 1991.

WUHRMANN 2006
Sylvie Wuhrmann, « Les amours des filles des hommes et des fils de Dieu : l'énigme des causes du déluge », dans cat. exp. *Visions du déluge, de la Renaissance au XIXe siècle*, Dijon 2006, Paris, RMN, 2006, p. 83-113.

WUHRMANN 2006-07
Sylvie Wuhrmann, « Les anges du bizarre », dans cat. exp. *Charles Gleyre. Le génie de l'invention*, Lausanne, Musée cantonal des beaux-arts, 2006-2007, p. 183-189.

ZELGER 2006-07
Franz Zelger, « *Le Major Davel*, une icône de la liberté », dans cat. exp. *Charles Gleyre. Le génie de l'invention*, Lausanne, Musée cantonal des beaux-arts, 2006-2007, p. 159-165.

ZIFF 1974
Norman D. Ziff et Paul Delaroche, *A Study in Nineteenth-Century French History Painting*, PhD. Dissertation, New York University, 1974.

ZUTTER, LEPDOR ET SCHAEFER 1998
Jörg Zutter, Catherine Lepdor, Patrick Schaefer, *Musée cantonal des beaux-arts Lausanne*, Zurich, Institut suisse pour l'étude de l'art, 1998.

Expositions :

PARIS 1824
Salon de 1824. Explication des ouvrages de peinture, sculpture, gravure, lithographie et architecture des artistes vivants exposés au Musée royal des arts le 25 août 1824, Paris, Ballard, 1824.

PARIS 1843
Salon de 1843. Explication des ouvrages de peintures, sculpture, architecture, gravure et lithographie des artistes vivants, exposés au Musée royal le 15 mars 1843, Paris, Vinchon, 1843.

PARIS 1845
Salon de 1845. Explication des ouvrages de peinture, sculpture, architecture, gravure et lithographie des artistes vivants, exposés au Musée royal le 15 mars 1845, Paris, Vinchon, 1845.

PARIS 1849
Salon de 1849. Explication des ouvrages de peinture, sculpture, architecture, gravure et lithographie des artistes vivants, exposés au palais des Tuileries le 15 juin 1849, Paris, Vinchon, 1849.

LAUSANNE 1850
Exposition des ouvrages de peinture, dessin, sculpture et gravure des artistes vivants exposés dans les salles du musée Arlaud, Lausanne, musée Arlaud, septembre 1850.

GENEVE 1854
Exposition des Beaux-Arts, musée Rath, Genève, septembre 1854.

LAUSANNE 1858
Exposition des ouvrages de peinture…, Lausanne, musée Arlaud, septembre 1858.

LAUSANNE 1862
Exposition suisse de peintures, dessins, sculpture, émaux… d'artistes vivants, cat. exp., Lausanne, musée Arlaud, 18 mai-15 juin 1862.

LONDRES 1862
Universelle Exposition of 1862, French Section Official Catalogue, cat. exp., Londres, South Kensington Museum, 1er mai-15 novembre 1862.

PARIS 1863
Salon de 1863. Explication des ouvrages de peinture, sculpture, gravure, lithographie et architecture des artistes vivants, exposés au palais des Champs-Élysées le 1er mai 1863, Paris, Charles de Mourgues, 1863.

PARIS 1866
Notice des peintures et sculptures, exposées dans les galeries du Corps législatif, cat. exp., Paris, Corps législatif, 1866.

GENEVE 1866
Exposition des Beaux-Arts de la Société des amis des arts, musée Rath, Genève, juillet 1866.

PARIS 1867
Exposition universelle de 1867 à Paris. Catalogue général publié par la Commission impériale. Première partie contenant les œuvres d'art (groupes I à IV), Paris, E. Dentu, 1867.

BÂLE 1869
Verzeichnis der Kunst-Gegenstände auf der Schweizerischen Kunst Ausstellung in Basel, cat. exp., Bâle, Stadtcasino, 11 avril-9 mai 1869, Bâle, Kunstverein, 1869.

PARIS 1872
Explication des ouvrages de peinture et dessins, sculpture, architecture et gravure des artistes vivants, Paris, 1872.

VIENNE 1873
Welt-Ausstellung 1873. Wien. Officieller Kunst-Katalog, cat. exp. Vienne, Prater, 1er mai-2 novembre 1873.

LAUSANNE 1874
Exposition d'œuvres de Charles Gleyre, Lausanne, musée Arlaud, 15 août-15 septembre 1874.

LAUSANNE 1876
Exposition, Lausanne, galerie Wenger, été 1876.

PARIS 1883
F.-G. Dumas, *Salon de 1883. Catalogue illustré du Salon*, Paris, Baschet, 1883.

PARIS 1884
Association des artistes. Catalogue des dessins de l'École moderne exposés à l'École nationale des beaux-arts au profit de la caisse de secours de l'association, cat. exp. Paris, École des beaux-arts, février 1884.

PARIS 1885
Exposition de tableaux, statues et objets d'art au profit de l'œuvre des orphelins d'Alsace-Lorraine, Paris, Louvre, salle des États, s.d., 1885.

NEW YORK 1887
Celebrated Paintings by Great French Masters, New York, National Academy of Design, The American Association for the Promotion and Encouragment of Art, 25 mai-30 juin 1887.

PARIS 1898
Les Vernet (préface de Maurice Guillemot), cat. exp., Paris, École des beaux-arts, s.d., 1898.

PARIS 1899
Exposition de tableaux de Monet, Pissarro, Renoir et Sisley, Paris, galerie Durand-Ruel, avril 1899.

PARIS 1900
Catalogue officiel illustré de l'Exposition centennale de l'art français de 1800 à 1889, Paris, Ludovic Baschet, 1900.

ROME 1904
Exposition rétrospective à l'occasion de la visite de Monsieur le Président de la République, cat. exp. Rome, Société romaine des beaux-arts, 1904.

ZURICH 1904
Kunstausstellung der Gottfried-Keller Stiftung, Zurich, galerie Henneberg, 16 octobre-19 novembre 1904.

MADRID 1918
Catalogue de l'Exposition de peinture française contemporaine, 1870-1918, Madrid, ministère de l'Instruction publique des Beaux-Arts, 1918.

LAUSANNE 1923
Le Major Davel, Lausanne, Musée historique de l'Ancien-Evêché, 1923.

PARIS 1923
L'Art et la Vie romantique, cat. exp. Paris, hôtel de M. Jean Charpentier, 25 février-25 mars 1923, Paris, Jean Charpentier, 1923.

PARIS 1924
Exposition de l'art suisse du XVe au XIXe siècle. De Holbein à Hodler, cat. exp., Paris, musée du Jeu de Paume, juin-juillet 1924, Paris, Genève, Éditions d'art F. Boissonnas, 1924.

DRESDE 1926
Internationale Kunstausstellung, Dresden, 1926.

ZURICH 1932
Sammlung Oscar Schmitz : Französische Malerei des XIX Jahrhunderts, Zurich, Kunsthaus, Zurich, Das Kunsthaus, 1932.

ZURICH 1939
Schweizerische Landesausstellung 1939. Zeichnen Malen Formen. I. Die Grundlagen, cat. exp., Zurich, Kunsthaus, 20 mai-6 août 1939, Zurich, Kunsthaus, 1939.

BERNE 1942
5 Jahre Gottfried Keller-Stiftung, Berne, Kunstmuseum, 16 juin-20 septembre 1942.

GENÈVE 1943
L'Art suisse des origines à nos jours, cat. exp., Genève, musée d'Art et d'Histoire, 19 juin-24 octobre 1943.

PARIS 1945
Paysages d'eau douce, cat. exp., Paris, galerie Charpentier, 1945.

LAUSANNE 1953
Artistes vaudois du XVIIIe à aujourd'hui, Lausanne, Musée cantonal des beaux-arts, 28 mars-1er novembre 1953.

PARIS 1953
Un siècle d'art français : 1850-1950, cat. exp., Paris, musée du Petit Palais, 20 mai 1953-16 mai 1954, Paris, Les Presses artistiques, 1953.

SCHAFFHOUSE 1957
Kunst und Kultur der Kelten, cat. exp., Schaffhouse, Museum zu Allerheiligen, 1er août-3 novembre 1957, Schaffhouse, Museum zu Allerheiligen, 1957.

PARIS 1967
Les Grandes Heures de l'amitié franco-suisse, Paris, Archives nationales, mai-juillet 1967 ; château de Coppet, 7 juillet-8 novembre 1967, Paris, Archives nationales, 1967.

WINTERTHUR 1968
Von Toepffer bis Hodler. Die Schweizer Zeichnung im 19. Jahrhundert, cat. exp., Winterthur, Kunstmuseum, 14 janvier-25 février 1968 ; Coire, 3 mars-15 avril ; Lucerne, 28 avril-3 juin ; Bâle, 8 juin-21 juillet ; Lugano, 17 août-8 septembre ; Lausanne, 20 septembre-31 octobre ; Berne, 9 novembre-15 décembre, Zürich, Buchdruckerei Berichthaus, 1968.

PARIS 1968-69
Baudelaire, cat. exp., Paris, Petit Palais, musée des Beaux-Arts de la ville, 23 novembre 1968-17 mai 1969, Paris, RMN, 1968.

LAUSANNE 1969
Du Léman aux sources du Nil, Lausanne, musée de l'Ancien-Evêché, 18 juillet-31 août 1969.

PARIS 1973
« Équivoques ». Peintures françaises du XIXe siècle, cat. exp., Paris, musée des Arts décoratifs, mars-mai 1973.

HEMPSTEAD 1974
Art Pompier: Anti Impressionism, cat. exp., Hempstead, Hofstra University, Emily Lowe Gallery, 22 octobre-15 décembre 1974, Hempstead, Emily Lowe Gallery, 1974.

WINTERTHUR 1974-75
Charles Gleyre ou les Illusions perdues, cat. exp., Winterthur, Kunstmuseum ; Marseille, musée Cantini ; Munich, Städtische Galerie im Lehnbachhaus ; Kiel, Kunsthalle ; Aarau, Aargauer Kunsthaus ; Lausanne, Musée cantonal des beaux-arts, Lausanne, s.d., 1974, Zurich, Schweizerisches Institut für Kunstwissenschaft, 1974.

MARSEILLE 1975
L'Orient en question : 1825-1875, de Missolonghi à Suez, ou l'orientalisme de Delacroix à Flaubert, cat. exp., Marseille, musée Cantini, 1975.

PARIS 1976
Puvis de Chavannes 1824-1898, cat. exp., Paris, Grand Palais, 26 novembre-14 février 1977 ; Ottawa, Galerie nationale du Canada, 18 mars-1er mai 1977, Paris, Musées nationaux, 1976.

LAUSANNE 1977
L'Identité et ses visages, cat. exp., Lausanne, Musée cantonal des beaux-arts, 4 mars-1er mai 1977, Lausanne, Musée cantonal des beaux-arts, 1977.

CHICAGO 1978
Frédéric Bazille and Early Impressionism, J. Patrice Marandel (dir.), cat. exp., Chicago, The Art Institute of Chicago, 4 mars-30 avril 1978, Chicago, Art Institute, 1978.

PHILADELPHIE 1978-79
The Second Empire 1852-1870: Art in France Under Napoleon III, cat. exp., Philadelphie, Philadelphia Museum of Art, 1er octobre-26 novembre 1978 ; Detroit, The Detroit Institute for Arts, 15 janvier-18 mars 1979 ; Paris, Grand Palais, 24 avril-1er juillet 1979, Philadelphie, Philadelphia Museum of Art, 1978.

MONTAUBAN 1980
Ingres et sa postérité jusqu'à Matisse et Picasso, Montauban, musée Ingres, 1980.

NEW YORK 1980
Charles Gleyre 1806-1874, cat. exp., New York, New York University, Grey Art Gallery and Study Center, 6 février-22 mars 1980 ; College Park, The University of Maryland Art Gallery, 3 avril-2 mai 1980, New York, Grey Art Gallery and Study Center, 1980.

PARIS 1980
Horace Vernet (1789-1863), Académie de France à Rome, Paris, École nationale supérieure des beaux-arts, mars-juillet 1980, Rome, De Luca, Paris, École des Beaux-Arts, 1980.

VESOUL 1981
J.-L. Gérôme, cat. exp., Vesoul, musée Georges-Garret, 1er août-20 septembre 1981, Vesoul, ville de Vesoul, 1981.

BERNE 1981-82
Anker in seiner Zeit, cat. exp., Berne, Kunstmuseum, 19 septembre-15 novembre 1981 ; Winterthur, Kunstmuseum, 16 janvier-7 mars 1982, Berne, Benteli, 1981.

LAUSANNE 1982
Fantaisie équestre, cat. exp., Lausanne, Musée cantonal des beaux-arts, 23 juillet-12 septembre 1982, Lausanne, Musée cantonal des beaux-arts, 1982.

ROCHESTER 1982
Orientalism : The Near East in French Painting, 1800-1900, cat. exp., Rochester, New York, Memorial Art Gallery of the University of Rochester, 27 août-17 octobre 1982 ; Purchase, New York, Neuberger Museum, State University of New York at Purchase, 11 novembre-23 décembre 1982, Rochester, Memorial Art Gallery of the University of Rochester, 1982.

ATLANTA 1983
French Salon Paintings from Southern Collections, cat. exp., Atlanta, High Museum of Art, 21 janvier-23 octobre 1983 ; Norfolk, Chrysler Museum, 4 avril-15 mai 1983 ; Raleigh, North Carolina Museum, 25 juin-21 août 1983 ; Sarasota, Floride, The John and Mable Ringling Museum of Art, 15 septembre-23 octobre 1883, Atlanta, High Museum of Art, 1983.

LONDRES 1984
The Orientalists : Delacroix to Matisse. European Painters in North Africa and the Near East, cat. exp., Londres, The Royal Academy of Arts, 24 mars-27 mai 1984, Londres, Weidenfeld and Nicolson, 1984.

LONDRES 1985-86
Renoir, cat. exp., Londres, Hayward Gallery, 30 juin-21 avril 1985 ; Paris, Galeries nationales du Grand Palais, 14 mai-2 septembre 1985 ; Boston, Museum of Fine Arts, 9 octobre 1985-5 juin 1986, New York, Abrams, 1985.

LUCERNE 1985
« Ich male für fromme Gemüter ». Zur religiösen Schweizer Malerei im 19. Jahrhundert, cat. exp., Lucerne, Kunstmuseum, 7 juillet-9 septembre 1985, Lucerne, Kunstmuseum, 1985.

NYON 1985
Gleyre et l'Orient, château de Nyon, 10 mai-16 septembre 1985.

LAUSANNE 1986-87
Dessins et Travaux sur papier de la collection du musée, Lausanne, Musée cantonal des beaux-arts, 1er octobre 1986-18 janvier 1987.

NORFOLK 1986-87
French Paintings from the Chrysler Museum, cat. exp., Norfolk, The Chrysler Museum, 31 mai-14 septembre 1987 ; Birmingham, Birmingham Museum of Art, 6 novembre 1986-18 janvier 1987, Norfolk, The Chrysler Museum.

PARIS 1986
Les Concours des prix de Rome 1797-1863, cat. exp., Paris, École nationale supérieure des beaux-arts, 1986, 2 vol, Paris, École nationale supérieure des beaux-arts, 1986.

STUTTGART 1987
Exotische Welten. Europäsische Phantasien, cat. exp., Stuttgart, Instituts für Ausalandsbeziehungen und des Württembergischen Kunstvereins, 2 septembre-29 novembre 1987, Stuttgart, Cantz, 1987.

ATLANTA 1988
From Liotard to Le Corbusier: 200 Years of Swiss Painting 1730-1930, cat. exp., Atlanta, High Museum of Art, 9 février-10 avril 1988, Zürich, SIK-ISEA, 1988.

BÂLE 1988-89
Exotische Welten. Europäische Phantasien, Bâle, Gewerbemuseum Basel, Museum für Gestaltung, 12 novembre 1988-5 février 1989.

ZURICH 1988
Triumph und Tod des Helden/Triomphe et Mort du héros, cat. exp., Zurich, Kunsthaus, 3 mars-24 avril 1988 ; Lyon, musée des Beaux-Arts, 19 mai-17 juillet 1988, Milan, Electa, 1988.

BERLIN 1989
Europa und der Orient, 800-1900, cat. exp., Berlin, Martin-Gropius-Bau, 28 mai-27 août 1989, Berlin, Berliner Festspeile, 1989.

LYON 1989
De Géricault à Léger, dessins français des XIXe et XXe siècles dans les collections du musée des Beaux-Arts de Lyon, cat. exp., Lyon, musée des Beaux-Arts, 18 mai-3 septembre 1989, Lyon, musée des Beaux-Arts, 1989.

TOKYO 1989
Le Prix de Rome de peinture, cat. exp., Tokyo, Shoto Museum of Art, 1989.

BERNE 1991
*Emblèmes de la liberté. L'image de la république dans l'art du XVIe au XXe* siècle, cat. exp. Berne, Kunstmuseum, 1er juin-15 septembre 1991, Berne, Staempfli, 1991.

PARIS 1991
De Corot aux impressionnistes, donations Moreau-Nélaton, cat. exp., Paris, Galeries nationales du Grand Palais, 30 avril-22 juillet 1991, Paris, RMN, 1991.

PARIS 1991-92
Les Vaudoyer : une dynastie d'architectes, cat. exp., Paris, musée d'Orsay, 22 octobre 1991-12 janvier 1992, Paris, RMN, 1991.

MONTPELLIER 1992
Frédéric Bazille et ses amis impressionnistes, cat. exp., Montpellier, musée Fabre, 9 juillet-4 octobre 1992, Paris, RMN, 1992.

PARIS 1993-94
Louis Hersent 1777-1860, peintre d'histoire et portraitiste, cat. exp., Paris, musée de la Vie romantique, 29 septembre 1993-9 janvier 1994, Paris, Paris-Musées, 1993.

LAUSANNE 1994
Charles Gleyre et la Suisse romande, cat. exp., Lausanne, Musée historique de Lausanne, 23 septembre-31 décembre 1994, Lausanne, École-Musée, 1994.

LUCERNE 1994
Gemälde alter und moderner Meister, Lucerne, galerie Fischer, 27 août-17 septembre 1994, Lucerne, galerie Fischer, 1994.

LAUSANNE 1995 a
La Genèse des formes. Œuvres sur papier de la collection, cat. exp., Lausanne, Musée cantonal des beaux-arts, 17 mars-28 mai 1995, Lausanne, Musée cantonal des beaux-arts, *Les Cahiers du Musée de Lausanne*, 1995.

LAUSANNE 1995 b
Charles Gleyre. La Danse des Bacchantes, cat. exp., Lausanne, Musée cantonal des beaux-arts, 17 mars-28 mai 1995, Lausanne, Musée cantonal des beaux-arts, 1995.

NANTES 1995
Les Années romantiques, 1815-1850, cat. exp., Nantes, musée des Beaux-Arts ; Paris, Galeries nationales du Grand Palais ; Piacenza, Palazzo Gotico, 1995-1996, Paris, RMN, 1995.

LAUSANNE 1996
*Entre Rome et Paris. Œuvres inédites du XIVe au XIXe* siècle, cat. exp., Lausanne, Musée cantonal des beaux-arts, 17 février-28 mars 1996, Lausanne, Musée cantonal des beaux-arts, 1995.

PARIS 1995-96
Les Années romantiques, cat. exp., Nantes, musée des Beaux-Arts ; Paris, Galeries nationales du Grand Palais ; Plaisance, Palazzo Gotico, Paris, 1995-1996, Paris, RMN, Nantes, Musée des beaux-arts, 1995.

ROME 1996
Dei e eroi. Classicità e mito fra '800 e '900, cat. exp., Rome, Palazzo delle Esposizioni, 15 mars-30 mai 1996, Rome, De Luca, 1996.

BÂLE 1997
Stiften und Sammeln für die Öffentliche Kunstsammlung Basel, Emilie Linder, Jacob Burckhardt und das Kunstleben der Stadt Basel, cat. exp., Bâle, Kunstmuseum, 27 septembre-11 janvier 1998, Nicolas Meier (dir.), Bâle, Schwabe, 1997.

OTTAWA 1997
Les Portraits de Renoir, impressions d'une époque, cat. exp., Ottawa, musée des Beaux-Arts du Canada, 27 juin-14 septembre 1997 ; Chicago, The Art Institute, 17 octobre 1997-4 janvier 1998 ; Fort Worth, Kimbell Art Museum, 8 février-26 avril 1998, Paris, Gallimard, 1997.

PARIS 1997
Théophile Gautier, critique d'art, cat. exp., Paris, musée d'Orsay, 18 février-18 mai 1997, Paris, RMN, 1997.

MORGES 1998
Les Contemporains de Gavroche, Morges, château-musée, 22 janvier-5 avril 1998 ; Langenthal, Kunsthaus Langenthal, 1er mai-27 septembre 1998 ; Sion, Arsenal de Pratifori, 21 octobre-6 décembre 1998.

ZURICH 1998
Von Anker bis Zünd. Die Kunst im jungen Bundesstaat 1848-1900 / La Peinture suisse entre réalisme et idéal (1848-1906), cat. exp., Zurich, Kunsthaus, 12 février-10 mai 1998 ; Genève, musée Rath, 5 juin-13 septembre 1998, Zurich. Scheidegger & Spiess, Kunsthaus, 1998.

LAUSANNE 1999-00
Le Sommeil ou quand la raison s'absente, cat. exp., Lausanne, Musée cantonal des beaux-arts, 23 octobre 1999-30 janvier 2000, Lausanne, Musée cantonal des beaux-arts, 1999.

ZURICH 1999
Der Weltuntergang & das Prinzip Hoffnung, Harald Szeemann (dir.), Zurich, Kunsthaus, 27 août-7 novembre 1999.

BORDEAUX 2000
Gérôme & Goupil : art et entreprise, cat. exp., Bordeaux, musée Goupil, 12 octobre 2000-14 janvier 2001 ; New York, Dahesh Museum of Art, 6 février-5 mai 2001 ; Pittsburgh, The Frick Art & Historical Center, 7 juin-12 août 2001, Paris, RMN, 2000.

LAUSANNE 2000-01
Modes et Tableaux. Œuvres de la collection et costumes de 1700 aux années folles, cat. exp., Lausanne, Musée cantonal des beaux-arts, 14 avril-25 juin 2000 ; Pfäffikon, Seedamm Kulturzentrum, 27 octobre-31 décembre 2000 ; Lucerne, Historisches Museum, 31 janvier-11 mars 2001, Lausanne, Musée cantonal des beaux-arts, 2000.

LAUSANNE 2001
L'Attrait du trait. Dessins anciens et modernes de la collection, Dominique Radrizzani et Julie Enckell (dir.), cat. exp., Lausanne, Musée cantonal des beaux-arts, 7 juillet-30 septembre 2001, Lausanne, Musée cantonal des beaux-arts, 2001.

ORNANS 2001
Les Orientalistes chez Courbet, Jean-Jacques Fernier (dir.), cat. exp., Ornans, musée départemental Gustave Courbet, 13 juin-29 octobre 2001, Ornans, Association des amis de Courbet, 2001.

SOLEURE 2001-02
Von ferne lässt grüssen. Schweizer Orientmalerei des 19. Jahrhunderts, Katharina Ammann et Christoph Vögele (dir.), Soleure, Kunstmuseum Solothurn, 24 novembre 2001-27 janvier 2002, Heidelberg, Kehrer, 2001.

KARLSRUHE 2002
Iconoclash. Jenseits der Bilderkriege in Wissenschaft, Religion und Kunst, cat.exp., Karlsruhe, Zentrum für Kunst und Medientechnologie Karlsruhe (Allemagne, Karlsruhe), 4 mai-1er septembre 2002, Berlin, Merve-Verl, 2002.

LAUSANNE 2002-03
Félix Vallotton. La vie recomposée, cat. exp., Lausanne, Musée cantonal des beaux-arts, 4 octobre 2002-5 janvier 2003, Lausanne, Musée cantonal des beaux-arts, 2002.

MILAN 2002
Renoir e la luce dell'impressionismo, cat. exp., Palerme, Palazzo dei Normanni, 6 juin-3 juillet 2002 ; Milan, Fondazione Antonio Mazzotta, 18 septembre-24 novembre 2002 ; Rome, Palazzo Montecitorio, 11 décembre 2002-8 janvier 2003 ; Trieste, Museo del Canal Grande, 1er février-16 mars 2003, Milan, Mazzota, 2002.

BERNE 2003
Albert Anker und Paris : zwischen Ideal und Wirklichkeit, cat. exp., Berne, Kunstmuseum, 23 mai-31 août 2003, Berne, Stämfpli, 2003.

BUDAPEST 2003
Monet et ses amis, cat. exp., Budapest, musée des Beaux-Arts, 1er décembre 2003-15 mars 2004, Budapest, Vince Kiado, 2003.

BRUXELLES 2003-04
Vénus dévoilée. La Vénus d´Urbino du Titien, cat. exp., Bruxelles, palais des Beaux-Arts, 11 octobre 2003-11 janvier 2004, Gand, Snoeck, 2003.

AMSTERDAM 2003
Le Choix de Vincent, le musée imaginaire de Van Gogh, cat. exp., Amsterdam, Van Gogh Museum, 14 février-15 juin 2003, Paris, La Martinière, 2003.

GENEVE 2003
Voyages en Égypte, de l'Antiquité au début du XXe siècle, cat. exp., Genève, musée d'Art et d'Histoire, 16 avril-31 août 2003, Genève, musée d'Art et d'Histoire, 2003.

LAUSANNE 2003-04
Le Monde selon François Dubois, cat. exp., Lausanne, Musée cantonal des beaux-arts, 19 septembre 2003-4 janvier 2004, Lausanne, Musée cantonal des beaux-arts, 2003.

ROME 2003
Maesta di Roma : d'Ingres à Degas. Rome et les artistes français 1803-1873, cat. exp., Rome, Villa Médicis, 5 mars-29 juin 2003 ; New York, Dahesh Museum, 3 septembre-2 novembre 2003, Milan, Electa, 2003.

NEW YORK 2004
From Homer to Harem: The Art of Jean Lecomte du Nouÿ, cat. exp., New York, Dahesh Museum of Art, 22 juin-19 septembre 2004.

PARIS 2004
Dieux et Mortels : les thèmes homériques dans les collections de l'École nationale supérieure des beaux-arts, cat. exp., Paris, École nationale supérieure des beaux-arts, 21 septembre-28 novembre 2004 ; Princeton, Princeton University Art Museum, 8 octobre 2005-15 janvier 2006 ; New York, Dahesh Museum, octobre 2005-janvier 2006, Paris, École nationale supérieure des beaux-arts, 2005.

PARIS 2006
Ingres 1780-1867, cat. exp., Paris, musée du Louvre, 24 février-15 mai 2006, Paris, Gallimard, 2006.

LAUSANNE 2006
Charles Gleyre. Le génie de l'invention, Catherine Lepdor (dir.), cat. exp., Lausanne, Musée cantonal des beaux-arts, Milan, 5 Continents Éditions, 2006.

ATHÈNES 2006-07
Paris-Athènes : 1863-1940, cat. exp., Athènes, Pinacothèque nationale et musée Alexandros Soutzos, 20 décembre 2006-31 mars 2007, Athènes, Pinacothèque nationale et musée Alexandros Soutzos, 2006.

DIJON 2006
Visions du déluge, de la Renaissance au XIXe siècle, cat. exp., Dijon, musée Magnin, 11 octobre 2006-10 janvier 2007 ; Lausanne, Musée cantonal des beaux-arts, 2 février-29 avril 2007, Paris, RMN, 2006.

WUPPERTAL 2007-08
Auguste Renoir und die Lanschaft des Impressionismus, Wuppertal, Von der Heydt-Museum, 28 octobre 2007-27 janvier 2008, Wuppertal, Von der Heydt-Museum, 2007.

COLOGNE 2008
Impressionismus. Wie das Licht auf die Leinwand kam, cat. exp., Cologne, Wallraf-Richartz-Museum & Fondation Corboud, 1er mars-22 juin 2008 ; Florence, Palazzo Strozzi, 11 juillet-29 septembre 2008, Milan, Skira, 2008.

SIENNE 2008
Nel segno di Ingres, Luigi Mussini e l'Accademia in Europa nell'Ottocento, cat. exp., Sienne, 6 octobre 2007-6 janvier 2008, Sienne, Silvana Editoriale, 2007.

BERNE 2009
À la recherche de l'Orient. Paul Klee. Tapis du souvenir, Juri Steiner (dir.), cat. exp., Berne, Zentrum Paul Klee, 7 février-24 mai 2009, Berne, Zentrum Paul Klee, 2009.

LAUSANNE 2009
Hespérides III. Retour à Eden, cat. exp., Lausanne, Musée cantonal des beaux-arts, 19 juin-6 septembre 2009, Lausanne, Musée cantonal des beaux-arts, 2009.

MATSUE 2009
La Peinture française au XIXe siècle : académisme et modernité, cat. exp., Matsue, Shimane Art Museum ; Yokohama, Yokohama Art Museum, 12 juin-31 août 2009, Matsue, Shimane Art Museum, 2009.

QUÉBEC 2009
Ingres et les Modernes, cat. exp., Québec, Musée national des beaux-arts du Québec, 5 février-31 mai 2009 ; Montauban, musée Ingres, 3 juillet-4 octobre 2009, Paris, Somogy, 2009.

PARIS 2009-10
Renoir au XXe siècle, cat. exp., Paris, Galeries nationales du Grand Palais, 23 septembre-4 janvier 2010 ; Los Angeles, County Museum of Art, 14 février-9 mai 2010 ; Philadelphie, Philadelphia Museum of Art, 17 juin-6 septembre 2010, Paris, RMN, 2009.

WUPPERTAL 2009-10
Claude Monet, cat. exp., Wuppertal, Von der Heydt-Museum, 11 octobre 2009-28 février 2010, Wuppertal, Von der Heydt-Museum, 2009.

VIENNE 2009-10
Impressionismus. Wie das Licht auf die Leinwand kam, Vienne, Albertina, 10 septembre 2009-14 février 2010 ; Florence, Palazzo Strozzi, 11 juillet-29 septembre 2008, Milan, Skira, 2009.

BRUXELLES 2010-11
L'Orientalisme en Europe. De Delacroix à Matisse, Davy Depelchin et Roger Diederen (dir.), cat. exp., Bruxelles, Musées royaux des beaux-arts, 15 octobre 2010-9 janvier 2011 ; Munich, Kunsthalle der Hypo-Kulturstiftung, 29 janvier-1er mai 2011 ; Marseille, Centre de la Vieille Charité, 27 mai-28 août 2011, Paris, RMN, 2011.

LAUSANNE 2010-11
« Je ne vois que le soleil ». La lumière dans les collections du Musée, Lausanne, Musée cantonal des beaux-arts, 25 septembre 2010-2 janvier 2011,

PARIS 2010
Crime et Châtiments, Jean Clair (dir.), cat. exp., Paris, musée d'Orsay, 15 mars-20 juins 2010, Paris, musée d'Orsay/Gallimard, 2010.

PARIS 2010-11
Jean-Léon Gérôme (1824-1904) : l'histoire en spectacle, cat. exp., Los Angeles, The Paul Getty Museum, 15 juin-12 septembre 2010 ; Paris, musée d'Orsay, 19 octobre 2010-23 janvier 2011 ; Madrid, Museo Thyssen-Bornemisza, 1er mars-22 mai 2011, Paris, musée d'Orsay/Skira-Flammarion, 2010.

LAUSANNE 2011
Passions privées, Trésors publics, Lausanne, Musée cantonal des beaux-arts, 8 juillet-11 septembre 2011.

VIENNE 2011
Winter-Darstellungen in der europäischen Kunst von Bruegel bis Beuys, cat. exp., Vienne, Kunsthistorisches Museum, 18 octobre 2011-8 janvier 2012 ; Zurich, Kunsthaus, 10 février-29 avril 2012, Cologne, KHM/Éditions Dumont, 2011.

LAUSANNE 2011-12
Mécène et Collectionneur : la Société vaudoise des beaux-arts, cat. exp., Lausanne, Espace Arlaud, 11 décembre 2011-29 janvier 2012, Oron-le-Châtel, SVB-A, 2011.

NEUCHÂTEL 2012-13
Peintures et Dessins 1500-1900. La collection des arts plastiques, cat. exp., Neuchâtel, musée d'Art et d'Histoire, 25 novembre 2012-25 août 2013, Lausanne, Ides et Calendes, 2012.

AJACCIO 2013
Le Peuple de Rome, Olivier Bonfait et Giovanna Capitelli (dir.), cat. exp., Ajaccio, palais Fesch, 28 juin-30 septembre 2013, Ajaccio, Gourcuff Gradenigo, 2013.

BERNE 2013
Mythos und Geheimnis. Der Symbolismus und die Schweizer Künstler, Valentina Anker (dir.), cat. exp., Berne, Kunstmuseum, 26 avril-18 août 2013 ; Lugano, Museo Cantonale d'Arte, 14 septembre 2013-12 janvier 2014, Paris, Somogy, 2013.

CAEN 2013
Un été au bord de l'eau : loisirs et impressionnistes, cat. exp., Caen, musée des Beaux-Arts, 27 avril-29 septembre 2013, Paris, RMN, 2013.

IZMIR 2013
Smyrne aux XVIIIe et XIXe siècles : regards occidentaux, cat. exp. Jean-Luc Maeso (dir.), Izmir, Fondation Arkas pour l'Art, 24 septembre-29 décembre 2013, Izmir, Arkas, 2013.

LAUSANNE 2013
Raisons et Sentiments. Le XVIIIe dans les collections, Lausanne, Musée cantonal des beaux-arts, 28 juin-22 septembre 2013.

ZUG 2013
Das Waadtland zu Gast in Zug. Werke aus dem Musée cantonal des Beaux-Arts Lausanne und dem Kunsthaus Zug, Zug, Kunsthaus, 31 août-17 novembre 2013.

NANTES 2013-14
La Lyre d'ivoire. Henri-Pierre Picou et les néo-grecs, cat. exp., Nantes, musée des Beaux-Arts, 25 octobre 2013-26 janvier 2014 ; Montauban, musée Ingres, 21 février-18 mais 2014, Paris, Le Passage, 2013.

RALEIGH 2013-14
Masterworks from the Chrysler Museum, Raleigh, North Carolina Museum, 9 avril 2013-2 février 2014.

LAUSANNE 2014-15
Crimes et Châtiments, Lausanne, Musée historique, 26 septembre-1er janvier 2015.

MARTIGNY 2014
Revoir Renoir, cat. exp., Martigny, fondation Pierre Gianadda, 20 juin-23 novembre 2014.

BRUXELLES 2014-15
Rubens and his Legacy, cat. exp., Bruxelles, Bozar, Center for Fines Arts, 25 septembre 2014-4 janvier 2015 ; Londres, Royal Academy of Arts, 24 janvier-10 avril 2015, Londres, Royal Academy of Arts, 2014

LAUSANNE 2015 a
Paris, à nous deux ! Artistes de la collection à l'assaut de la capitale, Lausanne, Musée cantonal des beaux-arts, 5 février-26 avril 2015.

LAUSANNE 2015 b
Kader Attia. Les blessures sont là, Lausanne, Musée cantonal des beaux-arts, 22 mai-30 août 2015.

fig. 53 Samuel Heer-Tschudi, *Charles Gleyre*
1858, daguerréotype, 7,5 × 6 cm
Lausanne, Musée historique

INDEX DES ŒUVRES CITÉES DE CHARLES GLEYRE

A

B

C

D

E

F

G

H

I

J

M

N

O

P

R

S

T

U

V

Z

INDEX DES NOMS PROPRES

A

B

C

D

E

F

G

H

I

J

K

L

M

N

O

P

Q

R

S

T

V

W

Z

CRÉDITS PHOTOGRAPHIQUES

Couverture : Kunstmuseum Basel, Martin P. Bühler **détail page 8 :** Musée d'art et d'histoire, Département des arts plastiques, Neuchâtel (Suisse) **détail page 16 :** Photo © RMN-Grand Palais (musée du Louvre) / Gérard Blot **fig. 1 :** Photo Museo de Arte de Ponce, Porto Rico. **fig. 2 :** Photo © RMN-Grand Palais (musée du Louvre) / Philippe Fuzeau **fig. 3 :** Photo Nora Rupp, Musée cantonal des Beaux-Arts de Lausanne **fig. 4 :** Photo © Musée Jenisch Vevey **détail page 26 :** Photo Nora Rupp, Musée cantonal des Beaux-Arts de Lausanne **fig. 5 :** Photo © RMN-Grand Palais / Thierry Ollivier **fig. 6 :** © Mairie de Bordeaux, reproduction Lysiane Gauthier **fig. 7 :** Photo © RMN-Grand Palais (domaine de Compiègne) / Jean-Gilles Berizzi **fig. 8 :** © Musée Carnavalet / Roger-Viollet **fig. 9 :** Photo Nora Rupp, Musée cantonal des Beaux-Arts de Lausanne **détail page 40 :** Photo © RMN-Grand Palais (musée du Louvre) / Michel Urtado **fig. 10 :** Bibliothèque publique et universitaire de Neuchâtel (Suisse) **fig. 11 :** Photo © musée d'Orsay / Patrice Schmidt **fig. 12 :** Photo © RMN-Grand Palais / Agence Bulloz **fig. 13 :** Bibliothèque Sainte-Geneviève, Paris. Photo © musée d'Orsay / Patrice Schmidt **détail page 50, fig. 14 et fig. 15 :** Photo Nora Rupp, Musée cantonal des Beaux-Arts de Lausanne **fig. 16 :** Photo © RMN-Grand Palais (musée des châteaux de Malmaison et de Bois-Préau) / Daniel Arnaudet **fig. 17 :** Photo Nora Rupp, Musée cantonal des Beaux-Arts de Lausanne **fig. 18 :** © Alain Huck. Photo Musée cantonal des Beaux-Arts de Lausanne **détail page 60 :** Photo Nora Rupp, Musée cantonal des Beaux-Arts de Lausanne **fig. 19 :** Lingenauber@edition libertars **fig. 20 :** Photo © RMN-Grand Palais (domaine de Chantilly) / Harry Bréjat **fig. 21, fig. 22 et fig. 23 :** Photo Nora Rupp, Musée cantonal des Beaux-Arts de Lausanne **fig. 24 :** akg-images **1 :** Photo Nora Rupp, Musée cantonal des Beaux-Arts de Lausanne **2 :** Photographie : Frédéric Jaulmes **3, 4 et 5 :** Photo Nora Rupp, Musée cantonal des Beaux-Arts de Lausanne **6 :** Photo © RMN-Grand Palais (musée du Louvre) / Thierry Ollivier **7 :** Musée national suisse_LM-77955 **8 :** Photo Nora Rupp, Musée cantonal des Beaux-Arts de Lausanne **9 :** Photo © RMN-Grand Palais (musée du Louvre) / Gérard Blot **10 :** Photo © RMN-Grand Palais (musée du Louvre) / Tony Querrec **11 :** Photo © RMN-Grand Palais (musée du Louvre) / Michel Urtado **12 :** Photo © musée d'Orsay / Patrice Schmidt **13 à 25 :** Photography © 2016. Museum of Fine Arts, Boston. All rights reserved. **26 :** Photo Nora Nora Rupp, Musée cantonal des Beaux-Arts de Lausanne **27 à 34 :** Photography © 2016. Museum of Fine Arts, Boston. All rights reserved. **35 à 40 :** Photo Nora Rupp, Musée cantonal des Beaux-Arts de Lausanne **41 :** Photography © 2016. Museum of Fine Arts, Boston. All rights reserved. **42 à 47 :** Photo Nora Rupp, Musée cantonal des Beaux-Arts de Lausanne **48 :** © 2015, studio Édouard Curchod, tous droits réservés **49 et 50 :** Photo Nora Rupp, Musée cantonal des Beaux-Arts de Lausanne **fig. 25, 26 et 27 :** Photo © musée d'Orsay / Patrice Schmidt **51 à 57 :** Photo Nora Rupp, Musée cantonal des Beaux-Arts de Lausanne **58 :** Photo Studio SEBERT **59 et 60 :** Photo Nora Rupp, Musée cantonal des Beaux-Arts de Lausanne **détails page 131, pages 132-133 et 61 :** Photo © RMN-Grand Palais (musée du Louvre) / Michel Urtado **62 :** Photo Nora Rupp, Musée cantonal des Beaux-Arts de Lausanne **63 :** Photo © RMN-Grand Palais / Philipp Bernard **64 à 83 et détail pages 154-155 :** Photo Nora Rupp, Musée cantonal des Beaux-Arts de Lausanne **84 :** Photo Clémentine Bossard, Musée cantonal des Beaux-Arts de Lausanne **85 à 89 :** Photo Nora Rupp, Musée cantonal des Beaux-Arts de Lausanne **90 :** Kunstmuseum Basel, Martin P. Bühler **91 à 96 et détail pages 178-179 :** Photo Nora Rupp, Musée cantonal des Beaux-Arts de Lausanne **97 :** Photo © Beaux-Arts de Paris, Dist. RMN-Grand Palais / image Beaux-arts de Paris **98 :** Photo Nora Rupp, Musée cantonal des Beaux-Arts de Lausanne **99 :** Musée d'art et d'histoire, Département des arts plastiques, Neuchâtel (Suisse) **100, 101 et 102 :** Photo Nora Rupp, Musée cantonal des Beaux-Arts de Lausanne **103 :** Photo Dominic Büttner, Zurich **104 à 107 :** Photo Nora Rupp, Musée cantonal des Beaux-Arts de Lausanne **108 :** Photo © André Giese 2015 **109 :** Photo Nora Rupp, Musée cantonal des Beaux-Arts de Lausanne **110 :** Photo Ed Pollard, Chrysler Museum, Norfolk, Virginia **111 à 114 :** Photo Nora Rupp, Musée cantonal des Beaux-Arts de Lausanne **115 :** Kunstmuseum Basel, Martin P. Bühler **détail page 200 :** Photo Nora Rupp, Musée cantonal des Beaux-Arts de Lausanne **fig. 28 :** Photo Courtesy the Myron Kunin Collection, Minneapolis, Minnesota **fig. 29 :** Photo © musée d'Orsay, Dist. RMN-Grand Palais / Patrice Schmidt **fig. 30 :** Photo © RMN-Grand Palais / Philipp Bernard **fig. 31 :** Photo © RMN-Grand Palais / Gérard Blot **fig. 32 :** Photo Nora Rupp, Musée cantonal des Beaux-Arts de Lausanne **détail page 210 :** Photo Clémentine Bossard, Musée cantonal des Beaux-Arts de Lausanne **fig. 33 et fig. 34 :** Photo © musée d'Orsay / Patrice Schmidt **fig. 35 :** Photo Steve Erickson. University of Iowa Museum of Art, Iowa City, Iowa **fig. 36 :** Courtesy of the National Gallery of Art, Washington. NGA Images **fig. 37 :** Photo © musée d'Orsay, Dist. RMN-Grand Palais / Patrice Schmidt **fig. 38 :** Photo © musée d'Orsay / Patrice Schmidt **fig. 39 :** Photo © musée d'Orsay, Dist. RMN-Grand Palais / Patrice Schmidt **détail page 218 :** Photo Ed Pollard, Chrysler Museum, Norfolk, Virginia **fig. 40 :** Photo © RMN-Grand Palais / Agence Bulloz **fig. 41, fig. 42 et fig. 43 :** Montpellier, musée Fabre Montpellier Méditerranée Métropole. © Cliché Frédéric Jaulmes **fig. 44 :** Philadelphia Museum of Art, Pennsylvania, PA, USA / Bridgeman Images **fig. 45 :** Photo © RMN-Grand Palais (musée de l'Orangerie) / Franck Raux détail page 228 : Kunstmuseum Basel, Martin P. Bühler **fig. 46 :** akg-images **fig. 47 et fig. 48 :** Photo © BPK, Berlin, Dist. RMN-Grand Palais / image BStGS **fig. 49 :** akg-images **fig. 50 :** akg-images / Erich Lessing **fig. 51 :** akg-images **fig. 52 :** Photo © RMN-Grand Palais (Château de Versailles) / Gérard Blot **fig. 53 :** © Musée historique de Lausanne, Phot. Samuel Heer-Tschudi

CATALOGUE

MUSÉE D'ORSAY

Annie Dufour, chef du service des éditions
Virginie Berri, suivi éditorial
Jean-Claude Pierront, iconographie
Brice Tourneux, création graphique et mise en pages
Anne Dellenbach-Pesqué, préparation et relecture des textes
Camille Fort et **Laetitia Itturalde**, traduction des textes anglais
Jean Torrent, traduction des textes allemands

HAZAN

Delphine Storelli
Jérôme Gille
Marie-Hélène Durand de Corbiac
Claire Hostalier, fabrication

Photogravure
Les Artisans du Regard

Imprimé et relié par **Printer Trento**, Trento, Italie
Achevé d'imprimer en avril 2016

Couverture : Charles Gleyre, *Penthée poursuivi par les Ménades*, détail, 1864, Bâle, Kunstmuseum

62, rue de Lille – 75007 Paris
www.musee-orsay.fr
ISBN 978-2-35433-204-4

58, rue Jean-Bleuzen 92178 Vanves Cedex
www.editions-hazan.com
ISBN 978-2-75410-940-6

« Gleyre a caché sa vie et, autant qu'il l'a pu, ses œuvres. Mais je me demande si, tout ennemi qu'il fût du bruit, si, tout indifférent qu'il fût à la gloire, il n'a pas eu au plus profond du cœur la pensée qu'un jour une main affectueuse entrouvrirait au moins le voile dont il a voulu s'entourer. » Charles Clément, 1878